【教科書】社会心理学

小林　裕・飛田　操

編著

北大路書房

はじめに

…………社会心理学はおもしろい

　この社会心理学のおもしろさを多くの人に伝えたくて，本書は企画されました。本書は，基本的には，大学の学部学生を読者として想定して書かれていますが，それぞれの章の執筆者には，興味のある人なら誰でも，予備知識なしに読んでも理解できるような平易な表現で書いていただくようにお願いしました。

　社会心理学のおもしろさの1つは，扱っている研究の対象や現象が，とても幅広いことにあると思います。もくじをごらんになってみてください。自己や態度といった個人の内的な過程も，友人関係や恋愛といった対人関係も，小集団も，職場や学校という組織も，さらには，文化や社会全体までもが社会心理学の研究の範囲となるのです。このスケールの大きさを理解してもらえるように，本書は，全章の構成・配列を，個人→対人関係→集団・組織→社会というように，個人→社会へと視点を広げていくものにしました。

　自分とは何でしょうか？　自分をどうやって他人に伝えるのでしょうか？　どうして人は他人を好きになるのでしょうか？　他人を助ける時も，他人と争ったりする時もあるのはどうしてでしょうか？　説得によって人の考えは変化するのでしょうか？　これらの問題が1章から6章までで扱われます。

　リーダーシップとは何か？　組織に属することの意味とは何か？　ステレオタイプとは？　公正な世の中とは？　社会の中で発達していくことの意味は？　社会的なジレンマを解決するためには？　男らしさ，女らしさとは？　そして，異文化を理解するためには？　といった問題が7章から14章までで扱われます。

　最終の15章は，社会心理学の歴史と，社会心理学をさらに学習していくためのガイドが示されています。

社会心理学のもう1つのおもしろさは，これらの幅広い対象や現象を解明する際のアプローチの方法や理論にあります。巧妙に計画された実験や洗練された調査によって現象が明らかにされていくことを知ること，そして，それらの知見が体系的な理論としてまとめられ，さらに新しい仮説が提出されるといった社会心理学研究の展開を知ることは，とてもエキサイティングなことです。このため，それぞれの章に，「理論紹介」や「実験・調査紹介」を設けました。より深く専門的に学びたい時，あるいは，学部の卒論で実験や調査をしたいので，研究の具体的な手続きやデータを知りたいといった人のために，これらの「理論紹介」や「実験・調査紹介」はきっと役立つはずです。

本書は，東北大学の大渕憲一教授が主催する研究会のメンバーが中心となって執筆しました。いずれも，第一線で活躍している研究者や気鋭の若手研究者たちです。

本書が生まれるまでには，多くの人のお世話になりました。本書刊行の機会を与えていただきました北大路書房と実際的なお世話をいただきました編集部の関一明氏には，深く感謝申し上げます。関氏の辛抱強さと的確なアドバイス，そして，ユーモアのある対応がなければ，本書は生まれなかったでしょう。

本書によって，ひとりでも多くの読者に社会心理学のおもしろさを伝えることができればと思っています。

編者　小林　裕・飛田　操

もくじ

はじめに

1章　自分を知る　………………………………………………………… 1
1節　自己とは何か　*1*
2節　自己を意識する　*2*
3節　自己概念　*7*
4節　自己を評価する　*11*

2章　ひとに伝える　……………………………………………………… 16
1節　自己呈示　*16*
2節　対人コミュニケーションのしくみ　*21*
3節　非言語行動――ことば以外のコミュニケーション　*24*
4節　自己呈示と非言語行動　*28*
5節　自己呈示・非言語行動へのマルチ・アプローチ　*30*

3章　ひとを好きになる　………………………………………………… 38
1節　何がひとを好きにさせるのか　*39*
2節　対人行動と魅力　*48*
3節　好きという気持ち：愛情・好意・嫉妬　*50*

4章　ひとを助ける　……………………………………………………… 58
1節　援助行動とは　*58*
2節　援助行動の状況要因　*61*
3節　援助行動の個人要因　*65*

5章　ひとと争う ……………………………………………… 75
1節　対人葛藤とは　*75*
2節　葛藤解決の方略　*77*
3節　葛藤解決における動機づけ　*80*
4節　葛藤解決と認知　*84*

6章　ひとの気持ちを変える ……………………………… 91
1節　態度の構造と機能　*91*
2節　認知的均衡と態度変化　*98*
3節　説得と態度変化　*101*

7章　集団とかかわる ……………………………………… 110
1節　集団成員性の役割　*110*
2節　リーダーシップ　*113*
3節　グループによる問題解決　*116*
4節　集団間差別　*118*

8章　組織とかかわる ……………………………………… 127
1節　ワークモチベーション　*128*
2節　職場集団のはたらき　*133*
3節　組織社会化　*137*

9章　社会を知る …………………………………………… 144
1節　対人認知（パーソナリティ認知）　*144*
2節　社会的認知と感情　*148*
3節　帰属理論　*152*
4節　社会的状況の認知　*157*
5節　ステレオタイプ的認知　*162*
6節　集団間認知　*168*

10章　社会に責任をもつ ……………………………………………… 180
1節　分配的公正　*180*
2節　手続き的公正　*183*
3節　正当世界の信念　*187*
4節　責任の帰属　*188*
5節　帰属バイアス　*190*
6節　法廷における責任帰属　*192*

11章　社会とかかわる ………………………………………………… 196
1節　社会的動機　*196*
2節　アイデンティティ　*199*
3節　社会化　*203*

12章　社会の問題とかかわる ………………………………………… 212
1節　社会的ジレンマとしての社会問題　*212*
2節　社会的ジレンマの定式化と主な理論的アプローチ　*214*
3節　集団規模の効果と状況認知（フレーミング）の効果　*219*
4節　社会的ジレンマ研究の再興に向けて　*222*

13章　男／女になる …………………………………………………… 228
1節　ジェンダー　*228*
2節　性役割の社会化──個人要因　*229*
3節　性役割の社会化──家族要因と文化・社会要因　*231*
4節　親の期待・学校教育　*233*
5節　性役割の変化　*236*
6節　性役割のボーダーレス化　*240*

14章　異文化にふれる……243
　1節　文化とは　*243*
　2節　異文化にふれる　*246*
　3節　文化とコミュニケーション　*249*
　4節　異文化と社会心理　*254*
　5節　異文化理解に向けて　*258*

15章　社会心理学を学ぶ……264
　1節　社会心理学の現状と歴史　*264*
　2節　現代社会心理学の課題と枠組み　*277*

実験・調査紹介

1	没個性化の実験 …… *14*
2	自己モニタリングと表出行動：自己呈示の個人差 …… *34*
3	対人コミュニケーションに見られる欺瞞の特徴 …… *37*
4	社会的影響と対人魅力 …… *56*
5	ただ乗り問題解決方法の日米比較 …… *89*
6	説得への抵抗とリアクタンス …… *109*
7	注意の焦点と集団間差別 …… *123*
8	組織社会化における情報獲得の役割 …… *142*
9	ケリーの共変モデル …… *174*
10	ステレオタイプ的認知の自動的活性化と抑制 …… *175*
11	最小条件集団実験 …… *177*
12	陪審員判決における対人魅力の影響 …… *195*
13	職業的社会化の変容と均質化 …… *211*
14	脱男性役割態度スケールの作成 …… *242*
15	偏見を克服する試みに関する諸研究 …… *260*
16	外国人の話す日本語に対する日本人の評価意識 …… *262*

> 理論紹介

1	ゴフマンのコミュニケーションと自己呈示の理論	*33*
2	非言語行動の連鎖的機能モデル	*35*
3	生殖戦略理論	*54*
4	向社会的行動を説明する4つの理論	*71*
5	援助要請過程モデル	*73*
6	リーダーシップPM理論	*125*
7	社会的状況に関する諸理論	*172*
8	リレーショナル・モデル	*194*
9	ナッシュ均衡のパレート非効率性：ゲーム理論的アプローチ	*224*
10	社会的トラップと社会的フェンス：強化理論的アプローチ	*226*
11	繰り返し「囚人のジレンマ」のコンピュータ選手権：進化論的アプローチ	*227*
12	心理学的両性具有性（androgyny：アンドロジニー）	*241*

引用文献　*284*

事項索引　*308*

人名索引　*315*

【編集部注記】
ここ数年において,「被験者」(subject)という呼称は,実験を行なう者と実験をされる者とが対等でない等の誤解を招くことから,「実験参加者」(participant)へと変更する流れになってきている。本書もそれに準じ変更すべきところであるが,執筆当時の表記のままとしている。文中に出現する「被験者」は「実験参加者」と読み替えていただきたい。

1章 自分を知る

1節 自己とは何か

　私たちは鏡に映った自分を見る時，何を考えているのだろうか。おそらく「髪型がおかしくないか」とか，「今日の化粧のノリは大丈夫か」といったことだろうか……。しかし，中には「自分って何者か？」などと考えている人がいるかもしれない。

　私たちは，ふだんあまり自己に注目する機会がないように思われるが，現実には多くの場面で自己に注意を向けている。近年，社会心理学において，自己（self）の研究が増加してきた。自己の問題というと，「自分とは何者か」といった自己それ自体に焦点を当てる研究もあるが（たとえば，臨床心理学，性格心理学など），社会心理学では，他者とのかかわりの中で機能するような自己にその焦点を当てていることが多い。中村（1990）は，他者とのかかわりがあるような社会過程における自己を考えるという意味で，社会心理学で扱う「自己」をプロセスとしての自己，すなわち，「自己過程」と表現した。この過程は4つの段階から成り立っており，人間の発達的側面に密接に関係している。第1段階は「自己を意識する」過程であり，たとえば乳児が自分と外界は別のものであると区別し，しだいに自分自身に注意を向けるようになる段階である（2節）。次に自分に注意が注がれた結果として，自分自身の特徴や状態を概念化

し，1人の人間としてつながりのあるアイデンティティ（identity）をもつようになる。これが「自己を概念化する」という第2段階になる（3節）。さらに，概念化した自己を，自分自身の基準や，他者と比較をすることで，評価するようになる。これが第3段階の「自己を評価する」段階である（4節）。そして，最後の段階として，自分自身の姿を他者に表出する，すなわち「自己を呈示する」ことになる。この最後の段階は2章のテーマである。

　私たちはふだん何気なく，他者とのかかわりの中で生活をしているが，その際には自分自身について考えたり，感じたりしているのである。

2節 自己を意識する

1. 自己意識

　仲間たちとカラオケボックスに行き，気になる異性の前で歌っている自分を想像してみよう。あなたはきっと，「うまく歌えているだろうか」「歌詞を間違わないか」「彼（彼女）に自分はかっこよく（可愛く）見えているか」また，「彼（彼女）に高く評価されているか」といったさまざまな思いを巡らすであろう。この時，あなたは自分自身に注意を向け，自分を意識の対象としてとらえていることになる。

　心理学において，本格的に「自己」の問題を取り上げたのは，ジェームズ（James, W., 1890）である。ジェームズは彼の著書『心理学原理』において，自己を「知る自分（I）」と「知られる自分（me）」の2つに分けて，その二重性を最初に示した。後に，ミード（Mead, G. H., 1934）は，"I" が "me" を認知し，意識の対象としてとらえる心的過程を自己意識（self-consciousness）と呼んだ。もちろん，これらの自己は物理的に分けられるものではない。しかし，心理学では2つの側面としてとらえることが多い。フェニッヒシュタインら（Fenigstein, A. et al., 1975）は，自己に注意を向けやすい，つまり自己を意識しやすい性格特性を「自己意識特性」と呼び，その個人差を測る尺度として「自己意識尺度」を作成した（表1-1）。

◎表◎1-1 自己意識尺度(Fenigstein, A. et al., 1975;大渕,1991による)

【私的自己意識尺度】
① 自分について考えることが多い。
② いつも自分の感情に注意を向けている。
③ いつも自分を理解しようと努めている。
④ いつも自分の行動の理由を考えている。
⑤ 自分の気分の変化に敏感である。
⑥ 自分を細かく調べる傾向がある。
⑦ いつも自分を意識している。
⑧ 何かに熱中している時も、自分の心の動きを意識している。
⑨ 自分を主人公にした空想をよくする。
⑩ ときどき、自分を外からながめていることがある。

【公的自己意識尺度】
① 他人が自分をどう思っているかいつも気になる。
② いつも、人によい印象を与えられるかどうか気がかりである。
③ 人前で自分を表現する時は、とても気をつかう。
④ 自分が人にどうみられているかを意識している。
⑤ いつも自分の外見を気にしている。
⑥ 家を出る時には、必ず最後に鏡を見ることにしている。
⑦ 自分のしぐさが気になる。

　この自己意識には2つの側面がある。1つは、自分の感情や思考などといった他者に知られることのない内的側面に注意を向ける、私的自己意識である。もう1つは、他者にどのように思われているかに注意を払う、公的自己意識である。フェニッヒシュタインらは、自己に注意が注がれる状態を個人の性格という側面から分析することを試みた。だが、社会心理学での「自己」は、それ自体の構造に着目しているのではなく、社会過程の中で機能するような自己(たとえば、対人行動が自己に及ぼす影響などのような)を対象としている。
　ここでは、自己を意識することで生じるさまざまな心的過程を、特に「自己に注意が注がれる(客体的自覚)」状態と「自己が集団に埋没する(没個性化)」状態の対照的な面から考えてみたい。

2. 客体的自覚理論

(1) 客体的自覚状態

　自己に注意が注がれる状態を初めて体系的に研究したのは、デュヴァルとウィックランド(Duval, S. & Wicklund, R. A., 1972)である。彼らは、人の注意方向は、自己自身か外部環境のいずれかに向けられるものであり、両者に同

時には向けられないと考えた。そして，注意の方向が自己に向かった時を客体的自覚（objective self-awareness）の状態にあるとした。客体的自覚状態においては，その場において最も関連性の高い重要な自己の側面を考えるようになるといわれている（たとえば，テスト結果を知る時に自分の能力について考えるような）。さて，自己を評価する場合に，多くは現実の自己が理想の自己を上回ることは考えられないため，人は両者の不一致を経験する。この不一致は一般的に不快な感情をもたらすため，結果としてこの状態から回避したり，自己への注意をそらす行動が取られることが多い。もちろん，理想の自己へ現実の自己を近づけようとする行動が取られる場合もある。

この客体的自覚状態を確認するために，さまざまな実験的検討が行なわれている。たとえば，ウィックランドとデュヴァル（1971）は，実験に鏡を導入することで，自己意識の喚起を調べた。被験者は英語とドイツ語間の文章複写作業に違いがあるかどうかを見る目的として集められ，ドイツ語小説の一節の複写を求められた。作業は5分間行なわれた。その後，半分の被験者の前に鏡を置き，残りの半分には鏡を置かずに，再度5分間の作業を行なうように求められた。その結果，鏡あり条件（実験群）の被験者において，鏡を置いた後の作業量の増加が認められた（表1-2）。これは，単に練習効果であると考えられなくもないが，鏡なし条件（統制群）の成績は増加しなかった。つまり，鏡が被験者の自己意識を高め，理想と現実の食い違いを意識し，理想に近づこうと努力した結果と解釈できる。

◎表◎1-2　条件間の作業量の変化（Wicklund, R. A. & Duval, S., 1971より作成）

操作条件	作業量の変化
鏡あり条件	43.33
鏡なし条件	17.65

［注］　作業量は，2回めの複写文字数から1回めの複写文字数を引いた得点。

このような，実験中に被験者を鏡と対面させたり，自分の声が入った録音テープを聞かせたり，カメラで撮影するといった操作を行なうことで，自己への

注意を強めると考えた彼らの研究方法は，たいへん画期的なものであった。

なお，客体的自覚理論 (objective self-awareness) ということばは，他に「自己客体視理論」や「自覚理論」，さらには頭文字をとって「OSA 理論」などと呼ばれている場合があるが，どれも同じ意味であることをつけ加えておきたい（押見，1992）。

(2) **客体的自覚状態からの回避**

客体的自覚状態が高まると，人は自己の側面について考えるようになる。つまり，自己評価的な認知活動が始まる。たとえば，自分のテストの成績を知ったり，スポーツ大会で100mを走る時などのように，人前で何かをするような場合には，自分自身の能力を考えるようになる。この時，人は理想的自己と現実の自己の比較を行なう。その場合，ほとんどは現実の自己が理想的自己を満足させるようなことは起こり得ない。むしろ，自分の欠点を思い知らされたりすることで，ネガティブな感情が引き起こされたりする。そこで，人は現実の自己を理想の自己へ近づけようとしたり，その不快な状態から回避しようとしたりする。試験の成績が悪かった時に，これまで以上に熱心に勉強に取り組もうとするようになるのが前者の例である。一方，その状態から逃げるという比較的容易な方法を選択することもしばしばある。これは，自己へ向けられていた注意を環境へ向けることによって，不快な感情から逃れようとする行動である。たとえば，試験の結果が悪かった時には，気晴らしに遊ぶという行動をとるなどがよい例といえよう。

3．没個性化

さて，これまでは自己に注意が向く状態について話をしてきたが，人は時としてこれとはまったく正反対の状態におかれる場合がある。この状態を没個性化（deindividuation）という。私たちはこの状態を経験する機会が少なくない。たとえば，大好きなミュージシャンのコンサートで大勢のファンとともに熱中している時，またサッカーや野球といったスポーツを観戦しているような時などは，その典型的な例といえるであろう。集団の中に自己を埋没させると，個人が個人として他者から見られることはなくなる。そのため，コンサートやスポーツ観戦などで，大きな声を出したり，ふだんとは違う格好をしても恥ず

かしくは感じないのである。また，そこでは社会における人間関係のしがらみや束縛が存在しないため，大きな解放感を味わうことができる。

しかし没個性化の状態にあると，自己を意識することがかなり弱まっているため，何をしても自分の行動ではないという感覚が強くなる。そうすると，ふだん抑制している行動が起きやすくなる，つまり反社会的行動が現われやすくなる。反社会的な行動の例としては，暴動などのような攻撃性が生じやすくなる傾向がある。たとえば，ジンバルドー（Zimbardo, P. G., 1970）の実験では，頭には目と口だけ穴のあいたずきんを被験者である学生にかぶらせ，衣服には白衣を使用し，没個性化の状態を操作した（図1-1）。その結果，没個性化状態の学生は，同じ大学の学生に対して強い攻撃行動（実験では電気ショック）を示したことが報告されている。

◎図◎1-1　ジンバルドー実験における没個性化状況の操作

もちろん，没個性化は必ずしも社会性を失った行動だけを引き起こすものではなく，所属する集団が社会性を伴っていれば，反社会的行動は生じにくくなる（Greenwald, A. G., 1982）。なお，没個性化に関するジンバルドーの実験の詳細は，実験・調査紹介1を参照いただきたい。

3節
自己概念

1．自己概念とは

　前節では，自分自身が意識の中心となる自己意識について述べたが，私たちは，自己に注意が向くと，次に自己の状態や特徴，ようすなどを自分なりに描いたり，概念づけたりするようになる。このように，自分はこういう人間であると位置づけることを，自己概念（self-concept）と呼んでいる。自己概念は，自分で自分自身を定義することから，そう呼ばれているが，時として，自分の状態がよくわからないという状況に置かれ，自己を定義できなくなる場合がある。たとえば，進学や引越などでこれまでとはまったく環境が変わってしまった時などは，新しい環境の中で自分がどうふるまえばよいのかという混乱が生じてくる。しかし，この混乱もしだいに減少し，やがては消えていくことになる。これは，新しい環境の中で他者とのかかわりを得ることで，その中で自分についてのさまざまな知識を得られるからである。この自分自身についての知識を，自己知識（self-knowledge）とか，セルフ・スキーマ（self-schema）と呼んでいる。

　それでは，私たちは自分自身について実際にどれほどのことを知っているのであろうか。次に，自己概念の内容を測定するためのいくつかの方法を見てみたい。

2．自己概念の内容と測定

　自分自身はいったいどのような人間なのであろうか。ふだん意識して考えることは少ないが，私たちは，1人ひとり，自分自身についてのそれぞれの知識をもち，ふだんはその知識を基準として，ものごとを知覚したり行動したりしているといえる。自己概念を理解するということは，自分自身の人格を理解することにつながるため，その測定方法の多くは，人格特性に関する項目を評定するという手法が取られてきた（長島ら，1967）。しかし，あらかじめ用意された項目を評定するだけでは，本人の評価とズレを起こす可能性があると考えら

れる。そこで，自分自身について，自由に回答させる方法なども考案されている（McGuire, W. J., 1984）。

ここでは，研究者の方で事前に性格を限定せずに，自己概念を測定するための手法として，20答法「Who am I?」テストを紹介したい（図1-2）。

```
下の1から20までのそれぞれの横線の上に，次の質問を読んで頭に浮かんだことを，20通りの違った文章にまとめてください。
               「私は誰だろうか」
この質問はあなたが自身に問いかけるもので，他の人から，あるいは他の人への問いではありません。そのつもりで頭に浮かんできた順に，理屈や大切さを抜きにして，1から20まで埋めてください。時間が限られているので，なるべく手早く片づけてください。
               「私は誰だろうか」
① 私は _____
② 私は _____
③ 私は _____
④ 私は _____
⑤ 私は _____
⑥ 私は _____
⑦ 私は _____
⑧ 私は _____
⑨ 私は _____
⑩ 私は _____
⑪ 私は _____
⑫ 私は _____
⑬ 私は _____
⑭ 私は _____
⑮ 私は _____
⑯ 私は _____
⑰ 私は _____
⑱ 私は _____
⑲ 私は _____
⑳ 私は _____
```

◎図1-2　20答法「Who am I?」テスト回答用紙（Kuhn, M. H. & McPartland, T. S., 1954）

このテストは，その名の通り20問で構成されている。質問項目はすべて，「私は……」という書き出しで始まっており，そのあと続けて自由に回答してもらうという方法である。この結果から，たとえば項目の最初の方に現われる反応で，現在の自分がどのアイデンティティを強く意識しているか（たとえば，「私は水泳部員である」が2番めに出てくると水泳部員としてのアイデンティティが強いことがわかるなど）がわかったり，回答が客観的か（たとえば，「私は学生である」「私は水泳部員である」など），あるいは主観的か（たとえば，「私は

せっかちである」「私は恐がりである」など）で，どのくらい社会的枠組みから自己を定義しているかを知ることができるのである。

このようなテストを通して，実際に自分自身に対する知識は，かなり統一的な状態で保持されていることもまた認識できるであろう。

3．セルフ・スキーマ

さて，自己概念が定まっている時，自分自身の知識である「セルフ・スキーマ」はどのような役割を果たしているのであろうか。まず，スキーマとは，一般的に過去経験を構造化した認知的枠組みのことである（Bartlett, F. C., 1932）。たとえば，過去に飛行機事故で親しい人を亡くしたり，自分自身危険を体験したようなことのある人にとっては，飛行機は「便利」というスキーマではなく，「危険」というスキーマにあてはまり，飛行機は危険な乗り物であると判断される。セルフ・スキーマもこれと同様で，自分自身が過去に体験したエピソードが自己あるいは，他者とのかかわりにおいて，1つの知識として存在している。

マーカス（Markus, H., 1977）は，セルフ・スキーマが自己のさまざまな情報処理過程にどのような影響を及ぼすかを実験的に検証している。彼らは，まず被験者（大学生）に，独立性と依存性に関する自己評定を実施し，被験者を，独立性スキーマ所持群，依存性スキーマ所持群とスキーマなし群の3群に分類した。それから，被験者は性格特性語（独立−依存に関する形容詞）を1つずつ見て，自分にその語があてはまるか否かを判断した。その際，反応時間も測定された。マーカスの仮説は次の4つである。

① セルフ・スキーマに関する情報がより容易に処理されるであろう。
② セルフ・スキーマに関する，行動的証拠（過去の行動について）を容易に検索できるであろう。
③ セルフ・スキーマに関する将来の行動予測をより容易に行なうだろう。
④ そして，自己に反するスキーマ情報に，抵抗を示すであろう。

結果は，図1−3，図1−4に示されているように，各群の被験者が選択した形容詞は，その被験者のスキーマ特性にあてはまるものが多かった。また反応

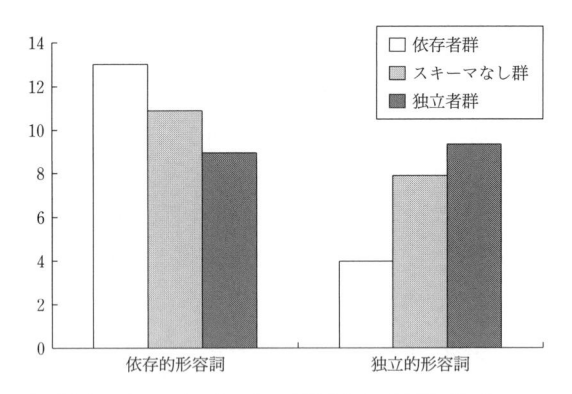

◎図◎1-3 「自分にあてはまる」として判断された形容詞の数（Markus, H., 1977）

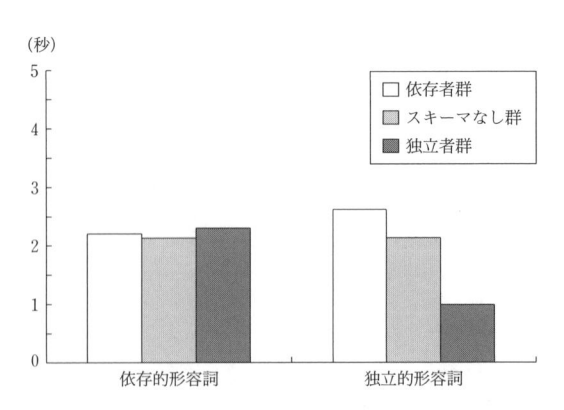

◎図◎1-4 「自分にあてはまる」として判断された形容詞に対する反応時間（Markus, H., 1977）

時間も，呈示された形容詞が，スキーマ特性をもった被験者自身にかかわるものであればアクセスは速く，逆にそうでないと反応時間が長くなることが示された。

これより，いったんあるスキーマが形成されると，その後の情報処理はそのスキーマをもとにして行なわれる傾向が強いと考えられるであろう。

4節
自己を評価する

　人は，自分がどのような人間かを概念づけ，1つの自己像 (self-image) を描くと，それを評価したいという欲求をもつようになる。この欲求は，自分が社会的に適応しているかどうかを知るために必要なものであり，一般に自己を評価する過程やその結果は自己評価 (self-evaluation) と呼ばれている。自己評価は，先に述べた自己概念と密接に関係し，ほぼ同義で理解されることもある。つまり，自己概念が「自己に関する記述的側面」であるのならば，自己評価は「自己に関する評価的な側面」であるといえよう（榎本，1998）。

1．社会的比較理論

　さて，自己を評価するためには，自分と比較する対象となる他者が必要となる。この比較過程を一般に社会的比較と呼んでいるが，これについて，フェスティンガー (Festinger, L., 1954) は，9つの仮説と系から構成される社会的比較過程の理論 (theory of social comparison processes) という大きな理論を提唱している。この理論の基本的仮説は次の3つである。

① 人には自分の意見や能力を評価しようとする動因がある。
② 人は客観的，物理的手段が使用できないと，他者の能力や意見との比較の中で，自分の能力や意見を評価しようとする。
③ 他者と自分の比較は，他者との意見や能力の差が増大すればするほどその傾向は減少する。

　この仮説を前提に，社会的比較を考えると，まず人は自己評価欲求が高まると，自分と比較的類似した他者を選択する。そこで自分と他者を比較し，自尊心 (self-esteem) を高めたり，不安を回避したりする。一般的に，自尊心を高めることを，自分より優れた他者との比較を行なう意味で上方比較 (upward comparison) と呼び，不安を回避することを，自分よりさらに劣った他者との比較を行なう意味で下方比較 (downward comparison) と呼んでいる。

基本的に，人は自分の自尊心を守る必要性があると考えているものや行為(たとえば，自分は体育が特に優れていると考えている時など)をもつ場合，自分よりはそのものや行為が多少劣っているとされる相手(たとえば，自分より語学が不得意な人のような)と一緒にいる傾向がある。逆に，自分とはまったく関係のない，関心のないものや行為に関しては(たとえば，自分は数学にまったく興味がなく，特にすぐれていると思う必要性がない場合など)，自分よりそばにいる相手の方がやや勝っている傾向(相手の方が数学が得意であるような)があるといえる。

2. 自己評価維持モデル

　自己を評価するという側面を，社会的比較理論をとおして述べてきたが，人は次にこの評価した自己を，特によい方向へ維持したいと考えるようになる。このメカニズムはテッサー(Tesser, A., 1988)によって，自己評価維持モデル(Self-Evaluation Maintenance：略してSEMとも呼ばれる)として提唱された。このモデルの基本的仮定は，①「人は自己評価を高めたり，維持したいという欲求をもつ」こと，②「自分に近い他者ほど，自己評価に大きく影響する」ことである。基本的に自己評価は他者の存在が大きく影響するが，そこには相反する2つの側面が存在する。1つは，身近な他者の優れた行動が自分に反映し自己評価を高めるという反映過程(reflection process)である。たとえば，自分の息子や娘が，ノーベル賞を受賞したのであれば，その人が受賞したのではないにもかかわらず，自分の誇りとなり，自己評価が高まると考えられる。これは，他者の威光にすがるという意味で栄光浴(BIRGing: basking in reflected glory)現象とも呼ばれている(Cialdini, R. B., et al. 1976)。2つめは，身近な他者の優れた行動が自己評価を低下させる，比較過程(comparison process)と呼ばれるものである。これは，たとえば，先ほどのノーベル賞の例でいうと，自分の親しい友人と，ともに同じ立場で研究をしていたが，友人の方がノーベル賞を受賞してしまった場合には，それを誇りに思うよりも，むしろ自分の能力のなさに落胆するということである。

　自己評価はその時どきの状況などにより非常に変化しやすいため，これらの2つの過程のどちらが重視されるかは常に一定であるとはいえない。おそらく，

自己評価をする時点で，自分がどの側面に特に関与しているかが，重要となってくるといえるであろう。

実験・調査紹介1

没個性化の実験

　私たちは，日々の生活の中で，見知らぬ人が集まる集団に所属する機会がある。たとえば，映画館，スポーツ観戦，またはコンサート会場などがよい例であろう。そのような場合，自分を一個人とみなす意識が薄れ，その結果反社会的な行動が起きやすくなる。この状態を没個性化と呼んでいる。フェスティンガーら（Festinger et al., 1952）は，集団の中で個人が個人として認められない状況であると定義した。しかし，ジンバルドー（Zimbardo, 1970）は，個人に限らず通常は抑制されていた行動が発生するプロセスと概念づけ，実験的検討を行なった。彼は，没個性化が発生する要因として，個人のデータをまったく確認することができない匿名性という状況を作り出した。

実　験

［被験者］　ニューヨーク大学の女子学生。
［手続き］　被験者は4人1組となり「見知らぬ人への共感的反応」についての実験として参加した。没個性化条件の被験者は実験中名前も顔も出さず，下は白衣，上は目と口だけ穴の空いたずきんを被された（1章2節図1-1参照）。統制群は，名札をつけ，名前も呼ばれ，「自分自身で反応するように」との教示を与えられた。
①被験者はある女子学生のインタビューを聞く（今回の実験の犠牲者，サクラ）。
②次にその女子学生が学習者となる，条件づけ学習実験を観察する。この時被験者はくじ引きで没個性化群か統制群の分けられる。また4人中2人の被験者には，学習実験の罰則として学習者に電気ショックを与えるよう指示をした。
③被験者は個室でマジックミラー越しに学習者のようすを観察し，合図に従ってショックを与えた。なお，誰がショックを与えたは，実験者にはわからないようになっていると教示された。
④終了後，別の学習者に対して同じ手続きの実験をおこなった。これは，インタビューの内容が，非常に好ましい内容と逆に好ましくない内容の2パターンが設定されていたためである。

結果と考察

　実験の結果を図に示す。被験者はショックを与えるようにとの合い図があると，ほとんどの場合ショックを与えていた（平均17/20回）。没個性化群の被験者は，統制群の被験者よりも，ショックを与える時間が長いことが図からわかる。また，統制群では好ましい学習者に与えられるショックは時間とともに低下しているが，没個性化群では顕著な減少は見られていない。これより，没個性化（匿名性）状態では，反社会的行動や，攻撃性が強くなることが示されているといえる。

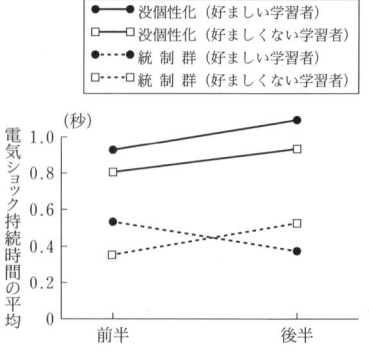

図　各条件の平均ショック持続時間

■引用・参考文献

Festinger, L., Pepitone. A. & Newcomb, T. 1952 Some consequences of Deindividuation in a Group. *Journal of Abnormal and Social Psychology*, **47**, 382-389.

Zimbardo, P. G. 1970 The human choice : Individuation, reason, and order versus deindividuation, impulse and chaos. In Arnold, W. J. & Levine, D.(Eds.) *Nebraska Symposium on Motivation*. Lincoln : University of Nebraska Press.

2章 ひとに伝える

1節 自己呈示

1. 自己呈示とは

　日常生活で人々は，大学や職場，家庭など，多様な場面で人間関係を広範に形成する。その営みの中で，顔や体つき，髪型，服装，話し方，動作，発言内容などを手がかりとして，相手の印象を形成する。そして，その印象に基づいて他者への対応が決められる。逆に，自分が望ましいと思う印象を他者に与えるため，この"印象形成の手がかり"を意図的に調整することがある。

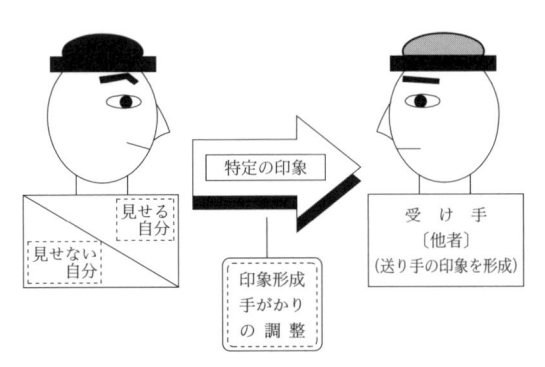

◎図◎2-1　見せる自分・見せない自分（安藤，1994より作成）

つまり，自分のすべてを見せるわけではない。相手に見てもらいたいと思う特定の側面「見せる自分」を示し，それ以外の側面「見せない自分」は示さない（安藤，1994；図2-1）。この「他者から見られる自分を意識しながら，他者から見た自分の姿を自分にとって望ましいものにしようとする行為」は，自己呈示（self-presentation）あるいは印象管理（impression management）と呼ばれている（安藤，1998）。自分をどのように見せるか？この問題に関する独創的なアプローチを試みたのが，社会学者のゴフマン（Goffman, E., 1959）である。彼は，日常生活を劇場の「舞台」にたとえ，人々の相互行為の構造を記述した（理論紹介1参照）。行為者を「パフォーマー」，その対象を「オーディエンス」，ある状況で自己によって演じられる行為を「パフォーマンス」と置き換え，自己呈示の方法や印象管理の技法について考察したのである。

2．自己呈示の種類

それでは実際に，どのような方法で自己呈示が演じられているのであろうか。

表2-1に示すようにテダスキとノーマン（Tedeschi, J. T. & Norman, N., 1985）は，自己呈示を「戦術的（tactical）－戦略的（strategic）」と「防衛的（defensive）－主張的（assertive）」という2次元の分類（表2-1）を試みている。

◎表◎2-1　自己呈示行動の分類（Tedeschi, J. T. & Norman, N. 1985；安藤，1994より作成）

	戦術的	戦略的
防衛的	弁解 ┐ 正当化 ├ 釈明 謝罪（譲歩）┤ 否認 ┘ セルフ・ハンディキャッピング 社会志向的行動	アルコール依存 薬物乱用 恐怖症 心気症 精神病 学習性無力感
主張的	取り入り 威嚇 自己宣伝 示範 哀願 称賛付与 価値高揚	魅力 尊敬 威信 地位 信憑性 信頼性

「戦術的－戦略的」次元の"戦術的"とは「ある特定の対人場面で一時的に生じるもの」とされる。たとえば，上司に好印象を与えようと，上司の意見に合わせる行動である。対して"戦略的"とは「多くの場面で戦術を組み合わせ，長期にわたり特定の印象を与えようとするもの」を指す。仕事を完璧にこなす一方，大きな影響を与えない小さな失敗をするような人間味の演出が考えられる。

「防衛的－主張的」次元の"防衛的"は「守りの見せ方」とも言える。「他者が自分に否定的な印象を抱く可能性がある時，少しでも肯定的な印象を維持したり，変えていこうとするもの」を指す。"主張的"とは「行為者自身が積極的に他者に特定の印象を与えようとするもの」である。これは，自分の行動を組み立て，仕事ができる，親切な人など，特定のイメージを同僚に積極的に植えつけようとする「攻めの見せ方」である（安藤，1994, 1998）。

守りの見せ方としての"防衛的戦術"には，釈明（弁明），セルフ・ハンディキャッピング，社会志向的行動（向社会的行動）が含まれる。

「釈明」は，"会議に遅刻""相手を傷つける発言"などの不適切な行動をした際に，行為者自身が相手に事情を説明して，了解を求めることである。これにはさまざまなスタイルが存在し，研究者によって「釈明」のとらえ方や分類の仕方が異なる。安藤（1994）にならい，4つの「釈明」の例を以下に示す。

① 弁解（言いわけ）：昨晩遅くまで飲みすぎて，寝坊しました／君を傷つけるつもりはなかった，など……自分の責任を回避しようとする試み
② 正当化：数分遅れたが，会議に支障ない／君のためにきつく言ったんだ，など……部分的に責任を認め，否定的な意味合いを弱めようとする試み
③ 謝罪（譲歩）：お待たせして申しわけございません／傷つけるようなことを言ってすまない，など……自分の行為の責任を受け入れる表現
④ 否認：会議の開始時間には，遅れてはいない／君を傷つけるようなことは，一言も言っていない，など……不適切な行動自体を否定

次に「セルフ・ハンディキャッピング」は，「自分にとって重要ななんらかの特性が評価対象となる可能性があり，かつそこで高い評価を受けられるかどうか確信をもてない時，（これから行なう予定の）遂行を妨害するハンディキャッ

プ（不利条件）があることを他者に主張したり，自らハンディキャップをつくり出す行為」（安藤，1990）である。試験当日"体調が悪い"とあらかじめ友だちにもらしておくと，結果がよかった場合"能力のある人"という友だちの肯定的評価を得られるかもしれない。結果が悪かったとしても，理由がすでに示されているため，"能力のない人"という否定的評価を避けることができる。

「社会志向的行動」には，他者の利益を意図した援助・分与行動と他人を慰める行動がある。前者では，具体的報酬や社会的承認の獲得，罰の回避，負の内的状態（困っている人を助けないことによって生じる罪障感）の低減が動機となる。後者は，愛他行動のような他者への同情や内面化された道徳原則に従おうとする願望が動機である（Eisenberg, N., 1992）。これらが自己呈示として用いられる例として，仕事上の失敗で同僚に迷惑をかけた場合，自分に対する否定的イメージを肯定的なものに変える，あるいは自分に生じた罪悪感を低減させるために，忙しい同僚の仕事を手伝うといった行動がそれにあたる。

間接的に自己を守ろうとする自己呈示戦略としては，自己イメージが傷ついた状態の時，ポジティブな特性をもつ他者や集団と結びつきを強調しようとする栄光浴（BIRGing；basking in reflected glory：1章参照）と，逆にネガティブな特性をもつ集団との結びつきを弱めようとするCORFing（cutting off reflected failure）がある。安藤（1994）は，このメカニズムをハイダー（Heider, F., 1958）の認知的均衡理論（バランス理論：6章参照）を用いて説明している。

"主張的戦術"として，取り入り，威嚇，自己宣伝，哀願，示範の5つの分類（Jones, E. E. & Pittman, T. S., 1982）があげられる。「取り入り」は，相手に"うんうん"と頷いて合意する，相手に親切にする，お世辞を言うなど，好意的な印象を与えようと自己の肯定的な特徴を描写する。「自己宣伝」は"うぬぼれている""不誠実"と見られないよう，時には謙遜しながら，能力のある人間と見られるように自己描写をする。「威嚇」は，相手に恐怖感を与えて勢力を増強する"印象操作としての攻撃"（大渕，1987）の側面をもつ。「哀願」では，逆に弱い存在という印象を与えて，弱者を助ける社会規範に従ってくれることを望む。ただし，自分を低く見せるため，自尊心の低下や否定的評価を生む可能性がある。「示範」は，道徳的で完璧な人間という印象を他者に与えようと，自己否定する行為や献身的努力を実行する。その他にも，肯定的な行為や

結果の原因が自分にあることを推測させようとする言明を行なう「称賛付与」や，その行為や結果がより一層肯定的なものであることを主張する「価値高揚」も主張的な自己呈示戦術と考えられている（安藤，1990）。

表2-1では，「精神病」や「アルコール依存」などの不適応行動が防衛的戦略としての自己呈示に含まれている。ただし，これらの症状が自己呈示を動機として引き起こされるわけではない。その症状にあることで，仕事，家庭，社会生活に伴う多くの責任やプレッシャーから開放され，不安定ながらも肯定的な概念が形成されることになる（Leary, M. R. & Miller, S. R., 1986）。

最後に，自分をあらわにし，他人が知覚し得るように自身を示す行為である自己開示(self-disclosure)について述べる。これをジュラード（Jourard, S. M., 1971）は「健康なパーソナリティのしるしであり，健康なパーソナリティを至高に達する手段」とし，精神的健康との関連性を指摘した。一方，関係発展のための手段としても用いられ，自己呈示的次元をもつ。その区別はむずかしいが，自己開示では，より深く，広い，多くの自己関与情報を，より自然に呈示し，自分のめんつ（face）を傷つける内容を含むこともある（Holtgraves, T., 1990）。安藤（1994）では，自己呈示の「見せる・見せない」自分に対して，自他の境界を取り払って自分を「見える」ようにする行為と表現する。このように，自己開示は，自己呈示同様，親密性や関係深化の段階との関連性が高いなど，複雑な対人機能をもつ行為といえる（安藤，1990；中村，1999）。

3．自己呈示の機能

自己呈示の主要な機能として，次の3点が考えられている（安藤，1994）。

① 報酬の獲得と損失の回避：広い意味で報酬（社会的承認の獲得，他者からの尊敬や好印象の獲得）を得たり，損失（社会的不承認，職場内での勢力弱小化）を低減あるいは回避するための手段として用いる。
② 自尊心（自尊感情，self-esteem）の高揚・維持：上記の例のように，上司や同僚から高い評価を得た場合，それは自分自身を評価することによって生じる感情（自尊心）を高めることになる。自己呈示は自尊心の低下を防ぎ，その維持あるいは高める機能をもつ。

③ アイデンティティの確立：ふだん自分が感じている印象（自己概念）と他者から思われている自分（公的な印象）が異なる時，人は，他者の自分に対する印象と自己概念を一致させるような自己呈示を行なう。たとえば，仕事に生きがいを感じている人が，同僚から「仕事のできない人」という評価を得ていると，その人は仕事が認められるよう一生懸命努力する。こうすることにより高い評価を得られれば，自身の職業に対するアイデンティティの確立につながる。

2節 対人コミュニケーションのしくみ

1. コミュニケーションの起源

麻生（1992）を参考に，コミュニケーションの2つの側面について考える。

第1に，人類の系統発生，いわばヒトの歴史である。ダーウィン（Darwin, Ch. R., 1872）がヒトと他のさまざまな動物の感情表現を観察・比較したように，動物の延長としてヒトを理解する進化理論の立場である。彼は，情動表出における系統発生の起源に関して，表情や身振りに種内および種間に類似性を見い出した。実際，ヒトという種内で表情に社会・文化の違いによらずかなりの共通性が見られること（Ekman, P. & Friesen, W. M., 1971）や他の動物とヒトという種間でも類似した情動表出が観察される（vanHooff, J. A. R. A. M., 1972）などの指摘がある。

第2に，個体発生という私たち1人ひとりの歴史である。個体は生から死までさまざまな環境とかかわり，独自の適応様式により複雑な行動を獲得していく。たとえば母子間の授乳では，乳児の"吸う−休む"と母親のやさしい"揺さぶり・声がけ"の連鎖を繰り返して，8週齢には"吸う−休む"を正確な自律したリズムで刻むようになる（正高，1993）。このリズムの獲得は"発言−沈黙"の発話パターンや話し手・聞き手の役割交代という，相互にメッセージを受け渡すタイミングを学習することにつながる。

以上のように，子どもたちは，人間関係を形成していく基本的なはたらきを

新生児期からすでに獲得しており，それが他者とのかかわりによって，場面に応じた複雑なコミュニケーション・スタイルへと発展していくことになる。

2．対人コミュニケーションの基礎過程

　対人コミュニケーションは，ある特定の状況下で，送り手のメッセージの記号化と受け手の解読とが相互・循環的に成立する。この基礎過程として，シャノンとウィヴァー (Shannon, C. E. & Weaver, W., 1949) の情報理論を発展させたモデルが考えられる（図2-2）。

　これは次の基本6要素からなる。

① 発信体：知識，感情，意思などの精神内容を表現・伝達する意図をもった個人・集合体（送り手）。
② 受信体：メッセージに注目し，その意味内容に反応する個人・集合体（受け手）。
③ 記号化：精神内容を一定の記号に変換するメカニズム（あるいは変換作業をする個人・集合体）。
④ 記号解読：受信体に到達したメッセージから精神内容を復元するメカニズム（あるいは，復元作業に従事する個人・集合体）。
⑤ メッセージ：個体間で伝えられる表象記号（言語表現，表情，身振りなど）
⑥ チャネル：互いにメッセージを伝える仲立ち・伝達経路（ことば，声，顔や姿勢など）。

　このモデルの特徴として，第1に，送り手と受け手の役割は相互に入れ替わり，行為者は記号化と解読の両メカニズムをもつ。第2に，閉じた回路に見えるが，実際には「開かれた回路」である。対話が行なわれる特定の状況や文脈に存在するさまざまな"ノイズ"の影響を受け，意図した形で伝わらない場合がある。加えて開かれているがゆえに，周辺の第三者に意図していないメッセージが伝わる（ひそひそ話が他人に聞かれてしまう）こともある。第3に，送ったメッセージに誤りがないかを送り手自身が監視し，次にとるべき行動を制御する"フィードバック"機能が含まれる。これで，ノイズによるメッセージの誤解を防ぐ。

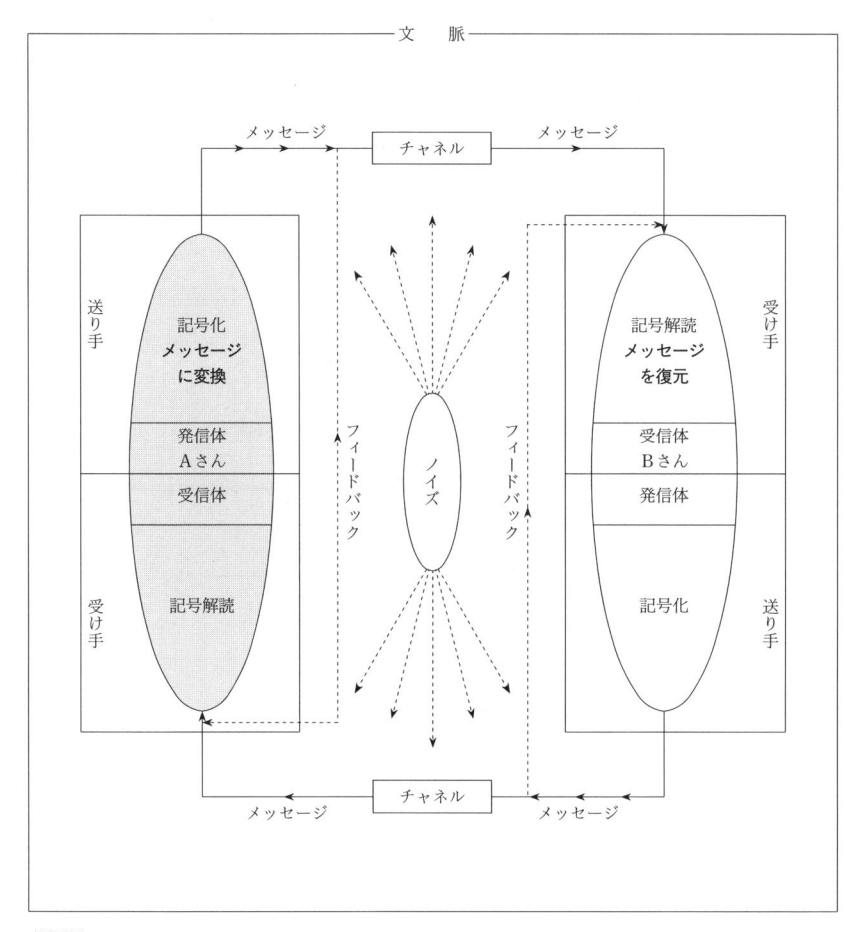

◎図◎2-2　社会的コミュニケーションのプロセス・モデル（竹内，1973；Benjamin, J.B., 1986を参考に作成）

　最後に，このモデルは，個体間だけでなく，集合体間や人と集合体の間における情報の処理と伝達を包括したモデルといえる。よって，マス・コミュニケーションに対しても，このモデルを適用することが可能である。

3節
非言語行動——ことば以外のコミュニケーション

1.「言語」と「非言語」

　対人コミュニケーションにおいて，送り手はさまざまなチャネルを用いて効率よくメッセージを伝えようとし，受け手は送り手の意図を汲み取ろうとする。一般的にはこのチャネルによって，言語と非言語という2つの要素に分けることが多い（図2-3；図には記されていないが，言語には対話場面の話しことばである音声言語と，書くという表現方法の文字言語が含まれる）。

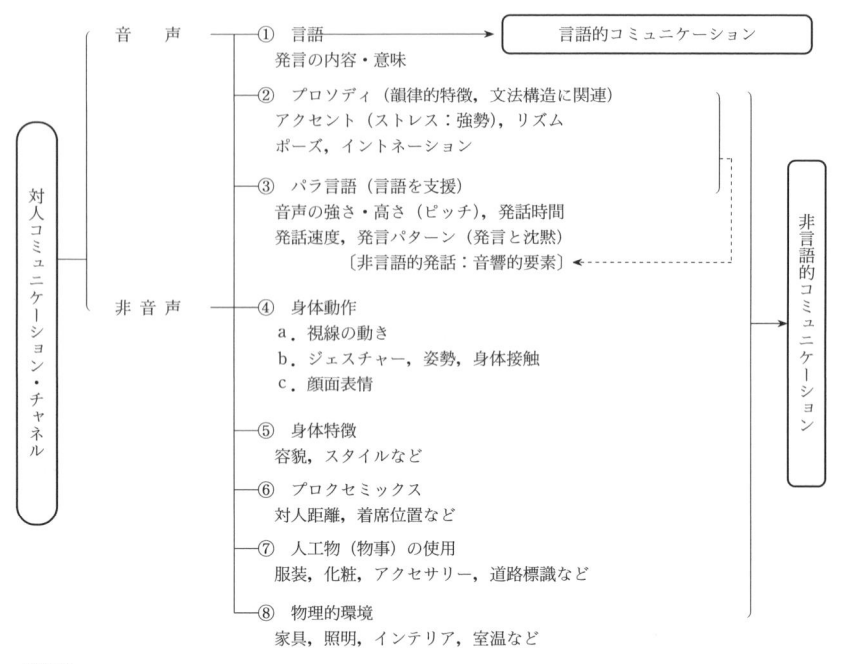

```
                                                          ┌─ 言語的コミュニケーション
                  音 声 ─┬─ ① 言語 ──────────────────────┤
                        │      発言の内容・意味           │
                        │                                 │
                        ├─ ② プロソディ（韻律的特徴，文法構造に関連）│
                        │      アクセント（ストレス：強勢），リズム │
対人                    │      ポーズ，イントネーション   │
コミュ                  │                                 │
ニケー                  └─ ③ パラ言語（言語を支援）      │
ション                         音声の強さ・高さ（ピッチ），発話時間 │
・チャ                         発話速度，発言パターン（発言と沈黙）  │── 非言語的
ネル                           〔非言語的発話：音響的要素〕 ┄┄┄┐  コミュニ
                                                              │   ケーション
                  非音声 ─┬─ ④ 身体動作                       │
                          │      a．視線の動き                 │
                          │      b．ジェスチャー，姿勢，身体接触│
                          │      c．顔面表情                   │
                          │                                    │
                          ├─ ⑤ 身体特徴                        │
                          │      容貌，スタイルなど             │
                          │                                    │
                          ├─ ⑥ プロクセミックス                │
                          │      対人距離，着席位置など         │
                          │                                    │
                          ├─ ⑦ 人工物（物事）の使用            │
                          │      服装，化粧，アクセサリー，道路標識など│
                          │                                    │
                          └─ ⑧ 物理的環境                      │
                                 家具，照明，インテリア，室温など┘
```

◎図◎2-3　対人コミュニケーション・チャネルの分類（大坊，1998；Hinde, R.A., 1972より作成）

　言語は，シンボル（象徴）という人為的な記号であり，意味の伝達を目的とする意図性の高いチャネルといえる。深田（1998）は，言語コミュニケーショ

ン（verbal communication）の伝達内容として①状況の違い，②文章の構造，③ことばそのものの定義，④個人がもつ主観や感情，に対応する4つの意味を指摘している。また，岡本（1994）は，対人関係や社会的文脈に着目し，言語表現に影響する主要な要因として，①話し手と相手・第三者との持続的関係（親密さ，年齢，経歴，地位関係），②コミュニケーションの内容（話題や目的；特に，相手・話し手にとっての望ましさ，利害，重大性，相手と話し手のめんつなど），③コミュニケーション場面（やりとりが直接か否か，参加者の役割・話題・コミュニケーション手続きが自由か拘束的かなど）をあげる。

一方，非言語コミュニケーション（nonverbal communication）は，意図性を伴うとは限らず，音声と非音声の両面をもつ。音声は，音響・聴覚的な要素を含み，非言語発話（Street, R.L., Jr., 1990）ともいわれる。これは，プロソディとパラ言語に分けることがある。プロソディは「音声の韻律的特徴」で，アクセント，リズム，イントネーション，ポーズという言語学的要素と各々の高さ・長さ・強さに関連する（杉藤，1992）。パラ言語は「言語活動に伴って生じ，意志伝達行為になんらかの寄与をする非言語行動」（荒木，1999）で，声の大きさや高さ，発言－沈黙，発話時間や速度などがあり，アクセントを含めることもある（Street, R. L. Jr. 1990）。さらに広義では，発話に付随する身振りまで含め，言語に伴い連続して符号化された行動全般を指す（荒木，1999）。

非音声には，相手への一方視や相互視などの視線行動，ジェスチュアや顔面表情などの身体動作，容貌・体型などの身体特徴，他者と話しをする際の対人距離・着席位置などの空間行動（プロクセミックス）が含まれる。さらに，服装や化粧，アクセサリーなどの身につけるもの，道路標識などの人工物，家具や照明といったインテリアや室温などの物理環境にまで及ぶ。

非言語の分類は，研究者により異なる。ヴント（Wundt, W., 1900）は『民族心理学』で，発達を考慮し，伝達や理解の衝動による表出行動の体系として身振り語を分類した。その基本形態は，①指示的身振り，②叙述的身振り，③象徴的身振りの3種類である。①は，子どもの指差しのような原初的身振りで，対象に注意を向けさせるものである。②は，対象の形態を模倣する模写的身振りと対象の性質の一部を表現する特徴記述的身振りという下位クラスに分けられた。さらに模写的身振りは，身体の一部で対象を空中に描く"模写的形態"

と対象の形態を身体の一部を用いていつまでも留められる形で模倣する"造形的形態"に分ける。③は，観念をシンボルとして間接的に表現された身振りを指す。こうして彼は，身振りをコミュニケーション手段ではなく，からだが認識を表現する「ことばのような記号」（佐々木，1987）ととらえている。

一方，エクマンとフリーセン（1969）は，非言語という記号の起源，用法，意図性，符号化などに着目した。その分類には，①表象(emblem；平和＝Vサインなど一定の意味を伝達する言語に近い動作)，②例示動作(illustrator；発話内容を手や腕で例示，思考過程を点描するなどの動作)，③調節動作(regulator；相手の発言にうなずくなど発話を調整する動作)，④感情表示(affect display；顔の表情などで，意図せずに示されることが多い)，⑤適応動作（adaptor；両手を握り合わせる，鉛筆をもて遊ぶなど，ある身体部位で他の部位に何かをする動作）が含まれる。ただしエクマン（Ekman, P., 1980）では，この⑤の名称を身体操作（body manipulator）という名称に変更している。⑤では，要求や感情の制御，他者との関係を発展させるなどの多様な機能を果たすために，子どもの頃から環境に適応していく発達過程で獲得された防衛的，性的，親密な行動の断片という複雑な意味が含まれる。そのため，ある動作を⑤であると解釈したり，分類することが難しい。そこで，ある場面（例えば，不安や緊張の場面）に適応しようとするとき，先の例に示したようなほとんど意識することなく手や足などの身体の一部で他の部分に対して触れたり，いじるなどの操作をするという動作自体に注目した名称が示されたと考えられる。

2．非言語行動の特徴と機能

次に，非言語行動の特徴を把握し，それをもとにその機能を考えていきたい。深田（1998）は言語コミュニケーションと比較し，非言語コミュニケーションの特徴として次の4点をあげている。

① 言語との独立性：人を呼び寄せる手招きなどのように非言語のみで伝えたり，言語と非言語で異なる意味を伝達することもある。
② 状況による意味の変化：伝達される意味は，状況や文脈に依存する。たとえば，相手への視線がデートでは好意を，けんかでは敵意を意味する。

③ 抽象的・論理的情報伝達の困難さ：自分の意見や体験などを相手に，非言語のみで伝えることは不可能に近く，そこには言語が必要となる。
④ 感情伝達の有効性：表情や動作は言語よりも，感情を効率的に伝えることが可能である。独立性ゆえに，相手に伝えたくない感情が伝わることもある。

このような特徴をもつ非言語行動の機能的側面について，パターソン（Patterson, M.L., 1995）は，次の5つを示している。

① 情報の提供：情報伝達，表示という2つの情報行動に区分される。情報伝達は，特定の動機づけによる目標志向的（MacKay, D. M., 1972），意図的（Ekman, P. & Friesen, W. M., 1969a）で，コントロールされた行動である。オフィスで忙しい最中，訪問者に早く帰ってもらうため（目標），意図的にそわそわと脚を動かしたり，視線を何度も時計に向ける行動がそれである。一方で表示は，感情状態や対人評価，性格などの情報を表示する自然発生・反応的行動である。緊張時の自己操作の増加，怒った時に示す怒りの表情などがその例としてあげられる。
② 相互作用の調整：ここでは，ゴフマン（Goffman, E., 1963）の"焦点の定まった""焦点の定まらない"相互作用という2つの視点から説明している。
　　"焦点の定まった相互作用"は，人々が直接互いに話し合える状況である。相互作用の人数，空間の量や形，メンバーの特徴，話題や課題などにより，身体の向きや対人距離を調整する。ホール（Hall, E. T., 1966）は，相互作用タイプによって調整される他者との適切な距離を密接距離，個体距離，社会距離，公衆距離に，さらに各々を遠・近相に区分した。その他の非言語行動も，会話の展開に応じた調整が行なわれる。"焦点の定まらない相互作用"は，人々がただ居合わせただけの状況である。ほとんど見知らぬ人々が行き交う商店街でも，各人は公共的に適切と思われる服装やしぐさに修正する。また，歩行者は相手を一瞥して，視線や身体の向き，体格などから進行方向や擦れ違える距離を予測し，自分の進行方向を視線や身振りで示しながら，視線を落として歩く。
③ 親密さの表出：関係の深化や崩壊，維持と関連深い機能である。関係が親

密になると，初対面では見られない直接性の高いチャネルを用いる。すなわち，相手への発言や視線の量が増加し，対人距離が縮まり，身体を相手に向けて傾けるようになる。相手の身体に触れる頻度も増加し，触れる部位も変化していく。ただし，両者の関係が安定して結合が強くなると，親密さを表現する動機が弱まり，直接性の高いチャネルを用いる必要がなくなる（大坊，1990）。

④ 社会的統制：社会的統制は非言語行動の道具的側面であり，他者に影響力を行使する目的をもつ。親密さでは自発性が強調されたが，社会的統制は他者への意図的・計画的なコミュニケーション行為である。文脈として，他者への説得や地位の顕示，欺瞞，印象管理などの社会的影響過程が考えられる。例としてカウンセリングや雇用面接場面における面接者の肯定的頷き，凝視，ジェスチュア，微笑みなどが，相談者や求職者の肯定的な反応を引き出すことがあげられる。

⑤ サービスと仕事の目標の促進：サービスでは，職業専門家のサービスやアドバイスを顧客や依頼者が受ける。たとえば医師と患者では，患者側は医師の説明，表情や身振りから自身の健康情報を，医師側は身体に触れ診察するだけでなく，患者が抱く不安を彼らの非言語行動から知る。仕事では，オフィスの物理的構造や机の配置，インテリアなどの職場環境が調整される。これは他者の存在が及ぼす影響が問題となり，対人距離の調整など仕事や仲間への関与，プライバシーの確保などのため，他者に接近する機会を統制しようとするためである。

4節
自己呈示と非言語行動

1. 自己呈示における非言語行動

自己呈示でも言語同様，好印象を与える際に，より意図的な非言語行動が行なわれる。たとえば，会議の遅刻を弁明する社会的苦境場面では，弁解や正当化といった言語方略が用いられる（古屋・湯田，1988），一方，非言語行動で

は，顔はうつ向き，表情を硬くさせて反省を示したり，微笑んで，頭を掻きながらその場を取り繕うこともある。

以上のように，自己呈示において送り手は，非言語の表出を調節する必要がある。ただし，これを意のままに行なうことは困難であるため，送り手の意図通りに解釈されないこともある。ドゥパウロら（DePaulo, B. M., 1992；DePaulo, B. M. & Friedman, H. S, 1998）は，この表出と調整に注目し，状況や文化，情動システム，個人の能力や経験，受け手の評価などとの関連性について検討している。たとえば表情は，ある経験をした際に示された顔面筋の状態と特定の基本的な情動とが結びついたもので，その情動経験と関連した状況に遭遇することで，自動的に表出される。ただし，他者の取り入りや自己宣伝などの自己呈示的状況では，この情動システムに基づく自然な表出に慎重な調整を加えなければならない。さらに，送り手が自己呈示の遂行にどれだけ高い動機づけをもっているか，受け手との間に信頼関係がどの程度形成されているかなどの点も関与する。また，送り手自身が数多くの経験の中で獲得してきた表出を調節する能力社会的スキル，対人コミュニケーション能力の一部についても検討の必要性が指摘されている。

2．欺瞞的コミュニケーション

コミュニケーションにおけるメッセージは，1つとは限らない。たとえば，親子関係のように密接な関係から，子どもが逃れられない状況で，親が自分の子どもに対する敵意に気づいていない時，親は子どもに敵意を意味する一次レベルのメッセージに，その行動が愛情に基づくものであることを示す二次レベルのメッセージ（メタ・メッセージ）を随伴させる。ベイトソン（Bateson, G., 1972）は，このような異なる論理レベルに属するメッセージ間に，当事者の気づかない矛盾があるような文脈をダブル・バインド（二重拘束）と呼んだ。ただしダブル・バインドは，例にあげた"敵意―愛情"という相反する論理レベル上の病理的な歪み（佐藤，1986）をもつ家族の特殊なコミュニケーションから見い出されたものである。

しかし，2つ以上のレベルを含むコミュニケーションは，病理的なものだけでなく，より日常的なものも含む。たとえば，会社で人間関係や自己への他者

評価を維持するため，上司や同僚に対する真の感情や態度を悟られないように隠したり，会議で上司の意見に合わせた偽りのメッセージを示すことがある。このようなコミュニケーションが，欺瞞 (deception) である。欺瞞では，送り手は真の感情や態度を他者から隠し，受け手に送られるメッセージが意図通りに受け取られるよう行為する。それに対して受け手は送られるメッセージから真意を知ろうとする。そのため，送り手は，真の感情や態度を悟られないように自分自身の行動に注意を向け，監視・統制しなければならない（大坊・瀧本，1992；Zuckerman, M. et al., 1981）。特に，非言語行動は表出の調整がむずかしいため，何気ないしぐさや表情，声の調子などから真の情熱が漏洩したり，欺瞞を行なわれていることを示す手がかりとなりやすい（Ekman, P., 1985）。

このように欺瞞は，ゴフマン（1959）の表現を借りれば「偽りの呈示」であり，自己呈示的側面をもつコミュニケーションといえる。

5節 自己呈示・非言語行動へのマルチ・アプローチ

1．マルチ・チャネル・アプローチと社会生理心理学的アプローチ

すでに述べた機能的アプローチのように，非言語行動を1つひとつではなく，まとまりとして果たす役割をとらえる必要がある。それが，複数のチャネルの変化パターンをとらえるマルチ・チャネル・アプローチ（和田，1986）である。さらに，マクニール（McNeill, D., 1987）は，発話（言語）とジェスチュア（非言語）との関連性を論じた。そこで彼は，話し手の発話に本人のジェスチュアだけでなく聞き手のジェスチュアも同期する現象や，話し手が何を話すか考えている時にイメージした内容（内言）は発話からごくわずかに先行するジェスチュアとして表現されることを指摘している。

カシオッポら（Cacioppo, J. T., Petty, R. E. & Tassinary, L. G., 1989）は，社会行動と生理反応をむすぶ方法として社会生理心理学を提唱した。その目標は，態度や社会認知，コミュニケーションなどの社会心理学理論を生理心理学的視点から確認し，拡張することである。さらに"社会―人間"相互の現象を

両分野の統合によって記述・説明することである。たとえば、既述の欺瞞のコミュニケーションでは不安や緊張などの否定的な感情が生じることが考えられ（瀧本，1998a），瞬目・呼吸などの生理指標と緊張度の自己評定によりそれを確認している（瀧本，1998b）。特に，瞬目（田多ら，1991）は，非言語と生理反応の両側面をもつ（大森，1998；瀧本，1994）ため，指標としての有用性が指摘されている。八重澤と吉田（1981）では，他者が個人空間に接近する場面で，被験者がその接近を制止した直後，自己評定による不安や緊張の高まりと瞬目と心拍の急激な多発が見い出されている。さらに大森ら（1997）も，瞬目が視線行動と関連が深く，印象形成の役割をもつことを示唆している。

以上から自己呈示や非言語行動に関する研究では，さらに生理心理学的側面も含んだ広い意味でのマルチ・アプローチの立場が今後必要になるであろう。

2. 現場（フィールド）から視る

やまだ（1997）は，心理学の問題に対して日常生活の現場（フィールド）からアプローチしていくことを提唱している。自己呈示や非言語行動は，さまざまな状況や文化という情報を解釈・統合するプロセスの中で行なわる。そのプロセスにおいて，相手がどんな人物か，私的状況あるいは公的状況か，どのような文化背景をもつかなど，コミュニケーションを行なっている人々は皆必ずそのような場の制約を受ける。

たとえば"あいさつ"場面を考えてみても，仲間との日常的・習慣的な状況，偶発的出会い，用件の前置き，集団への参加や離別など（橋元，1999）の状況が存在する。これらの状況や相手との親密性に応じて，発話や会釈，視線，身体接触（握手，抱く，キス）などが段階的に推移する（大坊，1999）。

ベンジャミン（Benjamin, J. B., 1986）は，物理的環境，関与人数，関与する人々との関係，周囲の出来事，文化の5つをコミュニケーションに影響力のある状況要素としてあげている。その中でも文化については，社会的コミュニケーションへの影響が考えられる。たとえば日本人の自己呈示は，自分を謙遜したり，控えめにふるまう傾向が強い（安藤，1994；中山，1989など）。その理由として，文化による自己観の違いがある（たとえば，日本の"相互依存的な"自己と欧米の"相互独立的な"自己；Markus, H. & Kitayama, S., 1991）。文

化と非言語行動の関連性についても，心理学，民族学，文化人類学などさまざまな分野でふれられてきた。多田(1978)やモリス(Morris, D., 1994)はジェスチュア，ホール(Hall, 1966)は空間行動，エクマンら(Ekman, P. & Friesen, W. M., 1971 ; Ekman et al., 1987)や工藤とマツモト（工藤・Matumoto, D., 1996）は感情表出というように，各行動に見られる異文化間の差異や共通点を示している。

　以上から，自己呈示，非言語行動いずれも，文化を含めた家庭，職場，学校，スーパーマーケットなどの日常生活的現場からの視点が必要といえるであろう。

理論紹介1

ゴフマンのコミュニケーションと自己呈示の理論

　ゴフマン（Goffman, 1959, 1961, 1963）は演劇の観点から，日常生活で観察されるさまざまなコミュニケーションは，それぞれ特定の舞台上で演じられると考えた。その分析単位は，二人以上の人々が「直接的に身体的に，相互の面前に居合わせる時，諸個人が互いの行為に及ぼす相互影響」と定義された対面的な相互行為（interaction）である。

　その相互行為は，特定の行為〔＝パフォーマンス〕を行なう参加者〔＝パフォーマー〕，パフォーマンスに寄与する人々である観察者・共同参加者〔＝オーディエンス〕で構成される。パフォーマンスは，家屋，街頭，職場などの特定の場〔＝状況〕で行なわれる。ゴフマンは，この状況内で必要とされる演出や演出上の技法としてのさまざまなパフォーマンス，すなわち，自己呈示の方略や印象操作の技法などについて考察した。

　彼の考える自己呈示は，状況に合致した他者に対する自己の意図的あるいは非意図的な（何気ない）表出である。この状況に合った自己表現の仕方を状況適合性とし，状況におけるパフォーマンスを規定（状況定義）するのが他者であるとした。

　たとえば，会社で部下Aが上司Bによい印象を与えようとする時，AはBの期待を察し，自己の状況を定義する。そして，Bは自己の表出の際，その定義を維持しつつBに対して節度ある行為をする。ここでパフォーマーであるAは実際の情動を隠し，状況（という舞台）に適した情動が示されるよう自己の挙動いっさいに表出上の配慮（自己統制）が必要となる。ただし，すべての行為を統制できるわけではない。

　この点に関してゴフマンは，身体表現行為を重視し，制御可能な部分と不可能な部分に区別して分析した。制御不可能な部分は，パフォーマーの何気ない仕草として，オーディエンスに抱かせたい印象と矛盾する印象を与えてしまうかもしれない。よってパフォーマーは，この制御不可能な部分の印象を管理・統制し，他者への印象が信頼できる情報となるように努めなければならない。

　以上のように，ゴフマンは，自己呈示などのコミュニケーションを，多様な状況に共在する自己と他者との生き生きとした営み（椎野，1991）ととらえている。

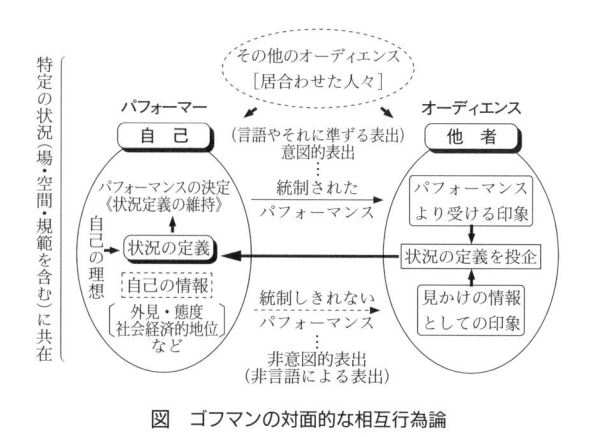

図　ゴフマンの対面的な相互行為論

実験・調査紹介 2

自己モニタリングと表出行動：自己呈示の個人差

問題

スナイダー（Snyder, 1974）は、対人場面における自己表出行動や自己呈示をモニター（観察・調整・統制）することを自己モニタリング（以下 SM）と呼び、SM 尺度により、SM の高低と他者の表出行動認識や自分の表出行動コントロールとの関連を検討している。

● 実験 1

[被験者] 刺激人物は、高 SM 者 30 名と低 SM 者 23 名の学生。7 種の感情を込めて 3 種の文章を音読し、その音声記録と表情の顔写真が提示刺激。判定者は高 SM 者 20 名と低 SM 者 13 名の学生。

[手続き] 判定者に刺激を提示し、それが示す感情を 7 種類の感情の中から選択させた。

● 実験 1 の結果

高 SM の刺激人物による声や顔写真は、表出行動のコントロールに優れ、感情識別率が高い。また、高 SM の判定者は他者の表出行動に敏感で、判定者として優れているという結果を示した（図参照）。

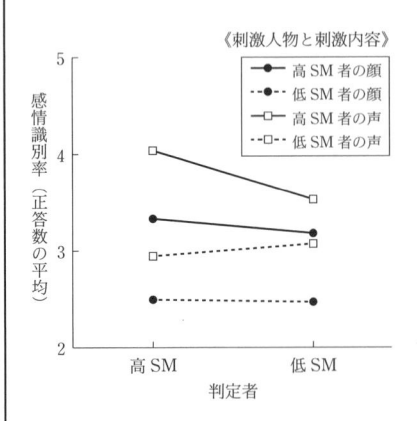

● 実験 2

[被験者] 高 SM 者 14 名と低 SM 者 13 名の学生。

[手続き] 実験操作は、被験者は性格検査に回答する際、机上にある他の学生の回答集計用紙を好きな時に参照するよう教示する。そして観察指標は、回答集計用紙への参照回数と参照時間を観察した。

● 実験 2 の結果

参照の回数・時間ともに、高 SM 者が高い。これは、高 SM 者が他者の行動に関する情報を求める傾向が強いことを示す。

全体考察

高 SM 者は、状況や他者の表出行動に敏感で、その中で何が適切かを判断し、自己呈示や表出行動の手がかりとして利用する。また、自己の表出行動のコントロールにも優れ、望む印象を作ることが可能であること、そして低 SM 者は、自己呈示や表出行動にほとんど関知せず、他者の表情にも注意を払わないことがわかる。

なお SM 尺度は、①自己呈示の社会的適切性への関心、②状況に適した自己呈示の手がかりとして他者の行動への参照程度、③自己呈示や表出行動の統制・変容能力、④特定状況におけるこの能力の使用、⑤状況による表出行動や自己呈示の変化性、という 5 因子で構成されていることが確認されている。

ただし、ブリッグスら（Briggs, et al., 1980）は、外向性・他者指向性・演技の 3 因子を見い出した。尺度の妥当性や信頼性についてはさまざまな議論（岩淵ら, 1982）があるが、自己モニタリングの考え方は、数多くの応用研究を生み出している（齋藤, 1999）。

図 刺激人物と判定者別の感情評定正答数——尺度による比較（Snyder, 1974 より作成）

理論紹介 2

非言語行動の連鎖的機能モデル

　パターソン（Patterson, 1982）は，既存の非言語行動モデルに関する問題点として，次の3点をあげている。
①分析範囲が親密行動に限定。
②親密さの表出以外の潜在的機能の多様性を考慮していない。
③文化や関係性，パーソナリティや性別などの先行要因の分析が不十分。
　これらの点から連鎖的機能モデルでは，まず先行要因として，パーソナル要因（文化，性，パーソナリティ，社会階層，年齢など），経験要因（これから行なわれる行為と類似した，そしてごく最近行なわれた相互作用の残余効果），関係―状況要因（予想可能な社会的・物理的な制約条件）が働く。

　非言語行動は，先行要因の元に生じた潜在的覚醒変化によって調整される。そして，この覚醒変化によって開始されるのが，他者の行動への対処を決定する認知―感情評価（感情判断，自己や他者の認知，期待など）である。ただし，どの非言語行動を活性化させるかは，個人の行動傾向の影響を受ける。これらの媒体により，A・B双方の非言語的関与や機能の知覚に食い違いが生じる。たとえば，Bが極めて高いレベルの関与を示すと，Aは不安定な交換を認識する。そこで，Aは覚醒の増大を感じ，自分の感情やBの行動の意味を判断しようとする。この結果，Aが安定した交換を達成するような，食い違いを埋める補整的行動が生じる可能性が高くなる。

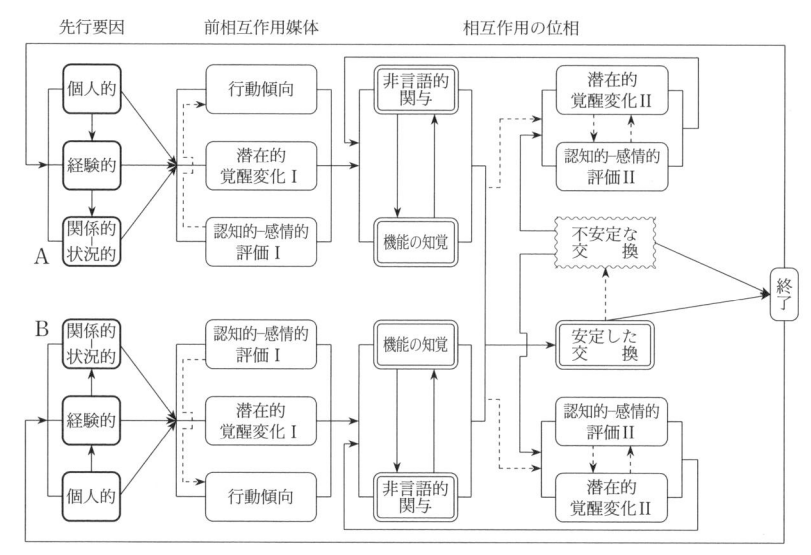

　図　非言語的交換に関する連鎖的機能モデル（Patterson, M.L., 1982；工藤　力（監訳）　1995, p.39より作成）

▶理論紹介1の引用・参考文献

Goffman, E. 1959 *The Presentation of Self in Everyday Life.* New York: Doubleday & Company Inc. 石黒 毅(訳) 1974 行為と演技：日常生活における自己呈示　誠信書房

Goffman, E. 1961 *Encounters : Two Studies in the Sociology of Interaction.* New York : The Bobbs-Merrill Company, Inc. 佐藤 毅・折橋徹彦(訳) 1985 出会い：相互行為の社会学　誠信書房

Goffman, E. 1963 *Behavior in Public Places.* New York: The Free Press. 丸木恵祐・本名信行(訳) 1980 集まりの構造：新しい日常行動論を求めて　誠信書房

▶実験・調査紹介2の引用・参考文献

Snyder, M. 1974 Self-monitoring and expression behavior. *Journal of Personality and Social Psychology,* **30**, 526-537.

Briggs, S. R., Cheek, J. M. & Buss, A. H. 1980 An analysis of the selfmonitoring scale. *Journal of Personality & Social Psychology,* **38**, 679-686.

岩淵千明・田中国夫・中里浩明　1982　セルフ・モニタリング尺度に関する研究　心理学研究, **53**, 54-57.

齋藤　勇　1999　セルフ・モニタリング理論の多面的応用　齋藤　勇・川名好裕(編)　対人社会心理学重要研究集7──社会心理学の応用と展開　誠信書房

▶理論紹介2の引用・参考文献

Patterson, M.L. 1982 A sequential functional model of nonverbal behavior. *Psychological Review,* **89**, 231-249.

▶実験・調査紹介3の引用・参考文献

大坊郁夫・瀧本　誓　1992　対人コミュニケーションにみられる欺瞞の特徴　実験社会心理学研究, **32**, 1-14.

実験・調査紹介3

対人コミュニケーションに見られる欺瞞の特徴

問題

本実験（大坊・瀧本，1992）では，欺瞞時の記号化と解読の両過程における行動を観察し，欺瞞者と非欺瞞者の相違，欺瞞者の特徴を非欺瞞者がいかに認知するかなどを検討した。

方法

[被験者] 男女各24名の大学生。実験に先行し不安尺度（MAS）とモーズレイ性格検査（MPI）を実施し，同性どうしの会話ペアを編成。MASの高中低でペアの2人とも同じ不安一致群と一方だけが高い落差群を構成した。MPI各得点には，不安一致と落差群間に統計上の差はない。

[手続き] 実験開始前に態度調査を実施し，被験者2名とも明確で同一意見をもつ項目を会話テーマとして選定した。被験者双方へのテーマ教示の際，被験者の一方のみ，相手と同一であった意見の方向性を操作した。

欺瞞者：真の態度とは反対の意見を述べるよう要請。

非欺瞞者：真の態度で意見を述べるが，相手の意見操作は知らない。

双方の意見確認後，伝達テーマに関して対面で12分間会話を行なう。終了後，互いに印象評定を実施。

最後に，実験内容をできるだけ他言しないことなどの依頼をして終了。後日，被験者に実験の目的や結果を説明。加えて簡単な面接を行ない，他の学生に内容をどの程度話したのか，実験に関する疑問点などについて確認した（デブリーフィング）。

表 コミュニケーション行動の観察指標と測度

	観察指標	測度
自己操作	顔・頭へのタッチング 手・腕へのタッチング その他の部位へのタッチング　など	総持続時間 出現頻度 平均持続時間 各測度ともに ブロックごと セッション全体 （全指標に共通）
視線行動	一方視 相互視 視線回避後の一方視　　　　　など	
発言行動	単独発言 発言時の中断 発言交代時の沈黙　　　　　　など	

結果

①単独発言：欺瞞者は相手の非欺瞞者に比べ発言が活発で，この特徴は女性に顕著であった。

②一方視：一般的に女性が男性よりも多く視線を向けることが知られているが，本実験では男女差が見られなかった。これは，欺瞞事態で男性欺瞞者が相手に視線を多く向けたためと考えられる。

③身体操作：顔から下の手・腕への接触が欺瞞者に多く，男性で顕著であった。

考察

表出行動にみられる性の差異的特徴が，欺瞞を伴わない会話にみられる各チャネルの活動性の関係と異なる結果となった。これは欺瞞導入の心理変化により，一般的に抑制されるチャネルが活性化されるため，女性ではより意識的な行為として，男性ではあまり意識しない行為として，強く反映されることが予想される。

3章 ひとを好きになる

　人を好きになることは重要である。私たちは好きな人とより強い関係を結ぶようになり，夫や妻，恋人や友人となって生活時間の多くを共有するようになるからである。しかし，これらの関係は人に喜びも悲しみももたらす。あなたが好きな人たちを思い浮かべてほしい。その人と楽しくすごせる時はあなたにとって喜びとなるであろうが，別れの時は一転して悲しみとなる。好きという気持ちやそれに基づく人間関係は私たちにさまざまな情緒を体験させ私たちの幸福感に影響する。

　それでは，私たちが人を好きになるきっかけは何であろうか。この世の中にはたくさんの人がいるにもかかわらず，好きになる人とならない人がいる。なぜあなたはあるクラスメイトと親友であり，別のクラスメイトとは親友ではないのだろうか。なぜあなたはある人に恋をし，別の人には恋をしないのだろうか。

　社会心理学者たちは人が誰かを好きになる時には一定の条件が働いていると考え，それらを検討してきた。あなたが親友や恋人と出会った時にこれから述べるような条件があっただろうか，一緒に考えてもらいたい。

1節
何がひとを好きにさせるのか

　そうした条件の中で、最も単純な第1の条件は容姿である。身体的魅力の高い人は、特に異性から好意をもたれやすい。ウォルスターら(Walster, E. et al., 1966)は、大学で開催された新入生歓迎パーティを利用した実験によってこれを確かめた。彼女らは「コンピューターダンス」と称するしくみを新入生に配布された冊子の中で宣伝した。これはチケットを購入すると、性格や興味関心に合わせてコンピューターがダンスの相手を選んでくれるというものであった。このしくみによって、もれなく自分にピッタリのダンス相手が得られるというわけである。チケット購入の際には質問紙に個人情報を記入することが依頼され、その間、実験協力者によって購入者の身体的魅力が評定された。こうして男性376名、女性376名が被験者となった。ウォルスターらは、無事に相手を得た学生たちにダンスの休憩時間を利用して「あなたはダンス相手にどの程度好意をもったでしょうか」と質問をし、その回答とチケット購入時に評定された身体的魅力との関連を検討した。その結果、図3-1と図3-2のように、男性も女性もどの魅力レベルの被験者も身体的魅力の高い相手に好意をもった。

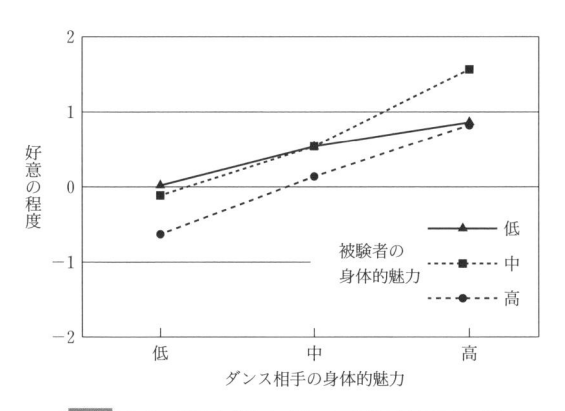

◎図◎3-1　男子大学生のダンス相手に対する好意度
(Walster, E. et al., 1966より作成)

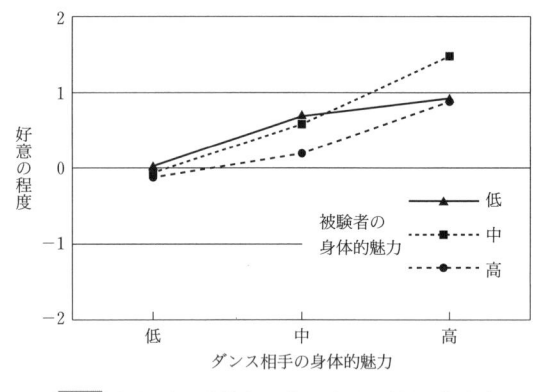

◎図◎3-2　女子大学生のダンス相手に対する好意度
(Walster, E. et al., 1966より作成)

グラフ縦軸：好意の程度
グラフ横軸：ダンス相手の身体的魅力
凡例：被験者の身体的魅力　低／中／高

実はこの研究における予想の1つは，被験者は自分の身体的魅力と同程度の相手に好意をもつというものであった。これは身体的魅力の釣り合い仮説（matching hypothesis）と呼ばれている。容貌の似た者どうしがひかれ合うというわけである。ウォルスターらの結果はこれを支持しなかったが，奥田（1990）によると，少なくともどのような相手をパートナーにするかを考える段階では釣り合いが考慮される。しかし，実際にパートナーを選択する段階になると人々はやはり身体的魅力の高い相手を好むという。

ウォルスターらの研究では，身体的魅力といっても，顔や身体のどの部分の魅力なのかを明確にしていなかった。身体の部分的要素の効果を検討した研究は意外に少ない。しかし，最近では女性のウェストとヒップの比率が男性の感じる魅力に及ぼす効果が検証されている。この比率はWHR（waist-to-hip ratio）と呼ばれ，単純にウェストをヒップで割ったもので，値が大きいほどウェストとヒップとの差がないことを表わす。図3-3を見てほしい。これは標準的な体重を想定してWHRを変化させた場合のモデルである。シン（Singh, D., 1993）はこれと同様の図を106人の若い男性に見せて，魅力度の順位をつけてもらった。その結果，図3-4のように，およそ50％の男性がWHR 0.7の女性図を第1位に選んだ。そして，この女性は他の女性よりも健康的で，子どもをもちたい気持ちが強く，またその能力も高い女性とみなされやすかった。また，別の研究でこの傾向は年齢を問わずに見られることもわかった。

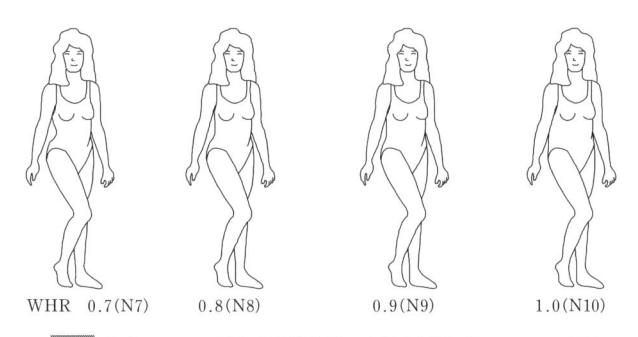

WHR 0.7(N7)   0.8(N8)   0.9(N9)   1.0(N10)

図3-3　WHRの異なる標準体重の女性人体図（Singh, D., 1993）

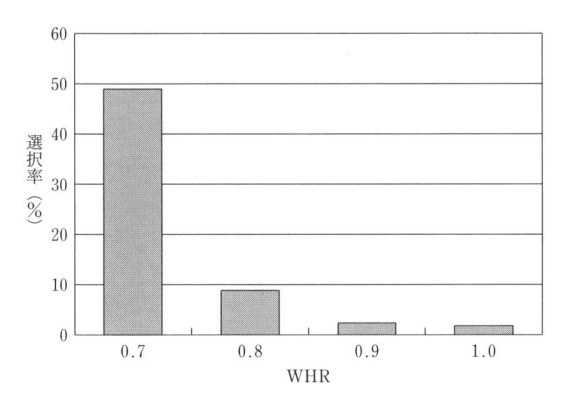

図3-4　魅力順位第1位として選択された割合
（Singh, D., 1993より作成）

　さて，男性たちはなぜWHR 0.7の女性を魅力的と感じたのであろうか。シンがこの研究の基盤としたのは進化論的な考えであった。この立場の研究者たちによると，男性にとって重要な女性の特徴は繁殖力の高さであると仮定している。したがって，男性は繁殖力が高く見える女性に魅力を感じるのだと説明される。シンが直接に調べた事柄は男性にとって魅力ある女性の身体的形態は何かということであった。しかし，研究の目的は男性の好みの背景には女性の繁殖力の査定があるという仮説を検討することであった。シンは他の研究を概観して上半身の体脂肪が多い女性（WHR＞.85）より下半身の体脂肪が多い女性（WHR＜.85）の方が繁殖力があり健康であるという証拠を集め，自分のデータを進化論的な観点から解釈する基盤を作っている。そのため，シンの議論と

データに基づけば，確かに男性被験者は女性のWHRと繁殖力の高さとを関連づけていたように見える。

　進化論的な見方は社会心理学の中では新しい立場であり，データの蓄積や議論が尽くされたわけではない。したがって，結論的なことはまだ言えない段階にある。加えて，素朴に生物学的な仮定を導入しているために，性としての男女の相違を際立てている側面がある。これが男女の社会的平等を基盤とする現代社会の流れに逆行しているという見方もできる。（理論紹介3を参照）。

　人を好きにさせる第2の条件に焦点を移そう。それは好きになる人どうしはある面で似ているということである。バーン（Byrne, D.）は多くの研究によって2人の態度の類似性（similarity）が高いほどお互いに好きになりやすいことを見い出した。ここでは簡便のために態度とは物事に対する意見や考えであるとしておくが，態度の学術的な定義については6章で述べているので必ずそれを参照してほしい。さて，バーンら（1965）は学生クラブ，人種差別廃止，SF，福祉法制化，子どものしつけなどさまざまな事柄に関してあらかじめ大学生被験者の態度を質問紙を使って測っておいた。その後，その被験者たちは「限られた情報に基づいた他者判断の正確さ」と銘打った実験に参加した。その実験の中で被験者たちはある人物が回答した態度質問紙を渡され，それを見てその人物に関する判断をしてほしいと依頼された。この時被験者に渡された態度質問紙は，バーンたちがあらかじめ作っておいたものであった。彼らは被験者たちの態度質問紙への回答を吟味してそれとよく似たパターンの回答を記した態度質問紙やかなり異なるパターンの回答を記した態度質問紙を作成しておいた。これによって被験者が判断を求められた人物と被験者自身の態度の類似性を操作したのである。もし態度の類似性が効果をもつならば，自分と似た態度のもち主に抱く好意の方が，自分と似ていない態度のもち主に抱く好意よりも高いはずである。

　バーンはこのような手続きでいくつかの実験を行なった。すべてを合わせると操作した態度の類似性は11種類であり，合計の被験者数は790名にも及んだ。それらの結果は図3-5のようにまとめられた。横軸は態度の類似性を比率で表わしており，態度質問紙の回答の何％が一致していたかを意味する。縦軸は判断した人物に対して感じた魅力の強さを表わしている。これは人物判断を

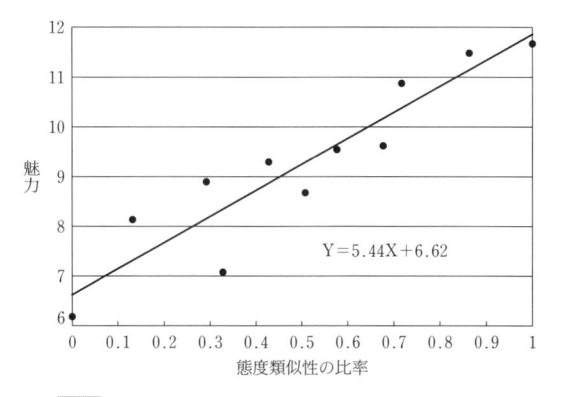

◎図◎3-5　他者との態度の類似性と魅力の直線的関係
（Byrne, D. & Nelson, D., 1965より作成）

してもらうための質問項目のうち，「どのくらい好意をもっているか」「どのくらい一緒に仕事をしたいか」の2項目に対する回答の合計値で，取り得る値は2点から14点の間である。この図は自分の態度と判断した人物の態度の類似性が高いほどその人物に対して魅力を感じたことを明確に示している。

　自分と似た態度をもつ相手にひかれるのはなぜだろうか。ここでは2つの考え方を手短に紹介しよう。1つはバーン自身が採用していた強化の原理に基づく説明である。人は快や報酬を与える対象を好むようになる。類似態度は人に快経験（たとえば，自分の意見への同意が得られる）をもたらすので類似性の効果が現われるというものである。もう1つはバランス理論による説明である。自分も相手も同じ対象に同様の態度をもっている時，相手に好意を抱くことによって認知的にバランスのよい状態になる。逆にこの時に好意をもたないでいることは認知的にバランスが悪い状態になる。人は認知的バランスのよい状態を保とうとするために類似態度のもち主には好意を抱くというのである（バランス理論は6章に詳しい）。

　人を好きになる第3の条件は相手の気持ちがわかっていることである。一般に人は自分を好きになってくれる人を好きになる。これは好意の互酬性（reciprocity）と呼ばれる。バックマンら（Backman, C. W. & Secord, P. F., 1959）は同性被験者10名からなる3つのグループにそれぞれ15分間の自由討論をしてもらった。このような過程を1週間ごとに6回繰り返し，そのうち1回め，

3回め，6回めについては，実験者が各グループのメンバーを2人ずつに分けると告げ，どの人と組みたいかを3番めまで書かせた。その結果，1回めの討論の後では自分に好意をもっていると知らされていた人物を組みたい相手として選ぶ傾向があった。しかし，3回，6回とグループ内で他者との接触が続いた後では，別の人物を選ぶ人も現われ，全体的には最初に知らされた好意の効果は失われた。この結果は，好意の互酬性が対人的相互作用の初期段階において観察されることを示唆している。

さらにカーティスとミラー（Curtis, R. C. & Miller, K., 1986）は，好意の互酬性は行動にも反映されることを示した。互いに面識のない2人の同性被験者をペアにして最初に5分間の時間を設けて話をしてもらった。その後，一方の被験者は他方の被験者から好かれたか嫌われたかのフィードバック（実験者が作成したもの）を与えられた。その後，人工妊娠中絶や医療コストなどいくつかの問題からテーマを選んで2人で10分間の討論をした。その討論の間，2人の被験者の行動は観察者によって記録された。被験者は討論の後に相手の印象を評定して最後に実験の説明を受けた。このような手続きで得られた被験者の印象評定と観察者による行動評定の結果の概要は表3-1のようであった。

◎表◎3-1　好意の互酬性（Curtis R. C. & Miller, K., 1986より作成）

変数	好意条件	非好意条件
被験者による印象評定		
好意	5.60	3.80
暖かさ	5.40	4.07
親しみやすさ	5.60	4.60
観察者による行動評定		
態度	4.47	3.00
声の調子	4.50	3.20
自己開示	4.60	2.80

［注］　条件間の値の差はすべて統計的に有意。

まず相手が自分を好きか嫌いかのフィードバックを受け取った被験者は互酬的な好意評定をした。自分に好意をもった相手に好意をもち，好意をもたなかった相手には好意をもっていない。このことは相手の暖かさの評定にも現われている。さらに，観察者による評定では相手に接する態度や声の調子が好意的で自己開示も多く，相手の意見に対する不同意や自分の立場と異なることなど

の表明が少なかった。このように，相手が自分に好意を抱いていることがわかると，人はその好意に応じて相手に好意をもち，それを行動にも反映させるようであった。これらの実験はそれまで面識のなかった人たちに親しみや友情が生じる過程の一端を示していると言えよう。

　第4の条件は，個人間の物理的距離の近さである。これまでの研究で，近くにいる人ほどお互いに好意をもつことが明らかになっている。これは近接性の効果と呼ばれている。セガール（Segal, M. W., 1974）は米国メリーランド州の警察学校の訓練生を対象にしてこの効果を確かめた。訓練生たちは警察学校で知り合いになってから1ヶ月半程度であった。この警察学校では生徒の名字をアルファベット順に並べた出席番号をもとに宿舎の部屋割りや授業中の座席を決めていた。したがって，出席番号の近い生徒どうしは宿舎の部屋も近く授業中の座席も近いことになる。セガールはこの生徒たちに親しい友人の名前を書いてもらった。もし近接性の効果があるならば，出席番号の近い者がお互いに親しい友人として名前をあげるはずである。

　結果は図3-6のように，確かに近接性の効果を示していた。左の縦軸は45名の出席番号を表わし，横軸は指名された生徒の出席番号を表わしている。たとえば出席番号「1」の生徒は「2」「7」「8」の3名の生徒を親しい友人として指名したことがわかる。また「2」の生徒が「1」「3」「8」の生徒から指名されたこともわかる。この図を見ると明らかに並び順の近い生徒どうし，つまり部屋や座席が近い生徒どうしが親しい友人となっている。

　近接性の効果を別の角度からみることもできる。お互い近くに存在しているということは，たとえ話をしなくてもそれだけ顔を合わす機会が多いはずである。実は，特別に挨拶をしたり話をしたりすることがなくても，相手を「見る」回数が多いほどその相手に対する好意が大きくなることがわかっている。これを単純接触効果（mere exposure effect）という。

　サイガードら（Saegerd, S. et al., 1973）は，味覚の実験のために集まった64人の被験者たちを8人ずつのグループに分け，さらに各グループを味見役4人と観察役4人に分けて接触する回数を操作した。観察役の被験者は味見をしている被験者と1.2mほど離れたイスに背中合わせですわる。実験者の合図があると観察役は移動して味見役の前に0.9mほど離れて対面してすわる。実

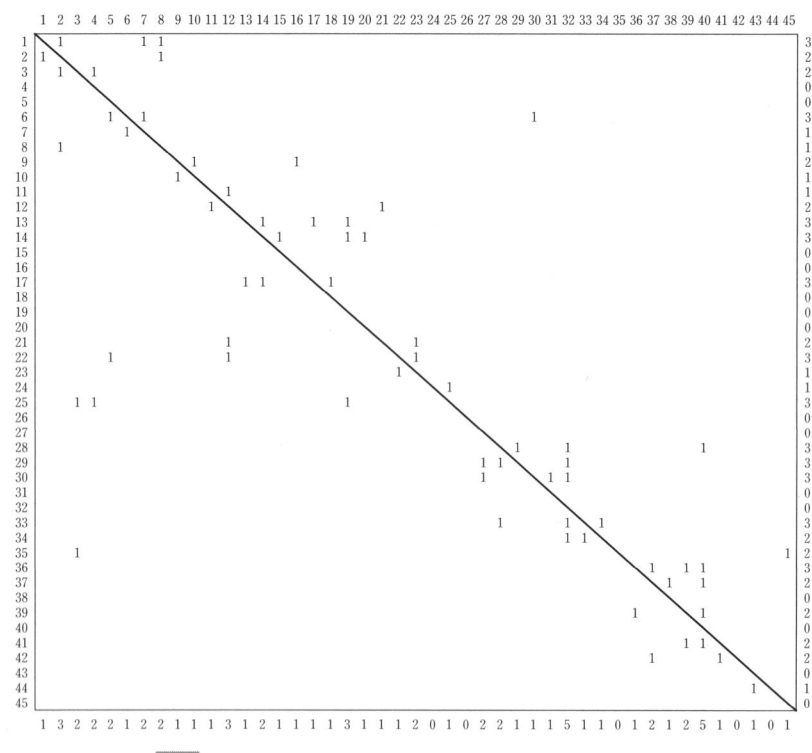

◎図◎3-6　出席番号と友人選択（Segal, M. W., 1974 より作成）

者が用意した液体の味見が始まりそれを観察役が見る。観察役の仕事は液体がどんな味かを推測することであった。35秒ほどで味見は終わるようになっており観察役は最初のイスに戻る。味見は18回行なわれ，観察役は1人の味見役だけでなく4人の味見役すべてと対面した。ただし，どの味見役と何度対面するかは実験者があらかじめ決めていた。観察役は，ある味見役と1回，別の味見役と2回，さらに別の味見役と5回，最も多く対面した味見役とは10回で合計18回の対面をするようになっていた。味見役と観察役は35秒ほど顔を向きあわせるだけで話はいっさいしなかった。まさに単純接触である。もし対面した回数が多いほど味見役と観察役がお互いに好意を強く感じていれば，単純接触効果があったといえる。結果は，図3-7のように明らかにこの効果を示していた。

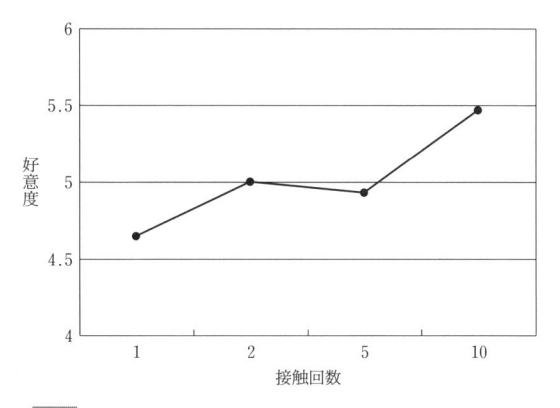

◎図◎3-7　単純接触効果（Saegerd, S. et al., 1973より作成）

　単純接触効果はザイアンス（Zajonc, R. B., 1968）が最初に検討したもので，その時には男性の顔写真を被験者に呈示していた。サイガードらは生身の人間についてこの効果を確認したわけである。また，ザイアンスの最初の研究では，顔写真だけでなく，中国語の文字やフルーツや花といったさまざまな対象物のスライドについて呈示する回数を変化させて同様の効果を得ていた。単純接触効果とは人に限定されるものではなく，一般に対象物を見る回数が増えるほどその物に対する好意度（ある場合には物のよさの判断）が上昇することを指している。

　近接性に関連する多くの研究はフェスティンガーら（Festinger, L. et al., 1950）の研究に刺激されたものである。それは集合住宅の構造が住民の出会いを頻繁にさせるようになっているほど，そこに住む人々の関係が親密であることを示していた。このように物理的距離や接触頻度という環境的要因が，少なくとも出会いの初期段階においては好意に影響するようである。私たちはなぜ相手を好きになったかを考える時相手の外見や性格などに注目しがちだが，私たちの生活空間に埋め込まれている環境的要因も私たちが他者に抱く好意に少なからず影響することを知っておくべきであろう。

2節
対人行動と魅力

　魅力や好意に影響するのは，これまでみてきた要因がすべてではない。人々の間で生活する私たちは，他者との相互作用を頻繁に行なっており，相手の行動やふるまいを通してその人に好意をもったり嫌悪感をもったりする。ここでは相互作用の中のどのような要素が好意に影響するかをみてみよう。

　第1は自己開示と呼ばれる行為である。これは自分の個人的な話や秘密を人に話すことであるが，その内容の深さには段階がある。他の人には話さないような個人的な秘密を伝える深い自己開示から趣味や好きなタレントの話などあたりさわりのない浅い自己開示まであり，一般には関係が親密になるほど深い自己開示がなされる。研究者たちは，初対面の相手に対するどのような自己開示が相手の好意を増加させるかを検討してきた。

　たとえば，ウォーシーら（Worthy, M. et al., 1969）は48人の女子学生を対象として次のような実験を行なった。実験は4人ずつのグループで行なわれた。彼らは4人の女子学生に10分間の自由な会話をしてもらい，その後に仕切り板で区切ったテーブルにすわらせた。ここで実験者が用意した記録用紙を使って自己開示が行なわれた。テーブルにすわった被験者は1番から7番までの話題が印刷されている用紙を10セット受け取った。この話題は大きな番号ほど内容が深くなっており，たとえば浅い内容の話題は「好きな食べ物について」であり，深い内容のものは「性体験」であった。被験者たちはいずれかの話題の番号とその回答文とを記録用紙に記入して他の3人の被験者に渡すように依頼された。この回答文が自己開示の内容である。この時3人に同じ話題番号の回答文を渡さないように説明された。また，どの番号の話題にも回答したくない場合には自己開示を拒否することもできた。自分以外に3人の相手がいたので，被験者たちは誰に何番の話題に対する回答を渡すかを決めねばならなかった。この手続きによって結果的に3人に対して深さの異なる自己開示がなされた。1つのグループについてこの手続きが10回繰り返され，1人の被験者は他の3人に対してそれぞれ10個の自己開示文を書いて渡した。この時の各相手に渡し

た記録用紙の話題番号の平均が計算され，その値に基づいて1人の被験者が他の3人の被験者に行なった自己開示の深さが決定された。この自己開示が行なわれた後，4人の被験者が相互に好意度を評定したところ，図3-8のように最も深い自己開示をした相手から最も強い好意を得た。

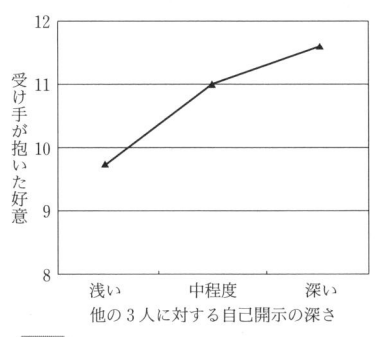

◎図3-8 自己開示の深さが受け手の好意に及ぼす影響（Worthy, M., 1969より作成）

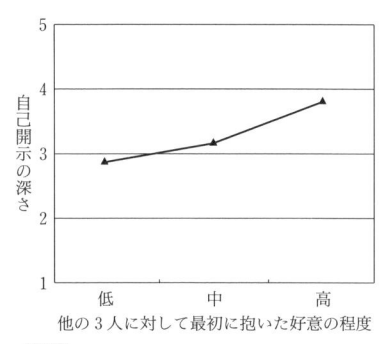

◎図3-9 最初に抱いた好意の程度が自己開示に及ぼす影響（Worthy, M., 1969より作成）

　これは自己開示が相手の抱く好意にどのような影響を与えるかを示したものだが，この同じ研究の中で，最初に相手に抱いた好意（10分間の会話の後に評定したもの）が，その相手への自己開示に与える影響も検討されていた。ウォーシーらは好意と自己開示の影響過程について両方向的にみていたのである。図3-9をみると最初に抱いた好意が強い相手ほど深い自己開示を受けていることがわかる。好意は社会的行動によって影響されるだけではなく，もともと相手に抱いている好意の大きさが，その相手に対する行動に影響するのである。

　好意に影響する別の対人行動は自己呈示である。すでに2章でみたように自己呈示にはさまざまな種類がある。ここでは自己高揚と自己卑下が好意に及ぼす影響を見てみよう。中村（1986）は，自己高揚的な陳述と自己卑下的な陳述をそれぞれ5つずつ作成し，それらを組み合わせて5種類のシナリオを構成した。2人の実験協力者が模擬的なインタビュー場面を演じて，その模様がビデオ撮影された。完成したビデオは5種類で，インタビューに答える人が5種類

のシナリオに従って発言した。その発言は自己高揚的な陳述が含まれる割合が100％から20％の間で異なっていた。たとえば，20％条件では自己高揚的な陳述(例；音楽面での素養がある)が1つで，残りの4つは自己卑下的な陳述(例；何のとりえもない)で構成されたシナリオを使っていた。これらのビデオを50人の女子学生に見せて，インタビューに答える人物に対する好意度をたずねた。すると，図3-10のように，60％条件の場合に好意度が最も高くなった。この研究はあまりに自慢的でもあまりに謙遜的でも人の好意は得にくいことを示している。

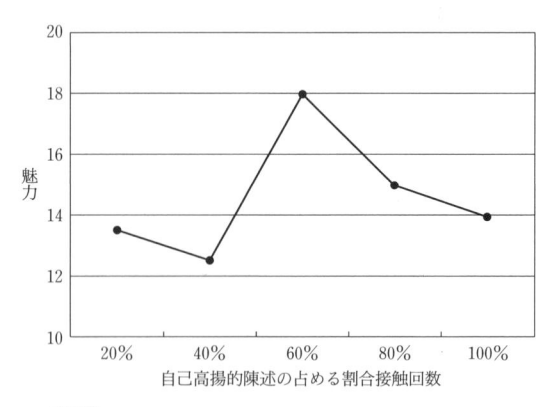

◎図◎3-10　自己呈示者の魅力（中村，1986より作成）

3節
好きという気持ち：愛情・好意・嫉妬

「私たちは一生の中で何度か人を好きになる」。これは愛情を念頭に置いた言い方であるが，同じ「好き」ということばを友情について使う場合はまた異なった気持ちを表わすかもしれない。友人に対して感じるのは愛というよりも好意とみた方が適切かもしれない。

ルービン（Rubin, Z., 1970）は，愛と好意の区別を試みてそれぞれを測定するための質問項目を作成した。表3-2はその一部を翻訳したものである。これ

◎表◎ 3-2　ルービンの愛情尺度と好意尺度の項目例（Rubin, Z., 1970）

愛情尺度
・私は_____になら，何でも打ち明けられると思う。
・1人になると，いつも_____と会いたいと思う。
・_____なしに過ごすのはつらい。

好意尺度
・私が思うに，_____はよくできた人間だ。
・_____は人から尊敬されるタイプだと思う。
・_____なら人から賞賛されるのも難しくないと思う。
・_____の部分は愛情や好意の対象となる人物が入る。

をみてルービンが愛と好意とを概念的にどのように区別したかを考えてほしい。ルービンは158組のカップルに恋人と友人を空欄にあてはめてこの質問項目に回答してもらった。表3-3のように男女とも恋人に対しては好意も愛の得点も同程度に高かったが，友人に対しては好意は高いが愛得点はそれに比べると低かった。

◎表◎ 3-3　恋人と友人を対象とした愛情
得点と好意得点の平均値
（Rubin, Z., 1970）

尺度	女性	男性
恋人への愛情	89.46	89.37
恋人への好意	88.48	84.65
友人への愛情	65.27	55.07
友人への好意	80.47	79.10

また恋人に対しては結婚の可能性についても評定を求め，愛得点との関連をみたところ，女性も男性も $r = .59$ であった。一方，好意得点と結婚可能性の関連は女性が $r = .32$ で男性が $r = .35$ であった。このように結婚可能性は愛得点と強く関連していた。さらに，ルービンは愛得点がともに高いカップルはともに低いカップルより，お互いに視線を向ける時間が長いことも示した。結婚可能性や視線量などは愛情の強さを別の方法で測っているといえる。これらの指標が好意得点よりも愛得点と強く関連していたことは，愛と好意を別々に測ろうとしたルービンの試みが一定の成功を収めたことを表わしている。

人を好きになるとやがて恋人や夫婦という関係が形成される。一度こうした関係ができた後で、パートナーが別の異性と関係をもつことがある。いわゆる浮気である。この時多くの場合に嫉妬が生じるが、浮気といってもいろいろである。出来心で別の相手と性交渉をもつ場合、性交渉はもたないが別の人を愛してしまう場合、身も心も別の相手にささげてしまう場合などがあろう。

最近の研究では、浮気の種類によって嫉妬が生じる強さに性差のあることが報告されている。バスら（Buss. A. H. et al., 1992）は被験者に自分の恋人が浮気をしている2種類の場面を想像するように求めた。1つはその恋人が別の相手と性交をしている場面であり、もう1つは別の相手と情熱的な恋に落ちている場面であった。バスらは被験者にどちらの場面がより苦痛であるかを二者択一でたずねた。その結果、図3-11のように男性の60％は性交場面の方が苦痛であると回答したが、女性は17％であった。つまり女性は相手が情熱的な恋に

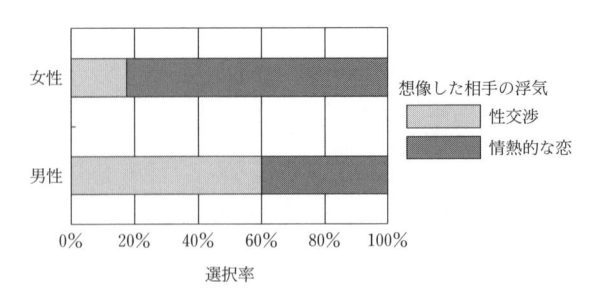

◎図◎3-11 どんな浮気が苦痛ですか？（Buss, A. H. et al., 1992より作成）

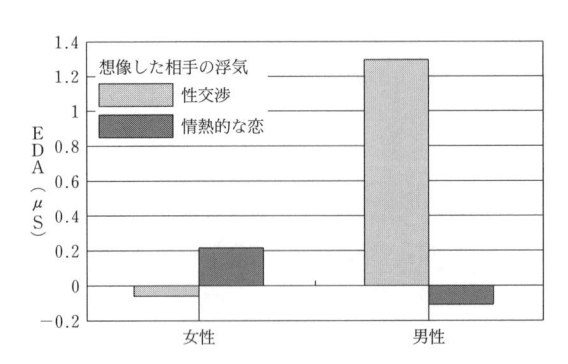

◎図◎3-12 相手の浮気を想像したときのEDAレベル（Buss, A. H. et al., 1992より作成）

落ちている方が苦痛であると答える人が多かった。

　バスらは次の実験で，やはり同様の2つの場面を被験者に想像するように求め，想像している間に被験者のEDA（electrodermal activity：皮膚電気活動）と心拍を測定した。これらは自律神経系賦活の指標として測定された。その結果，男性は情熱場面を想像した時よりも性交場面を想像した時にこれらの指標の値が高かったが，女性は逆に情熱場面を想像した時の方が値が高かった。図3-12はEDAの値をグラフ化したものである。これらの結果は，男性は相手が別の男性と性交した時に強く嫉妬を感じるが，女性は相手の気持ちが別の女性に移ってしまった時に強く嫉妬を感じることを示唆する。

理論紹介3

生殖戦略理論

人間の身体は他の生物と同様に子孫を残すようにできている。自分の子孫を残すためには相手を見つける必要がある。これは配偶者選択（mate selection）と呼ばれる。どのような配偶者を選ぶかについてはさまざまな動物で検討されてきた。雄が雌を奪い合うという構図はイメージしやすいが，雌による雄の選択も生物学的に重要であることがわかっている（長谷川, 1992）。

ここでは人間の配偶者選択に関するバスとシュミット（Buss & Schmitt, 1993）の生殖戦略理論の概要を紹介しよう。本文でも紹介したバスはこの分野に心理学からアプローチしている気鋭の学者である。

自分の子孫を上手に残すにはどのようなやり方が有利なのであろうか。生殖戦略理論（sexual strategies theory）では，①男性と女性とでは有利になる方法が異なる，②短期的にみた場合と長期的にみた場合とで有利な方法が異なる点を強調している。ここでは，男性と女性の長期的な戦略の違いをみてみよう。

長期的にみると男性は女性パートナーが他の男性の子を宿さないようにする必要がある。男性は自分で出産することはできないので，特定の女性に自分の子を産んでもらわなければ遺伝子を残せない。男性にとって配偶者が他の男性と性交渉をすることは最も不利益な事態になる。一方，女性にしてみると自分の子孫を残すことだけが重要ならば特定の男性でなくてもよい。しかし，長期的にみてその子どもが安全に生き残るためには強力な男性パートナーと一緒にいた方が都合がよい。

本文で紹介した嫉妬に関するバスの研究はこの理論的な考えによって説明される。男性は自分のパートナーと他の男性との情熱場面より性交渉場面を想像した時苦痛が強く生理的反応も強かった。パートナーが別の男性の子を宿すかもしれないからである。女性は逆にパートナーの性交渉場面より情熱場面を想像した時の方が苦痛や生理的反応が強かった。パートナーが他の異性と情熱的な恋に落ちることは自分から離れてしまうことを意味するからである。

図1～図3は人が配偶者選択に当たって何を重視するかを示している。女性は男性よりも相手の資源保有量を重視すること，男性は女性よりも相手の年齢や身体的魅力を重視していることがわかる。資源を豊富にもつほど子孫を多くかつ安全に残す余地があることを意味する。一方，若さや身体的魅力はシンの研究でも示されたように生殖に適していることを意味している。これらのデータも生殖戦略理論の説明に合致している。

このような見方は，明らかに，男女の社会的平等の実現を求める社会の流れに逆行している。それはこの研究が，愛情を生物学的性質，つまり生殖という観点のみでとらえているからである。愛には生殖以外の重要な役割もある。たと

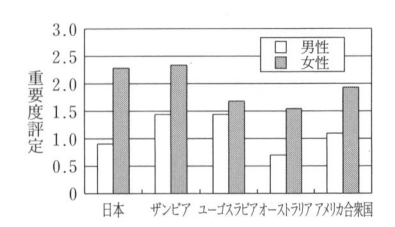

図1 配偶者の財政的豊かさの重要性
（Buss & Schmitt, 1993より作成）

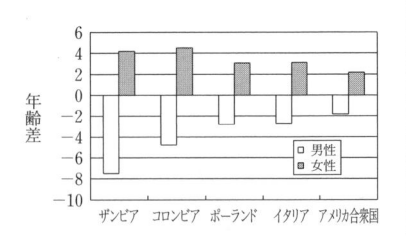

図2 配偶者との好ましい年齢差
（Buss & Schmitt, 1993より作成）

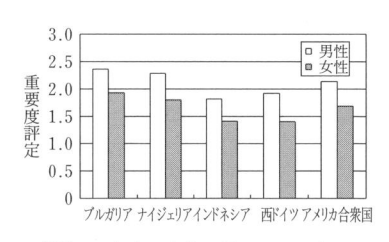

図3 配偶者の身体的魅力の重要度
（Buss & Schmitt, 1993より作成）

えば，小数の他者との密で安心感のあるつながりを求めるのが人間の基本的欲求であるとする考え方がある（Baumeister & Leary, 1991）。この観点では，愛はそのつながりを維持するためにあると見られる。もしそうだとすれば，密で安心できる関係性を維持していくパートナーとして誰がふさわしいかを，生殖能力で決めると考えることはむずかしい。

また，本文でもふれたように社会心理学の中では進化論的な見方は新しい立場である。データの蓄積は不十分であるし，生物学の中での進化論に関連する議論や論争を必ずしも消化したとは言えない状況にあると思われる。したがって，現時点で生殖戦略理論の説明をそのまま受け容れることはむずかしい。読者は本章で紹介した研究の成果とその説明に興味を喚起されたかもしれないが，それを鵜呑みにするのではなく批判的な見方もしてほしい。いずれにせよ，人間が他の個体と作り出す関係を理解する上で，進化論的な見方が示唆に富むことは疑いない。今後の展開を注目してよい領域であろう。

■引用・参考文献

Baumeister, R.F. & Leary, M.R. 1995 The need to belong: Desire for interpersonal attachments as a fundamental human motivation. *Psychological Bulletin*, **117**, 497-529.

Buss, D.M. & Schmitt, D.P. 1993 Sexual strategies theory: An evolutionary perspective on human mating. *Psychological Review*, **100**(20), 204-232.

長谷川真理子　1992　クジャクの雄はなぜ美しい？　紀伊國屋書店

実験・調査紹介 4

社会的影響と対人魅力

　読者はどの異性が好みか友人と話し合ったりしたことがないだろうか。ある人がいいと言った人が自分もよく見えたり，あの人は顔はいいけど性格が悪いなどと言われるとそのように見えたりしたことはないだろうか。ある特定の異性に対する魅力の評定は周りの人の影響を受けるようである。ここではそのことを示したグラチアノら（Graziano et al., 1993）の一連の実験を紹介しよう。

　最初の実験の被験者は105名の女子大学生であった。米軍幹部候補生学校の9名の学生について上半身写真の魅力を評定した。写真の人物はすべて男性であった。これらの写真の人物の身体的魅力はいずれも平均的であった。

　被験者たちは5，6人のグループごとに実験に参加した。実験者は彼女たちに身体的魅力は人が最初に気づく他者の特徴の1つであり全体の印象に影響を与えるものであると説明した。また性格が他者の魅力の判断に影響を与える可能性があるとして性格質問紙に回答を求めた。この時，魅力評定を先に行なうか性格質問紙に先に回答するかの順序が被験者の判断に影響するので，グループのうち先に魅力評定を行なう人と先に性格質問紙に回答する人とを分けると説明した。さらに，実験計画の都合上，グループの何人かは3枚程度の写真について評価すればよいが，中には9枚全部について評価してもらう人もいると説明した。

　次に被験者たちは個別に魅力評定を行なうため1人ひとり個室に案内された。ここで実験者は，すべての被験者に「あなたは先に性格質問紙を行なう条件に割り当てられました」と告げた。このようにして，実際には全被験者が「他の人が魅力評定をしている間に自分は性格質問紙に回答するのだ」と思うように工夫した。さらに全被験者に対して「あなたが写真の魅力評定をする最後の人なので9枚すべてを見てもらいます」と告げ，同じグループの他の被験者が書いた（ようにみえる）評定が記入されたシートを渡された。写真は1回に1枚ずつ手渡され，評定が終わったら写真を伏せておくように指示された。

　しかし，それらの9枚のうち3枚については肯定的な評価がシートに記入されていた。それはシートに印刷された10段階リッカートタイプの魅力評定用の尺度上で，平均値が8になるように書かれていた。また別の3枚については否定的に評定されており，同じ尺度上で平均値が3になっていた。残りの3枚は評定が記入されていなかった。9枚の写真はこのように3つの条件に分けられた。すなわち，肯定条件，否定条件，情報なし条件である。これらは被験者内要因である。

　各条件における被験者の魅力評定データについて分散分析を実施したところ，条件の効果が有意であった。多重比較検定を行なったところ，否定条件と情報無し条件の間には有意差があったが，肯定条件と情報無し条件の間には有意差がなかった。各条件の平均値は，否定条件が4.88，情報無し条件が5.43，肯定条件が5.33であった。

　結果は他の人の評価，特に否定的な情報に影響を受けて，被験者たちの評定も否定的に傾いたことが示された。

　次の実験もこれと同様の手続きで行なわれた。ただし，被験者として女性だけでなく男性も参加した。さらに刺激人物となる写真を特殊なものから被験者になじみのある一般的なものにし，どの被験者も男性と女性の写真の魅力を評定することにした。刺激人物の写真は大学の学生名簿や卒業アルバムなどの多数の人物写真から身体的魅力が平均的な男性9枚，女性9枚をそれぞれ選んだ。

　結果は表の通りである。男性被験者の魅力評定は刺激人物が男性の場合も女性の場合も他者の評定の影響を受けなかった。しかし，女性被験者は男性の写真を評定する時には最初の実験と同様に否定的な情報の影響を受けていた。また，女性被験者は女性の写真を評定する時には肯定的な情報の影響を受けていた。

表 身体的魅力と社会的影響（Graziano et al., 1993より作成）

写真	女性				男性			
	n	否定	情報なし	肯定	n	否定	情報なし	肯定
女性	82	4.84ª	4.92ª	5.25ᵇ	51	4.59ᶜ	4.83ᶜ	4.74ᶜ
男性	80	4.34ª	4.72ᵇ	4.99ᵇ	52	5.01ᶜ	4.99ᶜ	4.96ᶜ

［注］ □内は異性を評定した場合。

　グラチアノらはこの後も実験を続けた。それらは議論を混乱させないために異性に対する評定だけを検討した。その結果，女性が否定的な情報に影響を受けることは繰り返し見られた。男性は与えられる情報が詳細な場合には肯定的な情報に影響を受けた。いずれにせよ複数の実験で一貫して出現した結果は，女性が男性を評価する際に同じ女性の否定的な評価に影響を受けるということであった。

　私たちは自分の判断が完全に主体的に他者の影響を受けずに行なわれたものと考えがちである。しかし，私たちの判断は自分でも気づかないうちに社会的な影響を受けているのである。グラチアノらはこの点に言及しなかったが，彼らの結果もこのことと無関連ではない。これは他者に対する評価に限ったことではなく，私たち自身が行なうさまざまな評価や判断が自分でも気づかない要因に影響を受けているのである（Nisbett & Wilson, 1977）。そのことをよく知って自らの判断や行動の調節に役だててほしい。

■引用・参考文献

Graziano, W. G. Jensen-Campbell, L. A., Shebilske, L. J., Lundgren, S. R. 1993 Social influence, sex difference, and judgements of beauty : Putting the interpersonal back in interpersonal attraction. *Journal of Personality and Social Psychology*, **65**, 522-531.

Nisbett, R. E., & Wilson, T. D. 1977 Telling more than we can know : Verbal reports on mental processes. *Psychological Review*, **84**, 231-259.

4章 ひとを助ける

1節 援助行動とは

1. 援助を与える側と受ける側

　援助を与える側と受ける側は，種別にみればAとBには動物や人間が該当し，組み合わせは「動物→動物」「動物→人間」「人間→動物」「人間→人間」の4通りになる（図4-1）。「動物→動物」では雌イヌの子猫への授乳，「動物→人間」では小犬が孤独な高齢者のこころを慰めるアニマルセラピー，「人間→動物」では子どもが傷ついた小鳥の手当てをしたり，「人間→人間」では医師やカウンセラーなどの専門家だけでなく市井の人でも困っている人を助けたりする例は枚

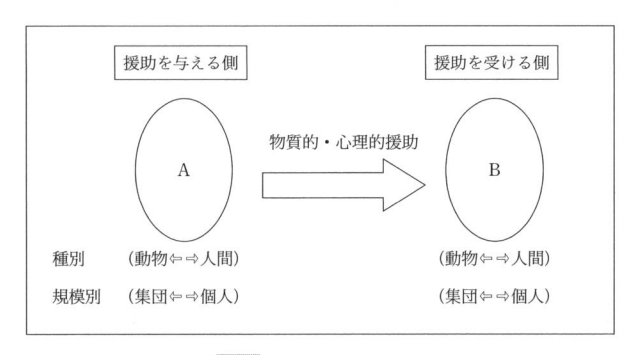

◎図◎4-1　援助関係図式

挙にいとまがない。

次に，規模別に見ると，AとBには個と集団が該当し，集団には2人から国までの幅がある。この場合にも「国→国」「国→個人」「個人→国」「個人→個人」の4通りの組み合わせがあり，「国→国」では先進国から発展途上国への経済援助，「国→個人」では年金保険などの社会保障制度，「個人→国」では税納付などがあるが，本章では，社会心理学で最も数多く対象とされてきた「個人→個人」，いわば，援助の「与え手」と「受け手」を中心に紹介する。

2．何を与えるのか

援助行動では，物質的援助（金銭，物資，労働など）や心理的援助（保証，承認，慰めなど）のように，受け手にとって報酬（reward）となるものを与える。具体的には，どんな種類の行動があるのだろうか。高木（1982）は，大学

表4-1 援助行動の7つのクラスター（高木，1982を修正）

クラスター	代表的な順社会的行動
寄付・奉仕行動	・赤い羽根，助けあい，難民救済等の募金運動に協力する ・ボランティア活動に参加する ・献血に協力する
分与行動	・財布を落とした人やお金の足りない人にお金を貸す ・困っている人に自分の持ちものをわけてあげる
緊急事態における救助行動	・乱暴されている人を助けたり，警察に通報する ・ケガ人や急病人が出た時に介抱したり，救急車を呼ぶ
努力を必要とする援助行動	・近所の葬式や引越しで人手のいる時に手伝う ・自動車が故障して困っている人を助ける
迷い子や遺失者（物を失った人）に対する援助行動	・迷い子を交番や案内所に連れて行くなどの世話をする ・忘れもの，落としものを届ける
社会的弱者に対する援助行動	・子どもが自転車とか何かでころんだ時に助けおこす ・落として散らばった荷物を一緒に拾う ・乗りもの等の中で身体の不自由な人やお年寄りに席を譲る ・身体の不自由な人が困っている時に手をさしのべる ・お年寄に切符を買ってあげたり荷物を持ってあげる ・荷物を網棚にのせたり，持ってあげる
小さな親切行動	・道に迷っている人に道順をおしえてあげる ・カサをさしかけたり，貸したりする ・小銭のない人に両替をしてあげる ・自動販売機や器具の使い方をおしえてあげる ・カメラのシャッター押しを頼まれればする

生に自分のまわりで見聞した，あるいは自分自身が経験した援助行動を想起させ，242種類の行動を収集した。これらを内容分析した結果，22種類の代表的な行動を選定し，さらに，これらの行動の類似度を評定させ，7つのクラスター（群）で類型化を行なった結果が表4-1である。

3．援助行動の認定基準

たとえば，次の問いを考えてみよう。

> B国から日本に移住している5歳のB子さんが公園で転んでしまった。その時，B子さんのお母さんよりも近くにいた日本人のA男君がB子さんを抱き起こした。この時のA男君の行動は援助行動といえるか？

(1) 誰が援助行動と認定するのか

上述の例では，B子さん，B子さんの母親，A男君の三者が援助行動を認定する人として想定される。仮に，B子さんのお母さんが自立を重視する文化的背景をもっていると，A男君の行動を子どもの自立を阻害する行動として考えるかもしれない。また，B子さんがお母さんに助けられたいと思っていた時に，A男君がとった行動はお母さんとのスキンシップを妨げる行動と見なされるかもしれない。このように援助の与え手の援助認定基準が受け手または第三者のものと異なる場合がある。したがって，援助行動を厳密に定義すれば，三者間の基準が一致した場合に援助行動と認められるが，広義の定義では一者だけの基準で認められることもある。実際の研究では，援助の与え手と受け手の二者間の基準が一致した場合を想定して研究が進められることが多い。

(2) どの時点での認定によって援助行動とみなされるのか

転んだ子どもを抱き起こす行動は即時的・短期的視点にたてば援助行動とみなせるが，長期的視点にたてば子どもの自主性・自立性の妨げになる行動と見なされることがある。したがって，行動に対する認定がどの時点に焦点をあわせるかによっても援助行動の定義は異なるが，実際の研究では援助要請に即座に応える即時的・短期的視点を重視した定義が多い。

したがって，援助行動 (helping behavior) の定義は，本来ならば時間の認定基準も考慮しなければならないのであるが，ここでは時間の認定基準を含めない簡便な定義を紹介する。

「援助の受け手（B）が援助の与え手（A）に直接的・間接的に援助を要請した時に，与え手がその要請に応えた行動を援助行動と呼ぶ」。

この定義で問題となるのは，間接的な要請の場合には，①受け手（B）が誰に要請しているのか（Whom），②受け手が何を求めているのか（What）を適切に判断することが必要となる。特に，何を求めているかを判断する場合には，受け手の文化的背景，価値観，信念を考慮する必要がある。

なお，上述の定義は，行動を重視したものであるが，他に援助の与え手の動機を重視した定義もある（中里，1985）。

2節
援助行動の状況要因

社会心理学では，キャサリン・ジェノベーゼ事件を契機に援助行動をテーマにした数多くの研究が行なわれてきたが，この事件は同時に援助行動の生起要因として状況要因の重要性を指摘する契機にもなった。この節では状況要因，特に「傍観者の数」と「人口の大きさ」の2つをとりあげることとする。なお，状況要因には，この2つの要因以外にも，騒音（Mathews, K. E. Jr. et al., 1975），気象条件（Cunningham, M. R., 1979）など数多くのものが含まれる。

1．キティ事件

1964年3月13日午前3時30分，バーのマネージャーとしての仕事を終えてアパートに帰ってきたキャサリン・ジェノベーゼ嬢（通称キティ）は，アパートのそばの駐車場に車を停めた。車を降りてアパートの方に歩き始めると，変な男が追ってきたのに気づいた。そこで，警察への非常連絡用の電話のある場

所へ行こうとしたが，男に追いつかれ，最初の襲撃を受けた。キティは大声で助けを求めた。周囲のアパートや家の窓に明りがつき，窓を開けた人や「女にからむな」と叫んだ人もいた。男はその声で1度は逃走した。そこで，ナイフで刺されたキティは傷の痛みを耐えながらアパートの入口までたどり着いた。すると，暴漢が再び戻ってきて，再度キティを襲い，刺した。キティが「殺される」と叫んだのを聞いて，また，窓に明りがつき，窓が開いたので犯人は再度逃走した。しかし，誰1人助けに来てくれないので，キティはアパートの入口近くまで這っていた。その時に暴漢は三度戻ってきてキティを刺した。彼女はついに絶命した。この段階にいたってやっと警察に電話した人があり，その2分後にはパトカーが到着したけれども，すべては後の祭りであった。周辺のアパートには，この事件に気がついて，明りをつけたり窓を開けたりした人が38人もいたが，実際に助けに出て来た人は1人もおらず，警察への連絡さえもキティが3回めの襲撃を受けた後だったのである（水田，1993；Latané, B. et al., 1970）。

2．傍観者の数

ラタネらは，キティ事件を援助行動が周囲の他者（傍観者）の存在によって抑制されたものと考えたのである。これは傍観者効果（bystander effect）と名づけられた。この仮説を検証すべくいくつもの研究が行なわれたが，以下にその中の1つを紹介する（Darley, J. M. et al., 1968）。

実験は，実験用の個室に案内された被験者が他の個室にいる複数の大学生と討論するものであった。討論の内容は大学生活に関連した個人的な問題であり，各個室に設置してあるマイクとヘッドホンを通して行なわれた。被験者には，マイクは誰か1人が話している時は他の人が使用できないと説明されていた。また，この討論を活発にするために，参加者の名前を明らかにしないことと討論の内容へ影響を与えないために実験者は討論を聞かない手続きがとられた（真の目的は明白な責任者である実験者を緊急事態の場面から取り除くことであった）。討論の進め方は，各参加者が順番に話し，これを2巡してからフリー・トークとなる筋書きであった。

発言が2巡めに入ったところで，被験者は別の個室にいる大学生から，てん

かん発作を起こし，今にも死にそうなので助けてほしいという訴えを聞く。被験者はマイクを使うこともできず，他の参加者の反応もわからないので，発作を起こした人を助けるためには個室から出なければならない状況であった。

この実験は発作を聞いた人の数を実験条件とした。すなわち，1人条件（被験者のみ），2人条件（被験者ともう1人），5人条件（被験者と他に4人）の3つの条件間の比較を行なった。従属変数は援助者の割合と部屋を出て援助を申し出るまでに要した時間（反応潜時）である。

図4-2に示されるように，傍観者（援助の受け手以外の人）の数が増加すればするほど，援助行動者の割合は減少し，援助行動を申し出るまでの時間が増加するという傍観者効果が認められた。ラタネらはこの現象を責任の分散(diffusion of responsibility)ということばを用いて説明した。すなわち，緊急事態に際して傍観者が1人の時よりも複数いる時は，責任の重荷は分散され，非援助から生じる非難を小さくできることから援助を行なわない可能性が高まると考えたのである。

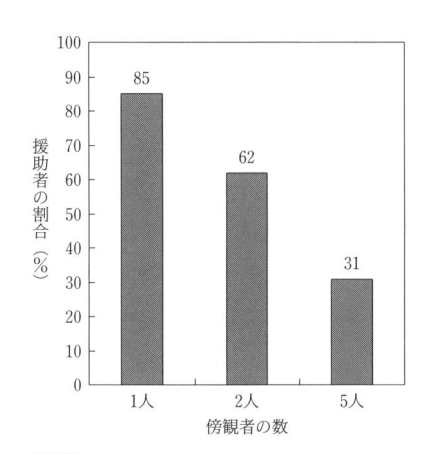

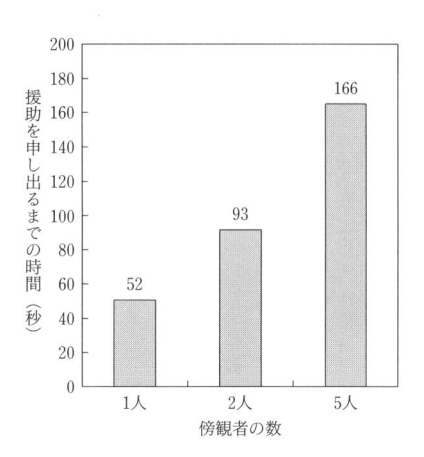

◎図◎4-2　傍観者の数が援助者の割合と援助潜時に及ぼす効果（Darley, J.M. et al., 1968より作成）

なお，責任の分散は，傍観者の構成メンバーの親密度の違いで異なる。一緒に傍観している人が知人の場合と見知らぬ者どうしの場合では，知人の場合の方が援助行動率が高い。

3．人口の大きさ

アマト（Amato, P. R., 1983）は，人口の大きさと援助率の関係を援助行動の種類別にフィールド実験を行ない検討した．人口の大きさは，①1,000人未満，②1,000人以上5,000人未満，③5,000人以上20,000人未満，④20,000人以上300,000人以下，⑤1,000,000人以上の5つに分類し，村や都市を選定した．援助の内容は，(a)大学生の依頼に応じて好きな色の名前を書く協力，(b)郵便局を探している人に他の人がまったく反対の方向（道）を教えた時に，その発言を訂正する行動，(c)実験者が"偶然"落とした20通の封筒を拾い上げる行動，(d)血を流しながら歩道に倒れている人を助ける行動，(e)実験者の申し出に応じた障害者協会への寄付の5つに分類した．

結果は，図4-3に示されるように，人口の規模が大きくなるにつれて，「封筒拾い」以外の4つの援助行動の提供率は低下した．重回帰分析の結果でも，人口の大きさは「封筒拾い」以外の4つの援助行動の予測変数として統計的に有意であることが確認されている．アマトによれば，「封筒拾い」が全般的に低い援助率となったのは封筒を落とした人からの要請が直接的でなかったためで，「好きな色を答える」援助は要請が直接的でコストが小さかったために援助率

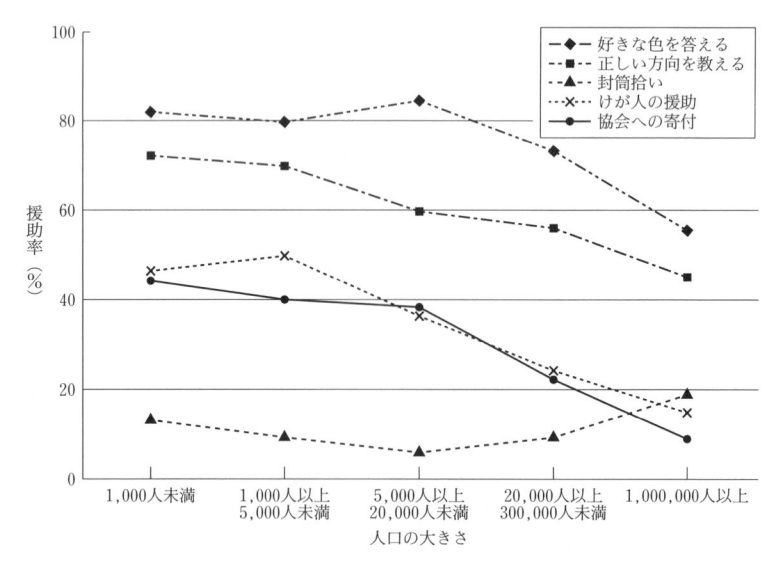

◎図◎4-3 援助の種類別による人口の大きさと援助率の関係（Amato, P. R., 1983を修正）

が高かったと説明している。

3節
援助行動の個人要因

　援助を与える側の要因としては，研究の重点の置き方によって，パーソナリティ，認知，感情，生理，年齢，性などに分類することができる。この節では，パーソナリティ要因，認知要因，感情要因の3つを紹介する。

1．パーソナリティ要因

　スタウブ（Staub, E., 1974）によれば，援助行動は，共感，社会的責任性とは正の相関が，責任性の否認，マキャベリニズムとは負の相関があると報告される。これらのパーソナリティ変数の中で，共感は臨床心理学や発達心理学からも注目を浴びている変数の1つであるので，ここでとりあげてみることにする。

　共感（empathy）は研究者により定義や測度が異なるが（澤田，1992；角田，1998），メーラビアンら（Mehrabian, A., et al., 1972）の尺度（加藤・高木，1980）とディビス（Davis, M. H., 1983）の尺度（桜井，1988）は定評がある。特に，ディビスの対人反応性尺度（Interpersonal Reactivity Index）は，自己報告形式で4つの下位項目①パースペクティブ・テイキング（perspective taking）②空想（fantasy）③共感的配慮（empathic concern）④個人的苦悩（personal distress）から構成され，合計得点だけでなく下位項目毎にも個人差を測定できるものである。パースペクティブ・テイキングは他者の心理的視点を自発的にとる傾向を評価し，空想は本，映画，演劇に登場する虚構の人物の感情や行動の中に自分自身を置き換える傾向を測り，共感的配慮は不幸な他者に対する同情や関心という他者志向の感情を測り，個人的苦悩は緊迫した対人場面での個人的な不安や心配という自己志向的感情を測るものである。特徴として，パースペクティブ・テイキングと空想は認知的側面をもち，共感的配慮と個人的苦悩は情動的側面をもつ。なお，共感的配慮と個人的苦悩は，行動の目標が他者

または自己を志向する点で，愛他的動機（altruistic motive）や利己的動機（egoistic motive）を操作的に定義する際に使用されることがある（理論紹介4参照）。

共感は援助行動の規定因として比較的安定した結びつきをもつが（Eisenberg, N. et al., 1987），否定的な結果もある。緊急度の高い状況（Latané, B., et al., 1970），援助場面から逃避しやすい状況（Batson, C. D. et al., 1986），共感の測度に絵・物語法を使用した研究（Eisenberg, N. et al., 1983）では，共感は援助行動の規定因として検証されてこなかった。このことは測度の問題もあるが，援助生起過程を考える場合にパーソナリティ特性だけでなく状況要因も考慮しなければならないことを意味する。つまり，援助行動におけるパーソナリティ特性の役割は，状況の心理学的強さ（援助をするための手がかりの多さや援助をするかどうかを考える時間の長さ）に応じて異なるのである（Clary, E. G. et al., 1991）。

2．認知要因

援助を与える側の認知要因には，帰属(小嶋，1983)，意志決定モデル，規範（Schwartz, S. H., 1973）などに焦点を当てた研究が多数なされてきた。これらの中で，意志決定モデルは，援助行動の生起過程を状況要因や認知要因などを含めて多面的に理解するのに役立つ。ここでは，意志決定モデルの中で最も簡潔で基本的なラタネらの5段階モデルを紹介する（Baron, R. A. et al., 1997；Latané, B. et al., 1970）。なお，援助の受け手側の援助要請の生起モデルについては理論紹介5を参照していただきたい。

ラタネらは，図4-4に示すように，援助行動が生起するか否かは，一連の5段階の選択に基づいて行なわれると考えた。このモデルの特徴としては，すべての段階が意識されているわけではない点と緊急場面に限定されている点があげられる。

■第1段階　緊急事態に気づくかどうか

まず，援助行動が生起するためには，援助を必要とする緊急事態かどうかの気づきが必要になってくる。私たちは，日常生活の中で多くの光景を目にし，大きな音を聞かされる状況に身を置いているが，このような刺激が多い状況で

```
┌─────────────────────────┐          ┌─────────────────────────┐
│   第1段階               │    No    │  気づかないので援助しない。  │
│   緊急事態に気づくか？      │ ────▶   │                         │
└─────────────────────────┘          └─────────────────────────┘
         │ Yes
         ▼
┌─────────────────────────┐          ┌─────────────────────────┐
│   第2段階               │    No    │  緊急事態でないと誤って判断する │
│   緊急事態と判断するか？    │ ────▶   │  ので援助しない。           │
└─────────────────────────┘          └─────────────────────────┘
         │ Yes
         ▼
┌─────────────────────────┐          ┌─────────────────────────┐
│   第3段階               │    No    │  他の人が何かするはずだと思うの │
│   援助する責任があると思うか？│ ────▶   │  で援助しない。            │
└─────────────────────────┘          └─────────────────────────┘
         │ Yes
         ▼
┌─────────────────────────┐          ┌─────────────────────────┐
│   第4段階               │    No    │  知識，スキル，訓練が足りないの │
│   援助するのに必要な知識，スキル， │ ────▶ │  で援助しない。            │
│   訓練を持っているか？      │          │                         │
└─────────────────────────┘          └─────────────────────────┘
         │ Yes
         ▼
┌─────────────────────────┐          ┌─────────────────────────┐
│   第5段階               │    No    │  否定的な結果を恐れて，または，  │
│   援助行動をしようと決心するか？│ ────▶ │  肯定的な動機づけが十分ではない │
│                         │          │  ので援助しない。           │
└─────────────────────────┘          └─────────────────────────┘
         │ Yes
         ▼
┌─────────────────────────┐
│   援助行動を行なう         │
└─────────────────────────┘
```

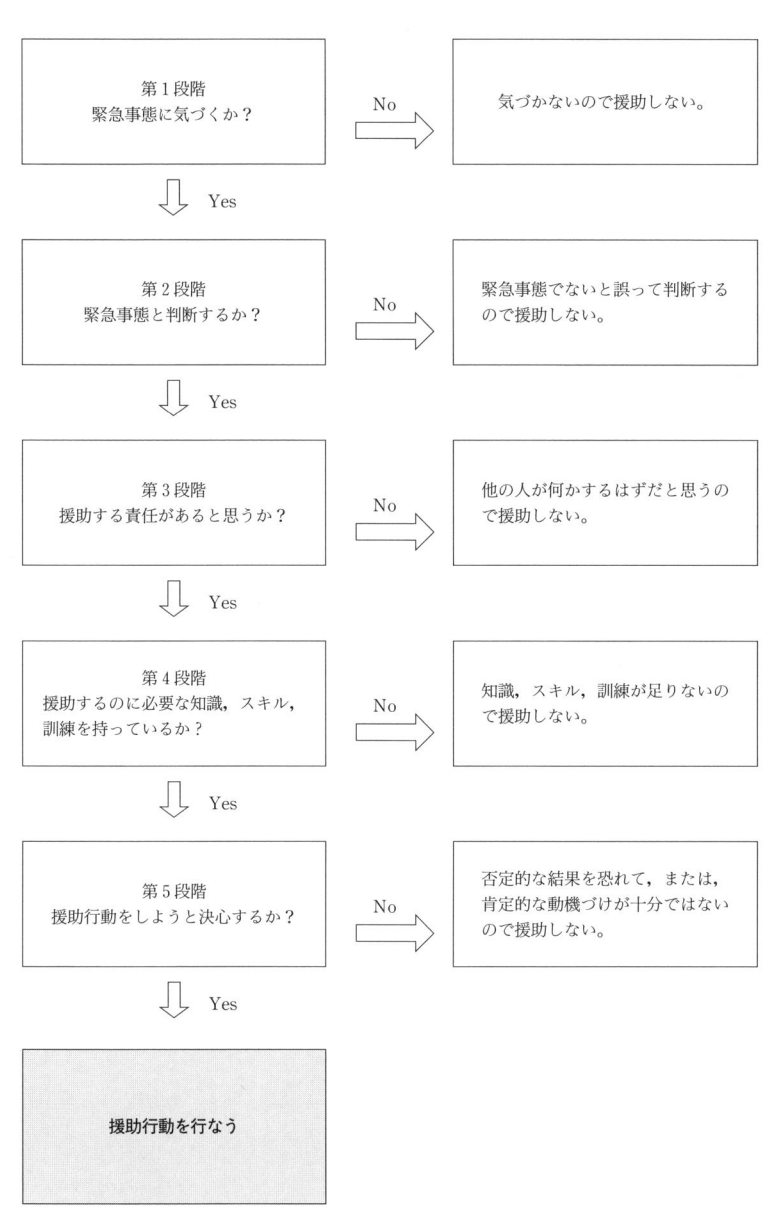

◎図◎ 4-4　ラタネらの意志決定モデル（Baron, R.A. et al., 1997より修正）

は自分と関連のある出来事に注意が選択的になりやすく，結果的に周囲への気づきを減少させやすい。この他にも，危険な場所，時間圧迫感が強い状況では，注意は周囲へ向けられにくい。また，見知らぬ人の中では，特定の人にだけ注意を向けるのは失礼にあたると考えることも事態への気づきを減少させやすい（聴衆抑制）。

■第2段階　緊急事態と正確に判断するかどうか

　自分の横を走っていく人を見て，バスを追いかけている事態なのか，泥棒を追いかけている事態なのか，どちらの判断をしやすいだろうか。日常の出来事を異常な緊急事態と判断しにくいのは，もし，判断が誤っていると，こっけいに見られるかもしれないからである。もし，緊急事態と判断しないなら，援助する理由はないし，緊急事態と判断しても，その判断が誤りかもしれないと思うと援助しにくいであろう。また，ある事態を一緒に見ている傍観者が見知らぬ人でどんな反応もせず冷静でいるのを見ると，その人達の言動に左右され援助を必要としない事態として誤って判断することがある。これは傍観者効果を説明する多元的衆愚（pluralistic ignorance）と呼ばれるもので，援助行動の抑制理由を説明する概念の1つである。ただし，傍観者の中に知人がいれば，話し合うことができるので，誤った判断は生じにくく，傍観者効果はかなり減少する。

■第3段階　援助を行なう責任があると思うかどうか

　状況の多くは，責任が明らかである。たとえば，家が燃えている時の援助は消防士に責任があり，店に強盗が入った時の援助は警官に責任がある。しかし，責任があまりはっきりしない時でさえ，私たちはリーダーシップをもつ人が援助を行なう人とみなす傾向がある（Baumeister, R. F. et al., 1988）。教室で起きた緊急事態には教師が対応すべきであり，バスの運転手は車の故障に対応する責任がある。

　傍観者の数が多数に比べて1人の場合に最も援助が行なわれやすい理由は，責任をとる人が誰もいないからである。2節で述べたように，傍観者が多数いる状況は，いわば，誰も責任が明らかでない状況なので，責任の分散のために援助が起こりにくくなる。

■第4段階　介入様式を知っているかどうか

　傍観者が介入の仕方を知っているかどうかを考えなければならない。もし，泳ぎ方を知らなければ，溺れている人をすぐに助けることはできない。傍観者が必要な知識，経験，スキルをもっている時はいつでも，傍観者が他にいようがいまいが，責任があると思い，援助する傾向がある。たとえば，事故に居合わせた傍観者が1人の場合は看護婦でない人も看護婦も同様に援助的であったが，傍観者が2人の場合は，看護婦でない人どうしよりも看護婦どうしの方がより援助が多かった（Cramer, R. E. et al., 1988）。

■第5段階　援助行動を決心するかどうか

　傍観者が第4段階までyesで通過するとしても，援助行動はまだ生じないであろう。というのは，援助行動は否定的結果に関する恐れから抑制されるかもしれないからである。たとえば，もし氷で滑った人を助けようとするならば，援助の与え手も転倒するかもしれない。また，歩道でせきをし，うなっている人を助けると，自分の服が汚れたり，病気になったりするかもしれない。いずれにせよ，援助の潜在的コストがあまりにも大きいために，援助をしようと特別に動機づけられていなければ援助は起きないだろう（McGuire, A. M., 1994）。

3．感情要因（ムード）

(1)　よい気分の効果

　研究者の多くは，ある課題を成功させたり（Isen, A. M., 1970），電話の釣り銭口に小銭を偶然見つけさせたり（Isen, A. M. et al., 1972），ハワイでの休暇を楽しむ想像をさせる（Rosenhan, D. L. et al., 1981）ことにより，よい気分（positive mood）を実験的に操作してきた。

　これらの研究では，よい気分が援助行動を促進させることをほぼ一貫して示してきた（Carlson, M. et al., 1988）。ただし，これらの結果は，援助の与え手にとって，援助の内容がどの程度快適であるかにより援助率が異なる。たとえば，オマリーら（O'Malley, M. et al., 1983）によれば，被験者はよい気分の時に，個人的につまらないと思う行動よりもおもしろいと思う援助行動をより多く申し出た。この結果はムード維持仮説（mood maintenance hypothesis）

を支持するものとなった。つまり，彼らはこの結果をよい気分を維持するために生じたものと考えたのである。この他にも，よい気分の人が悪い気分や中性的な気分の人に比べてより多くの援助をするには，よい気分の人が他者よりも自分自身に注意を向けていることなどが条件になる（Rosenham, D. L. et al., 1981）と考えられている。

(2) 悪い気分の効果

よい気分に比べて，悪い気分 (negative mood) の研究知見は一貫していない（Carlson, M. et al., 1987）。悪い気分により援助行動が増加したり，反対に減少するという相反する結果が得られている。これらの結果は否定的状態軽減モデル（Cialdini R. B., et al., 1981）と注意焦点仮説（Rosenham, D. L. et al., 1981）で説明される。つまり，前者では悪い気分を軽減するために援助が増えたものと解釈し，後者では悪い気分により自己の焦点が困っている他者よりも自分にしか当てられないので結果的に援助ができにくいと説明する。この悪い気分の2つの相反する効果の強さが状況により異なるために結果が一致しないと考えられる（松井，1987）。この他にも研究結果が一致しない理由として，研究者の悪い気分の定義が異なることがあげられる。たとえば，悪い気分には，罪悪感，困惑，抑うつ，認知的不一致の知覚など質的な幅がある。なお，気分よりも激しい怒りなどの否定的情動では，援助行動は増加しないと考えられている（Cialdini R. B. et al., 1981）。

理論紹介 4

向社会的行動を説明する 4 つの理論

　まず，援助行動と類似の概念に向社会的行動と愛他的行動があるが，3 つの概念の相違を簡潔に述べることとする。
　向社会的行動（prosocial behavior）とは，援助行動（helping behavior）よりも広義の概念で，所属する社会の規範に則った行動として定義されることがある。言い換えるならば，向社会的行動は価値観を含む概念として扱われる。したがって，ある社会で向社会的な行動が他の社会では向社会的な行動と認められないばかりか反社会的行動と見なされることがある（スパイの例）。

　愛他的行動（altruistic behavior）または愛他性（altruism）とは，援助の行動の側面だけでなく動機づけの側面を重視する概念である。言い換えれば，援助行動の動機づけが自分のためになされたのか，他者のためになされたのかという点を重視する概念である。
　以上，3 つの概念の相違について述べたが，これらの概念は類似度が高いので同義に扱う研究者も数多く存在するが，一方で各々の概念をまったく独自に定義する研究者もいる。
　さて，次に援助行動（向社会的行動）の動機について，4 つの代表的な理論とモデルを紹介

向社会的行動に関する理論的説明	援助行動の動機づけ	援助生起の理由
1．共感—愛他性仮説 緊急場面の観察 ⇒	共感が喚起される。 ⇒	自分のためではなく，単に，困っている人が援助を必要とするという理由で，援助を提供する。
2．否定的状態軽減モデル 緊急場面の観察 ⇒	否定的感情は緊急状況によって喚起される。または，他の原因によって否定的感情を経験する。 ⇒	自分自身の否定的感情を減じるために，または，援助者がよりよい感情をもつために援助を提供する。
3．共感的快仮説 緊急場面の観察 ⇒	援助をしなくなったり，困窮者へ肯定的効果をもたらす状況。 ⇒	人は，成果があり，自分をよい気分にする活動に従事するために援助を提供する。
4．遺伝子決定主義モデル 緊急場面の観察 ⇒	無意識的な援助欲求は，困っている人が遺伝子的に自分自身と似ていると知覚する場合に生じる。 ⇒	自分の遺伝子と似ている遺伝子の生存の機会を最大限にするために援助を提供する。

　図　向社会的行動に関する 4 つの理論的説明（Baron, R. A. et al., 1997 より修正）

する（Baron et al., 1997）。

1 共感―愛他性仮説

共感―愛他性仮説（empathy-altruism hypothesis）とは，共感によって喚起された向社会的な動機づけは，困窮者の幸福を増加するという究極的目標に向かってのみ動機づけられるという仮説である。これは，少なくとも，ある社会的な行動は援助を必要とする人を助けようとする利己的でない動機によってのみ動機づけられていることを意味する。

2 否定的状態軽減モデル

否定的なムードが援助行動に及ぼす効果を記述する際に，自分自身がより気持ちよくなるためにだけ，向社会的なやり方で行動することがある。これは，否定的状態軽減モデル（negative state relief model）として知られている。このモデルでは，向社会的行動は自分の情動状態をよりよくする動機によっておもに動機づけられていると仮定する。

3 共感的快仮説

共感は同情（sympathy）と異なり，他者の感情や思考の否定的側面だけでなく，肯定的側面の代理的同一状態も含む概念である。共感的快仮説（empathy joy hypothesis）では，共感のこの肯定的感情に焦点を当てている。つまり，この仮説では，援助の与え手は，困っている人が助かる時に感じる喜びを自分もともに分かちあおうとするために，援助を行なうと仮定する。この仮定では，援助者自身が快の追求を目的にしている点で利己的動機と見なされる。したがって，共感的快仮説では，自分の援助行動が成功したかどうかのフィードバックの有無により援助率が異なると予想する。この点が，共感が高ければフィードバックの有無に関係なく援助は行なわれることを予測する共感―愛他性仮説と異なるのである。

4 遺伝子決定主義モデル

遺伝子決定主義モデル（genetic determinism model）では，個人が，自分自身の個人的な遺伝子を再生するのに十分長く生きるだけでなく，遺伝子を共有する他の人の再生率を高めるためにも，無意識的に動機づけられているというものである。したがって，このモデルでは，2つの動物間の遺伝的類似性が大きければ大きいほど，援助が必要な時，一方は他方を助ける可能性が高まると予想する。

これらの説明の1つがまったく正しく，他の3つが全体的に誤っているわけではない。実際，向社会的行動は，いろいろな動機に基づいている可能性が高いと思われる。

■引用・参考文献

Baron, R. A. & Byrne, D. 1997 *Social psychology*(8th ed). Massachusetts: Allyn and Bacon

| 理論紹介 5 |

援助要請過程モデル

　援助行動は1節(1)で述べたように，「援助の受け手（B）が援助の与え手（A）に直接的・間接的に援助を要請した時に，与え手がその要請に応えた行動」と定義される。したがって，援助行動の生起過程モデルについては，少なくとも援助要請（help-seeking）と援助授与（helping-giving）の2つの過程の理解が必要である。援助授与のモデルは4章3節で紹介したので，ここでは，高木（1997）の援助要請の生起過程を紹介する。

1　自己の問題に気づくか？
　まず，援助の潜在的受け手が，自己の問題に気づくことから始まる。気づかなければ，援助要請は起こらない。

2　問題が重大だと判断するか？
　もし自分の問題が重大だと判断したならば，次の段階に進むが，そうでなければ，問題は棚上げにされる。

3　解決能力が自分にあると判断するか？
　もしその問題を自力で解決できないと判断したならば，次の段階に進むが，自力で解決できると判断したならば，自己解決に努める。

4　問題解決のために他者に援助を要請すると意志決定するか？
　援助の潜在的受け手は要請と非要請に伴うと予想されるポジティブな結果（利得）とネガティブな結果（出費）との関係を全体的に検討し，意志決定を行なう。
　要請に伴う利得とは，問題が援助で解決されて平穏な状況に戻ることであり，要請出費とは，要請によって覚悟しなければならない犠牲や損失のことである。次に，非要請利得とは，独力で問題解決に努力することが独立独行の価値に適合しているために自分に満足することや，それを他者が知って高く評価してくれることなどである。非要請出費とは，問題を未解決のままにしておくことがもたらす難渋や不都合のことである。
　利得・出費の関係が，要請利得が要請出費よりも大きく，また，非要請利得よりも非要請出費が大きい場合には，援助要請が意志決定される。逆に，要請出費が要請利得よりも大きく，また，非要請出費よりも非要請利得が大きい場合には，援助の要請は行なわれない。

5　適当な援助者を捜し出せるか？
　この段階では，援助の潜在的与え手を自分の周りから探そうとする。もし，見つかれば次の段階へ進むが，見つからなければ，前の段階に戻り，要請の意志決定をやり直す。この時も要請することを決定すれば，新たな利得と出費の評価のもとで，適当な援助者の探求を再度行なう。この循環過程の中で，適当な人物が見つからない，あるいは，利得・出費の評価で非要請が意志決定されると，問題を甘受することになる。

6　適当な援助要請方略を思いつけるか？
　要請法には，直接要請，第3者を介した間接要請，さらには，直接にも間接にも要請をしないが援助を希望していることを援助の潜在的与え手に気づかせて，自発的に援助を申し出るようにし向けるものがある。
　適当な要請方略をもし思いつくことができたならば次の段階に移るが，適当な方略がないと判断したならば，前の段階へ戻り，潜在的援助の与え手についての検討をやり直す。

7　実行した援助要請が応諾されたか？
　援助の受け手は，選定した援助の与え手に対して選択した方略で援助を実際に要請する。次に，この援助要請が援助の潜在的与え手に援助を行なわせることに成功したかどうかを評価する。成功と判断したならば，援助要請過程は全て終了となる。しかし，援助が不十分と判断されれば，第5段階または第6段階まで戻り，十

74 4章 ひとを助ける

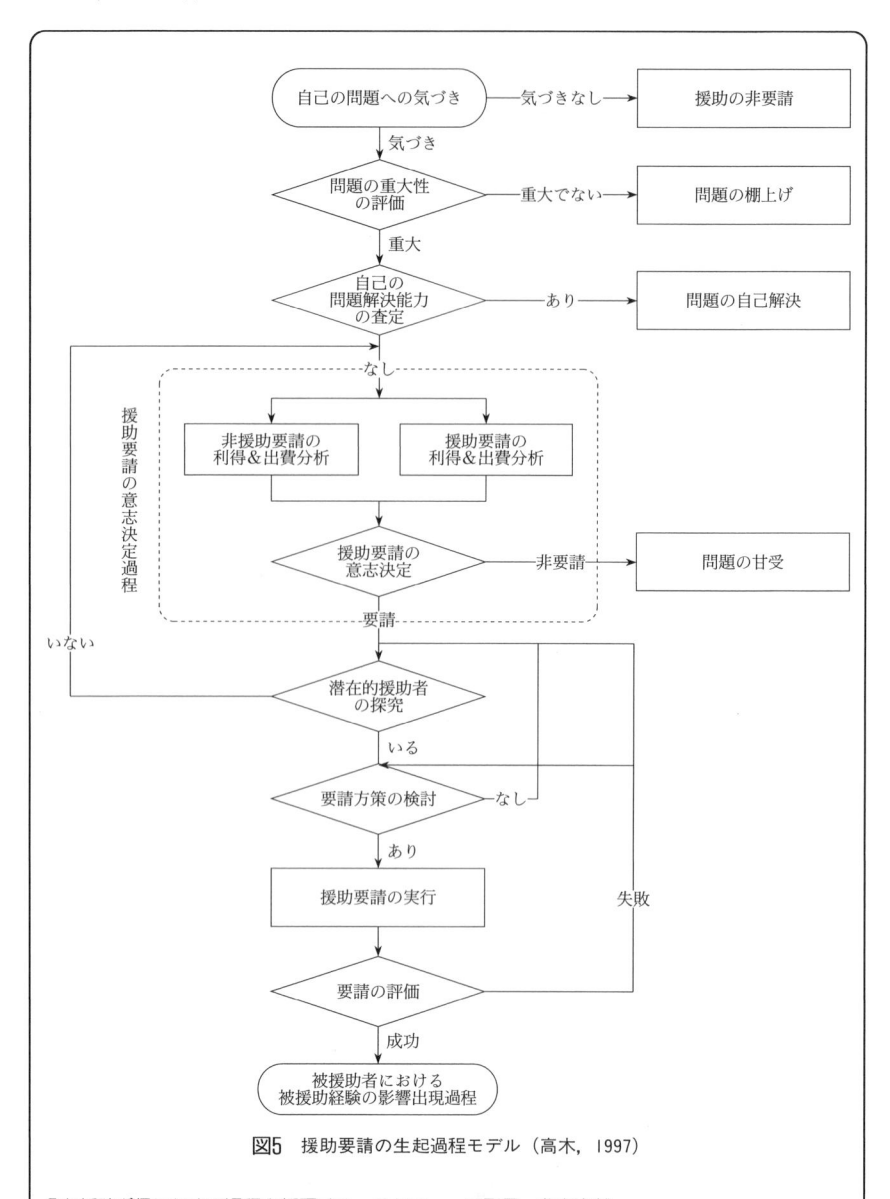

図5 援助要請の生起過程モデル（高木，1997）

分な援助が得られるまで過程を循環する。それでもなお援助が得られない時には，第4段階まで戻る。この場合は，たいてい非要請が決定され，問題を甘受することになる。

■引用・参考文献
高木 修 1997 援助行動の生起過程に関するモデルの提案 関西大学社会学部紀要，**29**（1），1-21.

5章 ひとと争う

1節 対人葛藤とは

　私たちは多くの人々とかかわり合いながら生活している。そこでは，わかり合い友好的な関係を維持できることも多いが，時には，些細な意見や考え方の違いから言い争いをしたり，けんかになったりすることもある。このように，人々の間で生じる対立や争いを対人葛藤（interpersonal conflict）という。葛藤は不愉快なものなので，それをあえて望む人はいない。しかし，各人が異なる考えや目的をもつ個人である以上，対人関係における葛藤は避けがたいものである。

1．葛藤のタイプ

　つきあいにおいては，私たちが抱く意見，期待，願望は多少なりとも異なり，自然に一致することの方がむしろまれである。トーマス（Thomas, K. W., 1992）は，原因別に，利害葛藤，認知葛藤，規範葛藤の3タイプを分けた（表5-1）。
　利害葛藤とは当事者間の願望が異なる状態である。願望とは個人的なものであったり，役割や責任遂行といった社会的なものであったりする。いずれにしろ，利害葛藤では個人の目標追求が他者の目標達成を脅かしたり，妨害するものとなっている。認知葛藤とは意見や認識の不一致である。何が正しいか，何

が真実かなどについて，当事者の考えが異なると知覚されている状態である。人々はまた，こうした状況ではこうふるまうべきであるという内的基準を持ち，これに従って自他の行動を評価する。これが異なっていると，お互いの行動を批判し合うことになるが，これが規範葛藤である。行動基準とは倫理，公正と正義，マナーやエチケットといった一般的なものから，職業，地位，階級など特定集団に固有の慣習的価値など，さまざまな規範である。表5-1に，これら3タイプの葛藤の原因とその例を挙げてある。

表5-1 葛藤の4タイプ（Thomas, K. W., 1992 より作成）

葛藤タイプ	原因	事例
利害葛藤	目標（願望，期待，要求など）の相違	親戚間でおこった財産相続争い
		テレビのチャンネルを奪い合うきょうだいげんか
		家事の分担をめぐる夫婦げんか
認知葛藤	判断（意見，見解など）の相違	宗教や思想による対立
		子どもの教育方針をめぐる夫婦げんか
		接触事故の責任をめぐるドライバー同士の争い
規範葛藤	行動基準（道徳，正義，倫理など）の相違	無断駐車によるトラブル
		指定日以外のごみ捨てをめぐるトラブル
		騒音による近隣間でのもめごと

実際の葛藤は複数のタイプが絡み合ったものである。意見の違いから生じた認知葛藤であっても，面子やプライドがかかわってくると利害葛藤となり，また，「言い方や態度が悪い」とお互いの行動を批判するようになると，規範葛藤の側面も加わる。解決のむずかしいこじれた葛藤は，概ねこうした複合型である。

2. 葛藤の影響

葛藤が人々に与える影響には建設的なものとそうでないものがある。葛藤が適切に解決された場合には，当事者個人にも，また人間関係にも有益な影響をもたらす。たとえば，サークルでよく意見が対立する相手を食事に誘い，本音を語り合ってお互い理解し合えたとしたら，個人としては，困難な事態を自分の力で克服したという達成感，問題解決能力に対する自信（効力感）などが得られるであろう（Baucom, D. H. & Epstein, N., 1990）。また，なぜそのサークルで対立が起こりやすいのかといった問題についてよく知る機会にもなる。

人間関係では，相互理解と信頼感が生まれ，サークルに対する熱意（集団コミットメント）も強まると考えられる（Jehn, K. A., 1997）。

一方，葛藤解決が失敗した場合にはダメージも大きい。先ほどとは逆に，食事に誘った結果，かえって互いの溝が深まったとすると，相手に対する敵意が生じたり，自己評価が低下したりする。また，もう相手とかかわり合うのはやめようとか，サークルもやめたいなどと思ったりして，関係や集団へのコミットメントが減少する可能性もある。抑鬱やノイローゼなどの個人病理，紛争や犯罪といった社会的病理の多くが対人葛藤に端を発し，それがエスカレートしたものであることが少なくない。

2節 葛藤解決の方略

葛藤にはこのように潜在的危険が含まれているため，人々は葛藤を回避したり，安全なやり方で解決しようとする。しかし葛藤対処はこのようなリスク回避型の反応だけではない。それでは，葛藤の解決方法にはどのようなものがあるのだろうか。

1．二重関心モデル

葛藤解決方略（conflict resolution strategy）の代表的分類は二重関心モデルに見られる（Rahim, M. A., 1983）。これは，図5-1のように，「自己志向性」「他者志向性」の2次元によって葛藤方略を分類するものである。

「自己志向性」とは，当事者が自分の願望充足を重視する程度を指し，「他者志向性」は反対に，葛藤相手の願望充足を重視する程度を指す。これら2次元の高低の組み合わせによって，図5-1のように5方略が位置づけられる。

主張とは，相手を犠牲にして自分の利益を中心に解決を図るもので，競争的で対決的な行動である。当事者どうしが互いに競争ルールを承認したうえで葛藤解決に取り組めば，創造的な解決法が生まれることもある。しかし，「勝つか負けるか」というように対処を単純化してしまうため，複雑な問題では折り合

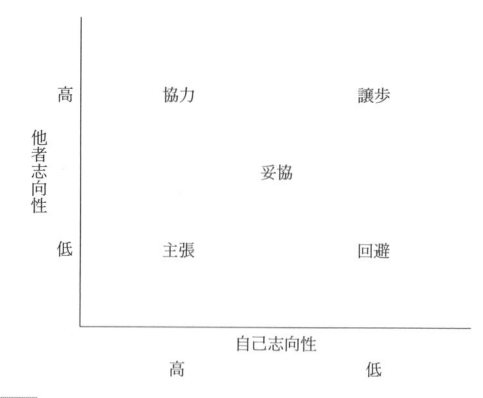

```
          高  │  協力          譲歩
         他者 │
         志向 │       妥協
         性   │
          低  │  主張          回避
              └──────────────────────
                   高          低
                      自己志向性
```

図 5-1 二重関心モデル（Thomas & Kilmann, 1975より作成）

いがつきにくい。また人間関係を悪化させやすいという特徴もある。

　協力とは，自他双方の立場を尊重し，協力しながら事態の解決に望む行動である。言い換えれば，自分の目標追求が相手にも利益をもたらし，互いの利益を最大にするような方策を見つけ出すことである。それがうまく行けば双方が満足できる結果をもたらす。また，結果が不十分であっても人間関係を親密にしたり，理解を深めることにつながる。ただし，この方略には辛抱強さとエネルギーが必要となり，双方の信頼感が前提となる。

　妥協は，主張と協力の中間に位置する方略で，要求水準を下げて部分的な実現を図るものである。当事者のみで妥協点を見い出すことがむずかしい場合には，第三者が仲介することもある。積極的ではないが双方にとって危険の少ない解決策で，互いが公平に同程度の損失を受けたと認知されれば，容易に葛藤が解決する。その反面，安易に合意が得られるため，より建設的な解決策が試みられない。したがって，協力方略のような関係の親密化や相互理解には進展しないことが多い。

　回避は最も消極的な行動で，葛藤事態から撤退することである。この方略は，葛藤の表面化を避ける目的で用いられることもある。ビジネスの世界でも親密な人間関係でも，相手の不満に気づかないふりをして現状を維持する方が利益になることがある。また，双方が葛藤表面化を回避することもある。対処がむずかしい場合や，すぐによい方法が見つからない場合には，当面，対立を回避

するのは賢明といえるが，本質的な解決はなされていない。

譲歩は，主張とは逆に，自分の要求を抑えて相手に協力することである。自分にとっては些細だが相手にとっては重要というように，葛藤問題の価値観がふつりあいである時に用いられる。また，相手が目上である時のように，対立によって伴う危険が大きい時にも選択される。常に一方が譲歩を繰り返す場合，たとえば横暴な夫と従順な妻のような場合には，葛藤解決は表面的なもので，問題事態の本質は変わっていないことが多い。したがって，慢性的な譲歩も建設的解決には進展しにくい。

2．方略選択過程

葛藤解決にはさまざまな方略があるが，実際には，人々はどのようにしてそれらを選択するのであろうか。大渕（1997）は葛藤解決方略の選択過程を図5-2のように示した。

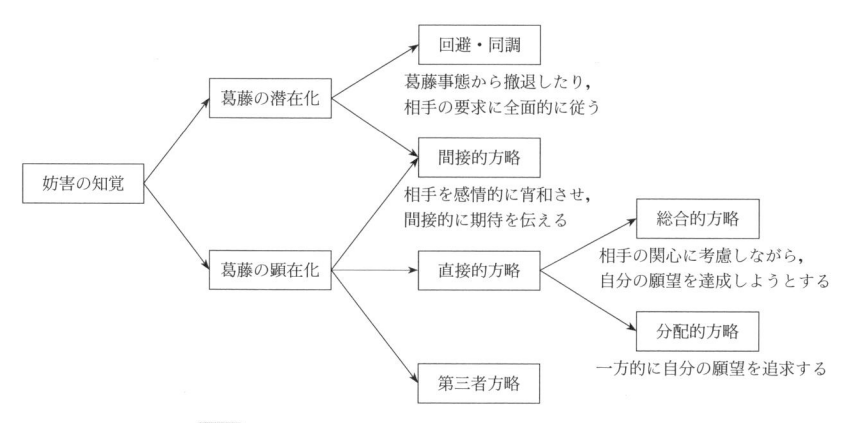

◎図◎5-2 解決方略の選択過程（大渕，1997より作成）

第1段階は，葛藤当事者が他者との不一致を知覚する段階である。第2段階は，そのことを相手または第三者に伝え，不一致が存在することを公にするかどうかを決める顕在化・潜在化の選択である。顕在化を決めると，それに続いて，第3段階において実際の方略選択が始まる。葛藤相手に直接はたらきかけるか，間接的にはたらきかけるか，それとも第三者に訴えるかのどれかを選択する。直接的方略の場合には，統合，分配などの選択肢がある。間接的方略と

は，この場合，相手の感情をなだめようとする試みである。

　第2段階で葛藤の潜在化，つまり，不一致の存在を公にしないことを選択すると，第3段階における方略選択は，回避・同調と間接的方略の間で行なわれる。この場合の間接的方略は，自分の期待を婉曲に表現をすることが含まれる。

　日本人とアメリカ人の大学生を比較した研究を見ると（Ohbuchi, K. & Takahashi, Y., 1994)，他者との不一致を知覚した場合，アメリカ人の3分の2は顕在化を選択したのに対して，日本人は4分の3が潜在化を選択した。結果として，日本人の方略は回避・同調が最も多いのに対して，アメリカ人は直接的方略が多かった。

3節 葛藤解決における動機づけ

　葛藤を解消するには，理念的には，相手を従わせるか，自分が折れるか，あるいは中間で妥協するかである。しかし，こうした単純な葛藤解決が見られるのは商品の値引き交渉くらいで，対人葛藤の多くはもっと複雑である。その理由の1つは，関係者の関心が多元化することにある。たとえ当初の葛藤争点が貸借のもつれなど金銭的なものであっても，葛藤当事者はそれ以外の事柄にも関心をもち，彼らの感情や反応はそれらによって影響を受けるからである。

　葛藤解決における動機づけ理論としてよく知られているのは，方略との関係ですでに紹介した二重関心モデルである（図5-1）。この理論では「自己への関心」と「他者への関心」の2種類が仮定されていた。しかし，葛藤当事者の願望や期待はもっと多様であり，それらをこうした2カテゴリーだけで説明するのは無理がある。

1．葛藤解決における多目標

　実際の葛藤では複数の目標を追求する動機の多元性がみられる。大渕とテデスキー（Ohbuchi, K. & Tedeschi, J. T., 1997）はこれらを資源的目標と社会的目標に分けて論じた。図5-3に示すように，資源的目標としては経済的資源や

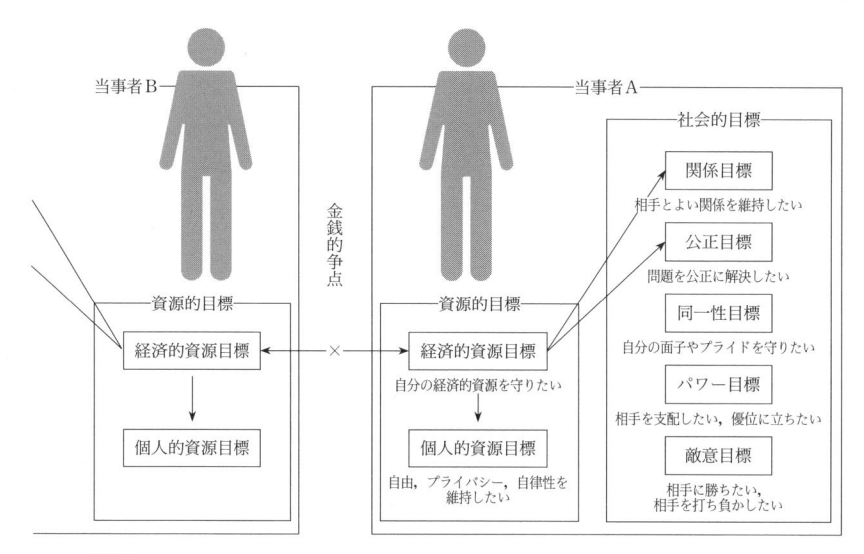

◎図◎ 5-3　葛藤における多目標の喚起（Ohbuchi, K. & Tedeschi, J. T., 1997より作成）

個人的資源の保護がある。一方，社会的目標には人間関係維持，公正回復，同一性保護，パワー獲得，敵意などがある。

　図5-3は，多目標の発生メカニズムを例示したものである。この例では，貸借のトラブルなど金銭的争点で葛藤が起こったので，当事者は初め経済的資源に強い関心をもっている。しかし，葛藤解決をめざして対立相手と相互作用するなかで新たな目標が発生する。たとえば，問題を公平に解決したいと思ったり，人間関係だけは壊さないようにしたいと思うことがある。対人葛藤では，通常，社会的目標が付加的に喚起され，これらが全体として当事者の方略選択に影響を与えるので，たとえ当初の争点が金銭なものであっても，当事者の行動は経済的利益を追求するだけではなく，他の目標志向によっても影響される。

2．多目標と方略選択

　方略研究では，葛藤当事者の性別，地位，関係の親密さなどが方略選択を規定することが見い出されてきた（Carnevale, P. E. & Pruitt, D. G., 1992）。たとえば，女性は男性よりも協調的方略を好み，対決的方略を好まないし，互いの関係が親密な場合にも同様の方略選好が見られる。また相手が自分よりも高

い地位の人である場合には回避が選択されやすい（Ohbuchi, K. & Baba, R., 1988）。しかし，こうした要因と方略の結びつきは，実は，目標喚起によって媒介されていると考えられる。

大渕・福島（1997）は，大学生に実際に経験した対人葛藤を想起させ，その経験を目標と方略について自己評定させた。回帰分析の結果（図5-4）を見ると，経済的資源目標は測定された4タイプの方略すべてを強めたが，社会的目標も方略に対して多様な影響を示した。特に重要なことは，目標が葛藤状況要因と方略選択の間を媒介するようすが確認されたことである。本人および相手が女性だったり，親密な関係にある場合には，当事者は関係維持を強く志向し，そのため協調的方略（統合や間接）を選択した。相手が親密でない場合には，当事者はパワー獲得や敵意に動機づけられ，その結果，対決的な方略（分配や攻撃）を取ることが多かった。相手が目上の人である時に個人的資源関心が強まるのは，当事者が自由や自律性の侵害を恐れるためと思われる。こうした場合，当事者は反発して対決的姿勢を強めるか，あるいは，逆に葛藤を回避しようとするか，いずれか極端な方略を選択しがちであった。

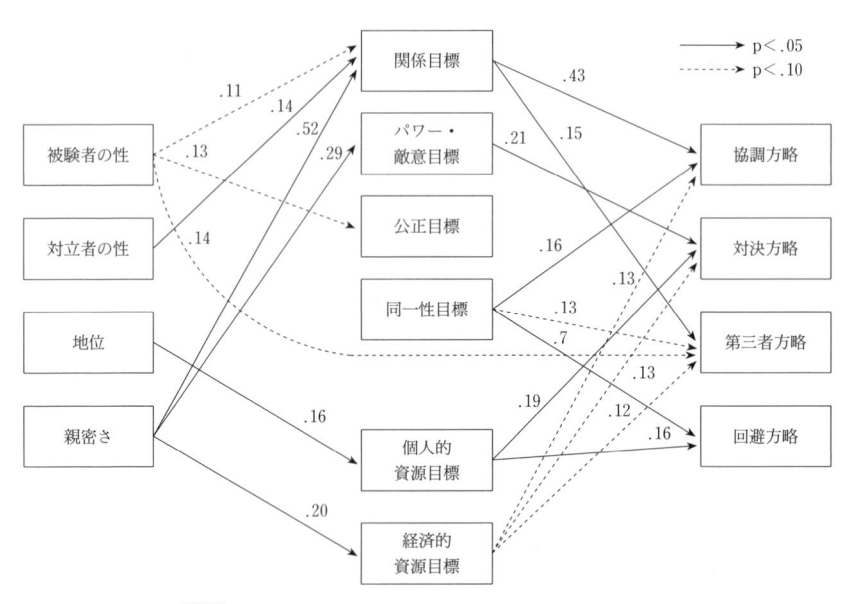

◎図◎5-4　多目標と方略選択（大渕・福島，1997より作成）

3．交渉における公平

　葛藤解決のなかでも，争点が明確で，当事者どうしの相互作用によって合意が図られる解決過程を交渉と呼ぶ。交渉研究者は，交渉者たちが自己利益の最大化をめざして意志決定を行なうと仮定してきた (Bazerman, M. H. & Neale, M. A., 1992)。客と店主の間で行なわれる商品の売買交渉は，その典型例である。

　しかし交渉者が自己利益以外の関心によって動機づけられることもある。その1つは，多目標理論でも仮定されている公平・公正の達成である (Tripp, T. M., Sondak, H. & Bies, R. J., 1995)。次のような場面を想像してほしい。

> 　今日はあなたの大好きなサニーデイ・サービスのコンサートがある日だ。しかしチケットがとれなかったので，あなたは朝から機嫌が悪い。ところが，夕方，サークルに顔を出してみると，ある先輩があなたに言った。「今夜のコンサートなんだが，急用で行けなくなったんだ。よかったらチケットを買わないか」。これが最後のチャンスだと思ったあなたはもちろん買うと答えた。しかし先輩は3500円のチケットを15000円で買うよう提案した。

　自己利益の観点からすると，コンサートに行けないよりはましだから，あなたとしてはその提案を受け入れた方が得だと考えられる。自己利益と公平さのジレンマを特徴とするこのような状況は最終提案交渉 (ultimatum bargaining) と呼ばれるもので (Güth, W., Schmittberger, R. & Schwarze, B., 1982)，実際の交渉場面においてしばしば出現する。交渉が決裂すればもとも子もなくなるような状況では，合理的に考えれば，分け前がどんなに小さくても合意した方が得だと考えられる。しかし，実験室で人々に実際に交渉を行なわせてみると，図5-5に示されているように，受け手の多くはこうした不均等提案を拒否するようすが観察される (Fukuno, M. & Ohbuchi, K., 1999)。このことは，人々が損得よりも公平や公正を重視し，それが交渉時の行動を強く規定することを表わしている。

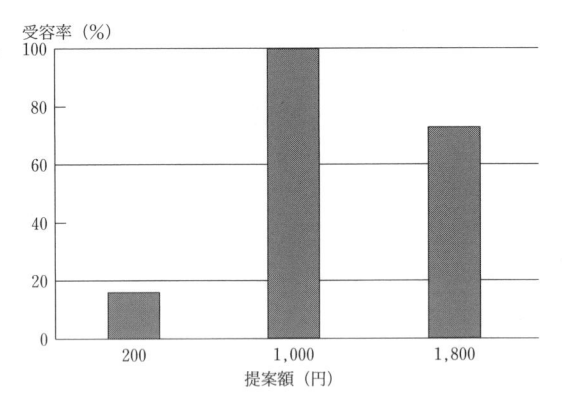

◎図◎5-5　最終提案に対する受け手の受容率
(Fukuno, M. & Ohbuchi, K., 1999より作成)

　2人一組となった被験者は「分け手」か「受け手」の役割に割り当てられた。分け手は実験者から与えられた現金2,000円のうち、自分の取り分を自由に決め、その残りを受け手の取り分として提案した。受け手はこの提案を「受容」するか「拒否」することができた。受け手が提案を受容すれば、交渉は成立し、2人は分け手の提案通りの資源をもらうことができるが、拒否すれば交渉は決裂となり、2人とも何ももらえない。実験では、被験者はすべて受け手となり、上の3種類の提案のいずれか1つを受け、受容するか拒否するかを決定した。

4節　葛藤解決と認知

　解決方略の選択を規定するもう1つの心理学的変数は認知的なものである。葛藤状況の諸側面をどのように知覚するか、葛藤相手の意図や動機をどのように帰属するかによって、当事者の方略選択は強い影響を受ける。

1. 対立者に対する帰属

　重要な認知的要因の1つは対立相手に関する帰属である。葛藤が生じた原因

が相手の不誠実さや自己中心性にあると感じたなら，あなたは非難や攻撃など対決的な行動を取ろうとするであろう。また，それが相手の性格によるもので，変えることはできないと感じたとしたら，話し合っても無駄だと思い，事態を回避する方を選ぶかもしれない。このように，対立の原因についてどのように考えるかによって，葛藤対処の方法は違ってくる。

シラーズ（Sillars, A. L., 1980）は，大学の寮生を被験者に，ルームメイトとの葛藤を報告させ，対立者に対する帰属と方略の関連を確かめた。表5-2は，その結果である。当事者は，対立者が互いに協力して問題解決をしようとしていると協力的意図を知覚すると協調的な方略を多く用い，回避や対決などの方略をあまり用いなかった。逆に，相手が自分の利益だけを考えていると知覚すると回避か対決を選ぶことが多かった。また，葛藤原因が自分の側にあると思う時には協調的方略を，相手の側にあると思う時には対決的方略を選択した。

この研究では，性格など変化しにくい安定要因に原因帰属する条件も検討しているが，同じ葛藤を反復経験すると，こうした帰属が行なわれやすく，その場合には，やはり，回避か対決という非建設的方略が選択されることが多かった。

◎表◎5-2 帰属と葛藤方略の相関（Sillars, A. L., 1980より作成）

帰属/葛藤方略	帰属			
	自分の責任性	対立者の責任性	葛藤の安定性	対立者の協調性
帰属				
対立者の責任性	−.040			
葛藤の安定性	−.155	.323***		
対立者の協調性	.576	−.243	−.423	
葛藤方略				
回避（受動・間接）	−.190*	.071	.428***	−.301**
対決（分配）	−.140	.186*	.036	−.225**
協調（統合）	.222	−.166*	−.387**	.296**

$*p<.05$　　$**p<.01$　　$***p<.001$

これらの結果は，相手に自己中心的な動機を帰属したり，性格など変化しにくい要因に帰属すると，人々は協調などの建設的方略を採用することが少なくなることを示している。

他者の動機帰属に関しては，「正当－不当」(Thomas, K. W. & Pondy, L. R., 1977)「協力－競争」(Sillars, A. L., 1980)「利己的－非利己的」(Fincham, F. D. & Bradbuty, T. N., 1992) といった正負次元が取り上げられてきた。しかし，葛藤相手に対する動機の認知はもっと複雑である。小嶋 (1998) は，正負次元と「問題解決的－情緒的」の次元を組み合わせ，「利他心」「役割」「利己心」「敵意」という4種類の動機帰属を仮定した（図5-6）。

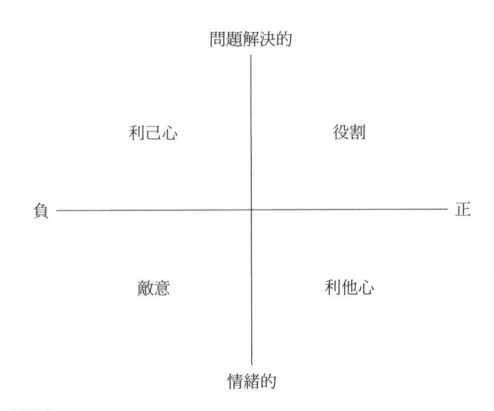

```
            問題解決的
               │
    利己心     │    役割
               │
  負 ─────────┼───────── 正
               │
    敵意       │    利他心
               │
            情緒的
```

◎図◎5-6　帰属の2次元と4タイプ(小嶋, 1998より作成)

　利他心帰属とは，相手の行動が自分に対する好意に基づいていると解釈するもの，役割帰属とは，相手が自分の与えられた役割を忠実に遂行しようとしていると知覚するもの，利己心帰属とは，相手が個人的利益に従って行動しているとみなすもの，そして敵意帰属とは，相手の行動は自分に対する敵意から生じていると感じることである。

　小嶋の実験 (1998) では大学生被験者が別の学生と葛藤を含む会話を行なったが，図5-6の4動機のどれかを被験者が帰属するように，葛藤相手の発言はあらかじめプログラムされていた。葛藤争点は常に同じであるにもかかわらず，被験者が選択した方略は帰属された動機によって変化した。被験者は利他心を帰属した場合には間接方略を，利己心や敵意を帰属した場合には主張方略と攻撃方略を多く用いた。また，敵意を帰属すると，統合方略の使用が少なかった。したがって，帰属の正負次元に関しては相似仮説，すなわち，正の動機帰属(利

他心，役割）は正の方略（統合，間接）をうながし，負の動機帰属（利己心，敵意）は負の方略（主張，攻撃）をうながすという仮説は支持された。

　小嶋の研究は，葛藤相手の気持ちを理解するにあたって，私たちは「利他心」「役割」「利己心」「敵意」という4タイプの動機のどれかを推測することを示唆しており，また，どのタイプの動機を推測するかによって対処行動が影響を受けることを実験的に示したものである。

2．葛藤解決における認知的バイアス

　人間の情報処理にはコンピュータとは違った特性や制約があるため，葛藤時の判断にも特有の認知的バイアスが見られる。そうした認知的バイアスは，状況理解を歪めたり，誤った推測を促し，しばしば葛藤解決を妨げる要因となる（Neale, M. A. & Bazerman, M. A., 1991）。

　認知的バイアスの典型は，固定資源知覚（fixed-pie perception ［assumption］）である（Thompson, L. L. & Hastie, R., 1990）。争点が複数含まれている場合，各当事者が重視する問題は異なるので，互いの期待を理解すれば解決は可能な場合が多い。しかし，当事者は，自分が重視する問題は相手もそうであろうと思いこみ，利害が真っ向から対立していると思う傾向がある。あなたは恋人と今度の週末をどう過ごすかについて話し合っているとしよう。サーフィン好きの彼はまた海へ行こうと提案した。あなたはサーフィンが苦手だし浜辺の暑さにも辟易していたので，またかと半分あきれて，今度は山がいいと答えた。互いに譲ろうとしないため，外出はとりやめにしようかとあきらめかけた時，彼は「釣りをしたかったのに」といった。サーフィンが目的ではないことを知ったあなたは，涼しい高原の湖で釣りをすることを思いついた。その提案に彼は大いに乗り気になった。このようによく理解し合えばお互いに満足できる解決策があるのに，互いの主張が真っ向から対立しているという固定資源知覚に陥るとそれがむずかしくなることがある。

　固定資源知覚に伴う弊害の1つは相手に対する不信感である。相手が譲歩したり建設的な提案をしてきても，根本的には利害対立があると信じているために，何か裏があるとか，相手にとって都合がよいのだろうと疑心暗鬼になり，たんに相手が言い出したという理由だけで提案を低く評価する傾向が生ずる

(Ross, L. & Stillinger, C., 1991)。

　葛藤当事者は自己利益の最大化だけでなく公平の達成にも強く動機づけられていると述べた。これらの関心は時には互いに影響し合う。特に状況が複雑だったり曖昧な点が多いと，公平判断が自分に有利な方向に歪められることがある（Thompson, L. L. & Loewenstein, G., 1992）。自分の主張や有利な結果を公平と判断することを，公平の自己中心的解釈（egocentric interpretations of fairness），あるいは公平バイアス（fairness bias）という。最終提案交渉にも見られたように，人々は，自分の利益の絶対的大きさよりも，相手との比較による相対的価値を重視する。当事者はお互いのバランスが取れた状態を志向するが，客観的には公平でも当人は不公平だと知覚したり，客観的には不公平な状態を公平だと主張することが少なくない。当事者双方が，自分の方が損だと思い，自分が信ずる公平回復を主張すると，葛藤解決は暗礁に乗り上げる。したがって公平バイアスは葛藤解決を困難にする最も危険な認知的バイアスである。

　公平バイアスは，当事者の認知判断が自己利益への関心に影響されやすいことによって起こるが，認知心理学的研究によると，人々は自己に有利な情報を不利な情報よりも再生しやすいが傾向があり，このことがそのメカニズムに関連すると見られている。

実験・調査紹介5

ただ乗り問題解決方法の日米比較

一般に日本人は集団主義的志向性をもち，個人の利益より集団の利益を優先しようとすると考えられている。しかし山岸（1990）は，日本人の集団志向性が個々の日本人の内部に存在するというより，日本社会の「構造」のなかに存在していると主張する。日本人が集団のために自己の利益を犠牲にするような行動をとるのは，人々が自己利益より集団利益を優先しているからというより，集団の利益にならないことをするのを妨げるような，相互監視・規制システムが存在しているからだという。逆に言えば，相互監視が不可能な状況では，日本人はアメリカ人より「非協力的」であると予想される。次に紹介する実験結果はこの予想を支持している。

方　法

[被験者と実験計画]　北海道大学とワシントン大学の学生60名ずつ計120名が実験に参加した。実験要因は，集団からの離脱コスト（高・低）と被験者の国籍（日本・アメリカ）であった。

[手続き]　被験者は見知らぬ人どうし3人1組となり，別々のコンピュータ端末の前にすわり，被験者は他の被験者を見ることはできなかった。被験者はコンピュータを用いて，ある作業を行なった。3人の作業得点の合計に基づいてお金が支払われ，そのお金は3人に均等に分配された。3人の間で作業得点に差があったとしても，集団内では均等にお金が分配された。被験者は1回2分の作業が20回繰り返され，各作業開始前に，被験者はその集団にとどまるか離脱するかを決定した。集団にとどまる場合，被験者は他の2人と均等にお金を分配した。集団から離脱する場合，自分の作業得点に応じて支払われるお金は自分のものとなった。

離脱コストの操作は次のように行なった。集団にとどまる場合，各作業得点1点を2セント（日本円では3円）として換算した。被験者が集団から離脱する場合，離脱コスト低条件では，作業得点1点は2セント（3円）とした。一方，離脱コスト高条件では，作業得点1点を1セント（1.5円）とした。

仮　説

①集団離脱の頻度は，離脱コストが高い時より低い時に，増加するだろう。
②貢献度の高い成員は，低い成員より，集団離脱を行ないやすいだろう。
③日本人被験者はアメリカ人被験者より集団離脱を行ないやすいだろう。

結　果

仮説1：予想されたように，離脱コストが高い時より低い時に，被験者は集団を離脱しやすかった（7.57試行 vs. 4.53試行）。
仮説2：予想されたように，高得点者（平均8.28点）は，中得点者（平均5.80点）および低得点者（平均4.08点）より集団を離脱しやすかった。
仮説3：離脱コストが高い場合，日本人被験者はアメリカ人被験者より集団を離脱しやすかった（図参照）。

では日本人は協力しないのか？
仮説3の支持は日本人被験者がアメリカ人被験者より集団を離脱しやすいことを示している。しかし，文化-制度アプローチによる疑問（集団内で日本人はアメリカ人より協力しないか？）はまだ回答されていない。この点を検討するため，被験者が集団にとどまった時と離脱した時の作業成績の差を比較することにした。この差は，作業スキルの個人差ではなく，たんに被験者の努力を反映する。この分析の結果，有意差はみられなかった。

考　察

日本人はアメリカ人より集団を離脱しやすいという結果は，日本人はアメリカ人より集団志向的であるという「常識」とは異なる。しかし日本社会のもつただ乗り抑止のための強力な相互監視システムに基づけば予想可能である。

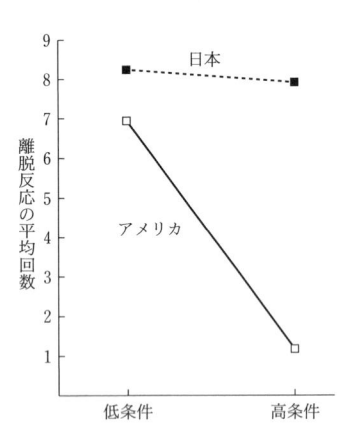

図　各条件における離脱反応の
平均回数（Yamagishi, 1988）

一般に，離脱コストが低ければ，人々は集団を抜けることでただ乗り問題を回避しより大きな利益を得ることができるが，離脱コストが高い時には，集団を離脱しても自分の利益は増えないため，人々は集団内で問題を解決しようとする。このように考えると，文化的と呼ばれるもの——本研究では集団主義と個人主義——は究極的には，特定の「文化」システムの中で利用可能な，機会構造の違いによって説明可能となる。たとえば，日本社会に広く普及している高い離脱コスト（たとえば終身雇用制においては，集団からの離脱は先任権 seniority とそれに関連する利得の喪失を意味する）は集団的解決（同僚によって職務の遂行が監視されているような QC 的な仕事集団）を促進する。その結果として，日本人は集団志向的に行動すると考えられる。また，集団主義者は社会的調和を促進する均等分配を好むかもしれないが，その傾向はただ乗り問題を集団的に解決できる状況に限定されるのかもしれない。

■引用・参考文献

Yamagishi, T. 1988 Exit from the group as an individual solution to the free rider problem in the United States and Japan. *Journal of Experimental Social Psychology*, **24**, 530-542.

山岸俊男　1990　社会的ジレンマのしくみ：「自分1人くらいの心理」の招くもの　サイエンス社

6章 ひとの気持ちを変える

1節
態度の構造と機能

　「ゴミを減らそう」と言われてその気になる人もいれば，「面倒だ」「自分1人くらいやらなくていい」と聞き流してしまう人もいる。社会心理学ではこのような現象を説得と態度変化という観点から研究している。

1．態度の定義

　態度 (attitude) の定義は研究者により違うが，それに不可欠なのは態度対象への感情・評価の側面である。ペティとカシオッポ（Petty, R. E. & Cacioppo, J. T., 1981）は，態度を「人や事物・社会問題に対してもつ，一般的で持続的な，肯定的または否定的な感情」と定義している。またイーグリーとチェイキン（Eagly, A. H. & Chaiken, S., 1998）によれば，態度とは「ある対象への好意的・非好意的な評価により表出される心理的傾向」である。
　たとえばゴミの減量に肯定的な態度をとる人は，自分の出すゴミ，地域のゴミを問わず，またリサイクルや省資源についても，一般論として「ゴミを減らすべきだ」と考えるであろう。またゴミ減量に賛成の態度をとる人は，昔も今もそして将来も，その立場を維持するであろう。

2. 態度の構造

ローゼンバーグとホヴランド（Rosenberg, M. J. & Hovland, C. I., 1960）によれば，態度は感情，認知，行動の3成分をもち，観察可能な刺激と反応の間に想定される媒介変数である（図6-1）。たとえばある服のブランドへの好意的感情，好意的認知，好意的行動が観察された場合（例：「デザインが好き」といった，「品質がよい」とほめた，春の新作スーツを買った），背後にはそのブランドに対する肯定的な態度が推測される。

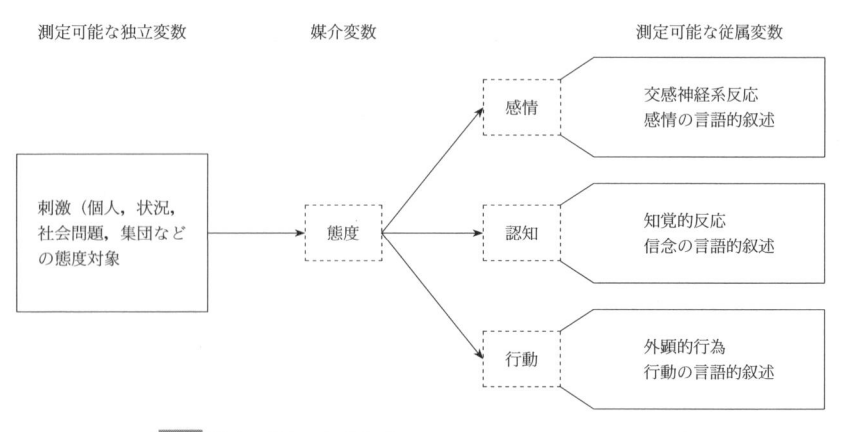

◎図◎ 6-1 態度の3成分（Rosenberg, M.J. & Hovland, C.I. 1960）

クレッチら（Krech, D. et al., 1962）によれば，態度の感情成分は態度対象への「快－不快」感情であり，他者に対する「好き－嫌い」や，社会問題に関する「賛成－反対」意見として表出される（例：「高橋君が好きだ」「ゴミ減量に賛成だ」）。認知成分は態度対象に関する情報の「真－偽」についての信念（belief）である。評価と無関係な情報もあるが，重要なのは評価的信念であり，たとえば「高橋君は親切だ」とか「ゴミ減量は資源の節約になる」といった情報を信じるか否かで，高橋君への好意度やゴミ減量に対する賛否も違って来る。最後に行動成分は，態度対象に「接近－回避」する行動の準備状態（readiness）である。肯定的な態度をもつ人は対象に近づき，それに有益な行為をしようとするが，逆に否定的な態度をもつ人は，対象を避け，それに有害な行為をする場合さえある。たとえばゴミ減量に賛成の人はリサイクルに積極的だが，

反対の人はまだ使えるものでも捨ててしまうであろう。態度の3成分は相互に依存し，一貫性を示すことが多い。逆にある成分が変われば，それは他の成分にも波及すると考えられる。

3．態度の機能

人々が態度をもち続ける理由は，それがなんらかの形で役立ち，機能を果たすからである。カッツ（Katz, D., 1960）によれば，態度には4つの機能がある。

① 適応機能：態度は報酬を最大化（罰を最小化）し，人々の環境適応を助ける。電力会社の社員が反原発の態度では周囲との衝突も絶えないが，原発推進であれば職場適応は容易であろう。
② 自我防衛機能：態度は人々の劣等感や不安を緩和する一方で，偏見や差別を生むこともある。女性蔑視の偏見をもつ男性の中には，劣等感が強く，女性を低く見なければ心の安定を保てない人がいる。
③ 価値表出機能：態度は自尊心を高め，アイデンティティの確認に役立つ。自信がなくなり自己像が曖昧になった時，自分は理想的な価値観（例：環境保護）をもっていることを思い出して，誇りや自分らしさを回復できる。
④ 知識機能：態度は，複雑な世界を理解するための判断基準や枠組みを与える。新しい法案への賛否に迷う時でも，自分の立場が自民-反自民のどちらかを考えれば，問題を整理し割り切ることが容易になる。

これらの機能を果たす態度は変わりにくいが，一方で態度が機能を果たさなくなればそれを保持する理由はなくなる。青年期には進歩的な考えが仲間集団への適応に役立つが，年齢が上がり結婚・就職や昇進をするとともに，伝統的・保守的な考えが適応的になることも多い。

態度機能の研究はその測定・操作が困難なため遅れがちであったが，近年，態度機能を測定する尺度（attitude function inventory）が考案され，その有効性を検討する研究も行なわれている（Herek, G. M., 1987；今城，1997）。またシャービット（Shavitt, S., 1990）は購買行動に関して態度機能の研究を行ない，商品購入の動機（機能）と合致した内容の宣伝が有効であることを示した。

どのブランドの香水を好み，購入するかは，自己アイデンティティ機能とかかわるので，品質の高さやお買い得さを強調するより，その香水を使えばイメージアップになると宣伝した方がよい。

4. 態度強度

態度には強弱があり，同じ「かなり賛成」の立場でも「確信をもって」か「何となく」かでその性質は異なる。コンヴァース（Converse, P. E., 1970）によれば，世論調査などの数年にわたるパネル調査で，年月を超えて意見の一貫性を示す人がいる一方で，その時々で意見が変わる人もいる。つまり，態度と非態度を区別する必要がある。質問されて初めてその場で考え，調査員に答えたり質問紙に記入した立場は，従来の態度を表明したものではない。その意見は態度とは言えず，時間を超えた一貫性や，感情・認知・行動の一貫性は期待できない。

ファチオ（Fazio, R. H., 1989）は態度－非態度の2分法を発展させ，「態度－非態度連続体（attitude-nonattitude continuum）」という考え方を提案している。対象への評価が態度としての性質を示すか否かは程度問題であり，態度強度（attitude strength）に依存する。たとえば確信度が強いほど，意見の時間的一貫性も高いであろう。態度強度の指標としては確信度以外にも話題重要性，自我関与などがあるが（Raden, D., 1985），ファチオは態度のアクセスビリティ（accessibility）に注目している。態度強度の強い人は対象への評価がすでに確立しており，質問されれば瞬時に答えられるが，態度強度の弱い人は，評価がまだ定まっておらず，答えるのに時間がかかる。

5. 態度－行動関係

(1) 態度と行動の一貫性

態度概念が重要なのは，態度と行動には密接な関係があり，説得して態度を変えれば行動も変化すると仮定されるからであるが，初期の研究では態度と行動の相関は低かった（La Piere, R. T., 1934；Wicker, A. W., 1969）。しかし近年では両者に一定の相関があることが確認されている（Ajzen, I. & Fishbein, M., 1977；Kraus, S. J., 1995）。クラウス（1995）は，態度－行動関係について

の88研究をメタ分析し，態度と行動の相関係数はその平均値が+0.38であることを報告した。この相関は高いとは言えないが，一連の研究を通じて，態度から将来の行動をある程度予測できたことを意味する。

(2) 態度－行動関係の調整変数

一方，態度と行動の関係は第3の変数により影響を受ける。態度の行動予測力を左右する要因を調整変数と呼ぶが，クラウス（1995）によれば，調整効果が大きいのは態度の確信度，安定性，アクセスビリティ，感情－認知の一貫性，直接経験の有無であった（これらの程度が大きいほど態度－行動の相関も高い）。

ファチオとウィリアムス（Fazio, R. H. & Williams, C. J., 1986）は，アクセスビリティの調整効果を検討している。彼らは大統領選挙の3ヶ月前に事前調査を行ない，支持する候補者は誰かをたずねた（「次期大統領の適任者はレーガンである」への賛否）。被験者は録音された質問文を聞いてから，できるだけ速く5個のボタン（「非常に賛成」から「非常に反対」まで）のどれかを押すことを求められる。その際，質問されてからボタンを押すまでの反応時間も測定された（瞬時に答えられるほどアクセスビリティは高い）。選挙の翌日に電話インタビューを行ない，誰に投票したかを尋ねたところ，事前に聞いた意見と実際の投票行動との一致度は，反応時間の短い人の方が高かった（態度－行動の相関は，アクセスビリティ低群で+0.60，高群で+0.82）。この結果は，態度－行動関係がアクセスビリティの高低に左右されることを示す。

(3) 行動意図の予測理論

態度と行動に一定の関係があるとしても，態度だけで行動を予測するには限界がある。行動予測には態度以外にどの要因を加えればよいであろうか。

フィッシュバインとアイゼン（Fishbein, M. & Ajzen, I., 1975）の合理的行為の理論（theory of reasoned action）では，態度－行動関係のモデルに他者からの期待を加えている。理由があって行なう行為の直接的規定因は個人の行動意図であり，それは行動への態度および主観的規範という個人的・社会的な2成分により規定される（図6-2上段）。行動への態度は，行動－結果関係に関する信念とその結果への評価で決まる。「公務員になると生活が安定する」と信じ，「生活の安定」をよいと評価する場合に「公務員になること」への態度は

96 6章 ひとの気持ちを変える

合理的行為の理論

計画的行動の理論

◎図◎6-2 行動意図の予測理論

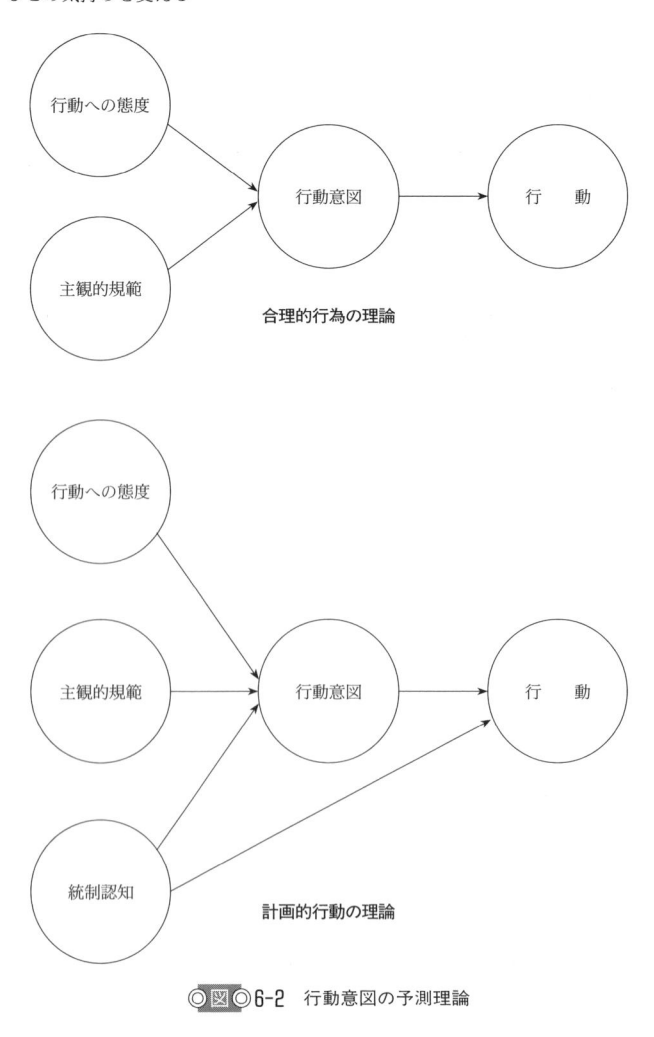

肯定的となる。一方，主観的規範は，とるべき行動に関する他者の期待認知と，その期待に従う動機づけの強さにより規定される。「両親は私が公務員になることを期待している」と認知し，「両親の期待に応えたい」と思う場合に主観的規範は高くなる。一般に個人は，自分が肯定的に評価する行動および他者から期待される行動をとる。合理的行為の理論は家族計画や消費者行動など，広範な行動の予測に有効である（Ajzen, I. & Fishbein, M., 1980）。

一方アイゼン（Ajzen, I., 1985）が提唱した計画的行動の理論（theory of planned behavior）は，合理的行為の理論を拡張したものである。合理的行為の理論は，意志の力で統制（control）可能な行動にしか適用できない。この限界を超えるため計画的行動の理論では，第3の説明変数として行動の統制認知（perceived behavioral control）を加えた。統制認知とは，行動遂行の前提となる機会や資源（時間，資金，技能など）の利用可能性に関する認知を指す。ある行動が統制可能と認知されるほど，行動意図は行動として表出されやすい。図6-2の下段に示されるように，行動は行動意図と統制認知により規定される。また行動意図は，行動への態度と主観的規範，行動の統制認知によって決まる。

　ベックとアイゼン（Beck, L. & Ajzen, I., 1991）は，不正行為の予測に計画的行動の理論を応用する調査を行なった。被験者は3つの不正行為（試験でのカンニング，万引き，レポート未提出理由の嘘）について行動への態度（項目例：万引きは「悪い－よい」），主観的規範（私が万引きしたら私の大切な人たちは「非難するだろう－気にしないだろう」），行動の統制認知（私にとって万引きすることは「困難－容易」），行動意図（機会があれば私が万引きすることは「ありそうもない－ありそう」）などをたずねられた。表6-1は，階層的重回帰分析の結果を示したものである。第1段階は合理的行為の理論（態度・主観的規範）による分析であり，どの不正行為でも態度が行動意図の予測に有効である。主観的規範は嘘の予測に役立つに過ぎない。第2段階は計画的行動の理論（態度・主観的規範・統制認知）による分析であり，統制認知の追加はすべ

表6-1　行動意図の階層的重回帰分析（Beck, L. & Ajzen, I., 1991　の一部）

	カンニング		万引き		嘘	
	β	R	β	R	β	R
Step 1 合理的行為の理論						
態度	.65*		.78*		.39*	
主観的規範	.04	.67	-.01	.78	.26*	.57
Step 2 計画的行動の理論						
態度	.28*		.44*		.10	
主観的規範	-.02		.02		.19*	
統制認知	.62*	.82	.46*	.83	.64*	.79

[注]　β＝標準偏回帰係数　　R＝重相関係数　　＊ $p<.05$

ての不正行為で予測の向上に寄与している。これらの結果は，不正行為を肯定的に評価し，遂行可能と認知する人が不正を行おうとすることを示す。また社会的に望ましくない行動に関しては主観的規範の影響は小さく，計画的行動の理論がより有効であることが示唆される。

　これらの理論によれば，ある行動の遂行を求める説得を行なう場合，それが「あなたによい結果をもたらす」と信じさせるだけでなく，その行動が「あなたに求められており」また「あなたにもできる」と訴えることが有効であろう。

2節 認知的均衡と態度変化

　態度は持続的・安定的なものである。しかし態度の保持が矛盾を孕んだものになると，矛盾を解消するために態度を変える場合がある。

1．認知的均衡理論

　ハイダー（Heider, F., 1958）は，人々のp－o－x認知が均衡する条件を示す理論を提唱した。ここでpとは認知する人であり，oは他者，xは認知対象を指す。3者間の関係には，単位（unit）関係と心情（sentiment）関係の2種類がある。まず，2つのものがまとまり一体と認知される時，両者は単位関係にある。たとえばpとoの類似（私と相手は同県人），oのx所有（友人はMacをもっている）などは，＋の単位関係Uを構成する。次に，個人が対象を肯定的または否定的に評価している時，両者は心情関係にある。好き－嫌い，賞賛－非難，賛成－反対などがその内容であり，態度も心情関係に含まれる。

　認知的均衡理論（バランス理論）によれば，p－o，o－x，p－xはそれぞれ単位関係か心情関係であり，これらは＋または－の符号をもつ。この3符号の積が＋であればp－o－xシステムは均衡しており，－ならば不均衡状態である（図6-3）。不均衡なp－o－xシステムは不快な緊張をもたらし，均衡への圧力を喚起する。システムの均衡化は，3符号の積が＋となるように関係のどれかを変化させることで達成される。たとえば，卒業してもバンド活動

◎図◎ 6-3　認知的均衡理論（Heider, F., 1958）

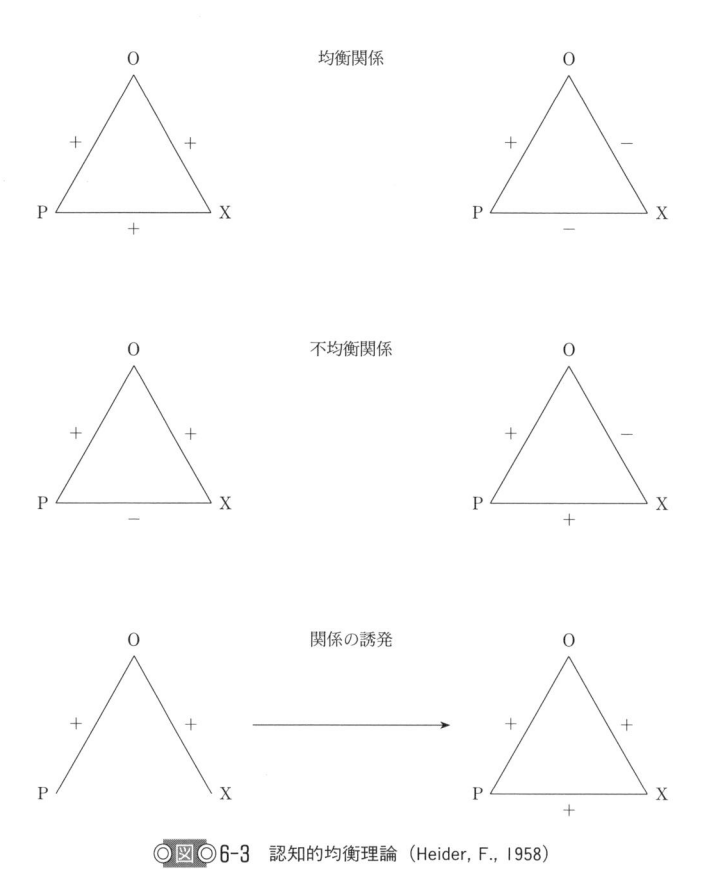

を続けプロになろうと思ったら，恋人から反対された。この時認知的不均衡は，恋人を説得するか，恋人と別れるか，またプロ志向の態度を変えることで解消される。

2．認知的不協和理論

　フェスティンガー（Festinger, L., 1957）の認知的不協和理論によれば，情報間の矛盾や言行不一致により態度変化が生じる場合がある。認知とは環境や自分自身，自分の行動に関する知識・意見・信念である。たとえば「喫煙は有害だ」との認知は環境に関する信念であり，「私は1日に20本タバコを吸う」という認知は自分の行動に関する知識である。これらの認知要素の間には，3種類の関係が成立し得る。

① 無関連(irrelevance)：2つの認知要素を考えた時，一方が他の認知要素に関して何の意味も含まないなら，両者は相互に無関連である。たとえば「私がタバコを吸うこと」と中国の人口は関係がない。
② 協和(consonance)：2つの認知要素を考えた時，一方が他方から帰結されるなら両者は協和関係にある。たとえば「喫煙は大人のしるしだ」と思うから，私はタバコを吸う。
③ 不協和(dissonance)：2つの認知要素を考えた時，一方の逆が他の要素から帰結されるなら，両者は不協和な関係にある。たとえば「喫煙は有害だ」と知りながら，タバコを吸っている場合が認知的不協和である。

　不協和は，認知要素の重要性が高いほど大きい。たとえばアルバイトをしてやっと購入したパソコンの性能が期待外れであれば，認知的不協和は大きい。しかし初めて買った缶コーヒーが期待外れでも，あまり腹は立たないであろう。また，ある認知要素と他の多くの認知要素との間に生ずる不協和の総量は，不協和関係が全体に占める割合が高いほど大きく，協和な関係の割合が高いほど小さい。たとえば，買ってしまったパソコンに短所が多いほど後悔も大きいが，同時に長所も少なからずあれば不満は小さくなる。
　認知的不協和理論によれば，不協和は心理的に不快であり，不協和が生じると人はそれを低減するように動機づけられる。また不協和を増大させる状況や情報を人は回避しようとする（選択的接触）。不協和の低減には次の方法がある。

① 行動に関する認知要素を変える：他の認知と矛盾しないように，自分の行

動を変える（例：喫煙が有害ならば，タバコを止める）。
② 環境に関する認知要素を変える：他の認知と矛盾しないように，環境自体，または環境に関する信念を変える（例：軽いタバコに変える；喫煙は無害だと信じる）。
③ 新しい認知要素を付加する：協和な認知の比率を増やして，不協和の総量を低減させる（例：喫煙の効用をたくさんあげる）。

フェスティンガーとカールスミス（Festinger, L. & Carlsmith, J. M., 1959）は，行動との矛盾が態度を変化させることを示す実験を行なった。被験者は自分自身が退屈と感じた課題を，「おもしろいものだ」と次の被験者に言うように頼まれ，承諾する（謝礼として1ドルまたは20ドルをもらう）。この嘘を取り消すことができず，また「謝礼が高額だったから」と正当化できない場合には，自分でも「おもしろい課題だった」と思うようになった（1ドル条件）。おもしろさ評定の平均値は1ドル条件で高く（+1.35），統制条件，20ドル条件では低い（それぞれ-0.45, -0.05）。ただし態度と反する行動の遂行で態度変化が生じるには，いくつかの条件がある。クーパーとファチオ（Cooper, J. & Fazio, R. H., 1984）によれば，それは反態度的行動が嫌悪的結果を招き，撤回が困難で，責任が自分にある（行動を自由に選択し，結果を予見できた）場合である。

3節
説得と態度変化

1．説得の6段階

他者から説得されて態度が変化することもある。説得（persuasion）とは，おもに言語的手段で他者の態度や行動をある特定の方向へ変化させようとすることを指す。ジンバルドーとレイペ（Zimbardo, P. G. & Leippe, M. R., 1991）は説得の構成要素として，事実や論拠の提示，それに基づく推論，結論の導出，勧告された行動がもたらす肯定的結果の明示などを挙げている。

また説得が効果を挙げ，態度や行動に影響を与えるには説得過程の6段階が

すべて生じる必要がある。同じくジンバルドーらによれば，その6段階とはメッセージへの①接触②注意③その理解④結論の受容⑤新しい態度の保持⑥態度の行動への変換である。

2．メッセージ学習説
(1) 送り手

　ホブランドら（Hovland, C. I. et al., 1953）によると説得効果の規定因は4種類ある。その第1が送り手の要因であり，説得者が誰かで説得効果は異なる。送り手要因の代表は信憑性（credibility）であるが，オキーフ（O'Keefe, D. J., 1990）によれば話題の自我関与が低く，説得前に送り手が誰か明示される場合には，信憑性（専門性・信頼性）は説得効果を促進する（図6-6参照）。また重要でない話題については，魅力的で，受け手との類似点が多い送り手の説得力は大きい。逆に受け手にとって重要で自我関与が高い話題では，送り手要因の影響は小さい。

(2) メッセージ

　メッセージの内容，構成，表現により説得効果は異なる。一面呈示（送り手の結論に有利な材料，支持的な議論だけを呈示）と両面呈示（結論に不利な材料や考え得る他の結論にも言及）とでは，どちらが効果的であろうか。実験結果は錯綜しているが，アレン（Allen, M., 1991）のメタ分析によれば両面呈示にも2種類あり，反論なし両面呈示（不利な材料や他の結論に言及するだけ）の場合には一面呈示の方が説得効果は高い。一方，反論あり両面呈示（言及するだけでなく論破する）であれば，その効果は一面呈示よりも高い。

　また「勧告を受容しないとたいへんなことになる」と脅かす恐怖アピールが有効な場合も多い。ロジャースとミューボーン（Rogers, R. W. & Mewborn, C. R., 1976）は，恐怖アピールにおける反応効果性の役割を示す実験を行なった（以下では3種類の話題のうち性病について説明する）。まず被験者は恐怖喚起のための映画を観る。高有害性条件の映画は生殖器腫瘍の手術に関するもので，性病に侵された生殖器から患部組織を切除する手術の方法が映し出される。低有害性条件の映画は性病の血液検査の説明であり，患部の映像は含まない。被験者はどちらかの映画を観た後，性病に罹ったら早く病院で治療を受けること

を勧める説得文を読む。これには脅威の生起確率（受け手が性病に罹る可能性がどれくらいあるか），対処反応の効果性（抗生物質が性病に効くかどうか）の高低の組み合わせで4種類あった（どれか1つを読む）。これらの説得を受けた後，被験者は勧告された対処反応を採用するかどうか意図をたずねられる。その結果，勧告採用意図には有害性×効果性の交互作用が見られ，対処反応が役に立たなければ脅かしても説得効果に差はないが，勧告する行動が有効であれば脅かした方が説得効果は大きい（図6-4）。

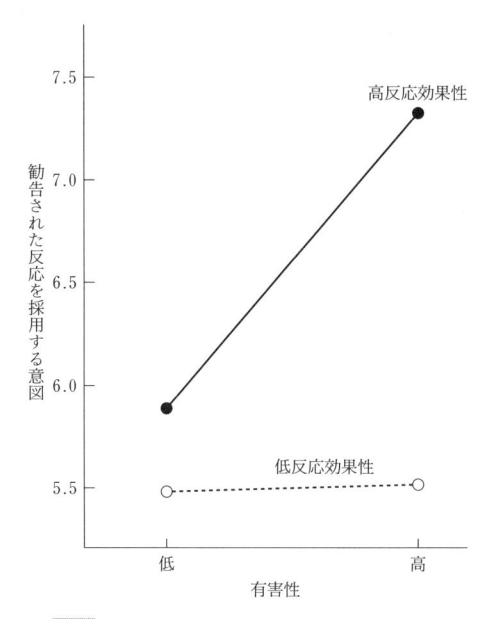

◎**図**◎**6-4** 恐怖アピールと反応効果性が説得に及ぼす効果

ロジャース（Rogers, R. W., 1983）の改訂防護動機理論によれば，危険から自分を防護する動機づけが高いのは，脅威が深刻で（脅威深刻性），自分がそうなる可能性があり（脅威生起性），対処反応を遂行する能力をもち（自己効力性），対処反応が脅威の除去に有効である（反応効力性）場合である。一方，不適応反応に伴う報酬が多く，また対処反応のコストが大きい場合に防護動機は低い。「就職状況は超氷河期だ。インターネットを活用しないと就職できないぞ。」と脅かされても，「インターネット活用が就職に有利だ」と思えなければ，

またインターネットを利用できなければ、助言を受け入れる気持ちにはなれない。

(3) チャネル

説得の媒体により説得効果が異なる場合がある。印刷文書、テープ録音、ビデオ録画のどれが最も効果的かと問われると、「いきいき」としたビデオがよいように思える。しかしテイラーとトンプソン（Taylor, S. E. & Thompson, S. C., 1982）によれば、ビデオの方が一般的に有効とは言えず、それが成り立つのは送り手の信憑性が高く、またメッセージ内容が容易な場合である。

チェイキンとイーグリー（Chaiken, S. & Eagly, A. H., 1976）は、メッセージの難易度でメディアの有効性が異なることを示す実験を行なった（表6-2）。被験者には、ある労使紛争について法学部の学生が行なった事例検討会の記録が呈示されるが、呈示の媒体には文書（文字）、テープ録音（音声）、ビデオ録画（音声と映像）の3種類があった。さらに事例検討会の内容表現の難易度には2種類あり、難解条件では、平易条件よりもわかりにくい凝った表現が用いられ、また文章も長く複雑であった。被験者はいずれかの媒体で、難易どちらかの表現による事例検討会の記録を呈示された後、この事例に関する意見を求められた。その結果、難解条件では、メッセージの理解も唱導方向への意見変化も文書条件において最も大きいこと、平易条件では、説得効果は録画で大きく、録音、文書の順に小さくなるが、メッセージの理解については媒体条件間に差異はないことが示された。

◎表◎6-2 メディアと難易度による説得効果
(Chaiken, S. & Eagly, A. H., 1976)

	平易			難解		
	文書	録音	録画	文書	録音	録画
意見変化	2.94	3.75	4.78	4.73	2.32	3.02
説得的議論の再生数	2.45	2.21	2.17	2.29	1.74	1.67

(4) 受け手

同じ説得を受けても、その効果は受け手により個人差がある。たとえば知能が高いほど、批判力が増し説得に抵抗する（Rhodes, N. & Wood, W., 1992）。なお性別は、被影響性とほとんど関係がない（Eagly, A. H. & Carli, L. L.,

1981)。

　パーソナリティ変数のうち自己評価は，説得効果と逆U字型の関係にあることが知られている（Rhodes, N. & Wood, W., 1992）。自己評価が低いとメッセージへの注意と理解が不足し，説得効果は小さい。自己評価が高くなると注意と理解は向上するが，同時に自分の意見への自信も増大し，説得の受容を抑制する。その結果，自己評価が中程度の場合に説得効果は最大になる。

3．精緻化見込みモデル

　ペティとカシオッポ（Petty, R. E. & Cacioppo, J. T., 1986）は，態度変化が生起する過程，さらに変化後の態度が示す性質の違いを，精緻化が生じるか否かにより説明する理論を提唱した。精緻化とは，送り手が主張した論拠・議論に関して受け手が能動的に考え，情報処理することを指す。態度変化には，精緻化を伴う中心ルートの態度変化と，そうでない周辺ルートのものがある（図6-5）。精緻化が生じる否かは，説得的コミュニケーションを処理する際の，受け手の動機づけと能力で決まる。情報処理の動機づけが高いのは，個人的関与が大きく，認知欲求が強く，また個人的責任性が大きい場合である。情報処理の能力が高いのは，予備知識があり，メッセージが反復され，あるいは注意をそらすディストラクションがない場合である。

　情報処理の動機づけが低いか，動機づけは高くても処理能力が低い場合には，周辺的手がかりの有無が説得効果を規定する。送り手の魅力や専門性が高く，また論拠の数が多い場合は，精緻化を伴わない周辺的態度変化が生じる。周辺ルートで変化した態度は，一時的で変わりやすく，行動の予測にも役立たない。周辺的手がかりもない場合は，態度変化は生じない。

　一方，情報を処理する動機づけと能力がともに高い場合は，説得的コミュニケーションに関する認知的な情報処理が行なわれる。どのような思考が生じるかは，論拠の質や初期立場により決まる。説得に好意的な思考の方が，非好意的なものより多く頭に浮かび，さらにその新しい認知が記憶され，以前とは違う認知反応が突出するようになると，認知構造が変化する。その結果，中心ルートによる好意的態度変化が生じる。逆に非好意的認知反応が優勢であれば，非好意的な中心的態度変化が生じる。中心ルートで変化した態度は持続的で，

6章 ひとの気持ちを変える

```
説得的コミュニケーション
    │
    ▼
情報処理の動機づけ ──なし──┐         周辺的態度変化
    │                    │              ▲
    │あり                 │              │あり
    ▼                    ▼              │
情報処理の能力 ──なし──→ 周辺的手がかり
    │                            │なし
    ▼                            ▼
認知的情報処理の性質          事前の態度にと
┌──────┬──────┬──────┐        どまる，または
│好意的思考が│非好意的思考│どちらも優勢で│  再獲得する
│優勢    │が優勢   │ない，または中│
│      │      │立的思考が優勢│
└──────┴──────┴──────┘
    │      │        │
    ▼      ▼        └──────→
認知構造の変化 ──なし──→
    │      │
    あり    あり
    (好意的) (非好意的)
    ▼      ▼
好意的な   非好意的な
中心的    中心的
態度変化   態度変化
```

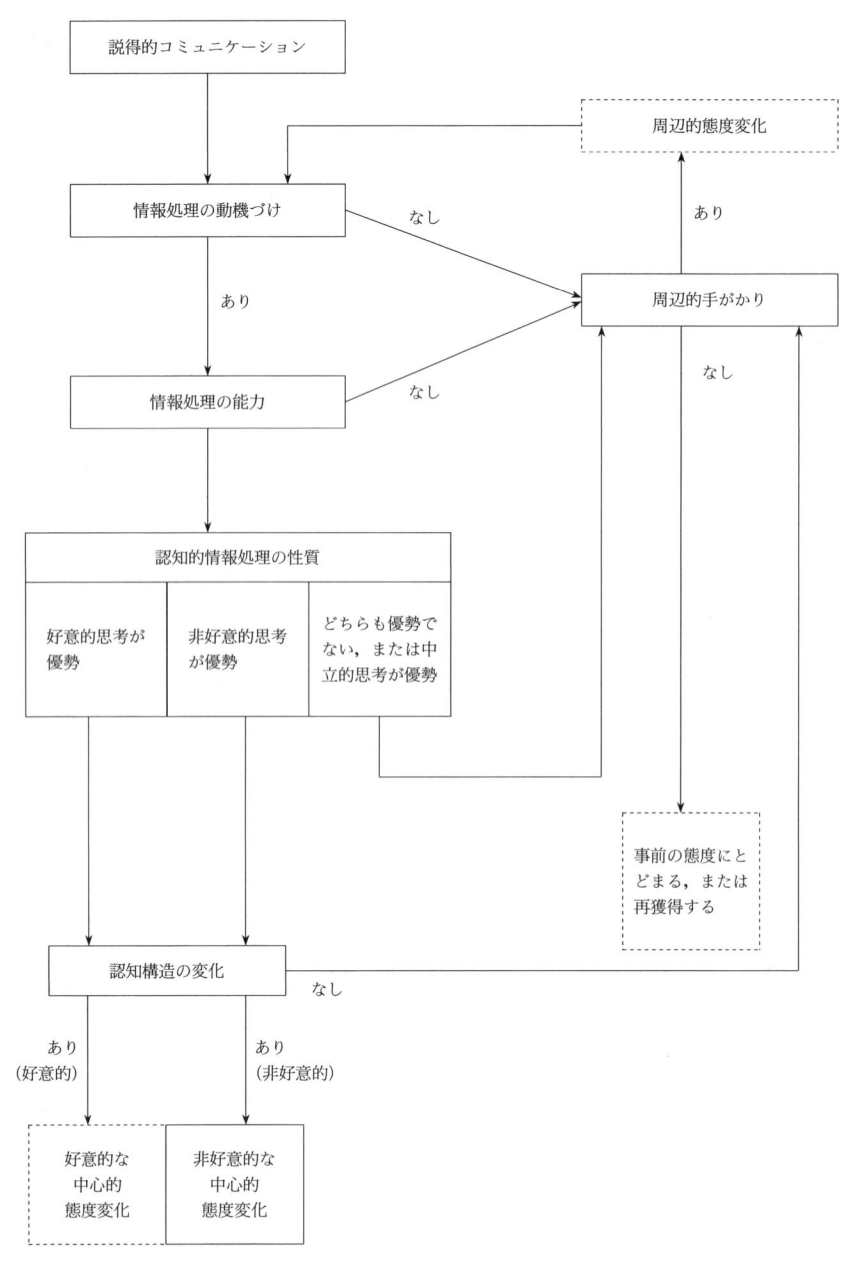

図 6-5 精緻化見込みモデル

説得への抵抗が大きく，行動の予測にも役立つ。

　ペティら（Petty, R. E. et al., 1981）は，個人的関与度の高低が説得ルートの規定因になることを示す実験を行なった。被験者は「大学卒業の要件として，4年生は専門分野に関する総合試験を受けなければならない」と主張するテープを聞く。テープには2種類あり，統計データなど説得力のある証拠を含み，それを熟考すると送り手の主張に好意的な思考が生じるもの（強い議論条件）と，個人的な意見や単なる事例に基づき，熟考すると反論が生じるもの（弱い議論条件）とがあった。また，半数の被験者にはこのテープが地方高校の授業における討論をまとめたものとされ(低専門性条件)，残りの被験者にはそれが高等教育に関するカーネギー委員会（議長はプリンストン大学教育学部教授）の報告書に基づくものとされた（高専門性条件）。さらに，「この試験は来年から実施される」と告げられる高関与条件と「10年後の話」とされる低関与条件

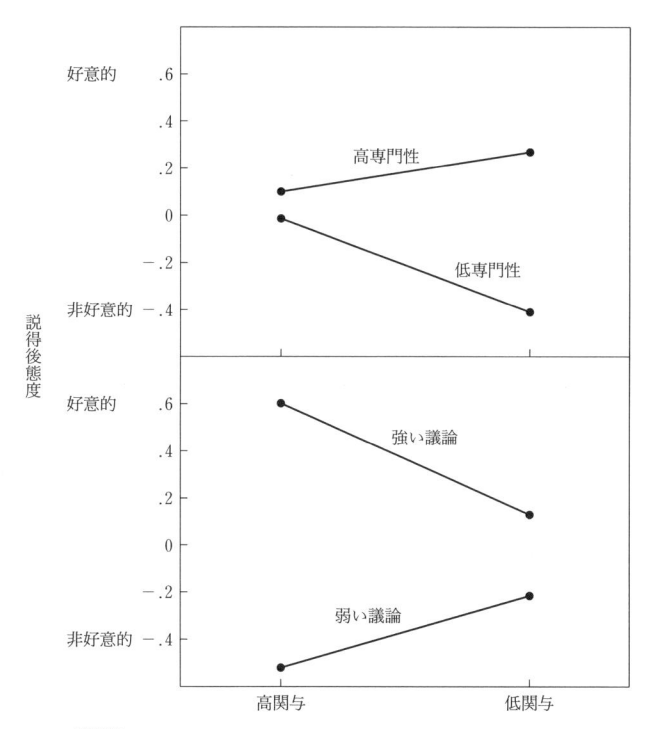

◎図◎6-6　専門性，関与，議論の質が説得後態度に及ぼす効果

があった。被験者は8条件のどれかに参加し，説得のテープを聞き，卒業試験の導入に賛成か反対かをたずねられた。

その結果，送り手が専門家か否かは低関与条件でだけ説得効果に影響を与え，非専門家では同意が得られない傾向がある（図6-6上段）。その問題がどうなっても自分に影響がなく，熟慮する動機づけが低い場合には，専門性などの周辺的手がかりで態度を決める傾向がある。一方，議論が強固か否かは高関与条件でだけ説得効果に影響を与え，強い議論では受容が，弱い議論では拒否が生じている（図6-6下段）。その問題が自分にも重大な影響を及ぼす場合は，熟慮する動機づけが高く，情報処理が活発に行なわれ，議論の質に応じた中心ルートによる態度変化が生じる。

一般に，受け手にとって重要な話題に関する説得では，データや論理を充実させ，メッセージの内容で勝負する必要がある。一方，受け手の関心が低い場合には，タレントや著名な学者を起用するなど，イメージ戦略をたてた方がよいであろう。

実験・調査紹介 6

説得への抵抗とリアクタンス

　説得は成功するとは限らず，説得への抵抗が生じ，ブーメラン効果（唱導方向とは逆への態度変化）が見られる場合さえある。ブレームら（Brehm & Brehm, 1981）の心理的リアクタンス理論によれば，押しつけがましい説得は反発を招く。心理的リアクタンス（psychological reactance）とは「自由が脅かされた時に喚起される，自由の回復をめざす動機づけ状態」である。自由が確信されるほど，自由が重要なほど（この2つをリアクタンスの前提条件と呼ぶ），リアクタンス喚起も大きい。送り手の説得意図が強く，ある立場をとるように圧力をかけられると，受け手の態度の自由は侵害される。この自由は，強制された立場をとらないことで回復される。

　リアクタンス理論では当初，自由への脅威が大きいほど，リアクタンスも大きいと仮定された（Brehm, 1966）。しかしブレームら（1981）によれば，脅威とリアクタンスは直線的関係ではなく，リアクタンス喚起の大きさはリアクタンスの前提条件に応じて上限がある。その結果，圧力と説得効果の関係は曲線的になる場合もあると示唆している。

　この脅威の曲線的効果を検討したのが今城（1995）の実験である。被験者はある殺人事件（架空）の被告が有罪か無罪かの判断を求められた。検察側主張は被告の有罪を強く示唆する内容であった。自由大条件では弁護側が「自白の信用性に疑問がある」と主張し，無罪の可能性が示唆された。自由小条件では「犯行の動機がない」と述べるだけで，検察側の主張を崩せなかった。検察側・弁護側の主張を読んだ後，被験者は法律専攻学生Aさんから「被告有罪」を説得される。これには圧力が大中小の3種類あり，圧力が大きい条件ほど「有罪と考えるのが当然だ」といった表現を多用した。

　説得後意見の結果（図参照）によれば，自由大条件では説得の圧力が大きいほど被告を無罪と判断し，リアクタンスの効果が見られる。一方，自由小条件では，圧力が小から中になると

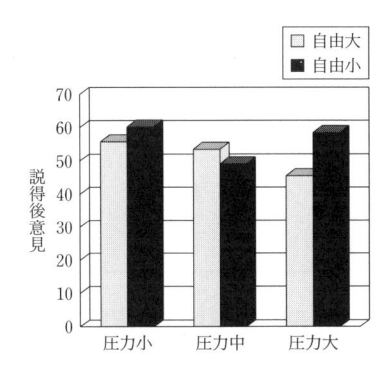

図　自由と圧力が説得後意見に及ぼす効果（今城，1995 Table 3を改変）
数値が大きいほど有罪の評定

説得効果は低減するが（リアクタンス），圧力大条件になると逆に説得効果は増大している（承諾）。

　受け手が態度の自由を期待し重要と思う場合，必要以上に圧力をかけるのは避けた方がよい。そうでない場合は，強い圧力は承諾をもたらす（敵意も強まるが）。

■引用・参考文献

Brehm, S. S. & Brehm, J. M. 1981 *Psychological reactance : A theory of freedom and control.* New York : Academic Rress.

Brehm, J. W. 1966 *A thory of psychological reactance.* New York : Academic Press.

今城周造　1995　自由の重要性と自由への脅威度が心理的リアクタンスに及ぼす交互作用的効果：喚起小条件における脅威のU字型効果　実験社会心理学研究, **35**, 102-110.

7章 集団とかかわる

1節
集団成員性の役割

1. はじめに

　私たちはさまざまな生活領域で集団の一員としての自分を経験する。趣味のサークル，友人集団，職場での部課，また家族などは多くの人が日常生活の中で経験するものであろう。集団にはさまざまな働きがあり，たとえば人はそこに属することによって安心感を得たり，実際的で役立つ情報，援助を得ることも多い。また集団の中で分業，協働することで，1人でできる以上のことが可能になることもある。しかしその一方で，集団に属するがゆえに感じられる行動と態度の両面における斉一性への圧力や，役割分担における不満などがときとして人を疎外する。さらに，集団討議の結果，個人の意見より集団の決定がより極端に傾くという集団分極化現象や，導き出される結論の質が低下するという集団的浅慮現象も報告されている。このように私たちの生活には集団がさまざまなかかわりをもっており，そこではさまざまな影響が生じている。

　本章では私たちが集団とまじわる時に経験するさまざまな事象のうちいくつか代表的なものを取り上げ，私たちが形づくり所属している集団一般の，心理学的な基礎的事実についての理解を深めてもらう。まず1節で，集団に属することによって生じる影響の基本的な様相を紹介し，2節以下で，より具体的な

問題としての集団におけるリーダーシップのはたらき，集団的な課題解決場面での諸問題，そして最後に集団と集団の間で生じてくる差別の問題について述べる。

2．集団の一員としての私たち

集団には学校での学級や地域社会での各種自治組織のようにはっきりと輪郭をもったものもあれば，友人どうしの集まりなどのようにどこで線が引かれるかがはっきりしないものもある。こういった集団のもつ性質の違いは，それぞれの集団の目的や環境条件などのさまざまな要因の反映とみることができる。しかしそれがどのようなものであれ集団に属する人々に共通して働く心理的作用の基礎となるのは，おそらく個々の当人たち自身がその集団に属すると考えることであろう。これはその集団が存在することの個人的水準における認識的根拠でもある。一定の集団にその一員として属していることを集団成員性というが，当人がこの集団成員性を意識すると多くの場合，次にあげるような変化が生じてくる。

(1) 集団規範の認識・遵守

ほとんどの集団にはそこに所属する成員が守るよう期待される一定の行動，判断の基準があり，これは集団規範と呼ばれる。集団規範はアプリオリに，あるいは集団成員間の相互作用を通じて形成され，集団成員は学習を通じてそれを内面化する。私たちは自らの集団成員性を意識すると，多少なりともこの集団規範を認識し，それに従おうという意図をもつようになると考えられる。集団成員性が集団成員の間で互いに意識されると，相互期待によって集団規範遵守の傾向はさらに強まると考えられる。このことが各種の集団に見られる斉一性の一因となっている。なお実際の行動が集団規範に従ったものになるか否かには，後述の集団への帰属意識の強さの他に，規範を逸脱したときに制裁が予期される程度などが影響すると考えられる。

(2) 同調反応の発生

人が集団成員性を意識すると同調反応も増大する。同調とは一般的には集団内でその成員が多数者の規範や期待を意識して，それに合致した方向へ自らの意見・判断・行動を変化させることをいう。この定義にはそもそも同調という

現象が同じ集団成員性をもつものの間で生じる現象であることが含意されているが，エイブラムズら（Abrams, D. et al., 1990の実験2）の実験研究の結果はこの点で示唆的である。すなわち標準的な同調実験状況において，多数者が自らと同じ集団に属さないという情報を与えられた被験者の同調反応は，同じ集団に属するという情報を与えられた被験者のそれと比べて格段に小さいものであった。同調反応の発生には，自己および他者の集団成員性の認識が重要な決め手であることがここに強く示唆されている。

(3) 自己イメージの変化

人は自己のもつ諸側面についてある程度安定したイメージを抱いていると思われるが，複数の集団への所属が一般的である社会環境におかれた私たちにとって，自己自身に対して抱くイメージはあらゆる状況を通じて一貫したものというわけではなく，私たちの中にはしばしば複数の，時には矛盾した諸側面が併存している。

しかしこれらの諸側面は無秩序に現われるのではなく，状況に応じてほぼ一定の自己イメージが現われてくるということが多い。集団成員性はこの時にも重要な役割を果たしている。たとえば社会的に価値のあるとされるボランティア活動のサークルに属している学生がそのサークルの集団成員性を意識するような状況では，当人はおそらく良識ある市民という自己イメージを思い描き，さらにはそれに伴って社会における自己の位置づけに満足感をおぼえるかも知れない。一方で，経済的に自身を支えることのできない学生という部類に属することが意識されると（しかも両親からの仕送りに依存して生活している場合などにはなおさら），当人には不完全な社会構成員であるという自己イメージが現われ，自らの不十分な社会的立場に残念な思いをするかも知れない。これらは所属する集団のイメージが自己像にあてはめられる自己ステレオタイプ化（Turner, J. C. et al., 1987など）という作用の例といえる。このことはさらに，次のように重要な含意をもつ。一貫性の原理（Heider, F., 1958など）から，私たちは自己イメージに応じた行動をとろうとすると考えられるので，集団成員性の意識は自己イメージのみならず私たちの行動自体をも大きく左右することになる。

3．集団への帰属意識

　以上，人が集団にその一員としてまじわる際に生じてくる変化をいくつかとりあげ，その心理学的基礎は当人自身がその集団に属すると考えること，つまりその集団の成員性の意識をもつことであることを述べた。なお付言すると，ここであげたような集団に属することによって生まれる変化は，その特定の集団に対する帰属意識が強くなるといっそう顕著なものになると考えられる。それは1つには，ある集団への帰属意識の強さがその集団の成員として人が自らを認識する頻度と強度を大きくするからである。人はある集団に属しているからといって常にその集団の成員であることを意識しているとは限らないが，強い帰属意識をもっている集団に関しては，その集団の成員性が他の集団の成員性や独自の個性などと比べて，当人の判断や行動の枠組として参照されることが多くなるといってよい。

2節 リーダーシップ

　集団には，集団成員に共通の目標が存在する。これを集団目標という。集団目標には，「人類の幸福と健康を追求する」といった抽象度の高いものから，「100万円の利益をあげる」といった具体性の高いものまでさまざまな水準があるが，その集団目標の達成のために成員の間に協力関係が生まれ，地位や役割が分化していくとともに，全体的な統合も図られるようになる。

　リーダーシップ研究の初期においては，リーダーの能力や性格に焦点が当てられ，どのような能力や性格が効果的なリーダーシップとかかわるのかといった視点からの研究（特性論的アプローチ）がなされてきた。しかし，今日では，リーダーシップは，リーダー個人の特性ではなく，集団の機能であるというとらえ方に基づく研究がなされるようになってきている。

1．集団機能とリーダーシップ

　これまで，集団には，大別すると2つの種類の機能が存在していることが指

摘されている。1つは，目標達成機能であり，もう1つが，集団維持機能である。集団においては，集団目標の達成を目指して，さまざまな活動が展開される（目標達成機能）。ただし，その活動を展開していく中で，集団内には，さまざまな対立や葛藤，緊張などが引き起こされる。成員個々人の個人的な問題に配慮して，このような成員間の対立や緊張を解消していく働き（集団維持機能）も必要とされるのである。

このような集団機能を中心的に担っている成員をリーダーといい，そのはたらきをリーダーシップという。リーダーシップには，集団の機能に対応して，目標達成にかかわるリーダーシップと集団維持にかかわるリーダーシップとを区別することが可能である（狩野，1986など）。

三隅(1966)は，集団による目標達成や課題解決を志向するP(Performance)機能と，集団の維持と強化を志向するM̂(Maintenance)機能の組み合わせによって，リーダーを類型化したリーダーシップPM理論を提唱している（理論紹介6参照）。一連の実証的研究の結果，一般的には，PM型のリーダーのもとでは集団の生産性，部下のモラール（志気）が最も高く，P型のリーダーのもとでは，集団生産性は一定程度高いが部下のモラールが低いこと，M型のリーダーのもとでは，集団生産性は低いが，部下のモラールが高いこと，そして，pm型のリーダーのもとでは，集団生産性も部下のモラールや満足度も，最も低くなることが示されている。

2．状況適合論的アプローチ

ただし，どのようなリーダーシップ・スタイルが集団にとって効果的で有効となり得るかは，その集団の目標，集団内の人間関係の様相，課題の構造や困難度，切迫度など，集団がおかれている外的・内的な状況や条件によって異なるとする考え方もある。このように，リーダーシップの効果性が集団のおかれている状況によって異なるとする考え方をリーダーシップの状況適合論的アプローチという。この考え方に従えば，すべての状況で有効なリーダーシップ・スタイルは存在しないのである。たとえば，生死をあらそうような緊迫した場面においては，集団維持的なリーダーシップは，有効には機能しないであろう。このアプローチに含まれる研究は数多いが，ここでは，コンティンジェンシー・

モデルとパス・ゴール理論を紹介する。

フィードラー（Fiedler, F. E., 1964, 1978）は，一連の研究において，「これまでに知り合った仕事仲間のうち，いっしょに仕事をすることがもっともむずかしい」相手に対して好意的な評価をする高 LPC（least preferred coworker）リーダーと，その相手に非好意的な評価をする低 LPC リーダーとを区別し，リーダーが，集団や課題状況を十分にコントロールできる状況においては，低 LPC リーダーが有効となり，中程度にコントロールできる状況においては，高 LPC リーダーが有効になること，そして，コントロールが非常に困難な状況では，低 LPC リーダーのリーダーシップが有効となることを見い出している（図7-1）。このコンティンジェンシー・モデルは，白樫（1985）に詳しく紹介されている。

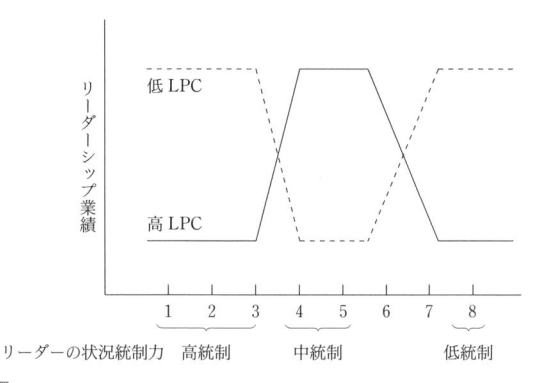

◎図◎7-1　コンティンジェンシー・モデルによるリーダシップの効果性

さらに，ハウス（House, R., 1971 ; House, R. & Dessler, G. 1974）は，パス・ゴール理論を提唱し，リーダーシップの効果性について，目標が不明確であったり，作業が複雑であったりして，課題の構造化の程度が低い状況においては，構造づくり的（目標達成的）なリーダーシップが部下の職務満足を高めるが，このような構造化の程度が低い状況においては，配慮的（集団維持的）なリーダーシップは，部下の職務満足とは関連しないことを示している。

3. 集団凝集性とフォロワーからの影響

　集団のまとまりや結束の強さを集団凝集性という。「成員を集団にとどまらせようとするすべての力の総体」（Festinger, L., 1950）として定義されている。集団目標の持つ魅力や集団の活動がもたらす魅力，その集団に加入していることでもたらされる自尊心の高揚，その集団に気の合う仲間がいるといった集団の他成員に対する魅力や外集団からの脅威などが，この凝集性の高さに影響すると考えられる。集団凝集性は，リーダーシップの結果であると同時に，リーダーシップや集団の生産性を規定する側面ももっている。

　また，リーダーシップは，リーダーからフォロワーへの一方向的な働きかけだけではとらえられない。フォロワーからの働きかけもリーダーシップに大きな影響を与えていると考えられる。特に，集団の業績や成員の行動パターンによって，リーダーのリーダーシップ・スタイルが変化する可能性が指摘されている（Crowe, B, J., Bochner, S. & Clark, A. W., 1972；古川，1986 など）。

3節 グループによる問題解決

　私たちは，多くの場合，集団で判断をしたり，問題を解決している。集団において，会議は，情報の共有だけでなく，問題解決や意志決定を行なう際に重要な役割を演じている。「三人寄れば文殊の知恵」「船頭多くして，船，山に登る」といったことわざは，集団による問題解決の性質についての相反する特徴を示している。この節では，集団による問題解決や意志決定の特徴について説明し，効果的な集団問題解決のための方法についても言及する。

1. 集団による問題解決

　一般には，集団は，その集団が潜在的に有している成果までは到達し得ないことが示されている。個人の問題解決の成果と，集団による成果を比較検討した実験結果は，一般に，集団の成果は，成員の個人成果の平均よりは優れる場合が多いけれども，最も優れた成員の成果よりは下回る場合が多いことを明ら

かにしているのである（佐々木，1986 参照）。

　集団討議においては，それぞれが固有に保有している独自の情報が提供されることにより多面的，多角的な検討が可能になるため，より質の高い決定が可能となるであろうという信念があると思われる。ところが，ステイサーら（Stasser, G. et. al., 1989 ; Stasser, G. & Titus, W., 1987）は，集団での討議の間，集団の全成員に共有されている情報だけが議論され，それぞれが独自に有している非共有情報が交換されることはほとんどみられないことを見い出している。

　スタイナー（Steiner, I., 1972）は，集団の生産性について検討する中で，集団の実際の生産性は，集団過程で生ずる損失と獲得によって影響されるとする以下のようなモデルを提案している。

　　　実際の生産性＝潜在的生産性－集団過程による損失＋集団過程による獲得

　実際には，集団過程による獲得が生じることは少ない。このため，集団の実際の生産性は，潜在的生産性から成員相互のコミュニケーションの調整過程や成員の動機づけの低下などで生ずる過程上の損失によって低減される。

　集団活動に対するはたらきや貢献は成員によって異なる。自分は貢献しなくとも，集団の成果から利益を得ようとする「ただ乗り」（free-rider）が見られたり，他者が存在することによって，個人の最大努力を発揮しない「社会的手抜き」の現象があらわれることもある（Latané, B. et al., 1979 参照）。

　このように，一般的には集団による生産性は，必ずしも高まるとはいえない。ただし集団による生産性をより向上させ，優れたアイデアを生み出すための試みとして，オズボーン（Osborn, A. F., 1957）によって考案されたブレーンストーミングという集団討議方式がある（本間，1996）。

　ブレーンストーミングにおいては，討議において，①出されたアイデアの批判をしてはいけない，②自由奔放を歓迎する，③アイデアの質ではなく量が要求される，④アイデアの結合と改良が求められるという4つの約束のもとで，成員が自分のアイデアを遠慮なくだしあう。そして，このことが結果として，優れたアイデアの創造につながるというものである。

2. 集団分極化現象と集団的浅慮

　集団による意志決定においても，判断がより極端になったり，あるいは，誤った決定をしたりしてしまう場合もある。

　集団による意志決定においては，事前に成員個々人が有していた判断よりも，より極端な方向での決定がなされることがある(集団分極化現象)。特に，集団による決定が，よりリスクの大きな方向となる場合は，リスキー・シフトと呼ばれている (Stoner, J. A. F., 1968)。

　いかに優秀な成員をそろえたとしても，その集団が最善の決定をするとは限らない。ジャニス (Janis, I. L., 1972) は，これを集団的浅慮 (group think) と呼んだ。アメリカ大統領のブレーンによるキューバ侵略や北ベトナム空爆継続の決定などが，この集団的浅慮の例とされている。ジャニスは，結束が強く，自分たちは優秀であると思っている集団ほど，この集団的浅慮に陥りやすいこと，集団的浅慮を防ぐためには，リーダーが異論や疑問を自由に話せる雰囲気をつくったり，あるいは，集団の大多数を占める意見にあえて挑戦するような人間をメンバーに含めたり，外部の専門家を会議に呼んだり，結論を急がずに最終決定をする前にもう一度それまでに出された疑問や異論を再チェックしたりすることを提案している。

　蜂屋 (1999) は，集団的浅慮を防止する具体的な方法として，集団が一定の原案に到達したら，小休止し，今度は，自分たちの集団にとっての「仮想的な敵 (potential enemy)」の立場をとり自分たちの原案に対して批判や攻撃などをするセッションを取り入れる「ポテンシャル・エネミー法」を開発している。さらに，亀田 (1997) は，集団の意志決定のプロセスに介入し，その意志決定の質を高める工学的なオリエンテーションをグループ・エンジニアリングと呼び，この介入の有効性について考察している。

4節 集団間差別

　2節と3節で扱われたリーダーシップの作用と集団的課題解決の問題は，そ

れぞれ主に1つの集団の内部に注目した時に観察される現象に関するものであった。本節では集団の内部から目を外に転じ，私たちが集団にかかわる際にその集団と別の集団との間に生じてくる集団間関係について，基礎的な事項をいくつか紹介する。

1. 社会的アイデンティティと集団間差別

集団間関係に関する心理学的探究はオールポートの先駆的著作の後（Allport, G. W., 1954），シェリフの現実的葛藤理論（Sherif, M., 1962）や社会的認知研究（第9章参照）などの影響を受けつつ，1970年代以降，主にヨーロッパ社会心理学の伝統の中で発展してきた。今では社会的アイデンティティ研究（Hogg, M. A. & Abrams, D., 1988）と呼ばれるこの領域でこれまで研究の焦点とされてきたのは，集団間に現われる各種の関係のうち，主に対立関係に関わる諸側面，中でも特に集団間に生じる差別現象に関するものであった。

この領域の諸研究の理論的枠組みとして考案され，これまでに強い影響力をもってきたものに社会的アイデンティティ理論と呼ばれるものがある（Tajfel, H. & Turner, J. C., 1987）。

(1) 社会的アイデンティティ

この理論でまず前提とされているのは，人が自己概念の一部に，自分の所属する集団ないし社会的カテゴリーの成員性を取り込むということである。たとえばある大学の学生が，自分がその大学の一員であることを自己の一部分として認識するのがそれに相当する。また私たちは自分が何者であるかと問われると，たとえば関西人であるとか文学部の1年生であるなどと答えることがあるが，このことも集団成員性が自己概念に取り込まれていることの例証となるだろう。この自己概念の集団成員性に基づく部分は社会的アイデンティティと呼ばれる。

社会的アイデンティティ理論ではまた，人は一般に肯定的な自己概念を維持しようとし，可能であればより高い自尊感情をもてるよう努力すると仮定される。これは私たちがものごとをうまく運びたい，失敗して恥をかきたくない，立派な仕事をして人から賞賛されたいと思い，つとめ励むことなどを指す。この仮定と，自己概念の一部に社会的アイデンティティが含まれるという仮定を

組み合わせると，さらに，人は，集団成員性に基づく社会的アイデンティティをも同じく肯定的なものとして保持し，機会があればそれを高揚しようとすることが予測される。自分の自尊感情を維持するためにも，自分の属する集団やその成員は恥をかくようなまねをしてはならず，また自分の属する集団の代表が成功し賞賛されると，自分自身の自尊感情も高まるのである。

(2) 社会的カテゴリー化

さてここまでは人とその人が所属する集団との関係に関するメカニズムの仮定であるが，社会的アイデンティティ理論ではもう1つ重要な仮定がおかれている。それはカテゴリー化の作用に関する仮定である。カテゴリー化とは，環境世界を範疇化することによってそこに意味と秩序をあたえる認知作用を指す。たとえば机の上だけを考えても，これが原稿用紙でこれがボールペン，こちらは修正ペンというように，私たちを取りまく環境は適切なまとまりに分節化され認識されることで初めて適応的な行動が可能になる。もしこういった適切なカテゴリー化の作用がないと，修正ペンで机の上にじかに文字を書きつけたり，ボールペンのインクで原稿用紙のあちこちを汚したりという困ったことが起こることになる。

さて，この作用に伴って生じる効果が，同じカテゴリーとして一つにくくられた事物どうしの類似性の強調と，異なるカテゴリーに属する事物間の差異の過大視である。これらの効果は，最初，線分の長さという物理的刺激の知覚判断実験のなかで確認されたが（Tajfel, H. & Wilkes, A. L., 1963），その後，認識対象が社会的ステレオタイプ（Tajfel, H., Sheikh, A. A. & Gardner, R. C., 1964 など）や態度言明（Eiser, J. R., 1971 など）といった社会的事物である場合にもしばしば見い出されてきている。

ここで認識対象が社会的事物，とりわけ人々と人々のもつ諸属性である場合には，この認知作用は特に社会的カテゴリー化と呼ばれる。この社会的カテゴリー化は，その認識対象の特殊性ゆえに，さらに物理的刺激のカテゴリー化にはない別の様相を帯びることになる。すなわち，人は人々をたんに外的な刺激として範疇化して認識するのみならず，社会生活のさまざまな場面で自分自身を巻き込んで，「私たち」と「彼ら」という2つの集団へのカテゴリー化が引き起こされるのである。言い換えると，自分自身がそこに含まれる内集団と含ま

れない外集団とに，人々が分類されることになるのである。たとえば年輩の方が「いまどきの若いものは……」という話をする場合，一見，現在の若者の特徴を観察して評価しているだけのようでいて，実はしばしばそれら若者たちと，自分自身がそこに含まれる「元」若者たちとに人々が分類され，比較されているのである。対象を客観的に判断しているような時でさえ自分自身（を含む集団）が比較対象として入ってくる傾向があるのは，人がそもそも自分を基準とした認識様式をとりがちであることに由来するのかも知れない。

(3) 集団間の社会的比較

一定の状況においてこの社会的カテゴリー化の作用のため人々が内集団と外集団に分けられると，集団間の差別が生じる素地が整う。すなわち，先述の社会的アイデンティティの維持と高揚という目標を達成するための最も手近な手段は，内集団と外集団との間を比べて，内集団に有利な比較をすることだからである。有利な比較というのは，たとえば男性と女性の比較をする場合には次のようなことを指す。ステレオタイプ的な捉え方ではあるが，自分が男性であるなら両者を力強さや理性的である度合で比較しようとし，また女性であるなら繊細さや思いやりのあることを比較の基準にして自尊感情を維持・高揚しようとするであろう。実際にはこのような比較だけでも大きな問題が生ずるが，内集団に有利な比較ということが高じると集団間に対立的な関係が生じることになる。それまでどのような利害関係もなかった人々が，たんに便宜的に2つに分けられただけで，内集団の成員に対してより好意的な属性の評価を行ない，内集団に有利になるような行動をとることが最小条件集団 (minimal group) と呼ばれる実験状況でこれまで繰り返し確認されている（Tajfel, H. et al., 1971 など）。たんなる内集団と外集団の区別であったものが，おそらくは肯定的な社会的アイデンティティを希求する集団間の比較過程のために内集団びいき，集団間差別を引き起こすのである。

以上，本節では集団間関係，中でも集団間差別の生起にかかわる心理学的概念を社会的アイデンティティ理論に依拠して簡単に説明してきた。この研究領域をさらに詳しく知るためには，最近，より包括的でかつ具体的な研究例を多く盛り込んだ良書が出版されているので（岡ら，1999），そちらを参照されたい。

（集団間認知，最小条件集団については9章も参照のこと）

実験・調査紹介 7

注意の焦点と集団間差別

問題

集団間に対立関係が生じることを，社会的アイデンティティ理論（Tajfel & Turner, 1979）では，人が集団ないしカテゴリーに同一視することから説明する。ターナー（Turner, 1982）は，社会的カテゴリー化の結果を人が内面化し，集団成員として自己を定義するようになることから内集団をより優れたものとみようとし，内集団が有利になるような社会的比較が行なわれると論じる。さらにターナーによるとこの一連の過程が生じるには，その集団成員性が顕現性（salience）をもつことが重要となる。〈それがめだつ必要があるというわけである〉

一方，自意識と自己統制における注意過程に注目する理論家たちは，行動について異なるモデルを提唱する（Carver & Scheier, 1981; Wicklund, 1980 など）。この立場では，人は特定の目標や標準に注目することで自らの行動を方向づけるとされる。

最小条件集団（minimal group）と呼ばれる集団間関係の実験状況は，評定尺度を用いたり得点分配を行なうなど，どちらかというと新奇な状況であり，そこで内集団に有利な集団間分化を達成するには，被験者は自らの行動に意識的注意を向ける必要がある。したがって最小条件集団状況で差別的な行動が生じるためには，集団成員性が顕現性をもつだけでは不十分で，被験者は自らの集団との関わりに注意を向ける必要があると予想される。そこで次のような仮説が検討された。

仮説

最小条件集団状況でカテゴリーの区別に対する注意が大きくなると社会的アイデンティティが強調され，カテゴリー間の認知的分化が大きくなるだろう。またそれに伴って（自己注意による統制の結果）カテゴリー間行動の個人内での一貫性が大きくなるだろう。

方法

これらの仮説を検討するためにとられた実験手続きは次の通りであった。

英国ケント県の11歳の学童60人が，集団間区別に対する注意水準の3条件（標準，注意撹乱，高注意の各条件）に無作為に割り当てられた。実験の1週間前に被験者は12項目からなる自己注意尺度に回答した。

実験では，最初に音楽の好み（カペラーチかライリか）に関する課題が与えられ，次に注意水準の3条件ごとに，最小条件集団状況での得点分配課題と評定課題が与えられた。最初の音楽課題での結果は次の課題の集団の区別に用いられた。得点分配課題には標準的な3類型の得点分配表が用いられ，個人内一貫性を測定するためそれぞれの類型ごとに3種類ずつが呈示された。各条件の違いは実験の目的についての教示にあった。標準条件では被験者はこの研究が「意志決定に関するものである」と告げられたが，注意撹乱条件では「数字と得点を記憶するよう求め」られ，高注意条件ではこの研究が「2つの異なる集団に属する人たち」に関する研究であると告げられた。

結果と考察

集団間差別における注意の重要性について，仮説を支持する結果が得られた。すなわち得点分配で内集団に有利な差別的戦略の採択を示す指標は，高注意条件において標準条件と注意撹乱条件よりも有意に大きかった。また別の指標では，被験者内の差別的分配行動の分散が，高注意条件では注意撹乱条件よりも有意に小さかった〈これは差別的分配行動が高注意条件でより厳密に制御されていたことを示す。〉。なお自己注意の度合の個人差は得点分配には一貫した影響を与えなかったが，私的自己注意の大きい者は内集団への誇りを強く感じ，この傾向は高注意条件で最も大きかった。

これらの結果は，最小条件集団状況において

実際の集団間差別行動が発生するためには社会的アイデンティティ理論（Tajfel & Turner, 1979）のいう社会的カテゴリー化と社会的比較に加えて，さらに集団の区別に対して注意が払われる必要があることを示している。〈これはまた，後のターナーらの自己カテゴリー化理論の主張する顕現性概念による集団間差別の説明に対しても，保留条件の申し立てとなっている。より包括的なモデル化はもう少し先になるが（Abrams, 1990），ここで紹介した研究は，その主張が実験データとともに述べられた最初のものである〉。（〈　〉内は筆者の注。）

■引用・参考文献

Abram, D. 1985 Focus of attention in minimam integroup discrimination. *British Journal of Social Psychology*, **24**, 65-74.

Abrams, D. 1990 How do group members regulate their behaviour ? An integration of social identity and self-awareness theories. In D. Abrams & M. A. Hogg (Eds.) *Social identity theory* : Constructive and critical advances. London : Harvester Wheatsheaf, 89-112.

Carver, C. S. & Scheier, M. F. 1981 *Attention and self-regulation : A control-theory approach to human behavior.* New York : Springer-Verlag.

Tajfel, Turner, J. C. 1979 An integrative theory of social conflict. In W. G. Austin & S. Worchel (Eds.) *The social psychology of intergroup relarions.* Monterey, CA : Brooks-Cole, 33.

Turner, J. C. 1982 Towards a cognitive redefinition of the social group. In H. Tajfel (Ed.) *Social identity and intergroup relations.* London : Cambridge University Press. 15-40.

Wicklund, R. A. 1980 *Group contact and self-focused attention.* In P. B. Paulus (Ed.) *The psychology of group influence.* Hillsdale : Lawrence Erlbaum Associates.

理論紹介 6

リーダーシップ PM 理論

　リーダーシップ PM 理論は，三隅二不二によって提唱された，わが国を代表するリーダーシップ理論である。三隅は，目標達成や課題遂行にかかわる機能を P（performance）機能と，集団維持機能を M（maintenance）機能と呼び，この 2 次元によってリーダーシップのタイプを 4 つに類型化している（図参照）。

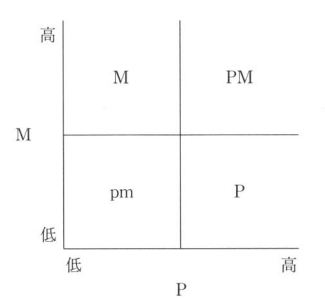

図　PM 理論によるリーダーシップ・タイプ

　リーダーシップの類型化は，原則的には，部下による上司（リーダー）のリーダーシップ評定に基づいておこなわれる。三隅・関・篠原（1974）は，企業の一般従業員を対象とした大規模なデータを因子分析という手法を用いて分析し，PM 評定尺度の内部構造を検討している。分析の結果，「部下を支持してくれる」「部下に好意的である」「部下を信頼している」といった項目に代表される「集団維持の因子」が抽出されたほか，P 機能を測定する尺度が，2 つのまとまりに別れ，「最大限に働かせる」「仕事量をやかましくいう」といった項目に代表される「圧力の因子」と「目標達成の計画を綿密にたてている」「仕事量を明確に示す」といった項目に代表される「計画性の因子」とが抽出されている。

　三隅（1978）は，リーダーの P 行動と M 行動は，二者択一的なものではなく，程度の差はあるが，リーダーの行動にはこの両者がともに含まれているとし，さらに，リーダーの P 行動と M 行動の効果は単純に加算されるのではなく，相乗的な効果を持つことを仮定している。

　三隅ら（1970）は，監督者のリーダーシップと集団の生産性との関係について，炭坑，銀行，製造業など，多くの産業現場調査の結果をまとめている。その結果をまとめたのが表である。PM 型のリーダーのもとでは，63 の集団のうち 45（71.43％）の集団が高生産集団とみなされ，pm 型のリーダーのもとでは，52 の集団のうちわずか 18（34.62％）だけが高生産集団とみなされている。

　三隅らは，多くの研究から，集団の生産性にかんしては，PM 型>P 型>M 型>pm 型という関係が，集団凝集性や部下のモラールにかんしては，PM 型>M 型>P 型>pm 型という関係が，ほぼ一貫して認められることを見いだしている。これらの研究の集大成は，三隅（1984）に収められている。

　三隅の業績は，世界的にも評価され，その功績に対して，米国以外の心理学者としてはじめ

表　監督者のリーダーシップ・タイプと集団生産性の関係

リーダーシップ・タイプ	PM 型	P 型	M 型	pm 型
高生産群	45（71.43％）	14（42.42％）	14（53.85％）	18（34.62％）
低生産群	18（28.57％）	19（57.58％）	12（46.15％）	34（65.38％）
計	63（100％）	33（100％）	26（100％）	52（100％）

［注］　％は，筆者があらたに計算。

て，クルト・レヴィン賞が贈られている（15 章参照）。

■引用・参考文献
三隅二不二　1978　リーダーシップ行動の科学　有斐閣
三隅二不二　1984　リーダーシップ行動の科学（改訂版）　有斐閣
三隅二不二他　1970　組織におけるリーダーシップの研究　年報社会心理学, **11**, 63-90.
三隅二不二・関　文恭・篠原弘章　1974　PM 評定尺度の再分析　実験社会心理学研究, **14**, 21-30.

8章 組織とかかわる

　現代の私たちの生活は組織とのかかわりなしには成り立たない。私たちの多くは病院で生まれ，学校で学び，企業や官庁で働き，退職後も町内会や老人会に所属して地域の生活を送る。一見組織とは無関係な主婦も夫や子どもを通じて企業や学校とかかわり，パートタイマーとして企業で働き，消費者としてスーパーや銀行と接する。このように組織の時代と呼ばれる現代において，組織は個人にどのような影響をもたらすのであろうか。また，組織のメンバーの心理や行動は組織のあり方をどのように左右するであろうか。

　組織とは，個人（集団）の力を目標に向けて効率的に発揮させるしくみ（システム），または，そのようなしくみをもった比較的規模の大きな集団をいう。そこで，組織のメンバーがなぜ，どうすれば目標に向けて努力するようになるかを知ることが重要な問題となる。また，直接毎日顔を合わせる職場集団がメンバーにどのような影響を与えるか理解することも大切である。さらに，組織が新しいメンバーに必要な能力や態度を身につけさせ一人前にしていく過程を知る必要がある。

　本章では，組織と個人の関係を探る組織心理学の領域のうち，以上の3つのテーマ，つまりワークモチベーション，職場集団，組織社会化を順に見ていくことにする。

1節 ワークモチベーション

1. モチベーションとは

　日々の仕事にやりがいを感じ成果や業績を上げるために意欲的に仕事に打ち込む人もいれば，日々の仕事に魅力を感じず漫然と取り組んでいる人もいるだろう。この「やりがい」，「意欲」あるいは「やる気」の問題は，仕事への動機づけやモチベーションの問題として組織行動論の分野では古くから研究が行なわれている。それはモチベーションや動機づけの問題が，個人業績を規定する重要な要因としてみなされるからである。仕事に限らず，何かを成し遂げるには能力とやる気がとても重要であると理解できる。たとえば，一流のスポーツ選手は，非凡な能力に加えて，その競技に並々ならぬ意欲をもち合わせていることがよくわかる。つまり個人が獲得する成果は，その人の能力とモチベーションの交互作用によって決定されるのである。ロウラー (Lawler, E. E. III., 1971) は，業績と能力・モチベーションの関係を次のように公式化している。

　　業績＝f（能力×モチベーション）

　この公式の重要な点は，能力とモチベーションが積の関係にある点である。2つのうちどちらかが欠けても，高い業績は期待できない。能力が高くてもモチベーションが低ければ満足な業績は得ることはできない。その逆も同様である。この問題を組織レベルの次元で考えてみれば，組織が成長・発展していく上で従業員が適切なパフォーマンスをあげていくことは不可欠であるが，その業績を左右するモチベーションをいかに管理していくかが，組織運営にとって極めて重大である。

2. ワークモチベーションの理論

　仕事に対するやる気や意欲は，組織行動論の分野ではワークモチベーション（work motivation）や勤労意欲などと呼ばれる。しかし近年は，前者の呼び

名を使用する方が一般的と思われるので，本稿でも仕事への意欲ややる気の問題をワークモチベーションと呼ぶことにする。このワークモチベーションを理解するにあたって2つの立場からアプローチすることが多い（田尾，1998）。1つは，人を仕事に動機づけるものとして欲求に焦点を向けるので欲求説と呼ばれる。またその欲求の内容にも注目するので内容説とも呼ばれる。2つめは，人はどのように動機づけられるのかその過程や文脈に焦点を向けるので過程説や文脈説と呼ばれる。以降では，それぞれの立場の考え方を紹介していきたい。

3．欲求説・内容説
(1) 欲求階層説

欲求説の中で最も有名で，しかもその後の組織行動論に大きな影響を及ぼしたのが，マズローの欲求階層説（自己実現モデルとも呼ばれる）である（11章参照）。彼は，欲求を生理的欲求，安全欲求，愛情・所属欲求，自尊欲求，自己実現欲求の5つに分類した。さらに，これらの欲求は図8-1のように階層構造になっており，低次の欲求が充足して初めて高次の欲求が活性化すると説明する。たとえば，人は生理的欲求を充足すると初めて安全欲求に関心を向ける。同様に，愛情・所属欲求や自尊欲求も1つ下位の欲求が満たされると活性化する。またこれら生理的から自尊までの欲求は充足されていない状態に陥ると心理的緊張（不快感）を生み出し，この緊張感を低減すべく個人を動機づけ欲求充足行動をとらせる。この動機を欠乏動機と呼ぶ。しかも充足行動によってある階層の欲求が満たされても，それにとどまらず1つ上の欲求を満たすべく人を方向づけると仮定される。しかし最も高次の自己実現欲求は，欠乏を満足させるだけのものではない。自己実現欲求は，満足しても減少せずに増加し，人は自己の理想の実現をめざして行動をし続けると仮定する。ただしこの理論は，実証的妥当性を得られておらず，5つの欲求分類，欲求の階層性の両面で実証性が疑われている。そこでアルダーファーはマズローの考え方を修正し，ERG理論を提唱した（Alderfer, C. P., 1972 ; Alderfer, C. P. et al., 1974）。この名称は，彼が欲求を存在（existence），関係（relatedness），成長（growth）の3つに分類したので，その頭文字をとったものである。ERG理論も存在→関係→成長と階層性を仮定している点はマズローの考え方と同様であるが，3つ

の欲求が並存したり高次の欲求が充足されないと低次の欲求が活性化したりするという可逆性を仮定している点が特徴である。欲求の種類が減少したのでマズローの考え方よりも単純になったように思われるが，欲求間相互の関係はより複雑である（詳しくは，坂下，1983 を参照）。

⑵ 2要因理論

ハーズバーグによって提唱された理論で，動機づけ－衛生理論とも呼ばれる（Herzberg, F. et al., 1959）。彼は，面接調査を通して達成，承認，仕事そのもの，責任など「仕事の内容」に関する要因は，満足感を高めて仕事へ積極的に動機づけることを見い出し，これを「動機づけ要因」と呼んだ。一方，人間関係，会社の政策と管理，監督技術，作業条件といった「仕事の環境」に関する要因は，不満足に寄与することを見い出し，これを「衛生要因」と呼んだ。前者は内発的な動機づけ，後者は外発的な動機づけとも言い換えられるだろう。この理論は，満足と不満足に寄与する要因は別であると2次元を主張した点が特徴的であり，その後の職務設計論などに強い影響を与えた。しかしながら測定や満足・不満足の解釈などの点で多くの問題があるとの批判がある。これまでの欲求説の議論を比較すると図8-1のようになる。

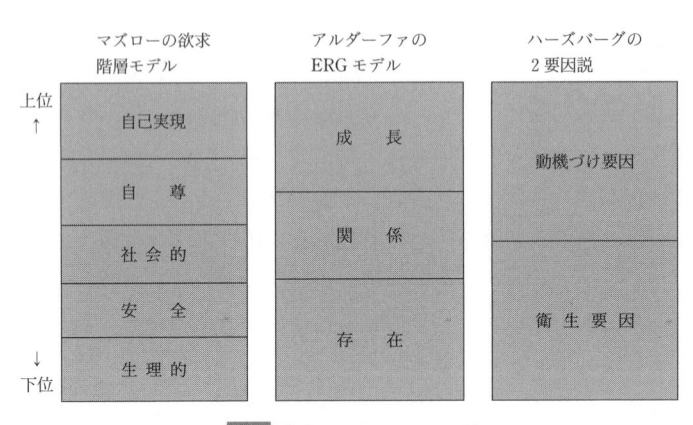

◎図◎ 8-1　欲求モデルの比較

4．過程説（期待理論）

これまでの欲求説や内容説が欲求という具体的な要素にモチベーションの原

因を求めているのに対し，過程説では人が動機づけられる心理的メカニズムに焦点を向ける。この節では過程説の中でも最も重要な期待理論をとりあげる。期待理論は，モチベーションの理論の中でも最も実証的研究が進んでいるものであり，汎用性も高いと評価されている。

期待理論では，「期待」(expectancy)という認知的概念を中心に仕事へのモチベーションを説明しようと試みている。この「期待」の概念をワークモチベーションの要因として最初に取り入れたヴルームは，この「期待」に「誘意性」(valance)および「道具性」(instrumentality)の2つの概念を加えて，3つの概念を用いてモチベーションを説明しようとした(Vroom, V. H., 1964)。彼は，ある行為へのモチベーションの強さを，これら3つの概念（要因）の積として，次のような式で表現した。

$$F = E \times \Sigma (I \times V)$$
F：モチベーション　E：期待　I：道具性　V：誘意性

「期待」とは，努力すれば相応の結果が得られであろうという主観的確率である。換言すれば，努力すればよい結果が得られであろうという見込みである。この主観的確率は0から1の範囲の値をとる。

「誘意性」とは，個人が努力によって得られると予想される結果をどの程度魅力的であるかと判断する程度である。これは好きから嫌いと同様に+1(正の誘意性)から−1(負の誘意性)までの範囲をとる。誘意性は結果そのものの誘意性（第1次的結果：たとえば，よい営業成績をあげること）とその結果の達成によってもたらされる2次的な結果（第2次結果：たとえばよい営業成績をあげることによって周りの人から評価を受ける）の2つに分けられる。

「道具性」とは第1次結果の達成が，第2次結果をもたらす手段や道具としてどの程度役立つかに関する主観的確率と定義できる。なお，第2次結果は，複数のものが考えられるので，($I \times V$)はその総和(Σ)で表わされる。

このヴルームのモデルは，ポーターとローラーによって修正されている(Porter, L. W. & Lawler, E. E., 1968)。彼らは，期待を2つのレベルに分けた。第1に，ある努力が一定レベルの業績を生みだすだろうという期待($E \rightarrow P$期待)

であり，第2に，ある業績が特定の結果をもたらすであろうという期待（P→O期待）である。後者は，ヴルームのモデルで言えば「道具性」に相当する。これら2つの要因に誘意性を加えポーターとローラーは，ワークモチベーションを次のような式で表現した。

$$F = \Sigma \left[(E \rightarrow P) \times \Sigma \{ (P \rightarrow O) \times (V) \} \right]$$

5．その他の理論（達成動機，自己効力感）

マクレランドは，動機づけを高める欲求として達成欲求を重視した。達成欲求とは，望ましいと見なされる目標を卓越した水準で行なうという欲求と定義した（McClleland, D. C., 1961）。彼は，達成欲求の高い人は，自分に自信をもち，責任を取ることを厭わず，仕事の同僚としては単なる友人よりも，有能な人物を選ぶと指摘している。マクレランドやアトキンソンたちは，多くの実験研究を通して達成欲求と成果の間に相関関係があることを見い出した（Atkinson, J., 1958）。またマクレランドは，達成欲求以外に親和欲求やパワー欲求にも注目した。

また，近年，モチベーションに寄与する要因としてバンデュラによる自己効力感が注目されている（Bandura, A., 1977）。自己効力感とは「ある予測される状況に対して，効果的に対処できるという信念や確信」と定義できる。効力感はさらに2つの下位概念から構成される。ある行動が成果を生み出すであろうという期待（結果期待）と予測される状況に有効な行動をとれるという期待（効力感期待）の2つである。自己効力感を高める要因として次の4つが挙げられる。第1に，実際の成功や失敗の経験が挙げられる。第2に，代理的経験が挙げられる。これは他者の行動を観察することによって得る経験である。第3に，言語的説得があげられる。ある行動に関する説明や教示や説得などが相当する。第4に，情動喚起が挙げられる。これは行動遂行時の生理的な覚醒を指す。この自己効力感は，仕事への努力や意欲を左右するといわれる。これまでの研究から仕事の業績や職業選択に重要な影響を及ぼすことが見い出されている。

2節
職場集団のはたらき

1. 職場集団とは

　職場集団（work group）は，企業や工場などの組織を構成し，組織全体の目標にかかわる課題を遂行する集団である。組織が有効に働くためには，個々のメンバーが職場集団の課題に向けて協力して働くとともに，職場集団は組織の目標に向けて相互に協調する必要がある。

　組織における集団の重要性は1920年代に始まったホーソン研究によって最初に注目され，その後も研究が蓄積されてきた。しかし，組織における集団への関心とそれに基づく実践が急激に広がったのは1970年代，特に1980年代以降であり，その背景には労働疎外を改善する手段，また日本企業の成功の原因を探ろうとする動きがあった。そして，このような関心の高まりとともに，"集団"よりも優れたはたらきをもつという意味の含まれた"チーム"ということばが使われるようになっている。

　本節では，まず組織における集団の古典的な研究としてホーソン研究，理論的な基礎として社会―技術システム論を説明する。そして，集団のはたらきを高め，利用する方法として，QCサークル，自律的作業集団，チームづくりを紹介する。

2. 職場集団の代表的研究

(1) ホーソン研究

　1924年にウエスタン・エレクトリック社のホーソン工場で始められた一連の実験の当初の目的は照明の明るさが生産効率にどんな影響を及ぼすかを検討することであった。実験の結果，照明を明るくすると確かに効率は上がっていったが，暗くしても効率は低下せず，むしろ上昇した。また，次の継電器組立作業実験では，女子工員6人からなるグループでの作業の観察によって，休憩の時間や回数などの生産効率に及ぼす影響が検討されたが，ここでも作業条件の変化だけで生産効率の変化を説明できないことがわかった。以上の結果および

従業員との面接から，作業効率を決定するのは物理的作業条件そのものではなく，それに対する作業者の態度（感情）であり，その態度は上司や仲間との人間関係によって左右されるということが示唆された。この点をよりはっきり示したのが，14人の労働者の集団の観察を行なったバンク捲線作業実験である。その結果，この集団の中ではメンバー1人当たりの作業量の基準が自然に形成され，この基準以上に仕事をしすぎたり，怠けたりすると仲間から制裁が加えられていた。また，作業集団の中には仲間集団がいくつか成立し，所属する仲間集団によってそのメンバーの生産量が左右された（Roethlisberger, F. J., 1941 ; Homans, G. C., 1950)。このように，ホーソン実験は，組織目標の効率的達成のために人為的につくられたフォーマル集団だけでなく，自然に発生したインフォーマル集団がメンバーに大きな影響力をもつことを示し，その後の職場集団の研究の発展をもたらした。

(2) 社会ー技術システム論

職場集団研究の重要な理論的基礎となったのは，イギリスのタビストック人間関係研究所の研究員らによって主張された社会―技術システム論である。この理論は，生産組織が技術システムと社会システムから成り，両システムの相互作用によって全体の効率が決定されると主張し，有効な生産組織をつくるためには両システムが同時に最適化しなければならないと考える。その古典的研究であるトリストら（Trist, E. L. & Bamforth, K. W., 1951）の調査では，イギリスの炭鉱に新しく導入された長壁法と呼ばれる採炭方法が労働者の組織や行動にどのような影響をもたらしたかが検討された。それまでの手作業による採炭法（短壁法）では，2人1組を基本的単位とする小集団が採炭の全過程を請け負い，自分たち自身で作業分担の決定や監督を行なっており，そこにはいわば責任ある自律性が見られた。これに対して，長壁法は，40～50人の集団が1単位となって機械を使って広範囲の切羽で一度に大量の採炭を行なう方法で，それにともなって作業は完全に分業化され，労働者は固定化され単純化された作業を繰り返すことになった。この方式の導入は，そのもくろみとは逆に，生産を低く抑えるという規範を労働者の中に生じさせるとともに，相互の孤立，責任や負担のなすりつけあい，それを原因とする欠勤などを生じさせた。トリストらは，その原因が大量生産技術を工場とは異なる環境の炭鉱にそのまま導

入したこと，それによって既存の社会的統合を崩壊させたことにあると考え，特に仕事の完結性，作業ペースの自由，そして責任を伴う自律性をもった小集団の意義を強調した。

3．職場集団の活用技法
⑴ QCサークル

日本企業では，公式的に割当てられた仕事の他に，職場の仕事に関連した問題の改善や品質向上，コスト削減などを目標にして小集団を作って自発的に取り組む活動が盛んで，これらは小集団活動と呼ばれている。このうち特に品質管理を目標とする QC（Quality Control）サークルは，1960年代に日本で生まれ，日本企業の急速な発展の基礎として注目され，世界に"輸出"された。アメリカでも問題解決型チームの一種と位置づけられ，QC（Quality Circle）という名前で1970～80年代にブームとなった。

ただし，実証的なデータに基づくと，日本ではQCサークル集団が従業員の職務満足感を高め（城戸，1986），職場の生産効率を改善する（オンラタコ，1985）という報告がある一方，アメリカでの調査ではQCの有効性は明確な支持が得られていない（Spector, P. E., 1996）。また，成功しても一時的である，メンバーには自主的活動と感じられず精神的負担感がある，などの問題も指摘されている。

⑵ 自律的作業集団

自律的作業集団（autonomous work group）は，仕事の仕方について自由裁量をもち，個々に切り離せない一まとまりの課題を担当する公式的につくられた集団である。たとえば，伝統的な工場では，製品の組立はたくさんの小さな単位に分けられた作業に別々の従業員が割当てられ，その監督にはたくさんのエネルギーが費やされる。それに対し自律的作業集団では，従業員の小集団によってすべての部品が組み立てられる。仕事の方法，スケジュール，評価基準等を決める管理的な権限は集団に委ねられ，メンバーは多様な仕事をするための幅広い技能を身につける。自律的作業集団は，自己管理的，半自律的，エンパワーされたチームなどとも呼ばれる。

自律的作業集団は，前述の社会—技術システム論を理論的な背景にもつとともに，労働者に人間的な欲求を充足させる「労働の人間化」運動が1970年代に

世界的な規模で広がった際にそれを実現する中心的な手段となった。スウェーデンのボルボ社でコンベアラインが廃止され，自律的な作業集団がつくられたのは有名な例である。1990年代のアメリカの大企業でも自己管理型チームとして導入され，更に増える見込みである（Robbins, S. P., 1997）。

このように普及した自律的作業集団は確かに個人と組織の両方にとってよい結果をもたらしうるようである。たくさんの調査事例の結果を分析した研究によれば，自律的な作業集団の導入は生産性の改善をもたらす（Macy, B. A. & Izumi, H., 1993）。また，従業員の職務満足感を高めるはたらきも見られる（Wall, T. D. et al., 1986）。

(3) チームづくり

チームづくり（team building）は，職場集団のさまざまなはたらきを促進するための計画的な活動である。その目的は特定の集団をつくるということではなく，集団の過程（プロセス）にはたらきかけ，援助することである。集団には，内容（コンテント）と過程（プロセス）という基本的な活動の次元があるが，内容が，解決すべき問題，遂行すべき課題，対象とすべき資源（人や物）であるのに対し，過程はそれに対処し，課題を達成する方法である（Burke, W. W., 1982）。さらに，過程は手続き（課題の達成に直接関係のある活動）と維持（集団を分裂しないように束ねる活動）に分けられる。そこで，チームづくりは，集団の手続きと維持の活動を促進し改善する活動ということになる。ただし，集団の過程のどの側面に焦点をあてるかによって，チームづくりの方法は多様で，目標や役割の明確化，問題解決，人間関係の改善・葛藤解決などのアプローチがある。そして，この活動は典型的には既存の職場集団を巻き込んで，コンサルタントやトレーナーによって計画的に実施される。

チームづくりは，1940年代後半から1950年代にかけて開発されたTグループを発展させたものである（Dyer, W. G., 1995）。Tグループはふつう初対面の人たちで構成される集団に相互作用を起こして人間関係の訓練を行なう手法であるが，これを組織場面に適合するように修正したのがチームづくりの手法であり，組織開発の重要な手法の1つとなっている。しかし，1990年代のアメリカにおいて多くの企業がその有効性を支持しながら，やり方がわからない，時間がかかる，報われないなどの理由から実施している企業は少ない（Dyer, W.

G., 1995)。確かに,たくさんの調査事例の結果を分析した研究によれば,チームづくりは生産性やコストの改善をもたらし(Macy, B. A., & Izumi, H., 1993),従業員の知覚や態度を改善する効果も見られるものの,従業員の行動レベルでの効果やチームづくりの個々の手法の有効性は不明である(Tannenbaum, S. I. et al., 1996)。

3節
組織社会化

1. 組織社会化とは

　組織社会化(organizational socialization)の定義は研究者ごとに異なるが,高橋(1993)はそれらを集約して,「組織への参入者が組織の一員となるために,組織の規範・価値・行動様式を受け入れ,職務遂行に必要な技能を習得し,組織に適応していく過程」という定義を提出している。つまり,社会化を職場組織内で起こる場合に限定して見ていく学問分野である。

　以下では,組織社会化が現在までどのような視点で研究されているかについて紹介する。

2. 組織社会化を説明する理論

　組織社会化という一連のプロセスが生じることについて,どのような説明が可能であろうか。以下に代表的な理論を紹介する。

(1) 段階論

　組織社会化研究の主要な成果として,社会化はどのように進行していくのかということを説明する段階モデルの作成がある。段階モデルでは,組織社会化のプロセスがいくつかの連続した段階に分けられ,各段階に固有の達成課題が存在すると仮定している。多くの研究者がさまざまな段階と課題を設定しているが,概観すると3段階が多いように思われる(Fisher, C. D., 1986 ; Bauer, T. N., Morrison, E. W. & Callister, R. R., 1998)。

　段階1は,一般に予期的社会化(anticipatory socialization)と呼ばれ,個

人が職業や組織を選択し，組織参入に備えて準備を行なう段階である。新卒者でも転職を試みる者でも，何の準備もなしにどこかの組織に参入するわけではなく，職業適性テストを受けたり就職説明会に出席したりしながら自分の適性や興味，またそれを発揮することのできる会社を模索するであろう。この段階で組織における自らの役割についてどれだけ正確に予想できているかが，実際に組織参入した後の適応に影響するといわれている。

段階2は，いよいよ組織に参入し，仕事を覚えたり同僚や上司との関係を形成したりといった，学習していくべき課題に直面する時期である。予期的社会化が不正確だった場合，個人は予想外の組織の現実に苦しむ（"幻滅経験"；若林・南・佐野，1980；若林，1981）場合がある。

段階3になると，個人はもはや新参者ではなく組織の一員として認められ，個人自身も組織内部のことについて把握ができているとされる。

では，個人が社会化のプロセスにおいて実際に学ぶべき課題にはどのようなものがあるのだろうか。段階モデルと同様，多くの説があるが，ほぼ次の5つにまとめられる（高橋，1993）。①組織の価値・目標・文化などを学ぶ，②直接所属する職場集団の価値，規範を学び，上司や同僚と人間関係を構築する，③職務を遂行する上で必要な技術と知識を獲得する，④組織の現実を経験することによってそれまで気づいていなかった個人自身のアイデンティティや自己イメージ，動機が変化する，⑤組織における自らの役割に際した新しい行動様式を確立する。

組織社会化が1つの研究トピックとして注目され始めた頃には，上記のような段階モデルを精緻化する試みが多く行なわれた。しかしその後フィッシャー（Fischer, C. D., 1986）などにより，段階論は有用なフレームワークではあるが厳密な予測モデルにはなりえないという批判が多くなされた。その後，結果変数を設定し，社会化のプロセスや結果に影響を及ぼす要因を想定してその効果を実証する研究が増加しつつある。

⑵ 社会的学習理論

組織社会化は，必要とされる価値・規範・技能などを習得していく学習プロセスと考えられる。よってこれまで学習理論による検討が多くなされている。初期には伝統的なオペラント条件づけの立場から，参入者のとった行動に対し

て報酬や罰を与えることによる強化が行動変容の説明として考えられてきた。しかしワイス（Weiss, H. M., 1990）は，直接の強化を受けなくても同僚や上司などのモデルを観察することによって学習が成立する（モデリング）とする社会的学習理論（social learning theory）（Bandura, A., 1977）の適用がより有効であると主張している。組織における観察学習の仕方としては，モデル（たとえば同僚）がとったある行動に対して上司から報酬または罰（たとえば賞賛や叱責）がフィードバックされたところを観衆するという状況が想定できる。しかし組織内では，1つひとつの行動にいちいちフィードバックがなされるわけではない。よって，モデル（特に上司）が得ている組織内での地位やパワーなどを，モデルの全般的な日常行動のあり方と結びつける学習のあり方が主となると考えられる。

(3) 不確実性低減理論

多くの参入者にとって，組織に参入した直後は戸惑うことが多いはずである。まず，手洗いの場所など職場の地理がわからない。仕事に関しては，電話の取り方はおろか必要な文房具やファイルの置き場所もわからず，職務の遂行以前のことで悩むであろう。またこれらのことを質問したくとも，上司や同僚はそれぞれ忙しそうに働いており，つまらない質問はためらわれる雰囲気である。意を決してある上司に質問しても，そっけなく扱われるかもしれない。自分が邪魔者のように感じられてくるであろう。しかし上司や同僚は，本当はさして忙しいわけではないのかもしれない。冷たいと感じられた上司の対応も，実はもともとそっけない人で，特別のことではないかもしれない。

このような状態は，参入者にとって居心地が悪い。それは職場環境について不確実なこと—事態を理解したり予測したりできず，自らコントロールが不可能なこと—が多すぎるからである。参入者は居心地の悪さをなんとか解消しようと動機づけられる。不確実性を低減させる手段の1つと考えられているのが，情報探索（information seeking）である。参入者は，同僚や上司，組織外では家族や友人などからさまざまな情報を得て不確実性を低減しようと試みる（不確実性低減理論：uncertainty reduction theory）。

モリソン（Morrison, E. W., 1995）は，参入者が必要とする情報を7つのカテゴリーに分けているが，(1)の組織社会化の課題と重複するので，詳しくはふ

れない。情報探索にあたっては，得ようとする情報の種類によってどこから（上司・同僚への質問，観察，自らの試行錯誤，資料など）情報を得ようとするかが異なること（Morrison, E. W., 1995 ; Ostroff C. & Kozlowski, S. W., 1992），参入して時間が経過するにつれ，得ようとする情報の種類が変化していくこと（Morrison, E. W., 1993 ; Ostroff, C. & Kozlowski, S. W., 1992）が知られている。

(4) 意味づけ理論

組織に参入すると，予期に反するさまざまな"意外性(surprise)"（Louis, M. R., 1980）に直面することが多いであろう。参入者は，この意外性に対し自分なりの意味づけを行なっていかなければならない。意味づけとは，新しい環境を理解し，処理するやり方，すなわちスキーマを作成することである。この理論では，組織社会化とは，このスキーマを完成させていく過程であると考える。

意味づけ理論（making-sense theory）では，不確実性低減理論と同様，参入者がスキーマを完成させるために使用する手段として情報探索行動を想定している。しかし，情報探索行動を研究するための根拠は与えているものの，前提となっている参入者の認知的変化そのものについての研究は進んでいない。

(5) 心理的リアクタンス理論

個人はふだん，自分がある事柄についての態度や行動を自由に選択・決定できると考えているであろう。しかしここで他者からの説得などにより，ある特定の態度をとるよう圧力がかかってその自由が脅かされると，個人の中にその自由を回復しようという動機づけが生じる。この状態を心理的リアクタンス（psychological reactance）という（6章参照）。こういった動機づけが生じた結果，自由を回復するためにかえって説得しようと考えている方向とは逆の方向に態度を変化させてしまうことがあると考えられている（Brehm, J. W., 1966）。

佐々木（1990）は，この理論を組織社会化に応用し，その過程を次のように考えた。個人は，組織を選択する時点では自らの選択の自由を認識していると考えられる。しかし組織に参入すると，組織成員として期待される態度をとるように圧力がかけられる。つまり，それ以外の態度をとる自由が脅かされる。その結果，心理的リアクタンスが喚起されるのである。組織にとどまる限りは

成員としてふさわしい行動をとるよう求め続けられるため，自由回復はむずかしい。そのため，たとえば自由獲得の1つの手段として離職行動がとられると考えられる。

3．組織社会化の結果

　組織社会化された結果変化すると考えられるのは，職務や職場集団，組織についての知識，行動，態度，信念，価値観などである。しかし，これまでの研究において実際に結果変数として使用されているのは，態度を測定するものがほとんどである。よく使用される変数は，職務満足，組織コミットメント，離転職行動，離・在職意志，パフォーマンスなどがある。しかし，これらの変数が組織社会化の結果を本当に反映するのかどうかについてはまだ議論の余地があり，安易に使用する風潮に警鐘が鳴らされている。

実験・調査紹介 8

組織社会化における情報獲得の役割

組織社会化を学習プロセスととらえ，情報獲得行動からそのプロセスの解明を図った研究の代表例として，オストロフとコツロウスキ（Ostroff & Kozlowski, 1992）の調査を紹介する。8章3節で述べたように，組織への参入者は環境の不確実性を低減するためまたは環境への意味づけを行なうために，適切な情報を獲得しようとするといわれる。では，参入者は実際にどのように情報を獲得しているのだろう。また，獲得した情報は社会化のために役に立っているのだろうか。

方　法

[情報の種類と情報源]　参入者が必要とする情報にはどのようなものがあるのだろう。オストロフらは，先行知見より参入者が学んでいく課題として4つを挙げた（表1）。また，参入者は課題についての情報を収集する時，さまざまな手段を試みる。その際利用する情報源としては，対人的情報源と非対人的情報源が考えられる（表2）。

[知識への貢献]　ところで，情報を獲得したからといってそれが知りたいことに関して適切なものであるとは限らない。オストロフらは，適切なものかどうかは，獲得した情報がある課題領域についての知識増加に貢献しているかどうかを調べることが指針となりうると考えた。

[社会化への反映]　情報獲得や知識量の増加は，参入者の社会化をよい方向に導くことになると考えられる。社会化の成功を測定するため，次の結果変数を設定した。伝統的な社会化研究で使用されてきた満足感，コミットメント，ストレス，離職意志の他，より社会化に直接関係すると考えられる変数として適応を盛り込んだ。

[継時的手法]　組織社会化がプロセスであるからには継時的な追跡が必要である。つまり社会化のある一時期だけではなく，何度かに分けてデータを採取し，その変化を調査することが望ましい。オストロフらは，参入後およそ4ヶ月後（T1）とおよそ9ヶ月後（T2）の2時点におけるデータを収集した。

表1　情報の種類

職務	自らの職務割り当て，義務，優先順位，設備の利用方法，ルーティンワークのこなし方など
役割	責任範囲や権限，周囲から期待されている適切な行動
職場集団	日常関わる職場集団の同僚との交流，その集団の規範や価値感
組織	組織内の権力関係，前提となっている価値感，その組織の任務，リーダーシップスタイル，組織特有の用語など

表2　情報源

	上司	職務役割上の上役
対人的情報源	同僚	職場集団のメンバーまたは同期か年下の従業員
	メンター	職務役割上の上司であってもなくても，いろいろと目をかけてくれる上役
非対人的情報源	資料	文書情報源
	観察	
	試行錯誤	

結果と考察

工学専攻と経営学専攻の卒業生1766人に質問紙を郵送し，151人から有効回答を得た。分析の結果明らかになった事柄は，以下の通りである。

①参入者は主に観察によって情報を収集する。その次に頼るのは対人的情報源である。

②情報獲得は，主に職務と役割についてなされる。

③参入初期には職場集団についての知識を最も

多く所有するが，その後職務と役割についての知識が増加する。
④知識の蓄積には，観察と試行錯誤が有効である。
⑤上司に頼ることおよび職務と役割についての知識を蓄積することは，結果変数にポジティブな効果を反映する。
⑥初期に社会化がうまくいっていなくとも，上司からの情報獲得や職務についての知識を増加させることができれば結果変数にポジティブな変化が表われる。

　知識の増加に実際に役立つのは観察や試行錯誤などの客観的な情報であること，一方上司や同僚に頼ることは知識の増加にはそれほど役立たないが，満足感が増すなど精神的なサポートが提供されることになることがわかる。
　これらのことから，組織が参入者に対して行なう処遇についていくつかの提言がなされうる。たとえば，職務や役割についての知識を適切に増加させるために観察や試行錯誤を効果的に実践させること，上司や同僚などとの積極的な交流をはかる場を設け精神面のサポートを与えることによって，参入者の社会化を促し成功させることができるだろう。

■引用・参考文献

Ostroff, C. & Kozlowski, S.W. 1992 Organizational socialization as a learning process: The role of information acquisition, *Personnel Psychology*, **45**, 849-874.

9章 社会を知る

1節 対人認知（パーソナリティ認知）

　日常生活において，私たちは数多くの他者と関係をもっている。そして，私たちは，それぞれの他者に対し「誠実」だとか，「よく気がつく」などのなんらかの印象を抱いている。他者に対してそのような認識をもつことは対人認知（person perception）と呼ばれている。本節では対人認知に関する研究を概観する。

1．対人認知の特徴

　他者に対する私たちの認知は，いくつかの点で事物に対する認知と異なる。まず人間に対する認知には外面的な特徴（身長，名前など）だけではなく，内面的な特徴（性格，能力など）も含められる。また，事物の認知と違い，他者の内面の認知には客観的な正確さを求めにくい。たとえば，ある人がAさんをやさしい人だと思っても，また別の人にとってはAさんは優柔不断な人と思われるかもしれない。このような認知の相違はどちらかが正しいとはいえないものである。だが，どのように認知するかがある人とAさんとの関係に影響を与えることは多いと考えられる。

2. 印象形成

他者についての印象が,どのように形成されるかに関する初期の研究には,アッシュ(Asch, S. E.)とアンダーソン(Anderson, N. H.)の研究がある。これらの研究では主に人に関する言語的な情報(たとえば,知的で,やさしいなど)がいかにして統合された印象になるかが検討されている。

アッシュ(1946)は,ある1人の人物の性格として,一方の群の人には「知的な-器用な-決断力のある-温かい-実践的な-用心深い」というリストを,もう一方の群には「温かい」を「冷たい」に変えただけのリストを与え,それぞれどのような人物かを評定させた。

その結果,「温かい」が含まれた方のリストを提示された被験者の方が,「冷たい」が含まれるリストを提示された被験者よりも,さまざまな側面において対象人物を好ましく評定した。このような変化は「温かい-冷たい」のかわりに,「ていねいな-ぶっきらぼうな」ということばを用いた時には生じなかった。アッシュは,印象形成の際には各特性(形容詞)が同じ重みをもつのではなく,まとまりの中核となる特性があると述べ,それを「中心的特性」と名づけた。

アッシュはまた,別の実験において,リストの冒頭に与えられた特性形容詞が印象に大きな影響をもつこと(初頭効果),文脈によって同じ特性でも効果が変化すること(文脈効果)も示した。

それに対しアンダーソン(1965)は,ある特性のもつ「社会的望ましさ」の代数的結合により印象が予測できるとした。全体の印象は,それぞれの特性がもつ社会的望ましさの程度に応じて重みづけされ,その社会的望ましさの程度が加算され,特性の数で割られて決定される(加重平均モデル)としている。

3. 他者認知の枠組みと個人差

対人認知にはその対象のもつ特徴だけではなく,私たち主体者側の要因も関連をもつと考えられる。対象のどの側面を重視するかによって,印象は異なると考えられるからである。

私たちが意識せずに用いている他者の見方を暗黙の人格観(implicit personality theory)という。暗黙の人格観には2つの研究の流れがある。1つは,多くの人に共通する対人認知の次元(観点)を抽出しようとするものである。た

とえば，アンダーソンの研究では，さまざまな特性が「社会的望ましさ」の次元で統一されて印象が作られるとしている。これは私たちが「社会的望ましさ」という1つの観点から他者を見ているとするものである。また，林（1978）は社会的・対人的評価に関わる「個人的親しみやすさ」，知性・課題遂行に関わる「社会的望ましさ」，意志力・活動性に関わる「力本性」の3次元を抽出している。その他，近年では，人の特徴は5次元で記述されるというビッグ・ファイブ（Big Five）モデルも注目を浴びている。

　もう1つの研究の流れは，私たちのもつ対人認知の枠組みは独自なものであり，その理解が人々の個性の理解につながるとするものである。この考え方の背景には，ケリーのパーソナル・コンストラクト理論（Kelly, G. A., 1955）がある。ケリーは，個人のものの見方は特有であると考え，それを抽出するために，独自のレパートリー・グリッドテスト（Repテスト）と呼ばれる方法を開発した。その考え方をもとにビエリ（Bieri, J., 1955）は，外界認識の複雑さについての個人差を認知的複雑性と呼び，認識次元の個体差を示した。ケリーらの考え方に従えば，他者に対する印象の個人差は，独自な認知次元が生みだしたものである。

4．より詳細な認知プロセスへの注目

　従来の対人認知の研究では，刺激と印象の対応関係からその認知プロセスが推測されることが多かった。しかし，近年，私たちの対人認知のプロセスそのものをモデル化する試みが行なわれるようになってきた。代表的なものにフィスクとニューバーグによる連続体モデル（Fiske, S. T. & Neuberg, L. N., 1990）がある（図9−1）。このモデルは，対象人物に関する情報を処理する必要があるかどうかの判断から開始している。必要があれば注意が振り向けられ，対象の特徴が認知者のもつ既存の知識（これをカテゴリーと呼ぶ）と一致するかが検討される。一致すればそのカテゴリーに依存した印象形成（カテゴリー依存型処理）がなされる。一致しない場合，別なカテゴリーとの照合が行なわれ，それでも一致しない場合，情報1つひとつから印象を形成するピースミール（断片情報）依存型処理が起こるとされている。

　両処理のいずれが生起するかを決定するものには，刺激と主体との関連の高

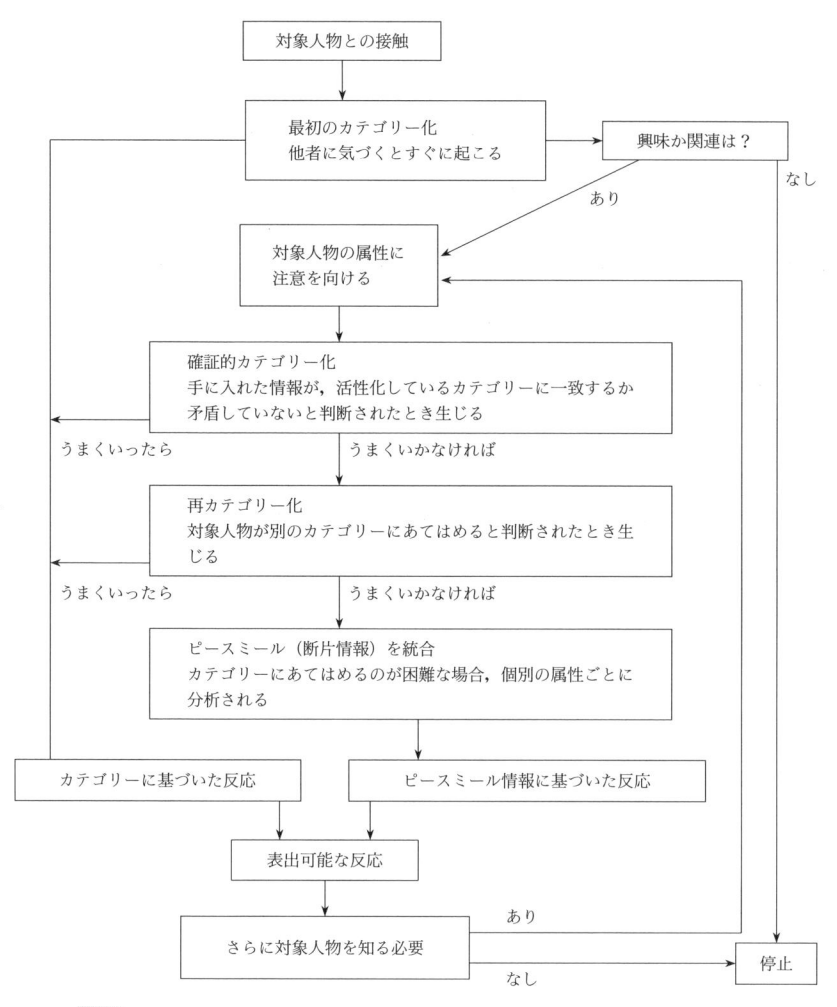

```
                    ┌──────────────┐
                    │ 対象人物との接触 │
                    └──────┬───────┘
                           ↓
              ┌──────────────────────┐      ┌──────────┐
        ┌────→│ 最初のカテゴリー化      │─────→│ 興味か関連は？│──┐
        │     │ 他者に気づくとすぐに起こる│      └──────────┘ なし
        │     └──────────────────────┘          │あり         │
        │                                        ↓             │
        │              ┌──────────────┐          │             │
        │         ┌───→│ 対象人物の属性に │←─────┘             │
        │         │    │ 注意を向ける   │←──────┐              │
        │         │    └──────┬───────┘        │              │
        │         │           ↓                │              │
        │         │  ┌──────────────────────────┐             │
        │         │  │ 確証的カテゴリー化           │             │
        │         │  │ 手に入れた情報が，活性化している│            │
        │         │  │ カテゴリーに一致するか矛盾して │             │
        │         │  │ いないと判断されたとき生じる   │             │
        │         │  └──────────────────────────┘             │
        │   うまくいったら    │うまくいかなければ                  │
        │←────────────┘     ↓                                │
        │         ┌──────────────────────────┐               │
        │         │ 再カテゴリー化               │               │
        │         │ 対象人物が別のカテゴリーにあて │               │
        │         │ はめると判断されたとき生じる  │               │
        │         └──────────────────────────┘               │
        │   うまくいったら    │うまくいかなければ                  │
        │←────────────┘     ↓                                │
                  ┌──────────────────────────┐
                  │ ピースミール（断片情報）を統合 │
                  │ カテゴリーにあてはめるのが困難な│
                  │ 場合，個別の属性ごとに分析される│
                  └──────────────────────────┘
              ┌────────────┐    ┌────────────────┐
              │カテゴリーに基づいた反応│    │ピースミール情報に基づいた反応│
              └────────────┘    └────────────────┘
                           ↓
                    ┌──────────────┐
                    │ 表出可能な反応  │
                    └──────┬───────┘
                           ↓                    あり
                    ┌──────────────────┐────────→┌──────┐
                    │ さらに対象人物を知る必要 │        │ 停止 │
                    └──────────────────┘  なし    └──────┘
```

◎図◎ 9-1　印象形成の連続体モデル（Fiske, S. T. & Neuberg, L. N. 1990より作成）

さ，情報とカテゴリーとの一致度，知覚者の正確な認知への動機づけの高さがあげられている（Fiske, S. T. & Depret, E., 1996）。連続体モデルのほかにもブルーワーの二重処理モデル（Brewer, M. B., 1988）といった有力なモデルも提出されており，認知プロセスに関した研究が続けられている。

2節
社会的認知と感情

1．感情と認知

　「感情的に行動するな」「自己の感情を抑制できなければならない」などと言われるように，感情（feeling）は社会生活をおくっていく上で，否定的なものとしてとらえられることが多い。しかし近年になって，感情は私たちにとって適応的な機能を有していることがわかってきた。本節では，そのような観点から感情と認知の関係について説明していこう。

　「感情」，「気分」，「情動」といった類似した概念がある。一般に，「感情」とはこれらを包括するような概念として使われ，快・不快に関する主観的な意識体験の総体と考えられる。一方「気分」とは，比較的穏やかで持続的状態を指して用いられ，日常的に使用している「気分」という表現内容に近い。逆に「情動」は，激しくて一時的な状態を意味している。ただし，これらの概念は実際上は必ずしも明瞭に区別されてはいない面がある。

　感情と認知の関係性について，つとに著名な古典的トピックとして，シャクター（Schachter, S., 1964）による「情動二要因説」と，ダットンら（Dutton, D. et al., 1974）の「吊り橋実験」と呼ばれている研究がある。これらはともに現在では，感情の誤帰属（誤った原因への帰属）として位置づけられている。シャクターの実験は，薬物（アドレナリン）を投与されたことによる生理的情動体験は，薬理学的な影響だけではなく，薬物の効用に関して事前に与えられていた情報内容をもとにした当人の主観的な解釈・認知にも影響されていることを示した。またダットンらの実験では，不安的な吊り橋によって生じた恐怖・興奮といった生理的な覚醒状態が，その場に居合わせた異性の魅力のためであると誤って解釈されうることを示した。

　さて，「嬉しいから笑う」「悲しいから泣く」というように，先に認知があり，その認知によって感情が喚起されると常識的には考えられる。しかし，必ずしも認知が感情に先行するとは言えないことをザイアンス（Zajonc, R. B., 1980）は主張した。ザイアンスは単純接触効果（mere exposure effect）と呼ばれる

現象（3章参照）を用いた研究結果をもとにして，感情と認知は独立に機能することを報告している。単純接触効果とは，たんに刺激が繰り返し呈示されることによって生じる効果であり，概して高次の認知処理が介在していないと想定される。代表的な実験では，図形刺激を瞬間的に呈示された後に，刺激に対する再認課題（その刺激は以前に呈示されたかどうか）と好意判断課題（その刺激を好きかどうか）が求められた（Kunst-Wilson, W. R. et al., 1980）。結果は，再認はできない，つまり認知処理・判断はなされていないと考えられるにもかかわらず，以前に呈示されていた図形に対する好意的評価が示された。このことをもって，認知を介在せずに感情が生起する証拠であると解釈された。この主張は，認知が常に先行すると主張する立場の研究者（その代表的存在はラザルス）との間に激しい論争を引き起こした（たとえば，Lazarus, R. S., 1984）。この論争の背景には，「認知」をどのようにとらえるかという認知科学における根元的な問題が横たわっていると言える。

2．気分一致効果とその理論

　ここでは感情・気分の影響力について見ていこう。ネガティブな感情・気分状態にある時には，閉じられた未来と，過去の失敗体験について考えてしまいがちとなる経験はないだろうか。逆にポジティブな状態下では，他者に対して好意的に接したくなったりもするだろう。このように，感情・気分状態と評価的に同じ認知や行動がなされる現象は，総じて気分一致効果（mood congruity effect）と呼ばれている。フォーガスら（Forgas, J. P. et al., 1987）は，偽の心理テストを実施し，その成績の良否について偽りのフィードバックを与えることで被験者の気分を操作した後に，別の実験と称して刺激人物に対する印象評定を求めた。その結果，テストの成績がよかったと告げられることでポジティブな気分状態におかれた被験者の方が，刺激人物に対してポジティブな判断を下すことが多いことを見い出した（図9−2）。また，人物評価だけでなく，社会的情報の記憶（たとえば，Snyder, M. et al., 1982）や，実際の行動においてもその効果が確認されている（詳しくは竹村，1996などを参照のこと）。

　なぜ気分一致効果が生じるのかを説明するために，バウアー（Bower, G. H., 1981 : 1991）は感情ネットワークモデルを提唱している。記憶内においては諸

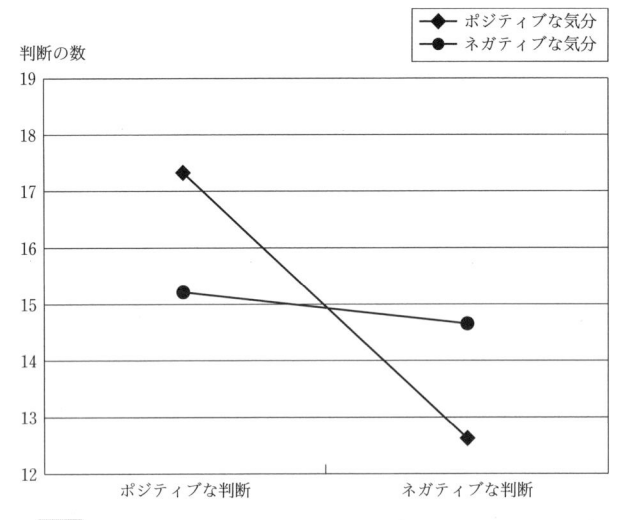

◎図◎9-2 印象判断に及ぼす気分の効果（Forgas, J.P. et al., 1987）

情報がその意味的なつながりをもとにネットワーク化されて保持され，感情もまた，関連をもつ種々の情報に結びつけられていると考えられる。そしてこのネットワーク内では，ある概念や情報が活性化される（検索されやすい状態になる）と，個々の概念・情報間の結びつきの程度に応じてその活性化が伝播する。したがって，気分一致効果は，このネットワークの活性化原理によって生じると考えることができ，次の2つのプロセスを想定することができる。①喚起された感情と結びつけられている個別情報が記憶内において活性化され，それらの情報が想起されやすくなるため，②喚起された感情が，関連する概念的知識（スキーマなどの体制化された知識枠組み）を活性化し，その結果，それに適合的な情報が選択的に処理されるために起こる，という2つである。

また，気分一致効果に対して異なった観点からの説明もある。シュワルツ（Schwartz, N., 1990）は，気分一致効果が生じるのは，自分自身の感情状態の原因を外部手がかりに誤って求めてしまうという誤帰属の結果であると主張し，これは感情情報機能説と呼ばれている。

さて，この気分一致効果については，ポジティブな状態での気分一致効果が安定して見い出されていることに対して，ネガティブな状態においてはそれを

支持する結果が示されることが相対的に少ないことがわかっている。この非対称的な現象はポジティブ・ネガティブ・アシンメトリー（positive negative asymmetry：PNA）と呼ばれている。その原因については，ポジティブ状態下ではその状態をできるだけ保持しておきたいという動機が生じることに対して，ネガティブ状態下ではその状態をできるだけ早期に回避したいとする動機が生起することによると考えられている（Clark, M. S. & Isen, A. M., 1982）。

3．感情と情報処理方略

次に，感情が私たちの情報処理方略に及ぼす影響について検討していこう。たとえばアイゼンら（Izen, A. M. et al., 1983）は，選択行動場面において，ポジティブ感情状態下では，情報を探索することが相対的に少ないことを見い出した。この実験でも示されているように，ポジティブな感情状態はヒューリスティック的な処理（直観的で大まかな処理スタイル）を引き起こし，ネガティブな感情状態はシステマティック的な処理（個々の情報を精緻に検討する処理スタイル）を引き起こすことがこれまでにわかっている。

それでは，感情状態と情報処理方略がこのように結びつくのはなぜなのだろうか。フライダ（Frijda, N. H., 1988）は，感情生起は，自分を取り巻く環境に対してどのように反応すべきかについて指針としての機能を有していると主張する。この適応機能としての考え方を踏まえた上でシュワルツ（Schwartz, N., 1990）は，ポジティブな感情状態は個体を取り巻く環境が良好で危機的ではないことを意味しているために，個体はあまり慎重になる必要がなく，ヒューリスティック的な処理方略を促進させると考えている。またその一方，ネガティブな感情状態は，個体を取り巻く環境が問題をはらんだ，注意を要するものであることを意味しているために，システマティックな処理方略を促進すると考えた。また戸田（1992）も感情の生態学的機能について考察した理論を唱えている。これらの考え方のように，感情を個体の生存・適応にとって機能的なものとしてとらえる見方が主流になってきている。

3節 帰属理論

1. 帰属とは

　最近の社会心理学的研究には認知心理学的なアプローチがさまざまな形で取り入れられている。こうした認知主義へのシフトが生じたのは1950年代のことで，情報理論や言語心理学の発展，コンピューターの普及などにより，認知や知識・推理といった，それまで主流をなしてきた行動主義からみれば実体のない概念が科学的に研究できるようになったことが主要因であるとされている（梅本・大山，1993）。社会心理学でも，ハイダー（Heider, F., 1946）の均衡理論や，フェスティンガー（Festinger, L., 1957）の認知的不協和理論など，今日の観点からみれば認知主義的な見解が次々と発表され大きな反響を巻き起こした（6章参照）。これらの研究は主として態度研究を中心に行なわれており，その意味でも1950年代は態度の時代であったといわれている。これに対し，1960年代の後半から，社会的認知研究が主流となる1980年代後半までの時代を特徴づけた研究が帰属研究であり，歴史的にみれば，社会心理学的な研究動向に認知主義的な傾向性を定着させた意義をもつ動向として位置づけることができよう。

　帰属（attribution）とは，ハイダー（1958）によって提唱された概念であり，事象を観察した時に，それをなんらかの原因に結びつけて推論することを意味する。たとえば，子どもが誰かをたたくのを見た時，その子の乱暴さが原因か，周囲の子どもが悪口をいったのが原因かといった推論が行なわれる。原因をどこに求めるかによって，その後の取り組みには違いが生じることになる。スミス（Smith, E. R., 1995）は，帰属という用語の用いられ方に，ターゲットになる人物の行動に関する推論，とりわけ人の特性を知る可能性に焦点をあてたことを示す場合と，観察された手がかりから現実一般に関する安定した特徴を推論することという2つの意味があることを指摘している。

2. 帰属理論

　帰属の考え方を理論モデルとして発展させたのは，ジョーンズとデイヴィス（Jones, E. E. & Davis, K. E., 1965）およびケリー（Kelley, H. H., 1967）である。ジョーンズらは，人物の行為と人物の特性との間にみられる関連の強さを「対応（correspondence）」と名づけ，こうした関連性が「行為の社会的望ましさ」と「非共通効果の数」によって規定されるという「対応推測理論」を提唱した。この考えかたによると，行為が社会的に望ましくないほど，また行為の説明に用いられる要因が他の説明因と共通性をもたずしかも少数であるほど，「対応」の推論は確実なものになる。

　さらにケリーは，個人的（内的）帰属のみならず，非個人的（外的）な帰属も含めて説明可能な理論モデルを構築した。このモデルの中核にある概念は，「ある効果をもたらす原因は，その効果が観察される時には存在し，効果が観察されない時には存在しない条件に求められる」とする共変原理（covariance principle）と呼ばれる考え方である。たとえば図9-3（a）に示されるように，誰もが（一致性：高）いつでも（一貫性：高），あるコメディにのみ（弁別性：高），笑うという効果（E）をひきおこすとしたら，その原因は，笑いが生じる時にはかならず存在し，笑いが生じない時には存在しない「コメディ」という外的な要因に求められることになる。これに対し（b）のように，自分だけが（一致性：低），いつでも（一貫性：高），何にでも（弁別性：低）笑うような場合，その原因は笑い上戸という自分の内的特徴に求められることになる

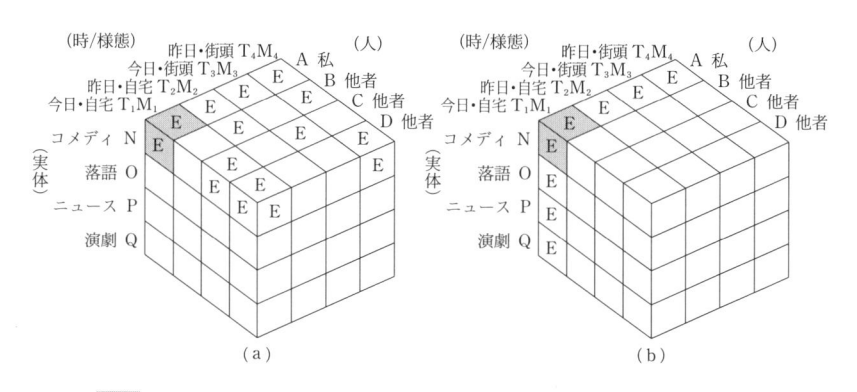

図9-3　ケリーによる共変モデルの説明図式（Kelley, H.H., 1967をもとに作成）

共変原理の妥当性はマッカーサー（McArthur, L. A., 1972）によって実証的に検証されている（実験・調査紹介9参照）。

3. 帰属理論の応用と帰属のバイアス

帰属研究の進展とともに，帰属の結果としてどのような行動が生じるかという「帰属的理論」の研究も重視されるようになっていった。たとえば，ワイナーら（Weiner, B. et al., 1972）は，成功や失敗体験の帰属因を安定性と統制の所在という次元から整理し，安定性次元への帰属の仕方が課題への動機づけに重要な役割を果たすことを明らかにした。また，アブラムソンら（Abramson, L. Y. et al., 1978）は，セリグマンら（Seligman, M. E. P. et al., 1967）の学習性無気力に関する研究を帰属理論と結びつけ，無力感や抑うつが，内的，安定的，一般的な帰属傾向と関連することを明らかにした。こうした帰属傾向は帰属スタイルと名づけられ，測定のための質問紙（ASQ）も考案されている（Peterson, C. et al., 1982）。

一方，研究が進展するにつれて，帰属理論の予測が現実に行なわれる帰属と必ずしも整合せず，理由の推論に一連のバイアスがみられることも明らかになってきた。そればかりでなく，私たちが日頃行なっているより一般的な推論や判断にも，日常の文脈に依拠したバイアスが存在することが指摘されている（Tversky A. & Kahneman, D., 1974）。こうしたバイアスが生じる理由は，認知的な倹約(cognitive miser)，すなわち，限られた認知資源を節約するためにヒューリスティックな判断が求められることによるものと考えられている。代表的な帰属バイアスとしては，基本的帰属錯誤（人の行動は内的に帰属されやすい），行為者－観察者間の相違(行為者は外的，観察者は内的な帰属を行なう)，セルフ・サービング・バイアス（成功は内的，失敗は外的に帰属されやすい），フォルス・コンセンサス・バイアス（自分の意見は他者と共有されていると思いこむ）などがある。

4. 最近の帰属研究

スミス（Smith, E. R., 1995）は，最近の帰属研究の動向として3つの方向性をあげている。第1は，先述した合理的な推論からバイアスを強調するモデル

への流れである。ただしスミスは，これらを別の推論プロセスとして位置づけるのではなく，1節で示された連続体モデルのように，同一の推論プロセスの中に位置づけるべきであると指摘している。どのような推論がなされるかを決定する要因としては，情報の顕著さ（saliency）や利用可能性（accessibility），情報量や情報源，動機などの重要性が指摘されている。

第2の方向性は，通領域的（content free）から領域特定的（content specific）な帰属への動きである。ここでは，個々人がもつ特定の知識やプラン，目標などとの関連から帰属の個人差や文化差に注目する研究や，特性や行動のタイプの違いによる帰属の相違を検討することの必要性が指摘されている。前者については，先に述べた帰属スタイル研究も重要な視点の1つとしてとりあげることができよう。また，最近チュウら（Chiu, C. et al., 1997）は，知能観の個人差（Dweck & Legett, 1988）を性格観に適用し，性格を本来的に一貫したものと考える本質論者は，性格を柔軟に変容するものと考える錬成論者に比べると，「素朴気質論」（lay dispositionism：Ross, L. & Nisbett, R. E., 1991）的傾向をより強く保有することを明らかにしている。すなわち，本質論者は，性格の分析単位として特性を用いる傾向が強く，ある状況での行動を特性に結びつけ（基本的帰属錯誤），ある状況での行動から別の状況での行動が予測できると考え（通状況的一貫性），特性の存在に結びつく認知を行ないやすい（ステレオタイプ的認知）傾向をもつ（図9-4）。このような帰属の仕方にみられる個人的特質を検討していくことも今後の重要な課題の1つになるものと思われる。

特性や行動のタイプの違いによる帰属の相違を検討する研究に関しては，リーダー（Reeder, G. D., 1993）の特性推論モデルの考え方が参考になろう。リーダーは特性と行動の関連を，能力，道徳性，態度，頻度ベースという4つの

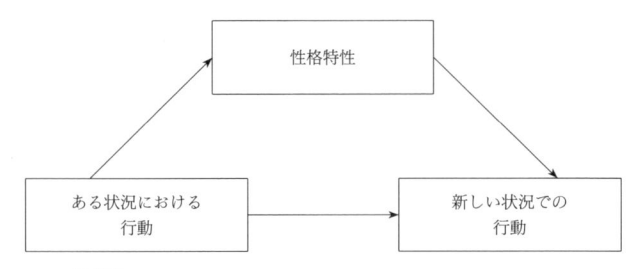

◎図◎9-4　素朴気質論者の推論モデル（Chiu, C. et al, 1997）

タイプに分類し，それぞれ特性と行動との関連性に異なる特徴がみられることを明らかにしている。たとえば，能力タイプに関していえば，能力の低さを示す行動はかならずしも能力の低さを推論させることにはならない。能力の高い人が低い行動を行なうことも可能だからである。したがって，能力の低い行動に関しては，状況的要因に関する推論が大きな役割を果たすことになる。これに対し，能力の高さを示す行動は，能力の高さという内的な要因にそのまま帰属されやすい。道徳性タイプではこれとまったく逆に，道徳性の低い行動ほど内的に帰属されることになる。また態度タイプでは社会的望ましさが低い場合を除き態度-行動の一貫性の仮定に基づく帰属が行なわれ，頻度ベースタイプでは，行為の頻度に応じた帰属が行なわれると考える。このように，特性カテゴリーにより帰属の特質が異なるという考え方も帰属研究で検討すべき課題の1つであろう。

　第3の方向性は，ルールの解明からプロセスの重視へという方向づけである。ジョーンズらやケリーのモデルでは，帰属の一般法則が追求されてきたが，その後の帰属的研究などでは，どのようなプロセスを経て帰属がおこなわれ行動に結びつくかに関心が移行している。第1の方向性に関する論議でもとりあげたように，帰属のプロセスを一般化しようとする試みはしだいに増加しつつあ

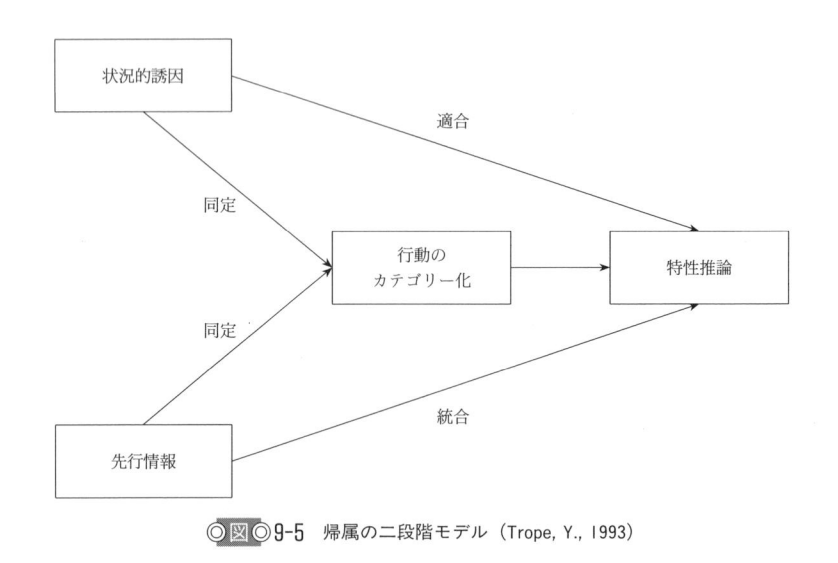

◎図◎9-5　帰属の二段階モデル（Trope, Y., 1993）

るものと考えられる。一例として，トロープ（Trope, Y., 1993）は，図9-5に示すような特性推論モデルを提唱している。このモデルは特性推論が2つの段階を経て行なわれることを示している。第1段階（行動同定段階）では，観察された行動エピソードが性格関連語によりカテゴライズされる。第2段階（特性推論段階）では，第1段階で作られた相手の性格に関する仮説が検証にかけられる。仮説が複数あれば，それらが同時に検証されることになる。どちらの段階も，行動の生成に性格的ならびに状況的要因が相互にどのようなかかわりをもつかという認知者の領域特定的な知識により影響を受ける。

こうしたモデルの妥当性は現段階では十分に検証されておらず，複数のモデルを検討する中から特性推論の特質を把握しうるモデルを構築することが今後の重要な課題の1つとして位置づけられよう。また，スミスら（1983）は，帰属理論が仮定してきたような「原因の推論」を経ずに，行動が直接特性推論に結びつけられている可能性も示している（自動的特性推論）。こうした知見の妥当性を確かめるためには，社会的認知研究とのつながりをより重視したモデル構築を行なうことも求められよう（帰属については10章も参照のこと）。

4節
社会的状況の認知

私たちは，身のまわりの場面を，どのように認知しているのだろうか。この問題は，認知の過程や内容を含めて，社会的状況の認知（cognition of social situation）と呼ばれ，特に1970年代以降に研究が行なわれてきた。

1．社会的状況

社会的状況（social situation）の定義は，各研究がどのような疑問に焦点を当てるのかということによって，レベルの異なるものとなっている（理論紹介7参照）。たとえば，エピソード（episode）のレベルの定義では，社会的状況は，「そこにいる人（行為者が単独の場合もある），行為が行なわれる場所，生じている行為や活動の性質によって規定される。また，これらのさまざまな要

素の有機的構成によって規定されるものでもあり，それゆえにゲシュタルト的な特徴をもつものである。」(Pervin, L. A., 1978) となる。

また，社会的状況を定義し，研究する際には，社会的状況を主体とは独立の客観的な存在としてとらえるのか，あるいは主体となる個々人の認知を反映する主観的なものとしてとらえるのか，という点を考える必要性が指摘されている（Magnusson, D., 1978 など）。さらに最近では，主観的に認知された社会的状況であったとしても，行動に影響を与える変数（独立変数）として取り扱うのか，それに加えて主体がはたらきかける対象としての変数（従属変数）としても取り扱うのか，という点が議論されてきている（Krahé, B., 1992）。

こうした社会的状況の取り扱いをめぐる違いは，各々の研究の依拠する学問的伝統に起因するものでもあり，ひるがえっては学問領域を越えて社会的状況へ関心が向けられていることの結果ともいえよう。いずれにせよ，各研究が社会的状況のどのような問題にアプローチしようとしているのか，ということを明確にすることが研究の出発点となるのである。以降では，社会的状況の（主観的）認知に関する研究をとりあげ，紹介する。

2. 社会的状況の認知に関する研究

(1) 次元的分析

次元的分析（dimensional analysis）では，人々が社会的状況を認知する際に，暗黙のうちによりどころとしている信念の体系を明らかにすることを目的としている。この信念の体系は次元(dimension)と呼ばれ，さまざまな社会的状況についての類似性評定や特性評定（「不安な－安心な」「楽しい－楽しくない」などの形容詞対を用いる場合が多い）をもとに多変量解析法という統計手法によって抽出されてきた。このような次元で構成される空間は，エピソード空間（episode spaces：図9-6）とも呼ばれ，さまざまな社会的状況をその中に位置づけることができる。以下には，こうした研究を，一般的な次元を探索するタイプの研究と特定の集団や個人に特徴的な次元を探索するタイプの研究に大別し，概説する。

一般的な次元を探索するタイプの研究は，無限ともいえる社会的状況を少ない次元に集約するという役割も担っており，これまで5±2程度の次元が提出さ

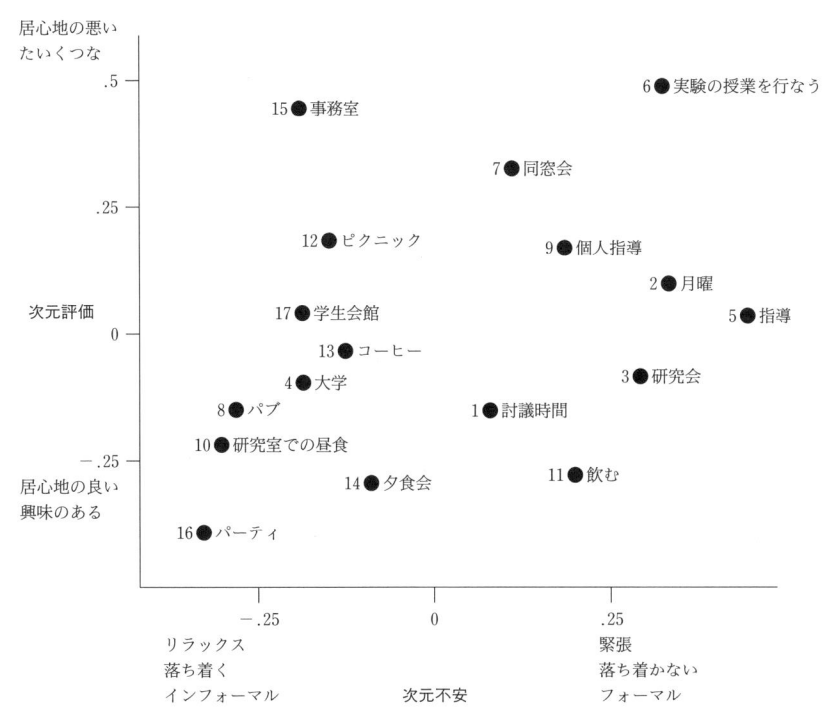

◎図◎9-6 アカデミック集団員の社会的状況の認知次元（Forgas, J.P., 1978を修正）

〈社会的状況の詳細〉
①研究グループのメンバーと，あなたの仕事・研究について討議する。
②月曜の朝，コーヒーを飲みながらインフォーマルな研究グループでの会合。
③研究グループのメンバーのみによる，クローズド形式の研究会。
④研究グループのメンバーの大学へ昼食をとりに出かける。
⑤指導教授と会合をする/指導を受ける。
⑥実験の授業を行なうためのアシスタントをする。
⑦研究グループの先輩と，同窓会を兼ねた会合・ゼミ。
⑧金曜の夜，ゼミの後，パブに行く。
⑨学生に個人指導する。
⑩誰かの研究室で昼食をとり，おしゃべりをする。
⑪指導教授の自宅へお酒に招かれる。
⑫研究グループでピクニックに出かける。
⑬コンコースでコーヒーを飲んで一息入れる。
⑭研究グループのメンバーの自宅での夕食会。
⑮何かを入手/調整するため，事務室へ行く。
⑯誰かの自宅でのパーティで。
⑰研究グループのメンバーと，学生会館へ昼食をとりに行く。

れてきた。バティステッチとトンプソン (Battistich, V. A. & Thompson, E. G., 1980) は，予備調査で大学生が記述したさまざまな社会的状況から頻度順に30個を取り出し，その社会的状況の類似性を評定したデータから「対人間の親密さ」「集団活動か個人活動か」「社会的孤立」「行動としての同調」の4次元を抽出している。この研究によれば，一般的に私たちは，各々の社会的状況を4次元への当てはまりの程度によって認知しているということになる。また，廣岡 (1985) は「親密性」「課題志向性」「不安」の3つの次元を抽出している。こうした研究 (Magnusson, D., 1971 など) には，研究間の次元にある程度の一致は見られるものの，他の研究に見られない特徴的な次元も抽出されていることは事実である。このような次元差を生じさせる主要な要因は，研究ごとに使用する社会的状況の差異にあると考えられている。

　また，この次元差の別の要因として，認知する側である個々人の違いを考える必要も指摘されている。パーヴィン (Pervin, L.A., 1976) は，各被験者に社会的状況や付随する特性および行動や感情について自由に記述してもらい，さらに特性・行動・感情による社会的状況の評定データを各被験者ごとに分析するというユニークな方法で検討を行なっている。その結果は，各被験者に特有な社会的状況が比較的類似したまとまりを示す（「家庭」「学業や職業」など）のに対し，社会的状況を特徴づけている特性・行動・感情に被験者間の差が認められるというものであった。この方法には次元差の比較が統計的に行なえないなどの批判 (Battistich, V. A. & Thompson, E. G., 1980) もあるが，個人間の次元差を示唆している結果ともいえよう。また，フォーガスの一連の研究 (Forgas, J. P., 1976, 1978) は，属性の異なる被験者からなる集団間で次元差が生じる可能性をうかがわせるものとなっている。主婦と学生の次元を比較した研究 (Forgas, J. P., 1976) では，主婦では「知覚された親密さと関与」「主観的コンピテンス」の2次元が，学生では主婦の2次元に「評価」の次元を加えた3次元が抽出されている。さらに，大学教員などアカデミック集団の次元に関する研究 (Forgas, J. P., 1978) では，「不安」「関与」「評価」「社会感情的か課題志向的か」といった4次元が抽出されている（「不安」「評価」のエピソード空間については図9-6）。

(2) プロトタイプとスクリプト

　次元的分析は主に社会的状況の認知内容を記述的に探索するものであったが，以下には，社会的状況の認知がどのようにして体制化されるのかといった認知過程をめぐる2つのモデルを紹介する。1つめは，多くの人が社会的状況に典型として認める特徴から認知過程を考えようとするもので，プロトタイプ(prototypes) と呼ばれている。キャンターらの研究（Cantor, N. et al., 1982）では，社会的状況は異なる3つのレベルのカテゴリーに分けられたが（たとえば，「対人交流のある状況」-「パーティ」-「誕生パーティ」などというレベル），結果は各カテゴリーにおけるプロトタイプの存在を支持するものとなっている。このモデルによって，プロトタイプへのあてはまりの程度から認知の速さや連動的に行なわれる認知が予測可能となること，カテゴリーの幅の広狭から認知の確信の程度が推測可能となることなどが期待されている。

　2つめは，スクリプト（scripts）と呼ばれる（Abelson, R. P., 1981）もので，人々が社会的状況に関する適切な一連のつながりの知識をもっているということを仮定するものである。たとえば，レストランの客のスクリプトは「レストランの椅子に腰掛け，注文をして，食事をとり，勘定を払う」という社会的状況の連鎖になる。ひとつひとつの社会的状況は構成要素と呼ばれ，そのつながりの強弱はスクリプトの種類によって異なるものとなる。また，同じレストラン・スクリプトでも認知する主体が異なれば（たとえば，ウエイトレス），当然違ったものとなる。こうしたスクリプトという概念は，社会的状況の認知過程を解明するために重要であるばかりでなく，人々が適切な行動をとるために利用するものであるという点で，認知の行動への影響を検討するためにも重要といえる。

3. 社会的状況の認知と行動

　最後に，社会的状況の認知と行動との関係をめぐる研究例を若干紹介する。ストレスとなる社会的状況の認知とその際の典型的反応との関係を調べたマグヌセンとエクハマーの研究（Magnusson, D. & Ekehammer, B., 1975）では，認知と反応は同じような社会的状況を背景にしてまとまりを示す傾向が認められた。つまり，同種の社会的状況と認知された場合には，似たような反応に至

ることが予想されるという結果となったのである。さらに，クラーエ（Krahé, B., 1986）は，各被験者ごとに社会的状況を提出してもらい，社会的状況そのものの類似性（認知）と行動の類似性についての評定を求めた後，その関係を各被験者ごとに検討するという個性記述的アプローチを試みている。その結果，各被験者の認知と行動の類似性評定におおむね高い相関が認められ，先のマグヌセンとエクハマー（Magnusson, D. & Ekehammer, B., 1975）の結果を個々人の実際の社会的状況というレベルでも支持するものとなった。

　こうした研究は，「社会的状況が異なっても人間の行動は一貫するのか？」という問いかけを背景にもつものでもあり，現在のところ，社会的状況を似ていると感じる限りにおいて，同じような行動がなされるといえよう。

5節 ステレオタイプ的認知

1. ステレオタイプ化

　ステレオタイプとは，なんらかのカテゴリーもしくはグループ（集団）を基礎にして形成されている単純化された認識枠組みであり，固定的な観念・イメージである。ステレオタイプをあてはめることをステレオタイプ化と呼び，そのような認知をすることを総じてステレオタイプ的認知という。たとえば「寒い地域の出身者は寡黙で忍耐強い」であるとか，「やせている人は神経質だ」などといった日常会話にも頻出する認識である。これらは，カテゴリーや集団内の個々の成員について精緻に検討された結果ではなく，カテゴリーや集団に対する既存のスキーマ（カテゴリカルな知識の総体）を用いて判断された結果である。個々人に対する精査を欠いていることから，一般に望ましくない認知傾向として意味づけられている。しかし，外界の情報に対して私たちが割くことのできる認知的処理資源（注意や意識や時間）は限られており，個々の情報を分析的に処理することなど不可能である。そのような情報環境下においてステレオタイプを使用することは予測可能性を高めるという適応的な意味をもっており，ステレオタイプは環境への能動的なはたらきかけのあらわれとも言える。

このようにステレオタイプは，社会的推論におけるヒューリスティック（簡便で効率的ではあるが，必ずしも正解を導けるとは限らない処理方略）の適用原理と類同した性質を有している。もちろんステレオタイプがかかえる問題性は大きく，判断が固定的となりがちであったり，自己中心的に我が身を擁護するための手段として使われる側面も強い。

　まず，私たちの認識がカテゴリーをもとにして成り立っていることを示す実験研究について紹介しよう。その先駆的研究となったテイラーら（Taylor, S. E. et al., 1978）の実験では，男女が混成されたディスカッション場面が被験者に呈示された。実験結果の分析には，ディスカッションでの各々の発言とその話し手を照合させる課題での誤答（エラー）が用いられた。この誤答は2つに分類され，1つは性別カテゴリー内（男性どうしまたは女性どうし）での誤答，もう1つは性別カテゴリー間（男性と女性の間）での誤答である。結果は，性別カテゴリー内での誤答数の方が多く，このことは，知覚者によって性別を基準としたカテゴリー化処理が行なわれた結果，カテゴリー内での類似性ならびにカテゴリー間での非類似性が高まったために，同じカテゴリー内での混同が生じやすくなったと言える。このカテゴリー化効果は，カテゴリー化処理と個別処理との関連性に焦点をあてた，連続体モデル（Fiske, S. T. & Neuberg, L. N., 1990）や二重処理モデル（Brewer, M. B., 1988）といった他者に対する情報処理判断全般を扱った有力な情報処理モデルに発展的に統合されていき，その中で中心的な役割を担っていると言える。

　カテゴリー化処理はまた，私たちの判断・評価や行動にも影響を及ぼす。認知レベルでは，自分が属する集団（内集団と呼ぶ）およびその構成員に対しては，好意的に評価し（内集団びいき），独自性のある集団・個々人であると考える。一方，外集団および外集団の成員に対しては，非好意的な評価を下し，均質的な構成員からなる集団であるとみなすこと（外集団等質性効果）に結びつく。そしてそれは行動にも結びつき，外集団に対する否定的行動が引き起こされる（本章6節参照）。

　次に，カテゴリーをもとにして形成されたステレオタイプは，私たちの社会的判断においてどのように機能しているのかについて考えていこう。コーエン（Cohen, C. E., 1981）は，職業に関する事前情報を与えると，情報の記憶が職

業ステレオタイプの影響を受けることを示した。被験者は，ビデオに登場してくる女性がウェイトレスであると告げられる群と図書館司書であると告げられる群とに分けられていた。ビデオでの描写内容（両群とも同じビデオ内容）は，両職業にとってステレオタイプ的な描写が同程度に混在されていた。ステレオタイプ的な描写とは，たとえば図書館司書は眼鏡をかけているなどといったことである。結果は，登場人物の女性に対する記憶テストでは，事前に与えられた職業に対するステレオタイプ的属性の方が正しく記憶されていた。これは，事前情報にそったステレオタイプ的な情報処理がなされていたことを示している。そしてこのことは，その人物に対していかにも図書館司書的な人だといったようなステレオタイプ的な判断を導くことになる。

　ステレオタイプ的認知は，他者に対してのみ向けられるのではなく，自己に対しても向けられ，この現象は自己ステレオタイプ化と呼ばれる。ホッグら（Hogg, M. A. et al., 1987）は，同性どうしで議論させる条件と，異性間で議論させる条件で比較を行なった。その結果，同性条件では意見の違いは個性として判断されたことに対して，性別カテゴリーが顕在化（めだった状態になること）している異性間での議論条件では，意見の違いは性別の違いによるものだと判断された。さらに，異性間での議論条件の被験者の方が，自分自身のことをより性ステレオタイプ的特徴をもっていると自己評定していた。

2．ステレオタイプの形成と維持

　一般にステレオタイプは次のような特徴と性質を有している。

① 否定的な内容のものが多い〔否定的傾向性〕
② 知覚者の予期・期待に合致したステレオタイプが抱かれやすい〔予期合致性〕
③ 社会文化的集団内で，一定程度共有されている〔共有性〕
④ 反証を示されても容易には修正されない〔修正困難性〕

　ここでは，これらの一般的特質を生み出している，ステレオタイプの形成過程や維持システムについて代表的な原理を述べていこう。
　私たちの認識傾向には，ポジティブな事象に比べてネガティブな事象に注意

が引きつけられやすい傾向がある。これはネガティビィティ・バイアスと呼ばれている。たとえば吉川（1989）は，印象形成過程において，ネガティブな刺激から受けるインパクトの方が強いことを実証している。この原理は，ステレオタイプの①「否定的傾向性」の生起と結びつく。この否定的傾向性はまた，ステレオタイプが集団・グループ間の関係性を反映するという原理（この関係性は対立的・否定的であることの方が多い）や，防衛機制的な置き換えや投射の原理とも関連している。

②「予期合致性」については，仮説確証バイアスがかかわっている。私たちは，自分が事前に抱いていたステレオタイプ的な予期や仮説が適切で妥当なものであるかどうかを多少なりとも確認しながら思考を進めている。しかしこの時，自分の仮説や予期を確証するような情報に対してより多くの注意を向け，それらを重視する傾向がある。その反面，仮説や予期に反する情報には注目しないために，自分の主観的な世界内でのみ通用する「正当化」がなされる傾向にある。ダーリーら（Darely, J. M. et al., 1983）は，ビデオに登場する少女の学力評定を求める実験を行なった。少女の出身階層についての事前情報として，低階層と告げられる条件と高階層と告げられる条件が設定された。またビデオは前半部と後半部からなり，前半部は少女が住んでいる所のようすなどといった所属階層を表わす情報，後半部は学力テスト場面である。後半部は少女の学力評定をするためのビデオで，2つの事前情報条件で同一の内容であった。結果は，前半部と後半部を両方視聴した後に行なわれた学力評定において事前情報の影響があらわれ，低階層の出身であると事前情報を与えられた条件の方が，少女の学力を低く評定した。これは，学力テスト場面は同一ビデオであったにもかかわらず，事前の仮説・予期に合致した情報を選択的に利用した結果と言える。

次に③「共有性」について述べよう。私たちは自分たちの社会文化内においてどのようなステレオタイプが存在しているのかについての知識を幅広く有しており，この知識は人々の間での共通性が高いことが確認されている（たとえば，Devine, P. G., 1989）。これは，乳幼児が成人へと成長していく上での社会化の過程（当該社会での行動様式や価値観を内面化していく過程）に必然的に付随することと考えられる。またステレオタイプは，個々人の経験のみならず，

マス・メディアからの情報にも強く影響されることからも，この共有性は高いものとなる。さらに，認知メカニズムの観点から，特定の対象がステレオタイプ化の対象とされやすくなる原理がある。錯誤相関（illusory correlation）と呼ばれる現象は，事例のめだちやすさをもとにして，"少数派グループ"と"望ましくない行動"というめだちやすい要素どうしが結びつけられやすいことをあらわしている（Hamilton, D. L. & Gifford, R. K., 1976）。なおこの原理は①の「否定的傾向性」とも関連性を有する。また，めだつ刺激人物に対しては極端な印象が付与されやすいこともわかっている（たとえば Taylor, S. E. et al., 1979）。これらの認知メカニズムは，少数派グループやめだつ刺激対象といった特定の対象がステレオタイプ化を導かれやすいことと関連している。

④「修正困難性」はサブタイプ化（subtyping）と関係が深い。自分が抱いているステレオタイプとは明らかに反する事例に遭遇することは少なくない。このような場合に，ステレオタイプに合致しない事例を特殊事例の1つとして処理する原理がサブタイプ化であり，その結果，対象集団に付与されたステレオタイプ自体は修正されることなく維持され続けることになる。たとえば，女性は依存的であるというステレオタイプを抱いている人が独立心旺盛なキャリアウーマンと接した場合，この女性は仕事最優先の特殊なタイプの人だとして処理してしまうような例が考えられる。

3．ステレオタイプの活性化と抑制

私たちが真に適応的に生活していくためには，過度のステレオタイプを抑制できなければならない。その方策について考えていくためには，まずステレオタイプが対象に対して適用されるプロセスについて理解する必要がある。ステファン（Stephan, W. G., 1989）は，ステレオタイプ的知識の構造を図9-7のようにモデル化している。このモデルは，特定の社会的カテゴリーが意識・検索されやすくなる（このことを活性化するという）と，それに結びつけられている特性や行動が自動的に活性化されるために，後の情報処理がその影響を受けることをあらわしている。この過程は自動的であり，私たちが意識的に関与することはできない。ただし，このような自動的な過程の他に，私たちは意識的にコントロールできる過程も有している（たとえば Collins, A. M. & Loftus,

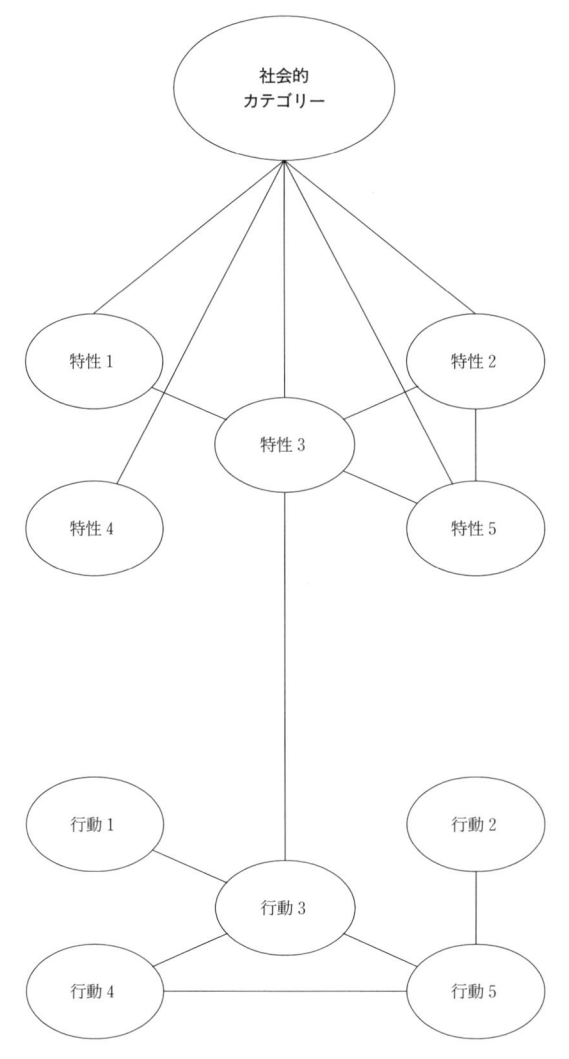

◎図◎9-7 ステレオタイプの構造モデル（Stephan, W.G., 1989）

E. F., 1975)。したがって，カテゴリーに伴うステレオタイプが活性化した状態であっても，それを意識的に抑制した上で，最終的な判断を導き出すことができる。なお，この抑制過程の詳細については実験・調査紹介10に詳しく論じてある。

6節
集団間認知

　私たちは誰しもなんらかの集団に所属している。集団に所属することで他の集団を敵視したり，自分のいる集団に比べて劣ったものとみなすことがある。極端な例としては人種差別が挙げられるが，より私たちに身近な例もある。たとえば，ある球団のファンはその他の球団のファンを快く思わないといったことである。ところが，異なる球団を応援するファンどうしでも個人単位で友人関係にあることは珍しくない。すなわち，個人間の認知と集団間の認知はそのプロセスが異なるようである。本節では，個人対個人とは異なるプロセスをもつ集団対集団（集団間）の認知を扱う。

1. 内集団びいき

　他の集団に比較して，自己が所属している集団（これを内集団と呼ぶ）をよりよく評価することを内集団びいきという。たとえば，テニスサークルに所属する人は，スキーサークルのメンバーよりテニスサークルのメンバーが運動神経の点などで優れていると考えることである。

　内集団びいきは，集団の間に競争的な関係がある場合，特に顕在化する。たとえば，一方の集団に利益があると，もう一方の集団はその利益を受けられない場合などである。シェリフら（Sherif, M. et al., 1961）は，少年たちをキャンプという名目で集めて，2つの集団にランダムに分けた。その後，2つの集団は賞品を争っていくつかのゲームを競い合う。ゲームの進展とともに，集団の間では敵対的な行動（ののしり，非難など）が見られるようになった。競争的な集団間関係が，少年たちの集団の間に強い敵意の感情を生み出したのである。

　しかし，内集団びいきの必要条件は，自分の所属している集団（内集団）とその他の集団（外集団）とをカテゴリーとして弁別的に認識すること（社会的カテゴリー化）であるという主張があらわれた。すなわち，競争的な関係が存在しない場合でも，内集団と外集団のカテゴリー化さえ生じれば，内集団をよ

り優れたものと認識し，有利に取り扱おうとするという。

この主張は，「最小条件集団」を用いた実験（Tajfel, H. et al., 1971 ; Billig, M. G. & Tajfel, H., 1973）をもとになされている。その実験の概略は以下のようなものである（詳しくは，実験・調査紹介 11 を参照）。被験者はなんらかの基準（絵画の好み，コイン投げでの裏表など）で 2 つのグループに分けられる。自分の所属しているグループは教えられるが，他の被験者がどちらのグループに所属しているかは教えられず，互いの相互作用もいっさいない（このような状況から「最小条件集団」と呼ばれる）。次に，被験者は，それぞれのグループのメンバーへの報酬の分配を行なう。その結果，被験者は相手が誰かも分らないにもかかわらず，内集団により有利な分配を行なった。たんに内集団と外集団に分けられただけで，内集団びいきが生じたのである。内集団びいきはその他の実験でも一貫して観察されている。

内集団びいきを説明するために，タジフェルとターナー（Tajfel, H. & Turner, J. C., 1986）は社会的アイデンティティ理論を提出している（7章参照）。この理論では，人は自己評価を肯定的に保とうとする欲求があることを仮定している。すなわち，一般的に人は自分を他と比べて優れた存在と考えたいということである。そして，ある集団の一員であることが顕在的な状況では，内集団の評価を上げることで自己の評価を高めようとすると考えられる。オリンピックなどで，自国の選手を応援し，肯定的に評価しようとしたりすることなどがその一例である。社会的アイデンティティ理論によれば，肯定的な社会的アイデンティティ（そして自己評価）を得ようとした結果，内集団びいきが起こると説明される。

しかし近年，自己評価欲求が内集団びいきの原因ではなく，報酬分配を行なう際に，内集団に多く分配すれば自分も多く分配されるであろうという見込み（コントロール幻想）が原因だという主張も提出されている（Karp, D. et al., 1993）。内集団びいきの原因については，より実証的な検討を重ねる必要があると考えられる。

2．外集団等質性効果

自分の所属している集団はバラエティーに富んでいるが，他の集団は一様で

等質なものとみなすことを外集団等質性効果と呼ぶ。たとえば，自分が所属しているサッカー部は多様なパーソナリティの人たちが集まっているが，野球部の人々はよく似た同じような人の集まりだ，などと考えることである。外集団のバラエティーを小さく見積もり，外集団へのイメージを一般化してしまうこの現象は，ステレオタイプ（本章5節を参照）と呼ばれる現象と非常に関係が深いと考えられる。

この現象を明確に示した研究にパークとロスバート（Park, B. & Rothbart, M., 1982）の実験がある。被験者は，男性的な行動のリストと女性的な行動のリストを渡される。そして世の中の全男性の中で何パーセントの人が男性的な行動（典型的行動）をとり，何パーセントの人が女性的な行動（非典型的行動）をとるかを推定させた。同様に女性についても，典型的行動，非典型的行動をとる割合がどの程度か推定させた。結果は，内集団（男性にとっては男性，女性にとっては女性）に比して外集団（男性にとっては女性，女性にとっては男性）は典型的行動をとる割合が高く，非典型的行動をとる割合が低いと推定されていた（図9-8）。すなわち，外集団には典型的なイメージで全体を代表させる傾向が強いといえる。

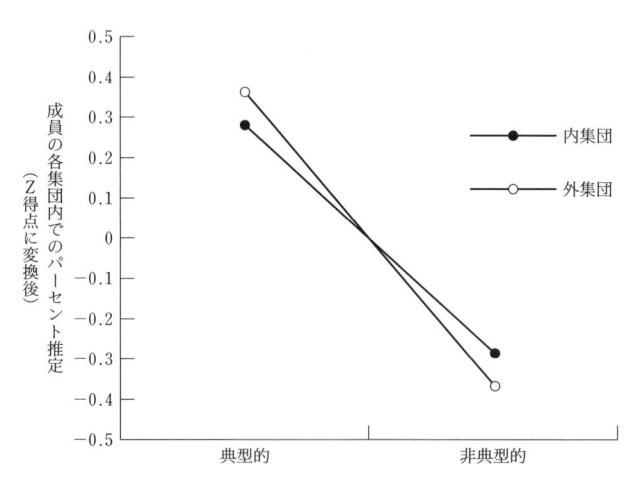

◎図◎9-8 典型的・非典型的行動をとる成員が各集団内で占めるパーセントの推定（Park, B. & Rothbart, M., 1982より作成）

この現象の説明はいくつかの点から試みられている。1つは，内集団のことはよく知っているが外集団のことはあまり知らないという知識量の点からの説明がある。また，パークら（Park, B. et al., 1991）は，知識量よりも内集団－外集団に対する情報処理の様態の違いを重要視している。内集団にはより詳細な情報へ注意が向くが，外集団へはより抽象的な情報へ注意が向かい，そのことが外集団等質性効果を生じさせるとしている。

　ところで，外集団等質性効果を支持しないデータも存在する。一例として，相対的な少数派に属する人は，内集団等質性効果を示す（Simon, B. & Brown, R. J., 1987）という結果である。したがって，今後は少数派－多数派といった社会的な文脈も考慮した考察を重ねていく必要があろう（「集団間差別」については，7章も参照のこと）。

理論紹介 7

社会的状況に関する諸理論

ファーナムとアーガイル（Furnham, A. & Argyle, M.）は，社会的状況に関する心理学的研究を集めたテキスト（1981）の序章で，社会的状況が社会的行動に及ぼす影響がさまざまな学問的伝統から研究されてきたことを指摘している。すなわち，社会的状況は，異なるレベルの定義のもとに，さまざまな分析方法によって検討がなされてきたのである（表参照）。以下に，これら 6 つの分析の概要について紹介する。

1 次元的（知覚的）分析

この分析では，パーソナリティ特性論に類似した方法を採用しており，多様な社会的状況に対する人々の主観的知覚の様式を問題にしている。つまり，人々がどのような次元に沿って社会的状況を知覚しているのかを検討するものである。この次元抽出には，多次元尺度構成法や因子分析といった統計手法が使われている。

2 要素的（構造的）分析

この分析は，社会的状況の構造そのものを明らかにしようとするものである。すなわち，社会的状況において，何が重要な要素であるのか，そしてそれら要素はどのように関連しているのかを明確にしようとするものである。その要素は，社会的状況における人々の目標・規則・役割などといった側面から検討されている。

3 過程的（応用的）分析

この分析は，ある特定の社会的状況下で行動しなければならない人々の診断や訓練を主な目的として行なわれる。ある社会的状況を詳細に観察し，特定の行動に直接結びつく過程を明らかにするという点が特徴である。取り上げられてきた過程としては，異文化間コミュニケーション，医師と患者の相互作用などがある。

4 環境的分析

この分析では，環境の諸要因が社会的行動に与える影響を理解するために，社会的状況の物理的特徴に焦点を当てる。したがって，そこで生じる人と社会的状況の相互作用というよりも，物理的環境とそれに関連する規範・役割に関心が向けられている。

5 エコロジカル分析

自然に生じる社会的状況を記述し，分類することに，この分析では焦点をあてる。こうした社会的状況は，セッティングと呼ばれ，特定の場所や時間，そこにある物の物理的特性や文化的目的，そこに存在する人の特性で構成される。人の行動はセッティングにより規定されるという考え方から，組織やコミュニティなどのセッティングが検討されている。

6 エソジェニック（役割‐規則的）分析

ミクロ社会学の中でも，特にエスノメソドロジーと象徴的相互作用論が，この分析の背景となっている。この分析では，規則，行為者の役割とシンボルが強調され，エピソードが分析対象となっている。このエピソードは，社会的行為に必要となる行為連鎖のまとまりとして位置づけられている。

表　社会的状況分析の諸方法

	次元的 (知覚的)	要素的 (構造的)	過程的 (応用的)	環境的	生態学的	エソジェニック (役割―規則)
学問的伝統	精神物理学 社会心理学	言語学 動物行動学	応用心理学	評価・アセスメントリサーチ 建築学	人類学 ミクロ社会学	ミクロ社会学 哲学
記述的検討か 仮説検証か	記述的検討	記述的検討 仮説検証	仮説検証 記述的検討	仮説検証 記述的検討	記述的検討	記述的検討
被験者	ある基準でグルーピングされた観察者	状況を経験した観察者	セッティング内の全参加者	ユーザー, プランナー, 環境アセスの従事者	セッティング内の全人口	自然エピソード内から選ばれた参加者
状況内分析か 状況間分析か	状況間	状況内 (状況間も)	状況内 状況間	状況内 状況間	状況間	状況内
データ収集の方法	質問紙 分類課題	質問紙 分類課題 評定課題	観察 行動測定 インタビュー	質問紙 観察 行動測定	観察	インタビュー 観察
データのタイプ	尺度評定 類似性評定	尺度評定 類似性評定 品詞分析	尺度評定 行動のカウント 自己報告	多様	詳細な記録	叙述
データ処理	多次元尺度構成法 因子分析	クラスター分析 分散分析 適切な統計	多様	多様	分類法の発展	「代表的」叙述の収集
定義のレベル	状況 エピソード	状況刺激 (対象, 行為)	全体の現実的な状況	状況的な出来事 全体状況	セッティング	エピソード

■引用・参考文献

Furnham, A. & Argyle, M. 1981 Introduction., Furnham A. & Argyle, M. (Eds.) *The Psychology of Social Situations.* Oxford: Pergamon Press. xiii-lvi.

実験・調査紹介 9

ケリーの共変モデル

マッカーサー（McArthur, 1972）は，ケリーの共変モデルの妥当性を検討している。ケリーのモデルによれば，一致性（consensus），一貫性（consistency），弁別性（distinctiveness）の3つの情報が帰属に影響を及ぼすが，マッカーサーは，これらの情報の組み合わせがどのような帰属を引き起こすのか，また3つの情報の重要性には違いがあるのか，といった問題を明らかにするため，次のような実験を行なった。

マッカーサーはまず被験者に，他者の行動に関する16の記述を読ませた。これらの行動には，「スーは犬を恐がる」のような情動的行動，「ジョージは文を間違えて訳す」のような達成行動，「ビルは教師が不公平だと思う」のような意見，「ジャックは多額のお金を自動車安全協会に寄付する」のような行為の，4つのタイプが含まれていた。さらに弁別性，一貫性，一致性に関する情報が与えられた。それぞれの情報には高低があり（表参照），全組み合わせ8通りのうち，いずれか一通りの情報が与えられた。そして被験者は，各行動の原因を，人，刺激対象（実体），状況（時／様態），これらの組合せのうちのどれか，のいずれかに帰属するよう求められた。

この結果，一致性，一貫性，弁別性がすべて高い時には実体に帰属され，一致性，弁別性が低く，一貫性が高い時には人に帰属されやすいことが示された。これらの結果はモデルの妥当性を確認するものである。ただし，時／様態への帰属には予測ほどの明確な傾向はみられなかった。また，この研究では一致性情報が帰属に及ぼす影響は他の情報に比べて小さいことも明らかになった。

なおこの実験では，3つの情報を被験者にあらかじめ与えていたため，こうした情報が自発的に収集されるかどうかは明らかにされていない。また，この結果は他者への帰属にのみあてはまるもので，自己への帰属に一般化できるものではないという限界がある。

■引用・参考文献

McArthur, L. A. 1972 The how and what of why: Some determinants and consequences of causal attribution. *Journal of Personality and Social Psychology*, **22**, 171-193.

表　実験で用いられた情報の一例（McArthur, 1972）

弁別性	高	ジョンは，他のどんな喜劇俳優のコメディにも笑わない
	低	ジョンは，ほとんどすべての喜劇俳優のコメディに笑う
一貫性	高	ジョンは，いつもその喜劇俳優のコメディに笑っていた
	低	ジョンは，今まではその喜劇俳優のコメディに笑わなかった
一致性	高	その喜劇俳優のコメディにはみんなが笑う
	低	その喜劇俳優のコメディにほとんど誰も笑わない

実験・調査紹介 10

ステレオタイプ的認知の自動的活性化と抑制

ステレオタイプ的認知は，その対象に直接的に接したり，その対象を自分の心の中で思い描く（想起する）ことによって自動的に活性化する。これは意識的な判断が介在することなく生じる過程であり，私たちがコントロールすることはできない。その一方，この自動的な過程を必要に応じて意識的に抑制することが可能な過程も存在する。ここでは，これら2つの過程のはたらきをベースにして構築されたディヴァイン（Devine, 1989 a）の分離モデル（dissociation model）を取り上げ，このモデルを実証した研究について紹介しよう。

分離モデルにおいては，ステレオタイプという用語を，特定の社会・文化内にいかなるステレオタイプが存在しているのかに関する知識（知識構造）として限定的に用いている。さらに，その知識としてのステレオタイプを自分自身が許容するか否かについての個人的信念という要素を設定し，知識と個人的信念という2つの要素を明確に分離していくべきだと主張する。なお，この2つの要素は，刺激に対する反応処理過程における自動的過程（対象の知覚や想起後，数百ミリ秒以内に生起する）と意識的過程（知覚や想起後，数百ミリ秒以降に生起する）とにそれぞれ対応する。さらにまたこの2つの要素は，知識の構造とその機能について検討するという認知科学の基本的な探究テーマとも整合的であり，この点でも汎用性の高いモデルとして評価できる。

ここでは3つの実験・調査研究を取り上げて紹介する（便宜的に研究1〜研究3と名づけている）。これらはともに，黒人に対するステレオタイプ的態度について扱っており，被験者は白人のアメリカ人大学生である。

研究1（Devine, 1989 a; Study 1）では，黒人に対する否定的態度（偏見）のいかんにかかわらず，ステレオタイプという知識を同等に有していることを示すことが目的とされた。被験者は，黒人についてのステレオタイプを知っている限り書き出すことが求められた。その後，Modern Racism Scale（McConahay, et al., 1981：以下MRSと表記する）という黒人に対する態度尺度への回答が求められた。この時，被験者の匿名性は保証されている。その結果，MRS得点をもとにして設定された高MRS得点群（高得点であるほど黒人に対して否定的態度を抱いていることを示す）と低MRS得点群との間で知識としてのステレオタイプに差はなかった。

研究2（Devine, 1987）では，ステレオタイプに対する意識的抑制過程を扱っている。この研究では，黒人という人種カテゴリーをあらわす単語によって引き起こされた活性化効果が，その直後に呈示される単語の処理反応時間に及ぼす影響について検討された。まず黒人という単語が意識的には知覚できないほど瞬間的に呈示された。そしてその直後に呈示される単語には3条件が設定されていた（肯定的意味語，否定的意味語，現実には存在しない文字綴りである非単語の3条件）。被験者の課題は，ここで呈示された単語が肯定的な意味をもった単語か，否定的な意味をもった単語かをできるだけ速く判断することであり，その判断に要した時間（反応時間）が分析の対象とされた。そしてここで，これら2つの単語刺激の呈示時間間隔（SOAという）について2条件が設定された。被験者の判断に自動的過程のみが関与しうることがわかっている250ミリ秒条件と，自動的過程に加えて意識的過程が関与することがわかっている2000ミリ秒条件の2条件である。なお被験者が取り組んだ課題試行の概略を図1に示してある。その結果，SOAが250ミリ秒である条件では，否定的意味語に対する反応時間の方が速かった（結果は図2：ただし非単語条件は分析対象外である）。つまり自動的過程のみが関与し，被験者のステレオタイプ的知識構造を直接的に反映した結果が得られる250ミリ秒条件では，知識構造内での黒人という単語と否定的意味語との結びつきにそって，否定的意味語の処理が促進された。一方，SOAが2000ミリ秒の条件では，

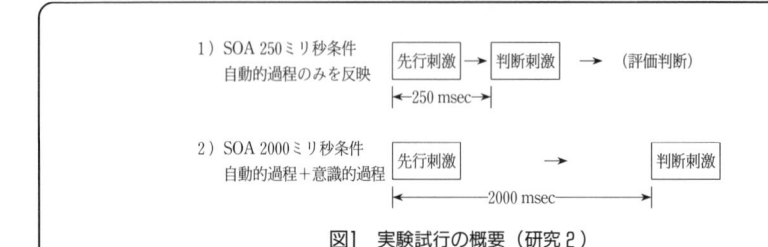

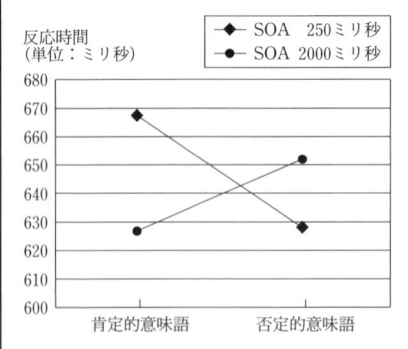

1）SOA 250ミリ秒条件　　　先行刺激 → 判断刺激 →（評価判断）
　　自動的過程のみを反映
　　　　　　　　　　　　　　|←250 msec→|

2）SOA 2000ミリ秒条件　　先行刺激 　　　　→　　　　判断刺激
　　自動的過程＋意識的過程
　　　　　　　　　　　　　　|←　　　　2000 msec　　　　→|

図1　実験試行の概要（研究2）

図2　刺激呈示間隔（SOA）と反応語の種類が反応時間に及ぼす影響（Devine, P. G., 1987）

逆に否定的意味語に対する反応の方が遅くなった。この結果は、自動的過程に加えて意識的過程が関与している2000ミリ秒条件では、黒人という単語の呈示直後には、否定的意味語に対する処理反応が抑制されていることを示している。つまり、意識的過程がはたらきうる場合には、ステレオタイプ的な判断を抑制可能であることをあらわしている。

最後に研究3（Devine, 1989a: Study3）では、ステレオタイプの意識的抑制にかかわる態度表出について検討された。被験者は匿名性が保証された状況下で、黒人という人種カテゴリーについての自分自身の考えを自由にリストアップすることを求められた。その結果、低MRS得点群では否定的な考えがほとんど示されなかった一方で、高MRS得点群では既存の黒人ステレオタイプと一貫した回答傾向が示された。このように、匿名性が保証されている条件下ではあっても、低MRS得点群ではステレオタイプを意識的に抑制し、偏見づけられていない反応を行なうことが示された。

これらの研究結果は、社会・文化の反映としての既存のステレオタイプ的知識による自動的な活性化効果は不可避であるけれども、それを意識的に抑制することは可能であり、そのためにはステレオタイプ的ではない態度・価値意識が必要であることを示している。

■引用・参考文献

Devine, P. G. 1987 Automatic affective evaluations in prejudice.(Unpublished manuscript) University of Wisconsin, Madison.（ただし、Devine, P. G., 1989bより引用）

Devine, P. G. 1989a Stereotypes and prejudice: Their automatic and controlled components. Journal of Personality and Social Psychology, 56, 5-18.

Devine, P. G. 1989b Automatic and controlled processes in prejudice: The role of stereotypes and personal beliefs. In Pratkanis, A. R., Breckler, S. J. & Greenwald, A. G.(Eds.) Attitude Structure and Function. Lawrence Erlbraum Associates.

McConahay, J. B., Hardee, B. B., & Batts, V. 1981 Has racism declined? It depends upon who's asking and what is asked. Journal of Conflict Resolution, 25, 563-579.

実験・調査紹介11

最小条件集団実験

社会的アイデンティティ理論（Tajfel et al., 1971），および自己カテゴリー化理論（Tuner, 1987）において重要な実験パラダイムである最小条件集団実験を紹介する。最小条件集団とは，集団内でも集団間においてもいっさいの相互作用がなく，集団に誰が所属しているかも知らされない状況である。被験者は，自分がどの集団に所属しているのかだけを知らされる状況で，集団状況としては最小限の状況という意味でこう名づけられている。

この状況で，被験者は自分の所属しているグループとそうでないグループのそれぞれのメンバーへの報酬分配課題を行なう。

その結果，被験者は，自分のグループに有利に報酬を分配する傾向を示した。これが内集団びいきと呼ばれる現象で，一連の実験で繰り返し検証されている。

ここでは，一連の実験の中からビリッヒとタジフェル（Billig & Tajfel, 1973）が行なった実験の一部を取り上げ解説する。

方　法

実験は主として以下の点を満たすように計画されている。
①集団内においても集団の間においても対面的相互作用がいっさいない。
②誰が集団の成員であるかがわからない。
③集団分けの基準と報酬分配方法に合理的なつながりがない。
④自分への報酬分配がなく，自己利益が関係しない。

［被験者］　14歳から16歳の少年男子

［実験手続］　被験者らは，映写機で映された12ペアの絵画のうちどちらが好きかを回答させられる。それらの絵は，クレーかカンディンスキーという画家のどちらかが描いた抽象的な絵画である。

次に，被験者は他の被験者への金銭による報酬分配の課題に取り組む。その便宜のため，被験者らは先の絵画に対する好みの判断に基づき，クレーが好きなグループと，カンディンスキーが好きなグループの2つに分けられると教示される（実際にはランダムに分けられる）。

彼らは，誰がどのグループに所属しているのかいっさい知らないで，個室に用意された報酬分配のためのマトリックスに回答する。1つのマトリックスには，分配相手が2名あり，それぞれに分配するポイントを回答する。報酬分配マトリックスにおいて，被験者らは全員コード化（番号化）されており，コードからそれが誰かはわからない。彼らが知りうることは，相手がカンディンスキーグループの49番やクレーグループの79番だということである。すなわち，彼らは，自分の所属グループと分配相手の所属グループだけを頼りに回答を行なうのである。また，自分で自分に報酬分配することはない。

［報酬分配マトリックス］　報酬分配は，次の3つがある。
①自分が所属している集団（内集団）のメンバー2名への分配（**内集団選択**）
②自分が所属していない集団（外集団）のメンバー2名への分配（**外集団選択**）
③1名は内集団メンバー，もう1名は外集団メンバーである場合の分配（**集団間選択**）

被験者の報酬分配の方略には3つ（内集団びいき・最大合計利得・公正）が仮定されていて，それぞれの効果を測定するために3種類のマトリックスが用意された。マトリックス1では内集団びいきの効果が，マトリックス2では最大合計利得と内集団びいきが，マトリックス3では公正と内集団びいきの効果が測定される（表参照）。

内集団びいきは，外集団に比べて内集団に有利な報酬を分配する方略。最大合計利得は，2名への分配ポイントの合計が最大になるように分配する方略。公正は2名へのポイントをできるだけ等しくしようとする方略である。

表　報酬分配マトリックス（Billig, M. G. & Tajfel, H., 1973より作成）

	報酬のポイント													
マトリックス1														
クレー集団の No. 75	1	2	3	4	5	6	7	8	9	10	11	12	13	14
カンディンスキー集団の No. 48	14	13	12	11	10	9	8	7	6	5	4	3	2	1
マトリックス2														
クレー集団の No. 79	19	18	17	16	15	14	13	12	11	10	9	8	7	
カンディンスキー集団の No. 43	1	3	5	7	9	11	13	15	17	19	21	23	25	
マトリックス3														
クレー集団の No. 71	14	15	16	17	18	19	20	21	22	23	24	25	26	
カンディンスキー集団の No. 44	14	13	12	11	10	9	8	7	6	5	4	3	2	

［注］　マトリックス上で上下1組になっている数字の列を選択して回答する。
　マトリックス1は内集団びいきの効果を測定するマトリックスである。マトリックス2は，右端にいくほど最大合計利得になるように作成されている。最大合計利得は分配をする報酬の総和を最大化する方略である。マトリックス3は，左端にいくほど公正になるように作成されている。公正は分配する報酬をできるだけ差がなく，公正にしようとする方略である。
　マトリックス2, 3では，分配対象のグループを上下逆にすることで，内集団びいきと最大合計利得および公正とを一致させたり，対立させたりできる。例えば，マトリックス2では，内集団が下の段になっている場合，内集団びいきと最大合計利得は一致する（右端に寄った選択をする）。しかし，上の段に内集団がある場合は，内集団びいきと最大合計利得が対立することになる（最大合計利得は右端，内集団びいきは左端）。マトリックス3についても同様で，そのように上下のグループの組み合わせを変えることで，内集団びいきと最大合計利得および公正との相対的な優勢さを測定する。

結　果

いくつかの点から内集団びいきの強さを検討している。
マトリックス1：集団間選択がどの程度内集団に有利になっているかを検討した。結果として，内集団に有利な選択が生じていた。
マトリックス2：内集団びいきが最大合計利得よりも重視される。
マトリックス3：内集団びいきが公正よりも重視される。
これらの結果は，いずれも内集団びいきの生起を示している。
ところで，この実験では実際には他に3つの条件が設定されていた。1つは，グループ分けが絵画の好みではなくコイン投げの結果に基づいていると教示される条件である。残りの2つの条件では，グループに分けられているとは告げられず，数字のコードを分けただけだと告げられる（70番台と40番台）。コード分けの基準は，絵画の好みかコイン投げかのどちらかである。

結果として，先に述べた〈絵画好み・グループ分け〉条件と〈コイン投げ・グループ分け〉条件では内集団びいきが生じるが，〈絵画好み・コード分け〉条件と〈コイン投げ・コード分け〉条件では明確には生じなかった。コード分けだけでは，内集団びいきが見られなかったことから，内集団びいきには，グループ分け（カテゴリー化）が重要な条件であることがわかった。また，コイン投げの条件でもカテゴリー化されれば内集団びいきが生じることから，絵画に対する好みの類似が内集団びいきを生じさせたのではないことがわかった。

考　察

①社会的カテゴリー化が内集団びいきに関して重要な変数である。
②コード分けだけでは内集団びいきは起こらず，集団間行動の生起には明示的なグループ分け（カテゴリー化）が必要である。
③内集団びいきの理由としては，西欧社会の競争性や，「チームスピリット」，「忠誠心」の幼少時からの教育的強化などが考えられる。

④人は，内集団を肯定的に評価することで，自己のイメージも肯定的に保とうとする。その結果，人はカテゴリー化すると内集団びいきをするのであろう。

■引用・参考文献

Billig, M. G. & Tajfel, H. 1973 Social categorization and similarity in intergroup behaviour. *European Journal of Social Psychology,* **3**, 7-52.

Tajfel, H., Flament, C., Billig, M. G. & Bundy, R. P. 1971 Social categorization and intergroup behaviour. European Journal of Social Psychology, **1**, 149-178.

Turner, J. C. 1987 Rediscovering the social group : A self-categorization theory. Blackwell.

10章 社会に責任をもつ

本章では，主として社会的責任に関する社会心理学研究について紹介する。

まず本章では，公正および公平が取り上げられる。ここで公正研究は，分配的公正（distributive justice）と手続き的公正（procedural justice）の2つの領域に分けて紹介される。次に，責任の帰属について理論的研究が紹介される。さらに，この応用的研究として法廷における責任の帰属が取り上げられる。

1節 分配的公正

1．衡平理論の概要

分配的公正とは，たとえば分け前としてもらった報酬が公正であるかないかといった，分配された結果や決定事項の結果についての正しさに対する個々の知覚である。分配的公正の問題を社会心理学の中で最初にしかも体系的に論じたのは，アダムス（Adams, S., 1965）であろう。アダムスは，ホーマンズ（Homans, G. C., 1961）の影響を受け，フェスティンガー（Festinger, L., 1957）の認知的不協和理論（6章参照）の基本命題を援用しながら，分配の公正・不公正の問題を衡平理論としてより詳細に記述した。そして分配的公正研究の中心となるのが，この衡平理論である。

この衡平理論の基本的な前提は，人は自分の仕事や職務に投じたインプット

（I）と，その結果として自分が得たアウトカム（O）の間に一定の関係を期待しているはずだということにある。

アダムス（1965）によれば，自分の報酬に対して感じられる公正さの程度はその人のインプットに対するアウトカムの比率と言い替えられ，しかもそれは同じ条件下にあり比較可能な他者のアウトカム／インプットの比率（O／I）と比較されて生ずるものである。さらに衡平理論の予測するところによれば，人々が他者との間でO／Iの比率を比較する場合に次の2つのどちらかが生ずるとされる。つまり，比較した時の比率が他者のそれと等しい時に衡平（equity）という均衡状態が生じ，自分のインプットに対するアウトカムの比率が他者のそれよりも低い場合や高い場合に不衡平（inequity）という不均衡な状態が生じる。この不衡平には2とおりあって，1つが他者より低い場合での過小支払い（underpayment）による不衡平であり，もう1つは高い場合における過大支払い（overpayment）による不衡平である。

たとえばここで，ある分配当事者AとBについてその各々の貢献度をインプットA（I_A）とインプットB（I_B）とし，各々が成し遂げた成果をアウトカムA（O_A）とアウトカムB（O_B）とする時の，AとBに関するアウトカム／インプット比率（O／I）を考えてみる。

まずAとBのO／Iの比率が等しい時，すなわち衡平な状態は，図10-1の1式で表現される。要するにAとBが釣り合っている状態である。

$$\frac{O_A}{I_A} = \frac{O_B}{I_B} \cdots 1式$$

$$\frac{O_A}{I_A} > \frac{O_B}{I_B} \cdots 2式$$

$$\frac{O_A}{I_A} < \frac{O_B}{I_B} \cdots 3式$$

◎図◎ 10-1　衡平理論（Adams, S., 1965）の定式化

次に，AとBとのO／Iの比率が等しくない時，すなわち不衡平な状態には2つの場合が考えられる。すなわち，Aにとって過大な報酬支払いとなり，Bにとって過小な報酬支払いとなった場合は，図10-1の2式で表現される。さらに今度はBにとって過大な報酬支払いとなり，Aにとって過小な報酬支払いと

なった場合は，図10-1の3式で表わすことができる。

さて，図10-1の2式と3式のような不衡平が生じた場合，このような不衡平な状態は人々に不快な感情を起こさせる。たとえば，過小支払いだった人にとっては，人より多く業績をあげた自分はもっと多くの報酬を得て当然で，他者とさほど変わらない分け前に不満であるかもしれない。一方，過大支払いだった人は（なかには予想以上に多い分け前に預かって上機嫌の人もいるだろうが），他の人と比べてさほど成果を上げなかった自分の報酬はあまりに不相応ではないかと不安になるかもしれない。さらにこの不快な感情によって心理的緊張が引き起こされ，それは不衡平が大きくなればなるほど大きくなる。こうした心理的緊張が生じた場合，人々はそれを排除したり軽減しようと動機づけられる。ゆえに，人は何とかして衡平な状態を回復しようと努力するのである。

2．改訂版衡平理論の登場

アダムスが衡平理論を提唱して後，さまざまな修正モデル（すなわち改訂版衡平理論）が登場したが，これらの中でもウォルスターら（Walster, E. et al., 1976）による衡平理論は最も有名になった。特にこの理論は対人関係での「割に合う・合わない」の問題へ適用されたので，友人関係（松浦，1991；諸井，1989）や恋愛関係（井上，1985；Lujansky, H. & Mikula, G., 1983；奥田，1994），さらに夫婦関係（Peterson, C., 1981）にまで研究の範囲が広がる結果となった。

3．衡平理論以後の分配的公正研究

アダムス（1965）による衡平理論以後の研究では，この理論が衡平分配をあたかも唯一の公正な分配であるかのように扱ったことへの批判という形で行なわれた。1975年の"*Journal of Social Issues*"での分配的公正に関する特集号で，サンプソン（Sampson, E. E., 1975）やラーナー（Lerner, M. J., 1975）は，公正な分配についての理論はむしろ各々の貢献度に関係なく均等頭割りで分配する平等分配を中心におくべきだと主張した。さらにドイッチ（Deutsch, M., 1975）は，公正な分配の基準として11もの価値をあげたが，これらの価値のうちドイッチ（1975）が最も重視したのが最初の3つ，すなわち衡平原理（equity principle），できるだけ各々均等に分配するのを基本とする平等原理（equality principle），各々が必要とする分だけ分配するのを基本とする必要性原理（need principle）であった。さらにドイッチは，これらの分配原理のうちのどれが採用されるかは分配が行なわれる状況（たとえば，生産性を重視する状況か人間関係を損なわないことを重視する状況か）によって決定されると論じた。

2節 手続き的公正

1．手続き的公正とは

はじめに，次の2つのエピソードを比較してみよう。

> エピソード1：車で登校中のトムは，交差点で別の車に衝突してしまった。自分にどの程度，法律上の責任があるのかわからなかったので，トムが裁判所に訴えたところ，担当した裁判官はトムの話をよく聞いてくれ，証拠を慎重に検討し，わかりやすいことばで丁寧に説明をしてくれた上で，トムの方に責任があると述べ，トムに1,000ドルの支払いを命じた。
> エピソード2：車で登校中のジョンは，交差点で別の車に衝突してしまった。自分にどの程度，法律上の責任があるのかわからなかったので，ジョンが裁判所に訴えたところ，担当した裁判官はジョンの話をよく聞きもせずに，とにかくこういう場合はジョンの方に責任があると述べ，ジョンに1,000ドルの支払いを命じた。

さて，トムとジョンのどちらが自分の受けた判決に納得しやすいだろうか。分配的公正の研究に従えば，同じ状況で事故に遭い，同じ金額の支払いを命じられたのであるから，2人の間に違いはないはずである。しかし，本当にそうだろうか。

何かの決定が下される時，人々は結果のみに注意を向けているわけではない。決定を受ける当事者は，それが公正な過程を経てきたと感じることによって，

納得したり，満足感を抱いたりすることがある。このような決定が下されるまでの過程について知覚する公正さを手続的公正（procedural justice）と呼ぶ。

こうした手続きのもつ効果を実験的に示した研究がある（Walker, L. S., LaTour, Lind, E. A. & Thibaut, J., 1974）。この実験の中で被験者は訴訟当事者となり，対立相手と争った。裁判手続きは二種類あり，被験者はどちらか一方に割り当てられた。第1の裁判手続きでは，被験者が味方となる弁護人を自分で選ぶ。被験者は，その弁護人を通して，対立相手や裁判官に向かって自分に有利な証拠を提示したり意見を主張することができた（高関与条件）。第2の裁判手続きでは，裁判官が中立的な調査官を1人選ぶ。調査官は両方の当事者から調査官自身が必要と思う証拠を集め，それをとりまとめて裁判官に提出した。この時当事者は裁判官に向かって自由に証拠を提示したり主張したりすることはできず，裁判官は調査官の提出した証拠のみを判断材料として判決を下した（低関与条件）。判決が下された後，被験者はそれぞれ裁判手続きの公正さや判決に対する満足度を9点尺度（双極尺度）で報告した。図10-2を見ると，不利な判決を受けた被験者は，決定に対して否定的な評価を下している。しかしそれよりも注目に値するのは，判決の有利・不利にかかわらず，高関与条件手続きの被験者は低関与条件手続きの被験者よりも決定に対して公正感や満足感を抱いていることである。この実験から，人々が決定内容の好ましさだけに注目しているわけではなく，決定が下るまでの手続きの違いにも強い関心をも

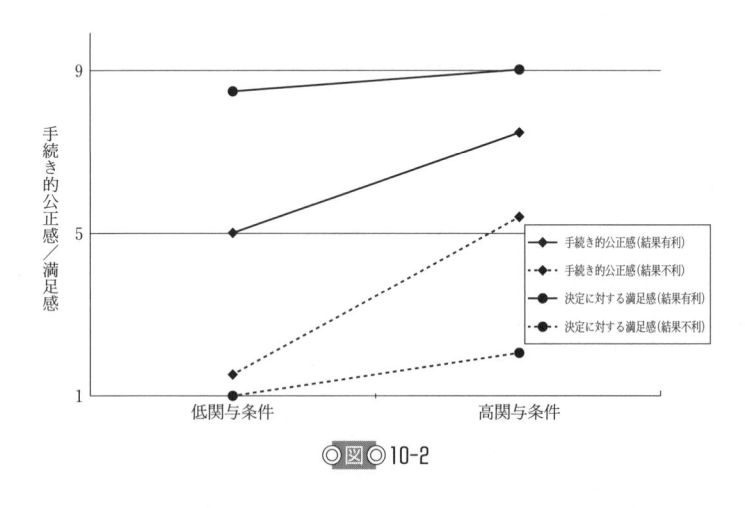

◎図◎10-2

つことが示された。

2. 手続き的公正の2つのモデル

ではなぜ，結果の有利さに違いがなくても，手続きに関与する機会が多いだけで，被験者たちは公正感や満足感を強めたのであろうか。ここでは，2つのモデルに従って解釈してみよう。

① コントロール・モデル：チボーとウォーカー（Thibaut, J. & Walker, L., 1975）によれば，人々は利己的な存在であり，常に自己利益を最大にしようとする動機をもっている。そこで，決定が下される人々は，できるだけ自分にとって都合のよい結果が得られるように，決定手続きを操作したいと考える。この考え方に従えば，手続きに強く関与できた被験者は，何もできない場合よりもよい結果を得ることができたと考え，公正感や満足感を強めたと考えられる。

② 集団価値モデル：リンドとタイラー（Lind, A. & Tyler, T., 1988）によれば，人々は社会的アイデンティティに基づく自尊心を維持しようとする動機をもっている。この考え方に従えば，被験者は手続きへの関与が認められることによって，たとえ利益が大きくならなくても，裁判官に自分の立場や意見を聞いてもらうことによって，自分は権威ある裁判官から尊重されていると思い，満足感を強めたと考えられる（このモデルに関するより詳細な説明は理論紹介8を参照）。

3. 手続き的公正の応用領域

手続き的公正の研究は，裁判制度の研究から出発したが，現在では他の領域についても研究が行なわれている。

(1) 産業組織

組織における手続き研究は大きく分けて2種類ある。1つはふだんの職務活動に関するものである。ムアマン（Moorman, R. H., 1991）によると，職務遂行上の手続きは，それを運用する上司の態度に規定されている。ムアマンは，上司が従業員の立場に立って物事を考え，自分の考えをよく説明し，部下を尊

重することによって，従業員は職務満足感を強めたり OCB (Organizational Citizenship Behavior：組織シチズンシップ行動) をとるようになると述べている。もう1つは，給与の額の決定や査定のような特定の決定に関するものである。テイラーら (Taylor, M. S. et al., 1995) は，フォルガーら (Folger, R., Konovsky, M. A. & Cropanzano, R., 1992) の予想に基づいてフィールド実験を行なった。その結果，①どのような観点から，いかなる基準を使って，なぜそのような結果が下されたのかを上司が従業員に告知すること，②その場の状況をよく知っている上司がさまざまな立場の人の意見を聞くこと，③上司が事実に基づいて判断を下すこと，といった性質を備えた手続きによって，従業員は自分が受けた査定を公正と考え，その結果に満足しやすく，上司を高く評価するようになることを確認している。

⑵ 政治

公正な手続きは有権者の政治的評価に対しても影響を与える。タイラーら (Tyler, T. R., Rasinski, K. & McGraw, K., 1985) は，300名のシカゴ市民を対象に政策と大統領に対する評価について電話インタヴューを行なった。この研究では，大統領は意志決定の際に，立場の違う人々の意見を考慮しているか，十分時間をかけて決定を下しているか，判断材料となる情報を十分に確保しているか，先入観や偏見をもっていないかを手続き的公正の指標として測定した。その結果，手続きが公正だと思う人ほど，政策に同意し，政策決定の責任者で

◎表◎ 10-1 政策に対する合意の要因

	経済政策	社会政策
自分にとっての有利さ	.20***	.29***
分配的公正	.22**	.21***
手続きの公正	.32***	.21***
支持政党	.14**	.15**
自由主義的傾向	.11*	.13*
年　齢	.02	−.03
学　歴	.09	.12*
人　種	.19***	−.01
収　入	−.07	−.02
性　別	.07	.13
R^2	.52***	.43***

*$p<.05$　**$p<.01$　***$p<.001$

◎表◎ 10-2 政治的権威に対する支持の要因

	大統領	政府
政府からの恩恵		
絶対評価	.09	.11
以前との比較	−.04	−.04
分配的公正	.11*	−.01
手続きの公正	.47***	.61***
支持政党	.20**	−.10
自由主義的傾向	.16***	−.03
年　齢	−.07	.00
学　歴	.00	−.02
人　種	.06	.00
性　別	.13**	−.05
R^2	.54***	.34***

*$p<.05$　**$p<.01$　***$p<.001$

ある大統領を支持し，政府への信頼を強めていたことが示された。表10-1，表10-2は重回帰分析の結果である。これを見ると，他の変数と比較して，手続き的公正の知覚が人々の政治的評価を強く規定していることがわかる。

3節
正当世界の信念

　人々はさまざまな場面で多くの判断を次々と行なっているのであるが，よほど優柔不断な人でなければ，そうした判断が公正なのかそうでないのかでいちいち思い悩むことはあまりない。それは，人々がなんらかの「公正観」ともいうべき公正についての価値体系をもっているからではないかと考えられる。こうした公正に関する価値観の1つが，ラーナー（Lerner, M. J., 1980）によって示された正当世界の信念（belief in a just world）である。これは，世の中が報酬を得るに値する人が報酬を得て，罰を受けるに値する人が罰を受けるようなしくみをもつ公正な世界である，という信念のことである。それゆえに，そのような公正な世界観をもっている人は，ある時ある人が不幸な出来事の犠牲になっていることを知って，なおかつ自分がその人を救う手だてが見あたらない場合に，自分の抱いている正当世界の信念に対する脅威（「正当世界は本当にあるのか」という疑念）を感ずる。そうした不愉快な感情を払拭するために，人々はその犠牲者がもともと不幸な目にあうに値する罪深い人間であると思うことによって正当世界を取り戻そうとする，というのである。ルービンとペプロウ（Rubin, Z. & Peplau, A., 1973, 1975）は，こうしたラーナーの「正当世界の信念」理論に従って，正当世界信念尺度（Just World Belief Scale）を作成し，これによって正当世界をどれくらい信奉しているかを測定しようとした。正当世界信念尺度に関するいくつかの研究結果では，ラーナーが予測したように，正当世界を強く信奉している人はそうでない人に比べて，社会的苦境にある人々に対して冷淡な，あるいは否定的な態度をとることが示されている。たとえば，正当世界信念尺度で高得点をあげた被験者は，貧しい人々に対して否定的な意見をもち（Furnham, A. & Gunter, B., 1984），社会事件の被害者（O' quin, K. & Volger, C. C., 1989) や，HIV 感染者やエイズ患者に対してもあまり同情的な態度を示さなかった（Connors, J. & Heaven, P. C., 1990; Murphy-Berman, V. & Berman, J. J., 1990）。さらに，正当世界を強く信奉する人は日常生活での正しい行為を自己に，正しくない行為を他者に帰属させることもある（Tanaka, K., 1999）。

4節 責任の帰属

9章では，帰属研究の流れを紹介したが，ここでは責任の帰属に関する研究を中心に紹介する。

1. 帰属理論の発展

帰属に関して多くの研究が行なわれる中，帰属を引き起こす先行要因に関する研究の他に，帰属の結果として生じる行動や感情状態に関する研究も増えていった。これらの研究には，攻撃，援助などの社会的行動における帰属，情動の帰属，帰属療法などさまざまな領域のものがある。

なかでもワイナーら（Weiner, B. et al., 1972）は，成功や失敗の原因帰属によって，その後の達成行動への動機づけが変化することを示している。ワイナーらはハイダーの分析などを基に，帰属の要因として，能力・努力・課題の困難度・運の4つをとりあげ，これらを，内的－外的，および安定－不安定という2次元で整理した（表10-3）。

◎表◎ 10-3 成功・失敗の原因（Weiner, B. et al., 1972）

	内的	外的
安定	能力	課題の困難さ
不安定	努力	運

特に将来の動機づけにおいて重要な意味をもつのは，安定－不安定の次元である。たとえば，失敗体験を努力や運に帰属すると，次こそがんばろうという意欲が生じるが，能力や課題の困難度に帰属すると，次も望みが薄いとなり動

機づけが低下してしまう。なお後にワイナーらは理論の発展を試み,統制可能－統制不可能という第3次元を提案した（Weiner, B., 1979, 1986)。この次元は特に行為の責任の知覚とのかかわりが深い。

2. 責任の帰属

主に犯罪,事故,なんらかの失敗といった個人的・社会的に不都合な事態について,誰にどの程度責任があるか判断することを責任の帰属という。ひとくちに当事者の責任といっても,その中味としては,結果を引き起こしたことでの責任や,より道義的な意味での責任など,さまざまに考えられる。たとえばハイダーは,責任をより原始的な段階からより洗練された段階へ至る5つの段階で示している（表10-4）。

◎表◎ 10-4 ハイダーの責任の段階（ただし,名称はSulzer, J. L., 1971による）

段階	名称	責任を問われる事象
1	連合性	本人と関連のある事象すべて
2	因果性	本人の行為が原因となった事象
3	予見可能性	本人が行為の結果を予見できた事象
4	意図性	本人が行為の結果を意図した事象
5	正当化可能性	行為の意図に影響した環境的要因を考慮した事象

これによれば,「連合性」の段階では,たとえば友だちが行なった行為について自分が責められるように,なんらかの関係がある事象すべてに対して責任を問われるが,「正当化可能性」の段階では,たとえば自己防衛の攻撃が正当化されるように,意図に影響した環境的要因を差し引いて責任が問われることになる。

原因帰属同様,責任帰属に関しても,帰属の基準や要因に関する研究が行なわれているが,これらには,より認知的なアプローチとより社会的なアプローチとがある。認知的側面を重視したフィンチャムとヤスパース（Fincham, F. D. & Jaspers, J. M., 1983）は,責任は次の3要因から決定されるとした。すなわち,当事者のある行為によってその結果が発生すると思われる確率である「適合性（congruence）」,ある状況において当事者の関与がなくてもその結果が発生すると思われる確率である「事前の期待（prior expectancy）」,その状況で他の人も一般的にその行為を行なうと思われる確率である「一般性（validation)」である．フィンチャムらによれば，ある不都合な事態を観察した人が，その事態の当事者に帰属する責任の大きさは，「事前の期待」や「一般性」が高い時には減少し，「適合性」が高い時には増加すると考えられる．

社会的側面を重視したハミルトン（Hamilton, V. L., 1978）は，責任帰属の要因として，実際に行なわれた行為に加えて，当事者への社会的役割期待の重要性を指摘した．ハミルトンらによれば，当事者の社会的経済的地位が高いほど，帰属される責任はより厳しいものになる．

さらに，責任帰属の結果として生じる反応に関する研究も多く行なわれている．たとえばワイナー（Weiner, B., 1995）は，事態を観察した人が，それを統制可能な原因（努力不足など）へ帰属すると，当事者を有責と判断し，当事者に対して怒り，罰しようとすると主張している．この他にも責任帰属と非難や罰の決定との関係についていろいろと検討されているが（Schulz, T. R. et al., 1981 ; Shaver, K. G., 1985 ; Feather, N. T., 1996），これらの研究は，当事者に帰属される責任が，その人に対する非難や罰を決める重要な要因であることを示している．

5節 帰属バイアス

帰属バイアスについては，9章でも簡単にふれたが，責任の帰属を理解する上で，重要な概念であるので，ここで詳しく説明することにする．

帰属過程の古典的なモデルは，人間がどのような帰属を行なうのかというよりは，合理的に推論をすればこうなるはずだという，規範理論的な傾向が強かった．しかしその後，現実の帰属判断では理論と異なる反応もみられることが明らかになってきた．これが，帰属エラーとか帰属バイアスといわれるものである．バイアス（偏り・歪み）という用語は，自分にだけ起こるような特別なものではなく，さまざまな人にも共通した物事の見方についての特徴を意味している．帰属過程においては，行動の原因が極端に内的に帰属されてしまい，状況などの外的原因があまり考慮されないという，基本的帰属錯誤（Ross, L.

D., 1977)や，ある行動をした人とその行動を見聞きしただけの他人とが，同じ行動に対し異なった帰属を行なうという，行為者－観察者間の相違（Jones, E. E. & Nisbett, R. E. 1972）など，さまざまなバイアスが生じることがわかっている。ここでは帰属バイアスの中から，自己防衛的動機づけによって生じる防衛的帰属（defensive attribution），セルフ・サービング・バイアス（self-serving bias），合意情報が利用されないことによって生じるフォルス・コンセンサス・バイアス（false consensus effect）についてみてみよう。

　防衛的帰属とは，自己にふりかかる脅威を軽減し，自己を防衛しようとする帰属傾向である（Shaver, K. G., 1970）。たとえば偶然事故が起こったとしよう。人はこの事故の結果が重大である場合，事故が起こってしまったのは行為者の責任であると強く考える。なぜなら同様の結果が将来も偶然に起こると考えることは，自分にもいつか事故が起こるかもしれないという脅威を与えることになるからである。しかしこのような帰属は，事故の行為者が自分と類似していないと感じた時に限られる。事故の行為者が自分と類似していると感じた場合は，自分も同じような事故を起こすかもしれないという危惧から，その時の非難を避けるために，行為者の責任を低く評定する。防衛的帰属は，セルフ・サービング・バイアス（特に失敗事態での自己擁護的帰属）と同義に用いられることがある。

　セルフ・サービング・バイアスとは，自己の成功を能力のような内的要因に，自己の失敗を運のような外的要因に帰属させる傾向をいう。成功を内的に帰属させることで，人は自尊心を高めると考えられている（自己高揚バイアス）。逆に，失敗を外的に帰属させることで，責任や非難を回避し，自尊心を維持する役割を果たすと考えられている（自己保護バイアス）。しかし課題が自分にとって重要でなく自我関与が低い時，あるいは最初からよくない結果が予期される時などには，失敗しても外的帰属を行なわないといわれている。これは，自尊心に対する脅威が取り除かれるからだと説明される。

　先述した防衛的帰属もセルフ・サービング・バイアスも，自己動機づけが前提となっている。防衛的帰属は，自分の身の安全などを含めた自己防衛的動機づけという広い意味で用いられる。セルフ・サービング・バイアスは自己防衛動機づけの中にある自尊心の維持・高揚の動機づけを前提としている。また，

防衛的帰属は他者が行なった行動の責任に関するラベリングであるのに対し，セルフ・サービング・バイアスは自分が行動した結果についての原因帰属を説明する際に用いられる概念である。

　ところで，人は自分が行なった判断や行動は，状況に適した他者にも共通する一般的なものであるとみなすが，それ以外の判断や行動は，特殊で一般的なものではないとみなすことがある。つまり，自分の行動は他人と同様なので，他者も自分と同じように行動するだろうと考えるのである。このような傾向をフォルス・コンセンサス・バイアスという (Ross, L. et al., 1977)。フォルス・コンセンサス・バイアスは，人が自分の反応を他人と共有しているものであると過大に推測する認知的バイアスの1つである。フォルス・コンセンサス・バイアスが起こる理由は，1）人は自分と同様の考えや行動を起こす人とかかわろうとする傾向があること，2）人は自分が行動を起こした場合にどのような結果になるかを想像することと同様に，他者も自分と同じ判断のもとに行動したりしなかったりしていると想像すること，3）自己の行動が正しいものであるとみなすことによって自尊心を維持していること，などが考えられている。

6節 法廷における責任帰属

　法廷における責任帰属研究は，帰属研究の応用であり，アメリカの陪審制度と密接に結びついている。陪審制では裁判官のもとで無作為に選ばれた一般市民が陪審となり，事件の有罪・無罪について判断を下す。被告人の意図や考え，行動について判断する際に一般の人々がどのような見方をするかは，陪審という制度の中では直接裁判の判決に影響する。このため，陪審員になるような一般市民がどのような社会規範をもち，どのような価値観のもとで判断を下しているかといった研究は，責任帰属の理論全般にかかわってくる。

　責任帰属研究では，責任判断とは直接かかわりがないはずの要因によって起こる帰属バイアスに関する研究が多い。たとえば防衛的帰属（本章5節参照）のように，判断者の自己防衛的欲求によってバイアスが生じることが知られて

いる（Walster, E., 1966）。また，公正に判断したいという判断者の欲求も時としてバイアスを生じさせる原因となる。公正欲求のもとでは，誰かが不幸な目にあった時，その出来事自体になんらかの不正や過失があったのではないかと考え，もしそれが見い出せない時は，不幸な目にあった人の人格が低く評価される（Lerner, M. J., 1980）。

　さらに，被告人の特徴や陪審員の特徴などといった個人的要因が，判決に及ぼす影響についても研究されている（実験・調査紹介12参照）。たとえば，被告人が美人で魅力的である場合，窃盗などの犯罪では被告人に有利な判断が下されることがある（Phiel, J., 1977）。しかし，美人がその容貌を利用して詐欺を働いた場合などでは，逆に厳しい判断が下されてしまう（Sigalland, H. & Ostrove, N., 1975）。また，陪審員に関する研究では，年齢が若い陪審員は高齢の陪審員よりも無罪の判断を下す傾向（Scroggs, J. R., 1976）や，陪審員が権威主義的パーソナリティであると，被告人を有罪と判断しやすいことも報告されている（Bray, R. M. & Noble, A., 1978）。

理論紹介 8

リレーショナル・モデル

　集団価値モデル（Lind & Tyler, 1988）によれば，集団成員にとって自分が一人前の成員として認められたり，大切な成員として尊重されることには大きな価値がある。このため，集団内の手続きにおいて自分が尊重されていることを知覚した成員は，集団同一性に基づく自尊心を高揚させたり，集団に対して支持的な態度をとるようになると言われている。ところで，成員が集団内でどのような扱いを受けるにせよ，「集団」というものがメンバーと相互作用をしているわけではない。実際には，集団内で手続きの運用を任された者，すなわち，権威者（裁判官，上司，政治家，etc.）が決定を下し，それを集団による決定として成員に伝えているのである。成員にとって集団の決定とは，集団を代表する権威者の決定といってもよいであろう。したがって，集団決定が行なわれる際には，人々は権威者による対応に関心をもち，権威者が自分を尊重してくれたと知覚することによって，集団成員としての同一性を高揚させると予想できる。
　タイラー（Tyler）たちは集団決定場面で公正感や満足感をもたらすことが確認された変数のうち，権威者に関するものを整理した。その結果，権威者関連の変数が次の3つに集約できるという結論に至り，これらを権威との関係要因（relational factor）と名づけた（Lind, Tyler, & Huo, 1997；Tyler, Degoey & Smith, 1996；Tyler & Lind, 1992）。
①地位への配慮（status recognition）：権威者が決定を受ける人を集団の一員として丁寧に扱ったか。

②信頼性（trust in benevolence）：権威者が決定を受ける人のことを考慮し，正しい決定を下そうとしたか。
③中立性（neutrality）：権威者が思いこみや偏見をもつことなく，事実に基づいて判断を下そうとしたか。
　集団価値モデルのうち，このように特に権威者の態度に注目したものはリレーショナル・モデルと呼ばれている。

■引用・参考文献

Lind, E. A. & T. Tom R. 1988 *The social psychology of procedural justice.* New York: Prenum Press. 菅原郁夫・大渕憲一（訳）1995 フェアネスと手続きの社会心理学：裁判，政治，組織への応用　ブレーン出版

Lind, E. A., Tyler, T. R., & Huo, Y. J. 1997 Procedural context and culture: Variation in the antecedents of procedural justice judgements *Journal of Personality and Social Psychology*, **73**, 767-780.

Tyler, T. R., Degoey, P., & Smith, H. J. 1996 Understanding why the justice of group procedures matters. *Journal of Personality and Social Psychology*, **70**, 913-930.

Tyler, T. R. & Lind, E. Allan. 1992 A relational model of authority in groups.　In M. Zanna (Ed.) *Advances in Experimental Social Psychology*, Vol. 25. New York: Academic Press, 115-191.

実験・調査紹介 12

陪審員判決における対人魅力の影響

事件そのものとは直接関係のない被告人の身体的魅力は，陪審員の判断に影響を与えるだろうか。エフランは，対人魅力の強化モデルと先行研究から，魅力的な被告人は魅力的でない被告人よりもより肯定的に評価される，という仮説を導き，この仮説を調査と模擬陪審実験を用いて検証した（Efran, 1974）。

方 法

[調査] 男性55名，女性53名。被験者は，陪審員が決断を下す際に①被告人の性格や経歴，②被告人の身体的魅力，の影響を受けると思うかどうかについて尋ねられた。

[模擬陪審実験] 被験者は，試験で不正をした学生被告人に対する模擬陪審実験に参加した。被験者は男性33名，女性33名。

□材料□ 教示，裁判官の説示，事実の要約（魅力的な被告人の写真つき，魅力的でない被告人の写真つき，写真なし，の3条件），評決用紙を用いた。裁判官の説示は，被疑者が実際に不正を犯したかどうかが決定を下す際に重要であるという内容だった。事実の要約は原告の教授と被告である学生どちらにも，同じくらい好意的な内容が書かれていた。評決用紙は，有罪／無罪，刑罰，被告人に対する魅力，の3項目について書かれており，6段階で評定させた。

□手続き□ この実験では，男性の被験者は女性の被告人，女性の被験者は男性の被告人について判断を下した。被験者には裁判が行なわれることが書かれた説示，裁判官の指示，事実の要約が与えられた。被験者は自分が下した判断決定を配布された評決用紙に記入した。

結 果

調査において，被告人の性格と経歴が陪審判断に影響を及ぼすと回答した被験者は79％，身体的魅力が影響を及ぼすと回答した被験者は7％だった。

模擬陪審実験から得られた結果の平均値を表に記す。2要因の分散分析の結果，被告人の外観の主効果が，有罪/無罪（$F_{(1,60)}=4.84$, $p<.05$），刑罰（$F_{(1,60)}=10.16$, $p<.005$），魅力（$F_{(1,60)}=9.27$, $p<.005$）それぞれに見い出された。被告人の外観と被験者の性別の間には交互作用がみられなかった。

表 被験者が判断した有罪，刑罰の厳しさ，対人魅力の平均値（Efran, 1974）

独立変数	有罪/無罪	刑罰	魅力
男性被告人			
非魅力的	4.18	8.00	5.64
写真なし	3.27	6.27	6.64
魅力的	2.82	5.64	8.45
女性被告人			
非魅力的	3.73	7.82	5.91
写真なし	3.70	8.00	6.27
魅力的	3.63	6.18	6.82

考 察

実験の結果は本研究の仮説を支持した。調査とは対照的に，模擬陪審実験の被験者は，被告の身体的魅力によってバイアスのかかった評価をしていた。

陪審判断のような重要な決定を下す際には，感情的要素と認知的要素を独立して考えていくことが必要だと思われる。

■引用・参考文献

Efran, M.G. 1974 The effect of physical appearance in the judgment of guilt, interpersonal attraction, and severity of recommended punishment in a simulated jury task. *Journal of Research in Personality* 8, 45-54.

11章 社会とかかわる

1節 社会的動機

　「人の行動を説明するのに，本能とか欲求とか先生はそれで説明していたけれど，よく考えてみるとことばの言い換えにすぎないんじゃないのかな？」「だって達成行動はやる気があるからと説明されるけど，これは単にことばを言い換えてむずかしげに言っただけじゃない？」。
　これは，たまたま聞いた大学生の会話である。
　人がなぜそのような行動をとったのかについて，心理学では本能，欲求，要求などの概念によって説明がなされてきた。最近では，動機という概念で統一されつつあり，達成動機，親和動機，対人行動の動機などが研究されている。社会心理学において重要であるのは，社会行動を動機などの概念に置き換えて説明することではなく，特定の動機を備えた個人が，どのような場面で，その動機を行動に結びつけるのか，どのような状況下で，特定の動機が高まるのかを説明することである。言い換えれば，動機の機能面，社会とのかかわりを重視することが重要である。その点を分析する手がかりとして，以下機能的自律性と階層説について記述する。

1. 動機の機能的自律性

オールポート（Allport, G. W.）の提唱した概念で，初めは欲求を満足させる手段や道具であったものが目的化し，もとの動機から自律し，それ自体が動機として成立するという理論である。たとえば，生活の糧を得るためにあるスポーツを行なっているプロのスポーツ選手が，現役を引退した後も趣味としてそのスポーツを行なっている場合などである。最初の生活の手段という動機が，仲間との交流や自己の楽しみのためという動機へと変化している。そこには，自己が社会とかかわるうちに機能が自律したと考えられる。

2. 動機の階層説

マズロー（Maslow, A. H.）は，動機（欲求）を5段階に分類している（図11-1）。これらの欲求は，原則として第1の欲求から段階的に順次満たされる（8章参照）。

① 生理的欲求：食欲など，生命の維持に必要な欲求である。この欲求が他のどの欲求よりも基本的であるのは，それが生命の維持に直結しているためである。生理的欲求の大切さは，現在のように物質的に豊かな時代では実感しにくいが，戦時中や終戦直後の記録を見るとこの欲求の強烈さがうかがわれる。

② 安全欲求：食欲をはじめとする生理的欲求が満たされると，人間はそれで満足して生活するのかというとそうではない。生理的欲求の次には安全欲求が人間の意識や行動を支配する。人間は本来不安をもつ存在であるため，生理的欲求がある程度満たされると，安全を求める欲求が発生する。

③ 所属と愛情の欲求：生理的欲求や安全欲求が満たされると，愛情や所属の欲求が出現する。社会の一員として認められたい，人々に愛されたいといった欲求である。人は孤独で生きることはできない。人々と絶えずつながりをもつことにより，愛情，支持，好意，尊重，受容といった暖かい感情を受け入れ，これらを精神的支えとすることができる。

④ 自尊の欲求：この欲求は，尊重されたい，高く自己を位置づけたい，人より優れたい，何かを達成したい，完結したい，有能でありたい，自信をもち

たい，支配したいなど，さまざまな形をとる。これらはいずれも自己をより高い位置におこうとする願望の現われであり，集団に所属したり，愛情を得ようとする欲求よりは，さらに高次の欲求である。

⑤ 自己実現の欲求：①〜④までの欲求がすべて満たされたとしても，人はなお完全な満足を得ることはできない。人はさらに，自分がこうありたいと思うこと，自分にもっとふさわしいこと，自分の力を最大限に発揮できることをやりたくなるであろう。これらの欲求は，人間のもつ可能性を実現し，個人の個性や能力を発揮するものであり，自己実現の欲求と呼ばれている。

以上のように，生理的欲求のような生物学的要因で生じた欲求もあれば，人間関係の中で生じる欲求もある。人は，独りでは生きていけない以上，社会とかかわるうえで，このような欲求が背後にあることを理解することは必要なことである。

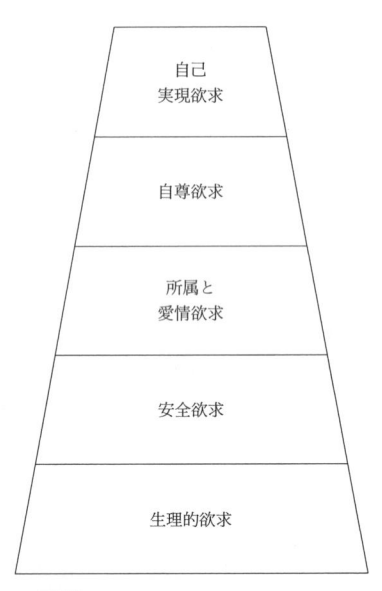

◎図◎11-1 マズローの欲求の階層説

2節
アイデンティティ

1. エリクソンの自我発達理論

　「カウンセリング」がはやりである。人の悩みの相談には相応の専門知識とそれに応じたバランスのとれた人生経験が必要であると考えられるのだが、大部分の今の高校生はちょっと心理学を学べば、心理カウンセラーになることができると考えている。そのような職業選択についての基本的な知識の不足とともに、カウンセラーになりたい動機にも不可解なものをしばしば耳にする。それは、カウンセリングを通じての「自分探し」である。本来は、利他的動機が前提のカウンセリングであるはずが、利己的動機である「自分探し」が全面に出ている。この「自分探し」の根底にあるものが、アイデンティティである。アイデンティティは自我同一性と日本語に訳されて使用されることもあり、精神分析家のエリクソン（Erikson, A. H.）が用いたことばである。アイデンティティとは、自分とは何者か、どこに向かっているのか、などについて形成される観念ないし感覚である。簡単にいえば、「私とは何か」という問いかけである。エリクソンはこのアイデンティティを青年期における自己機能の最大の特徴とした。

　エリクソンの発達理論には2つの特徴があるとされている。まず、第1に「心理・社会的」という点であり、社会的、対人関係の側面を重視して発達を考えたことである。第2に「人間の生涯にわたっての発達を考えた」という点であり、発達を、生まれてから死に至るまでの人間生涯全般の展望の中で問題にするということである。これはやがて、ライフサイクル論と呼ばれるようになる。

　エリクソンは発達段階を、特定の課題を解決することによって次の段階に移行すると考えている。また、課題を達成できないことが危機につながるとした。これらを示したのが、図11-2である。

① 乳児期：基本的信頼 対 不信
　私たちは、社会を信じ、他人を信じなければ生きてはいけない。この信頼

		1	2	3	4	5	6	7	8
Ⅷ	老年期								統合性 対 絶望
Ⅶ	壮年期							世代性 対 停滞性	
Ⅵ	成人期						親密感 対 孤立感		
Ⅴ	思春期 青年期					アイデンティティ 対 アイデンティティ拡散			
Ⅳ	学童期				勤勉性 対 劣等感				
Ⅲ	児童期			自発性 対 罪悪感					
Ⅱ	幼児期		自律性 対 恥・疑惑						
Ⅰ	乳児期	信頼感 対 不信感							

◎図◎11-2　エリクソンの発達段階の図式

感を基本的信頼と呼んでいる。これは，身近な両親等を通じて得られるものである。

② 幼児期：自律性 対 恥・疑惑

　たとえば，両親からの躾を受け入れ，自分の衝動を統制する内的な枠組みとして内在化していくことが，自律性を築いていく上での中心的な仕事である。

③ 児童期：自発性 対 罪悪感

　自発性とは，外的・内的な力を統制できる能力がついて後に，自分の要求を表現するようになることである。

④ 学童期：勤勉性 対 劣等感

　学童期の児童が勉強を勤勉に行なうのは，1つは知的好奇心を満たすためであろう。もう1つは，外的報酬があるためである。それは，物質的なものだけに留まらず，両親からの励ましや眼差しなども含んでいる。

⑤ 思春期・青年期：アイデンティティ 対 アイデンティティ拡散

　自分とは何者か，自分には何ができるのかを考えることである。その結果，自分であるという感覚，社会に役立つ自分を獲得していく。

⑥　成人期：親密性 対 孤立感
　親密性でエリクソンが説くのは，男女の出会いであり，孤独を癒す力である。そこでは，それまで培ってきた心理・社会的な自我の力が必要となる。
⑦　壮年期：世代性 対 停滞性
　世代性とは，子どもを生み育て，次の世代への関心を高めるということである。次の世代を支えていく子どもたちを生み，育むことへの積極的な関与を意味している。
⑧　老年期：統合性 対 絶望
　死を受容し，これまでの生涯のすべてを自分のものとして受け入れること，次世代や人類への関心をもつことが自我が統合された状態であると考えられている。

　以上のように，エリクソンの自我発達論は，自我が社会とのかかわり，人間関係の中で発達すると考えている点が重要なのである。
　青年期の課題とされる「自分とは何か」という問題は，青年期に限定されたものではない。私たちが，それぞれの発達段階を通過するたびに社会の期待という形で発せられ，その解答に各自が取り組まなくてはならない。生涯その問いに答え続けることで人は発達し続ける。それは，老年期の自我の統合性によって成し遂げられると考えられる。しかし，エリクソンも指摘しているように，自我の統合がなされる人は極めて希である。
　また，アイデンティティを現代にあてはめて考えると，エリクソンの時代に想定されていた，一貫性のある自我，時代や年代は変遷しても「変わらない自分」を想像するのが困難なことに気づく。むしろ，さまざまな場面で異なる自我を示し，場面場面で自我を使い分ける方が適応力があると考えられることも不自然なことではない。

2．アニメ『エヴァンゲリオン』におけるアイデンティティ

　1995年10月から翌年にかけてテレビで放送されたアニメ「新世紀エヴァンゲリオン」は若者の間でカルト的なブームを巻き起こした。簡単に物語の紹介をしておこう。

物語の舞台は，西暦2015年の日本である。そこは2000年に突然起こった「セカンド・インパクト」という原因不明の大破局で人類の半数が死に，残りの半数の人間たちによって，わずか15年で再建された世界である。

そして，富士山麓に造成された第三新東京市という人工要塞に使徒と呼ばれる敵が襲いかかる。使徒の名をもつ怪物の襲来に対し，人類は福音の名をもつバイオ・ロボット，エヴァンゲリオンによって対抗する。このエヴァを動かすのには，内部に人が乗り込み，そのパイロットの神経を，エヴァの神経回路網と接続しなければならないものと設定されている。この時の適合の度合が「シンクロ率」という値によって表示される。エヴァとの「シンクロ率」が高いのは，14歳になる3人の子どもたちであった。そのうちの1人，碇シンジが主人公である。シンジは極度の内向，対人恐怖，無気力症という内面の問題を抱えている。それというのも彼は，父である碇ゲンドウによって捨てられた子どもだからである。シンジは，周りの人々に「自分の存在」を認めさせ，父親の信頼を勝ち取るべく，エヴァに乗り戦う。以上がこの物語前半のあらましである。

従来のアニメの主人公ならば，何の迷いもなしに次々と現われる敵と戦っていくのであるが，この主人公は従来型のヒーローとはちょっと異なっている。内気で，小心で傷つくことを病的に恐れ，他人と接触できず，かといって孤立に耐えることもできないアンチ・ヒーローのシンジは，「自分は何のためにエヴァに乗って戦うのか」という現実的な問いに始まり，「私とは何か」「私は何故，ここにいるのか」という本質的な問いにいたる，焦燥に満ちた自問自答を繰り返す。自問自答のみならず，父親を含めた他の人々からも同様の問いを突きつけられたシンジは最終的には「逃げちゃダメだ」とエヴァに乗って，敵と戦うというアイデンティティの確立をめざす。それがシンジの「救済」であった。

このアニメで示唆的であるのは，シンジのアイデンティティが，エヴァに乗ることで，周囲の人間から尊敬され，自分を捨てた父親からも受容されたことによって確立されたことである。自我は，周囲の人からの意味づけによっても確立されていくものなのである。また，シンクロ率さえ合致すれば，次々と他のロボットに乗り換えていくことが可能である点などは，自我の多面性を示唆していると言えよう。

3節
社会化

「就職が決まって，髪を切ってきた時，もう若くないさと君に言いわけしたね」

これは，『いちご白書をもう一度』という歌の歌詞の一部である。大人として社会に出ることの決意と気恥ずかしさの微妙な心理を切なく言い表わしている。高校生，大学生がそれまでの学生生活を終え，就職などで社会にでると，急に大人びたり，それまでとは違ったはなし方，価値観を示すようになる。このような発達の過程を，社会心理学では社会化と呼んでいる。人は，社会にでることによってどのように社会化されるのであろうか。社会化の担い手となっているものはいったい何であろうか。

1．社会化の概念

ジグラーら（Zigler, H. et al.）によって社会化は「個人が他の人びととのあいだの相互作用を通じて，社会的に重要な行動や経験についてのその個人特有の型を発達させていくプロセス全体をいう」とされている。

社会化というイメージは，大人なり社会の価値観，態度を押しつけられ，社会への適応のために否応なしに従っていく感があるが，実際は個人特有の型を発展させる「個性化」の過程でもある。社会化は，簡単に言えば個人が社会の中で一人前になることである。個人が一人前になるには，社会で必要とされている技能，態度，価値，動機，傾向性，行動などを漸次獲得し，望ましく，許容される行動様式を学ぶ必要がある。その過程を媒介するのが，家庭，学校，職場，地域といった社会化のエージェント（担い手）である。最近，これらのエージェントが弱体化していると言われているが，それはエージェント自体が弱体化したのではなくて，個人にとってのこれらのエージェントのもつ意味が弱くなったのである。その点で個人にとってこのエージェントによる社会化の意義を考えてみることは意味のあることであろう。また，このように考えると，社会化研究では，人間生活のあらゆる領域，人間の生涯のあらゆる時期が対象

となることがわかるであろう。

2．発達課題と社会化

　発達は生涯にわたるものであることは，最近の「生涯発達」ということばからも了解される。それでは，発達と社会化は異なるのであろうか。それらの用語の用いられる学問領域が異なるという点を除き，基本的には違いはないと考えている。強いてあげるならば，社会化はそのエージェントとなるものが地域や国土，政治など広い点があげられよう。

　ハヴィガーストは人間の全生涯を取り上げ発達課題を示した。彼は，「個人が学ばなければならない諸々の課題，すなわち生涯の発達課題は，私たちの社会において健全な成長をもたらすものである。発達課題は個人の生涯にわたりいろいろの時期に生じるもので，その課題を立派に成就すれば個人は幸福になり，その後の課題にも成功するが，失敗すれば個人は不幸になり，社会で認められず，その後の課題の達成も困難になってくる」と述べ，生涯を6段階に区別し，それぞれの段階で個人が達成すべき課題を挙げている（表11-1）。この課題を見ると，社会とのかかわりの中で，人が達成しなければならない課題が多いことに気づくであろう。また，レヴィンソン（Levinson, D. J., 1978）は職業，収入，宗教などの異なる35歳から46歳の男性40人に行なった面接の資料を「生活構造」の概念を用いて分析し，個々人の生活構造は成人期前期にその後を決

◎表◎ 11-1　ハヴィガーストの発達課題（Havighurst, R. J., 1972 より選択して作成）

① 幼児期及び早期児童期の発達課題
　歩行，固形食摂取，しゃべること，排泄の統制，性差及び性的な慎み，社会や自然の現実を述べるための概念形成，読むことの用意，善悪の区別
② 児童期中期の発達課題
　遊ぶに必要な身体技能，自分への健全な態度，同年代のものとやっていく，男女それぞれにふさわしい社会的役割，読み書きと計算の基礎的技能，日常生活に必要な様々な概念の習得
③ 青年期の発達課題
　男性あるいは女性の社会的役割の習得，情緒面での自立，結婚と家庭生活の準備，職業に就く準備
④ 早期成人期の発達課題
　配偶者の選択，結婚相手と暮らす，家庭をつくる，育児，職業の開始，市民としての責任を引き受ける，
⑤ 中年期の発達課題
　子どもへの援助，社会的な責任を果たす，職業生活の安定，老いていく親への適応，大人の余暇活動
⑥ 老年期の発達課題
　体力と健康の衰退への適応，配偶者の死に対する適応，自分の年齢集団の人との親しい関係の確立

定づけるルートにわかれること，成人期以降は安定期と過渡期が交互に現われて進んでいくことを見い出した（図11-3）。

成人前期と中年期の発達段階

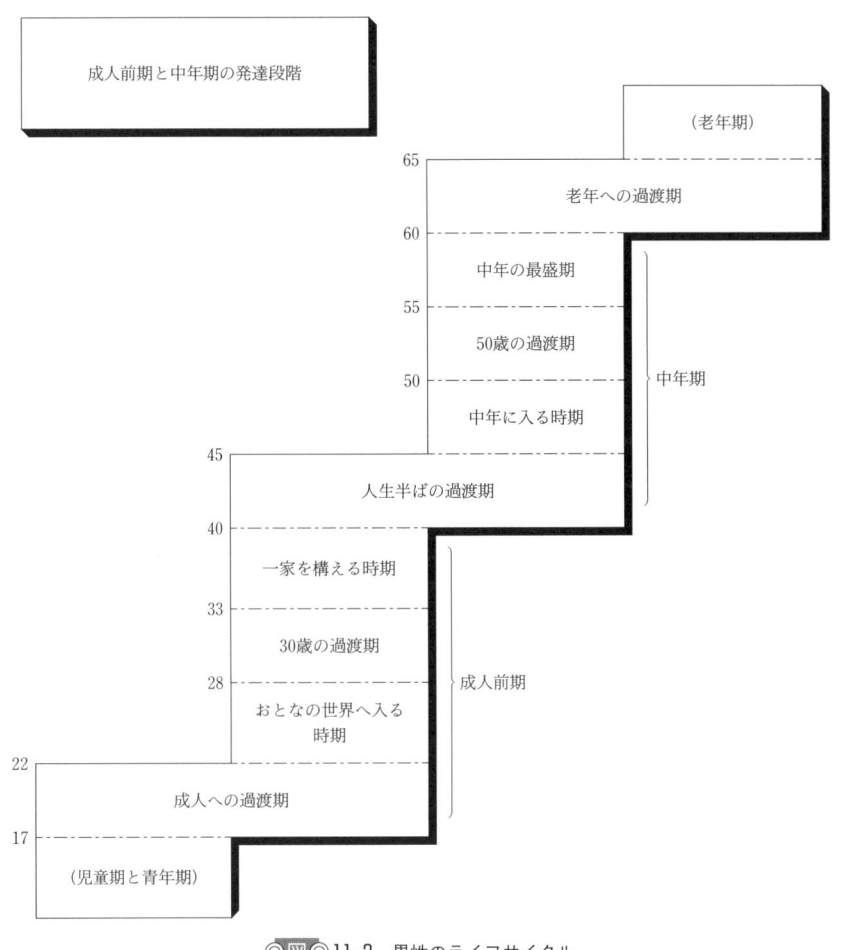

年齢	段階	区分
65〜	（老年期）	
60〜65	老年への過渡期	
55〜60	中年の最盛期	中年期
50〜55	50歳の過渡期	中年期
45〜50	中年に入る時期	中年期
40〜45	人生半ばの過渡期	
33〜40	一家を構える時期	成人前期
28〜33	30歳の過渡期	成人前期
22〜28	おとなの世界へ入る時期	成人前期
17〜22	成人への過渡期	
〜17	（児童期と青年期）	

◎図◎11-3　男性のライフサイクル

3．クライシスと社会化

　レヴィンソンが，発達の過程に安定期と過渡期が交互に現われることを発見したことはすでに述べた。個人の社会化の過程を見ると，順風満帆に人生を送った人はむしろ希で，人生においてなんらかの転機となる事象がおとずれるこ

とが多い。これをクライシス(crisis)と呼んでいる。クライシスはギリシャ語のカイロスが語源であり，よい方向か悪い方向かに向かう分岐点の意味である。

人生危機に当たって人はなぜ異なった反応をするのか，事件や適応課題の性質，対処方略の選択にどのような要因が関連するのかを理解する上で，モスら（Moss, R. H. & Schaefer, J. A., 1986）の概念図式が有効である（図11-4）。

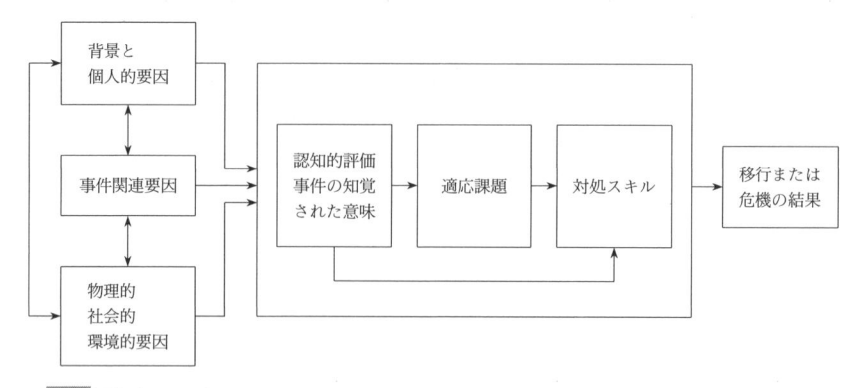

◎図◎11-4 人生危機や移行を理解するための概念モデル（Moss, R. H. & Schaefer, J. A., 1986）

事件の型や文脈など「事件関連要因」は，年齢，性，社会経済的地位などの「個人的要因」と家族，地域社会などの「物理的・社会的・環境的要因」と関連して脅威を形成する。個人がその脅威をどのように認知的に評価するかによって，目標としての適応課題もそれに対処するスキルも変わってくる。そして最後に成功的に課題を解決するか，失敗するかのいずれかの結果に到達する。

ブラマー（Brammer, L. M., 1991）はこのような危機的事象がおとずれた時期をターニングポイントとし，これを乗り切るためには，個人の認知・思考様式の他にも，ソーシャルサポート体制の重要性を指摘している。

4．職業的社会化

社会化といってもさまざまあるが，この節の冒頭に記述したように，学生から社会人への（大人への）移行として，職業的社会化がある。この職業的社会化には2つの意味があるとされている。1つは，「職業への社会化」であり，職

業の選択，基礎技能の習得など学生時代に成されるものである。ここで重要な役割を果たすのがアイデンティティであり，「自分は何ができるのか」「自分に向いている職業は何か」等を通じて職業選択が為される。もう1つは，「職業による社会化」である。これは，個人と社会との関係をよく現わしており，個人の希望や理想と職場の価値体系は必ずしも一致していない。そこをどのようにして修正していくかが，個人にとっての社会化なのである。この過程を1節で述べたマズローの動機の階層説を適用した一例で考えてみよう。

　まず，職業に就く最初の動機は，多かれ少なかれ生活のための基本的欲求充足のためである。しかし，給料を貰っても，基本的欲求充足のためだけに使っていては，いざという時困るので，保険に加入したり，貯金したりする（安全の欲求）。しかし，仕事だけの生活では味気ないので，会社内のサークルに入ったり，アフターファイブには飲みに行ったり，テニスやスキーなどを皆でしたりする（所属の欲求）。仕事でも，私的に研究会などを作って研究したりするし，会社内での派閥に入ったりする。さらに，集団に属していても相手にされなければ寂しいので，頑張って認められたり，人の面倒を見たりする（承認の欲求）。そしてさらに，給料とは関係ないが，仕事を自分なりに工夫して効率をあげたり，仕事がおもしろくなってサービス残業をしたりする（自己実現の欲求）。このあたりになってくると仕事へのおもしろさも増し，自己実現の欲求のためにも仕事をするようになり，生き甲斐も感じるようになる。そして，自分のアイデンティティと職場とのアイデンティティがしだいに一致するようにもなる。これが，職業的社会化の1つの理想であろう。ちなみに，ドイツ語で仕事を表わす Beruf はもともとは神に召されたものの意味であり，神から与えられたものという崇高な意味を含んでいる。

　スーパー（Super, D. E.）は，職業的生活を軸とした個人の発達的側面を職業的発達としてとらえることができると考え，個人の全生涯にわたる職業発達を想定し，5つの発達段階（成長，探索，確立，維持，下降）を提示した。表11－2に見られるように，各発達段階にはその段階に特有の職業発達課題が示され，たとえば職業選択にかかわっては，独立，主体性，手段と目標との認識，時間計画などの成熟の基準が示されている。

◎表◎11-2　職業生活の諸段階（Super, D. E.）

① 成長段階（誕生～14歳）
　自己概念は，学校と家庭における主要人物との同一視を通して発達する。欲求と空想はこの段階の初期において支配的である。興味と能力は社会参加と現実吟味の増大に伴い，この段階でいっそう重要になる。この段階の副次段階は，
　・空想期（4～10歳）：欲求中心・空想のなかでの役割遂行が重要な意味をもつ。
　・興味期（11～12歳）：好みが志望と活動の主たる決定因子となる。
　・能力期（13～14歳）：能力にいっそう重点が置かれる。職務要件（訓練を含む）が考慮される。

② 探索段階（15～24歳）
　学校，余暇活動，パートタイム労働において，自己吟味，役割試行，職業上の探究が行なわれる。探索期の副次段階は，
　・暫定期（15～17歳）：欲求，興味，能力，価値観，雇用機会のすべてが考慮される。暫定的な選択がなされ，それが空想や討論，家庭，仕事などのなかで試みられる。
　・移行期（18～21歳）：青年が，労働市場または専門的訓練に入り，そこで自己概念を充足しようとし試みる過程で，現実への配慮が重視されるようになる。
　・試行期（22～24歳）：表面上適切な分野に位置づけられると，その分野で初歩的な職務が与えられる。そしてそれが生涯の職業として試みられる。

③ 確立段階（25～44歳）
　適切な分野が見つけられ，その分野で永続的な地歩を築くための努力がなされる。この段階の初めにおいて若干の試行がみられるばあいがある。その結果，分野を変える場合があるが，試行なしに確立がはじまるものもある。とくに専門職の場合がこれである。この段階の副次段階は，
　・試行期（25～30歳）：自分に適していると考えた分野が不満足なものだとわかり，その結果，生涯の仕事を見い出さないうちに，あるいは生涯の仕事が関連のない職務につながりそうだということがはっきりしないうちに分野を1～2回変更することとなる。
　・安定期（31～44歳）：キャリア・パターンが明瞭になるにつれて，職業生活における安定と保全のための努力がなされる。多くの人にとって，この年代は創造的な時代である。

④ 維持段階（45～64歳）
　職業の世界である地歩をすでに築いたので，この段階での関心はその地歩を維持するにある。新しい地盤が開拓されることはほとんどなく，すでに確立されたラインの継続がみられる。

⑤ 下降段階（65歳以後）
　身体的，精神的な力量が下降するにつれて，職業活動は変化し，そのうち休止する。新しい役割が開発されねばならない。いわば最初は気が向いたときだけの参加者という役割，ついで参加者でなしに，傍観者としての役割をとるようになる。この段階の副次段階は，
　・減速期（65～70歳）：場合によっては公式の引退（定年）のときであり，ときには維持段階の後期にあたる。そして，仕事のペースは緩み，職責は変化し，ときには下降した能力に合わせて仕事の性質が変容する。多くの人は常用的な職業の代わりにパートタイムの職務を見い出す。
　・引退期（71歳以降）：おのおのの年齢的限界については，人によって大きなちがいがある。しかし，職業上の完全な休止は誰にもいずれやってくる。ある人にとっては気楽に楽しく，別の人には気重で落胆を伴って，あるいは死と共にやってくる。

5．山びこ学校と社会化

　『山びこ学校』（岩波文庫）という本をご存じであろうか。ほんものの教育をしたいという願いから，社会科を手がかりにして，生活綴り方の指導を行なった山形県山元村中学校の教師，無着成恭がその成果をまとめた詩・作文集である（1951年刊）。山元中学校男子22名，女子21名，計43名のひたむきな生活

記録。それはいまもなお，読む者の心を強く打たずにはおかない。これが，戦後民主主義教育の記念碑的傑作と絶賛された「山びこ学校」である。昭和26年に中学を卒業していった生徒たちと無着のその後の40年間を佐野眞一が見事にルポルタージュにまとめている。1人の教師と43人の生徒たちの人生には，戦後の日本が高度経済成長と引きかえに辿った二筋の道，農業の崩壊と教育の荒廃が刻まれている。そして，山びこ学校のブームとともにもち上げるだけもち上げて，後は見事に放置したジャーナリズムを含めた産業（農業），教育。この生徒たちは，戦後日本の歴史を決定づけてきた三本の重要な糸に知らず知らず縒り合わされながら，個人史を編み上げてきた。個人と学校，地域，産業，そしてジャーナリズムとの関係によって成された社会化の歩みを簡単にたどってみよう（以下の記述は佐野, 1992による。現在という記述や何年前という記述の基準は取材がされた1990年前後である）。

43名の卒業者中，山形県内にとどまった者が29名，山形を離れた者が14名いた。43名のその後は，そのまま彼らが子ども時代を過ごした山元村の農業の消長を示していた。農業の衰退と山村の過疎化を具現するように，この村にとどまった卒業生は，男3名，女2名の5名のみであった。東京や神奈川，静岡方面に出た11名，宮城方面に出た1名の計12名に加え，卒業生の約半数に当たる20名が山をおり，山形県に散っていた。うち13名が山形市内に，5名が上山市内（山形市に隣接）に，2名が南陽市（山形市の南方）に居を移していた。山元村にとどまった5名を加えた37名以外の者は，すでに不帰の客となっていた。

「私は　学校よりも　山がすきです　それでも　字が読めないと困ります」と書いた佐藤清之助は，小学校時代から畑仕事の手伝いをさせられ，学校には半分も行けなかった（これを山学校というのだそうである）。それでも農業はやっていけず，20年前，一家全員が山をおりた。入り婿して姓が変わり，仙台で土木作業員，とび職などを転々とした後，現在は上山市の従業員3人の製材所で働いている。山形県に散った20名のうち，現在も農業を専業としているのは2人だけでその2人も農業の後継者についてはあきらめていた。

43人（無着を含めると44人）のその後の人生の中でも最も衝撃的であったの

が，江口江一（こういち）の人生であろう。「母の死とその後」という作文で昭和25年に文部大臣賞を受賞した彼は，この山びこ学校のスターであった。当然マスコミもとりあげにとりあげた。しかし，「僕の家は貧乏で，山元村の中でも一番くらいの貧乏です」という書き出しで始まる「母の死とその後」の受賞によるジャーナリズムの殺到は，彼にとっては，目の前の現実を打開する力になるどころか，それを邪魔するうるさい存在でしかなかった。彼は，中学を卒業して1年後山元村の森林組合の仕事に就く。その後倒産寸前の組合の建て直しに奔走する一方，植林活動に腐心していった。農業立地に恵まれない村をおこすのは林業以外道はないと考えており，その意味で無着の考えの着実な後継者であった。「英訳」を「ええわけ」と読むような基礎学力のなさに悩まされながらも，簿記，測量，鉄索など5つの国家試験資格を取り，森林組合の自給自足をめざしていた彼は，32歳であっけなくその生涯を閉じてしまう。彼の死を取り上げた新聞は一紙たりともなかった。しかし，6歳で父と死別した彼の長男は山形大学を卒業後内定していた会社の就職を蹴り，教職の道を選んだ。その意味でも彼の子どもが無着の思想を受け継いだのかもしれない。

　掃除などときどきさぼって，仲間の少女からしかられていると無着から評された門間善三郎は中学卒業後，岡山県に出稼ぎに出た。その現場を1年半で辞め一度山元村に帰ったが，5男の彼には耕す田も仕事もなかった。その後他県で仕事を転々とし，運転手となった。もうすぐ定年を迎える彼は，定年後甥の土地を譲ってもらって農業をしたいと考えているが，運転で手の皮が薄くなり（手袋のため），こんな手じゃもう百姓はできないと悩んでいる。

　44人にはそれぞれの人生があり，それぞれが社会化の過程を歩んでいるが，その中でも最も劇的な人生を歩んだのが，教師の無着自身であった。彼は山びこ学校出版後数年で山形県内を追われるようにして東京に出て，大学生に戻り，僧籍の資格を取った後，私立学校の教師となった。その後，退職し現在では千葉県で住職をしている。山びこ学校のその後を辿ってみると，そこには，生徒の社会化とともに，教師であった無着の数奇な社会化の過程が顕れている。

実験・調査紹介 13

職業的社会化の変容と均質化

　11章で紹介した山びこ学校のその後のような息の長い研究が社会心理学でも行なわれている。その場限りの質問紙や非日常的な状態での実験が数の主流を占めている現在の社会心理学の研究の中で細江（1988）の研究は異彩を放っている。
　ここで紹介するのは，日本経済が高度成長期に入る昭和30年代に，本州北端の下北半島に生育した男女908人を対象に，彼らがどのような進路選択を迫られ，その後どのように職業的社会化を成したのかを中学在学時から現在まで25年間にわたって追跡し，さらに将来も追跡調査が予定されている長期プロジェクトの知見の一端である。このような長期にわたる研究であるから研究者も引き継がれている。調査対象者の職業的社会化の研究であるが，研究者もこの調査を通じて社会化している。筆者（水田）も学生時代このプロジェクトに参加したことによって，その後の研究に大きな影響を受けている。

［進路選択の地域類型］
　下北半島は1市3町3村からなっている。長期追跡調査の対象となっているのは，このうちの4つの市町村に含まれる10の小学校を昭和39年に卒業した908人である。
　この地方も現在では中学卒業の進路は大部分が高校進学になっているが（均質化），昭和39年当時は就職者が50％を占め，高校進学者，家事従業者よりも多かった。ただし，学区レベルで見ると，「地域」基準にはヴァリエーションが見られる。当時の中学生に開かれていた進路構造，すなわち職業的社会化への準備構造の地域類型は，4つの理念型に分けられる。

［キャリアパターン］
　昭和39年に地元の中学を卒業した908人の追跡調査の結果見い出された卒業20年後のすなわち35歳の全体動向を，主要進路であった都市就職に焦点をおいてみてみると，次のような特徴が浮かび上がってくる。
① Uターン，Jターンが増え，全体の半数近くが出身地の下北半島内に居住している。
② 女子の方が男子よりも地理的移動の広がりが大きい。
③ 東京への集中は22～23歳に起こり，その後は減少している。Jターン，Uターンとともに，東京周辺への移動が見られる。中卒県外就職が主体をなす地域の出身者たちの最初の就職先は先端を行く近代的組織産業ではなく，保護的配慮のされた地方都市の地場産業や大都市の家族労働職場であった。この最初の職場で都市生活に適応できるようになってから，将来の期待をもって東京へ集中してくる。しかし，安定自立した成人期への見通しが出来ない場合，Uターン，Jターンが30歳前後に生じる。

■引用・参考文献
細江達郎　1988　職業的社会化過程の変容と均質化―地域社会・学校の職業的社会化機能をめぐって――地域文化の均質化に関する総合研究，人類科学，40記念号

12章 社会の問題とかかわる

1節
社会的ジレンマとしての社会問題

　私たちは日々の生活の中で，さまざまな社会問題に出会う。なかには，私たちの行動のせいでその問題が発生してしまうのに，その行動をやめることが困難な場合もある。たとえば，自由に漁を行なえるような漁場だと，1人ひとりの漁師にとって，できるだけ多くの魚を捕ろうとすることは，自分の利益にかなうことである。しかし，皆が皆このような行動をとり乱獲になると，漁業資源が枯渇してしまうおそれがある。それでも，ほかの漁師を出し抜いてより多くの魚を捕ろうとする気持ちを，漁師が抑えることはむずかしいのである。このような状況は，「共有地の悲劇」(tragedy of the commons)と呼ばれる (Hardin, G., 1968)。

　また，家庭排水による河川や湖沼の汚染，自動車による騒音や大気汚染，冷暖房機の使用による大気汚染や気温上昇などの生活公害問題にも，似たような構造が見られる。たとえば，夏の暑い日に，屋内の温度を下げるためにクーラーをつけると，室外機から熱が放出される。その熱は1軒1軒で考えれば大したことがないと思われるかもしれないが，多くの家でクーラーを使うと屋外の気温の上昇につながる。すると結局，屋内の温度も下がらず，冷房をさらに強く効かせなければならなくなってしまうのである。

他方で，多くの人が行動を起こせば問題の解決につながったり，人々の望む状態が実現され得るのに，そのような行動を起こすことができない場合もある。たとえば，1995年から1996年にかけて政治的争点の1つとなった，「住専処理策」をめぐる人々の意識と行動を例に挙げよう。世論調査によると，有権者の大多数が，住宅金融専門会社の不良債権処理のために政府が財政支出をすることに反対していた。しかし，有権者の多数が参加するような抗議活動は行なわれないまま，政府の財政支出を盛り込んだ1996年度予算が成立，「住専処理法」も成立することになった。（もちろん，抗議活動が盛り上がっても政府・国会に影響力を及ぼすことができなかったかもしれないし，人々が支持していないことを根拠に住専処理策を実施しないことが社会的に「望ましい」といえるか否かは判断のむずかしいことであるけれども。）

このように共通の利益の実現に向けて人々が団結して行動を起こすことが困難な状況は，集合行為 (collective action) 問題と呼ばれる（たとえば，Olson, M., 1965；Hardin, R., 1982)。これに似た問題として，経済学では，公共財 (public good, collective good) 供給におけるフリーライダー (free rider) 問題（ただ乗り問題）が取り上げられてきた。ここで「公共財」とは，非排除性という性質をもつ財のことである。すなわち，たとえば公園や一般の道路のように，それを供給するための費用を負担しなかった者もそれから得る利益を享受することが可能な財のことである。財に非排除性という性質があると，他の人の貢献によってその財が供給されることを期待して自分は費用を負担しない，という行動をとる者が現われてしまう。こういう行動をとる人のことを「フリーライダー」という。

以上にあげたような，資源管理をめぐる問題，環境汚染問題，集合行為問題（フリーライダー問題）など，現代社会の抱えている重要な問題の中に，次のような共通の特徴を見い出すことができる（もちろん，社会問題すべてに共通の特徴というわけではないけれども）。それは，個人個人の合理的な選択・行動が，社会あるいは集団全体の観点から見ると望ましくない（最適でない）結果をもたらす，ということである。このような特徴をもつ状況を，「社会的ジレンマ」(social dilemma) という (Dawes, R. M., 1980；広瀬，1995；Kollock, P., 1998；Komorita, S. S. et al., 1994；Messick, D. M. et al., 1983；海野，1991；

山岸，1989；山岸，1990a；Yamagishi, T., 1995)。

　社会心理学をはじめ，社会学・経済学・政治学など社会科学・行動科学のさまざまな分野で，社会的ジレンマ状況における人間行動の研究が行なわれてきた。特に，人々が自己利益追求的に行動することを抑制し，社会的に望ましいと考えられる状態の実現に貢献するようにさせる要因にはどのようなものがあるか，またその要因が効果をもつのはなぜかということをめぐって，理論的検討や実験・調査が積み重ねられてきた。この章では，社会的ジレンマに関する研究の主要な理論的アプローチを紹介する。それとともに，社会的ジレンマ状況における人間行動に影響を与える社会心理学的要因のうち，集団規模と状況認知（フレーミング）に注目し，これまでの研究の成果と問題点を紹介する。

2節 社会的ジレンマの定式化と主な理論的アプローチ

1．社会的ジレンマの定式化

　ドーズ（Dawes, R. M., 1980）は，社会的ジレンマを次のように定式化している。おのおのの行為者には「協力」(cooperation) か「非協力」(defection) かの2つの選択肢があるとする。この時，以下の2つの特徴があればその状況は社会的ジレンマである。

① 行為者の各々にとって，他者の選択にかかわらず，「非協力」という行動をとった方が「協力」という行動をとった時よりも，利得が大きい。
② しかし，全員が「非協力」を選択した場合，全員が「協力」を選択した場合よりも，すべての行為者にとって利得が小さい。つまり，①の帰結として，全員が「非協力」という状態が均衡状態になる（自分だけが選択を変更してそこから離れようとする誘因が，誰にとっても働かない）けれども，全員が「協力」を選択するという，誰の目から見てもそれより望ましい状態が存在する。

2. ゲーム理論的アプローチ

ゲーム理論（理論紹介9を参照）の用語を用いれば，ドーズの定式化の①の条件が成り立つ時，すべての行為者にとって「非協力」が優越戦略（dominant strategy）である。そのため，全員「非協力」という状態が実現すると予想される。この状態はナッシュ均衡（Nash equilibrium）であり，自分だけが選択を変更しようとする誘因のある者は誰もいない。しかしドーズの定式化の②があてはまる時，このナッシュ均衡はパレート効率的（Pareto efficient）でない。全員が「協力」を選択すればみな，このナッシュ均衡よりも大きな利得を得ることができるからである。

ドーズのあげた2つの条件を満たす典型的なゲームは，「N人囚人のジレンマ」（N-person prisoner's dilemma）（Hamburger, H., 1973）である。そのため，N人囚人のジレンマが，社会的ジレンマの定式化としてよく用いられることになった。

しかしながら，社会的ジレンマの本質が「個人的合理性と社会的最適性との乖離」にあると考えるならば，ドーズの定式化，N人囚人のジレンマによる定式化はかなり限定的なものである。パレート効率的でないナッシュ均衡があるような利得構造のゲームがほかにもあり，それで表わすのがふさわしい社会的ジレンマ状況もあるからである。たとえば，ある人が消費しても他の人の消費できる量が変わらないような，非競合的な公共財の供給をめぐる状況を表わすにはむしろ「N人チキン・ゲーム」（N-person chicken game）の方が適切な場合がある（Taylor, M., 1987）。社会心理学・社会学・経済学の分野で公共財供給に関して行なわれてきた実験でも，N人チキン・ゲームに似た利得構造が用いられてきた（たとえば，Rapoport, A., 1987）。資源管理問題を念頭において行なわれてきた社会心理学的実験でも，N人囚人のジレンマそのものでなく，それを変形した利得構造が使用されてきた（ex. Allison, S. T. et al., 1985 ; Brewer, M. B. et al., 1986）。そこでは，①選択肢を（協力か非協力かの二者択一でなく）収奪資源量という連続量で表わす，②ゲームの繰り返しを導入する，③資源の再生能力を考慮する，などの形で変形が行なわれている。

3. 強化理論的アプローチ

社会的ジレンマ研究には，ゲーム理論に基づくものだけでなく，心理学的強化理論に基づくものもある(理論紹介10を参照)。強化理論の見地からは，「社会的トラップ」(social trap)と「社会的フェンス」(social fence)との区別が重要な意味をもつ(Platt, J., 1973；Cross, J. G. et al., 1980)。

社会的トラップとは，問題となっている行為が，その行為者にとって直接的な利益をもたらすものであるのに対して，社会の各成員に対しては負の外部性（externality）をもつ（すなわち害をもたらす）場合である。社会的フェンスとは，焦点となっている行為が，その行為者に直接的な費用や損失をもたらすけれども，社会の各成員にとっては利益をもたらす（正の外部性をもつ）場合である。

資源管理問題も環境汚染も，社会的トラップである。ただし，資源管理問題で問題となっているのは環境から有益な資源を「取る」という行為であるのに対し，環境汚染で問題になっているのは環境に「負の公共財」(public bad)となるものを「投入する」という行為である。公共財供給は，社会的フェンスで，焦点となっている行為が「何かを投入する」という場合である。すでに環境汚染が進行している状態での環境汚染物質の除去となると，環境汚染そのものとは異なり，社会的フェンスでかつ焦点となる行為が「何かを取る」，というバージョンになる。

ゲーム理論的アプローチでも，利得関数の形式に注目して，「取り合いゲーム」(take-some game)と「与え合いゲーム」(give-some game)という2つの類型が考えられている（Hamburger, H., 1973；Dawes, R. M., 1980)。取り合いゲームは社会的トラップに，与え合いゲームは社会的フェンスに対応している。しかし，ゲーム理論的に考える限り，同じ問題状況を取り合いゲームとして表わしても与え合いゲームとして表わしても，人々の選択・行動には違いが生じないことが予想される。

これに対し，強化理論的な立場に立って，報酬や罰の効果の持続性に関する議論を適用すれば，問題状況が社会的トラップであるか社会的フェンスであるかによって，人々の選択や行動が異なるのではないか，と考えられる。より具体的にいうと，社会的トラップの方が社会的フェンスよりも協力行動選択率が

低く，問題解決がむずかしいと予想される（理論紹介 10 を参照）。

4．繰り返しゲームと進化論的アプローチ

強化理論的なアプローチでは，学習が生じるためには社会的ジレンマ状況に繰り返しさらされて刺激を与えられることが議論の前提になっている。これに対し，ゲーム理論的アプローチでは，当初，「一回限り」のゲーム状況が想定されていたけれども，同じゲーム（特に囚人のジレンマ）が繰り返される場合を念頭に置いた議論も発展してきた。その中から，「進化論的」アプローチが生まれることになった。このアプローチは，合理的選択の考え方と学習という考え方とを統合する視点となり得るものである。

⑴ 有限回繰り返し「囚人のジレンマ」ゲーム

2人の間で囚人のジレンマが繰り返されるが，何回繰り返されるかが決まっており，いつが最終回かを行為者が知っているとしよう。繰り返しの回数をNとする。ゲーム理論に考えれば，最終回のN回めには，いずれの行為者にとっても「非協力」を選ぶのが合理的なことである。N回めでの身の振り方が決まったので，今度は（$N-1$）回めが実質的な最終回だと考えればよい。すると先ほどの議論が当てはまり，（$N-1$）回めでも2人は「非協力」を選択する。このようにして順に「後ろ向き」に考えていくと，2人とも最初から最後まで「非協力」という戦略をとる状態が均衡になることがわかる（Ruce, R. D. et al., 1957）。

⑵ 無限回繰り返し「囚人のジレンマ」ゲーム

囚人のジレンマが無限回繰り返される場合だと，ゲーム理論的に考えても，2人ともが「協力」を選択し続ける可能性が出てくる。人が将来の利得のことを割り引いて評価する傾向があることを考慮し，（$k+1$）回めのゲームの利得はk回めの利得に定数aをかけたものに等しい（ただし，$0<a<1$），と仮定しよう。この無限回繰り返しゲームが始まる前に，行為者は自分の戦略（ここでは，各回での選択を1つずつ無限に指定したもの，あるいはその指定の仕方のこと）を決めておき，途中で変更することはないものとする。

この時の戦略にはさまざまなものが考えられるけれども，その中に「しっぺ返し」（Tit-for-Tat）と呼ばれるものがある。これは，最初の回では「協力」を

選択し，2回め以降は前回での相手の選択を模倣する，という戦略である。ここで「しっぺ返し」のほかに「全面非協力」(すべての回で非協力を選択)や「全面協力」(すべての回で協力)など，比較的思いつきやすい戦略を行為者のとり得る選択肢として考えてみる。すると，ある条件の下では，2人ともが「しっぺ返し」を採用している状態がナッシュ均衡になり，その結果すべての回で協力行動が選択されることが起こり得る。その条件とは，前述の定数 a が十分に大きい，すなわち行為者が将来の利得をあまり割り引いて考えていないというものである(詳しくは，鈴村，1982などを参照)。以上のような結論は，N 人囚人のジレンマの無限回繰り返しゲームの場合にもあてはまる (Taylor, M., 1987)。

(3) 進化論的アプローチ

繰り返し囚人のジレンマで「しっぺ返し」が有効な戦略となることは，アクセルロッド (Axelrod, R., 1984) のシミュレーションや理論的考察でも確認されている (理論紹介11を参照)。

このシミュレーションや理論的考察の結果を，生物における進化とのアナロジーで解釈することができる。「しっぺ返し」をとる個体，「全面非協力」をとる個体など，さまざまな種類の個体が存在して，その間で相互作用が行なわれる。その相互作用の結果，次世代に自分の子孫をどれだけ残せるか(これを「適応度」という)が決まる。その相互作用の際の行動と適応度との関係は，囚人のジレンマの利得の形で表わされるとすると，「自然淘汰」の結果，しだいにしっぺ返しやそれに類似した個体で占められる状態が現われるようになる。すべての個体がしっぺ返しであるような状態が生じたとすると，「突然変異」で他の戦略が現われたとしても，その戦略に侵略されにくい(このような性質を「集団安定性」という)。

近年では，ナッシュ均衡の考え方と進化論的な考え方とを結びつけようとする「進化ゲーム理論」(たとえば，Weibull, J. W., 1995)が展開されている。進化ゲーム理論で用いられているモデルの中には，実は学習過程のモデルとして解釈することが可能なものもある (Fudenberg, D. et al., 1998)。学習過程は，試行錯誤を繰り返す中で，ある行動のレパートリー(戦略)をとると報酬が得られるのでその行動が生き残り出現頻度が高くなるのに対し，ある行動を取る

と罰を受けるのでその行動が消滅していく，というようなプロセスと考えることができる。これは形式的には自然淘汰のプロセスと似ている。また，学習過程において「突然変異」に対応するものとして，新しいアイディアを思いつきそれを試してみることを想定することができる。このように，進化ゲーム理論は，合理的選択という考え方と学習という考え方を統合する視点を提供しているのである。

3節
集団規模の効果と状況認知(フレーミング)の効果

1. 集団規模の効果

社会的ジレンマ研究において，「協力」選択を促進したり抑制する主な要因と考えられてきたものには，次の5つがある (Dawes, R. M., 1980)。

第1は，集団規模である。一般には，集団規模が大きくなればなるほど，協力行動選択率が減少するのではないかと考えられてきた。第2は，コミュニケーションである。特に問題状況に関するコミュニケーションが行なわれると，協力行動が促進されることが明らかになっている。第3は，選択に関する匿名性の少なさ，逆に言えば選択の公開性の高さである。匿名性が高く，誰がどのような選択をしたかが成員の間で明らかにされないような状況だと，協力行動が起こりにくい。第4は，他者の「協力」行動に対する期待の高さである。他者も「協力」を選択するだろうと思う人は，他者が「非協力」を選択するだろうと思う人よりも，「協力」行動をとりやすい。第5は，道徳的教化である。道徳心を喚起するような説教を聞いた後だと，協力行動をとりやすくなる。

この中でもとりわけ，議論を呼んできたのは，集団規模の効果の問題である。理論的にも，集団規模が大きくなればなるほど協力行動が生じにくくなり，人々の選択の結果として生じる状態がパレート効率的でなくなる傾向があるといえるのか，考察が加えられてきた(たとえば，Kimura, K., 1995；Olson, M., 1965；Raub, W., 1988)。また実験的研究の中で，集団規模に協力行動を抑制する効果があるか否か，そしてその効果がどのようなメカニズムで生じるのかが，検討

されてきた。しかし、実は、このような集団規模の効果が実際に観察されるか否かに関してさえ、明確な結論がでていない（Kollock, P., 1998）。

　一方では、集団規模が大きくなればなるほど協力行動選択率が小さくなるという結果が、社会的ジレンマやそれに関連したトピックの社会心理学的実験でおおむね得られている、という評価がある。N人囚人のジレンマ（およびそれに類似したゲーム）を用いた実験、集団の生産性（別の側面からみれば、社会的手抜き）に関する実験、援助行動に関する実験では、集団規模の拡大が協力行動（あるいは集団の生産性への貢献、援助行動など）を減少させるというのである（Stroebe, W. et al., 1982）。

　しかし、公共財供給問題に関する実験研究の結果をみてみると、「大集団では公共財が供給されない」という、強い意味でのフリーライダー仮説は支持されないという指摘もある。とはいえ、「大集団でも小集団でもフリーライダーがいるために公共財の供給量が最適水準（パレート効率的な水準）を下回る」という、弱い意味でのフリーライダー仮説を支持する結果は得られている（Albanese, R. et al., 1985）。公共財の自発的供給に関する最近の実験経済学的研究でも、理論的予測よりもフリーライダーが少なく、高い水準の公共財供給が実現し得ることが明らかにされている（森, 1996）。

　利得構造の変化を媒介にした集団規模の効果に注目するならば、協力行動を抑制するような効果が現われるか否かは、利得構造の特徴（たとえばN人囚人のジレンマかN人チキン・ゲームか、など）と繰り返しの有無（繰り返しがある場合にはさらに無限回か有限回か）とに依存する、とまとめることができるだろう（Franzen, A., 1994）。全般的に見れば、集団規模と協力行動選択率との関係は、ゲーム理論的モデルからの予想を支持する傾向にある。けれども、協力行動選択率や公共財の供給量それ自体の値は、ゲーム理論的モデルからの予想（ナッシュ均衡における協力行動選択率や公共財供給量）と異なっている。

　協力行動に対する集団規模の効果には、利得構造以外の要因を媒介にしたものを考えることもできる。そのような形での集団規模の効果を、山岸（1990b）は「残余効果」（residual effects）と呼んでいる。この残余効果を説明するための媒介要因としては、他者の協力に対する期待の低下、協力行動に対する有効感の低さ、非協力行動の伝播しやすさ、責任の拡散などが考えられる。

山岸（1990b）はさらに，集団規模の「残余効果」のうち，他者の協力に対する期待の低さを媒介にした効果と，利他的行動の有効感を媒介にした効果を検討するための実験も行なっている。この実験の結果得られた知見は，次のようなことである。繰り返しのない社会的ジレンマ状況では，この2種類の「残余効果」が見られるのは比較的小規模な集団においてのみである。この「残余効果」は，主として他者の協力に対する期待により媒介されており，利他的行動の有効感に媒介されたものではない。

2．フレーミングの効果

問題状況が社会的トラップか社会的フェンスかで協力行動の生起率が異なるのではないか，という議論がある。このような主張をしているものには，2節で紹介した，強化理論に基づくもののほかに，認知心理学的な考えに基づくものがある。この見地からすると，報酬と罰の効果の違いというより，状況認知あるいはフレーミング（framing）の効果の問題ということになる。

社会的ジレンマの社会心理学的実験で，フレーミングの効果を扱ったものの理論的基礎になっているのは，カーネマンとツヴァスキー（Kahneman, D. et al., 1983；Tversky, A. et al., 1981；Tversky, A. et al., 1986）の議論である。彼らは，行為（選択肢），結果，ある特定の選択をした場合の不確定性の度合に関する意志決定者の考えのことを，「意志決定のフレーム」と呼んでいる。期待効用理論のような古典的な合理的意志決定理論に基づいて考える限り，同じ意志決定問題を異なるフレームで記述したとしても，人は同じ意志決定（選択）に至ることが予想される。これに対して彼らは，同じ意志決定問題でも異なったフレームで記述されると，人が実際に行なう意志決定（選択）も異なるものになりうることを，数多くの印象的な例を用いて明らかにした。

たとえば，ある伝染病に対して，600人のうち200人が確実に助かる対策（A）と，3分の1の確率で600人全員が助かり3分の2の確率で誰も助からないような対策（B）のいずれがよいかを問われると，多くの人はAがよいと答える。これに対し，600人のうち400人が確実に死ぬ対策（C）と，3分の1の確率で死者がゼロになり3分の2の確率で全員が死ぬ対策（D）のいずれがよいかをたずねられると，多くの人はDの方を選ぶ。しかし，実質的には，AとCはま

ったく同じであり，BとDもまったく同じである。また，助かる人の数も，期待値で考えれば，いずれの対策でも200人でかわりがないはずなのである。

　カーネマンとツヴァスキーのこの研究は個人的意志決定を扱ったものである。しかしこれを社会的ジレンマという集団的意志決定の問題の研究に応用すると，同じ利得表でも「与え合いゲーム」（公共財供給問題）として示すか「取り合いゲーム」（資源管理問題）として示すかによって，協力行動選択率（あるいは自分のものとする資源量）が異なる，という予想をたてることができる（Brewer, M. B. et al., 1986）。与え合いゲームでは，集団目標が「集団的な利益（gain）を得る」ことにあることが強調される。これに対し，取り合いゲームでは，集団目標が「集団的な損失（loss）を避ける」ことにあることが強調される。カーネマンとツヴァスキーの理論によれば，利益にかかわる選択場面ではリスク回避的（risk averse）な傾向が，損失にかかわる選択場面ではリスク追求的（risk taking）な傾向が見られる。すると，与え合いゲームでは自分が貢献したのに集合的利益が得られないことを避けようとし，取り合いゲームでは集合的な損失が生じないように協力行動に賭けようとするだろう。したがって，取り合いゲーム（社会的トラップ）の方が与え合いゲーム（社会的フェンス）よりも協力行動選択率が高い（あるいは自分のものとする資源の量が少ない）ことが予想される。これは，強化理論に基づく予想（2節3を参照）と逆である。

　しかし，これまでの実験結果をレビューしてみると，このようなフレーミングの効果があるかどうか，明確なことは言えない。上述のような予想を支持する結果が得られた実験研究もあれば，予想と逆の結果が得られた実験や，フレーミングの操作が異なっても協力行動選択率（あるいは自分のものとする資源量）に違いが見られなかった研究もあるからである（Schwartz-Shea, P. et al., 1995）。

4節 社会的ジレンマ研究の再興に向けて

　社会心理学における最近の研究動向を見ると，社会的ジレンマに関する研究

は，下火になってきた観がある。社会学などにおいても同じような状況である。しかしこれは，理論的・実証的研究が進展し，社会的ジレンマ状況における人間行動が解明されたからではない。また，社会的ジレンマを「解決」するための政策的提言（たとえば，Messick, D. M. et al., 1983）が実行に移され，現実に生じていたさまざまな問題が解決されたからでもない。それどころか，私たちの住む社会には，この章の冒頭にあげたような問題が，依然として存在する。

　これまでの研究の蓄積によってもなお，社会的ジレンマ状況における人間行動の原理が，ゲーム理論的なものか，強化理論的なものか，認知心理学的なものかという基本的な問題にさえ，明確な解答が与えられていない。集団規模やフレーミングのように，協力行動選択率に影響を与えることが直観的にも理論的にも予想される要因についても，その効果があるかはっきりした結論は得られていない。ましてやその要因がどのようなメカニズムを介して協力行動を促進したり抑制したりするのかも，明らかにされないままになっている。これでは，社会的ジレンマを解決するための政策的提言など，とてもできる状態ではない。

　どうしてこのようなことになってしまったのだろうか。理論的な考察が不十分なまま，そして先行研究の十分な追試を行なうこともないまま，先行研究との違いを出すために実験で扱う要因をどんどん増やして行き，実験を複雑にする方向でしか研究が展開して行かなかったことが大きいのではないだろうか。物理学者のファインマン（Feynman, R. P., 1985）が「カーゴ・カルト・サイエンス」と呼んだものに，社会的ジレンマ研究も陥ってしまったのである。

　しかし，繰り返しになるが，私たちの社会にはさまざまな問題が存在し，その中には社会的ジレンマの構造をもつものが多く含まれている。私たちが社会心理学（および社会学・経済学・政治学など）の成果を活かすことにより，これらの問題の解決に貢献しようとするならば，「暖かい心と冷めた頭脳」(warm heart and cool head) に支えられた理論的・実証的研究を行なうことが，今あらためて必要とされているのである。

> 理論紹介 9

ナッシュ均衡のパレート非効率性：ゲーム理論的アプローチ

1　ゲーム理論の基本的概念

ゲーム理論は，行為者の戦略（選択）の組み合わせでそれぞれの行為者の得る利得（payoff）が決まるような場合の，人々の戦略的相互作用・選択行動とその集合的結果に関する理論である（Ruce, et al., 1957；von Neumann et al., 1943）。

どの行為者にとっても，自分１人だけが戦略を変更しようとする誘因が存在しない場合，その状態をナッシュ均衡という。ナッシュ均衡は，すべての行為者が「合理的」に行動した結果として生じる状態と考えることができる。

ある行為者にとって，他者がどのような戦略をとった場合でも（自分が他の戦略をとった時に比べて）より利得の大きい結果をもたらすような戦略が存在する場合，その戦略を優越戦略という。すべての行為者に優越戦略が存在する時，各行為者がその優越戦略をとる状態は，ナッシュ均衡になる（ただし，その逆は言えない）。

ある社会状態 x から別の社会状態に移行しようとするとつねに，少なくとも１人の行為者の利得が減少してしまう場合，その社会状態 x はパレート効率的であるという。逆に，誰の利得を下げることなく，かつ少なくとも１人にとっては利得が大きくなるような状態がほかに存在する場合，社会状態 x はパレート効率的でない。

2　囚人のジレンマ

利得構造に特徴があるゲームには，それぞれ独特の名称がつけられている。最も有名なゲームが「囚人のジレンマ」である。この名前の由来になっている例は，アメリカの司法制度に関する知識がないとわかりにくいものなので，次のようなお話を使って説明しよう。

あなたはある商品を生産・販売している。その商品を生産・販売しているのは，ライバルのもう１人とあなただけである。あなたもライバルも，商品の生産量をどうするか，判断を迫られている。

２人とも生産量を制限していれば，それぞれ３千万円の儲けが見込まれる。あなたが生産量を抑えているのに，ライバルがフル操業で生産すると，消費者は店にたくさん並んでいる方を選びがちなので，ライバルの儲けが６千万円になるのに対し，あなたの儲けは１千万円に減ってしまう。逆にライバルが生産量を抑えていてあなたがフル操業すれば，あなたの儲けは６千万円になる（ライバルの儲けは１千万円）。ところが，２人ともフル操業すると，商品があふれて消費者に飽きられてしまうため，売り上げが伸びず，２人ともそれぞれ２千万円になってしまうと予想される。

以上のような状況は，次の利得行列（payoff matrix）で表現することができる。

	ライバル 生産抑制（C）	フル操業（D）
あなた　生産抑制（C）	3, 3	1, 6
フル操業（D）	6, 1	2, 2

それぞれのマス目の中の数字は，カンマの左側があなたの利得，右側がライバルの利得を表している（単位：千万円）。４つのマス目の利得の大小関係がこのような構造になっているゲームを囚人のジレンマという。（利得の大きさそのものには関係がないことに注意してほしい。）ここにおいてはフル操業（D）が優越戦略であるため，パレート効率的でないナッシュ均衡（２人ともフル操業）が実現してしまうのである。

この囚人のジレンマを３人以上の場合に拡張したのが「N 人囚人のジレンマ」である。各人のとりうる行動の選択肢が「協力」（C）か「非協力」（D）かであるとする。利得は協力選択者数の関数で，その関数はどの行為者でも同じものであるとしよう。たとえば，次の表のような利得関数の場合が N 人囚人のジレンマの例（この例では $N=10$）である。

表1　N人囚人のジレンマの利得表の例

協力者数	0	1	2	3	…	9	10
協力(C)	—	-1	0	1	…	7	8
非協力(D)	0	1	2	3	…	9	—

　N人囚人のジレンマのナッシュ均衡は，「全員非協力」の状態である。これは，パレート効率的でないナッシュ均衡である。(このことを上の利得表で確かめてみよう)。

3　チキン・ゲーム

　もう1つの有名なゲームは「チキン・ゲーム」である。この名前は，次のような話に由来する。崖に向かってバイク（あるいは自動車）を走らせ，早くブレーキを踏んだりハンドルを切ったりした方が「チキン（弱虫）」で負けになる。しかし，ともに虚勢を張っていると崖から落ちてしまう。

　次の表は，N人チキン・ゲームの利得表の1例である。この表のような利得構造の場合，ナッシュ均衡は2つある。1つは，3人が協力（C）を選択し残りの7人が非協力（D）を選択している状態で，これはパレート効率的である。もう1つは，「全員非協力」という，パレート効率的でない状態である。

表2　N人チキン・ゲームの利得表の例

協力者数	0	1	2	3	…	9	10
協力(C)	—	-2	-2	2	…	2	2
非協力(D)	0	0	0	4	…	4	—

■引用・参考文献

Ruce, R. D. & Raiffa, H. 1957 *Games and decisions*. New York: John Wiley & Sons.

von Neumann, J. & Morgenstern, O. 1943 *Theory of games and economic behavior*. Princeton: Princeton University Press.

> 理論紹介 10

社会的トラップと社会的フェンス：強化理論的アプローチ

　社会的ジレンマ状況において，社会的に望ましい状態の実現に寄与するような行動がとれなくなってしまうことは，強化（reinforcement）という考え方を用いて説明することもできる。このような観点からすると，社会的トラップと社会的フェンスの区別が重要になる（Platt, 1973；Cross et al. 1980）。

　強化理論の基本的な考え方は次のようなものである。人が S という刺激（stimulus）に反応して B という行動（behavior）を行なうと，なんらかの結果 R が生じる。その結果の中には，報酬（reward）のように，同じ刺激 S が再び与えられた場合に行動 B が生じやすくなるように働くものもあれば，罰（punishment）のように行動 B が生じにくくなるように働くものもある。$S-B-R$ のシークエンスが繰り返されることによって，行動が学習され維持されることになる。

　長期的には罰が生じるにもかかわらず，短期的には報酬が与えられるために，行動 B が継続される状況が，「トラップ」である。逆に，行動 B を起こせば長期的には報酬が与えられるのに，短期的な罰があるため，行動 B が生じにくくなる状況が，「フェンス」である。

　長期的な罰や報酬も短期的な報酬や罰もすべて個人的なものであれば，それは個人的トラップ，個人的フェンスである。これに対し，長期的な罰や報酬が社会的・集団的なものである場合，社会的トラップや社会的フェンスとなる。

　強化理論には，報酬の効果と罰の効果との比較に関する議論がある。たとえば，一般的にいって報酬の方は比較的長期間にわたり行動を維持させる効果があるのに対し，罰が行動を抑制する効果は一時的なものでしかない，という説がある。これを社会的トラップ／フェンスにおける短期的な報酬／罰にあてはめて考えると，社会的トラップの方が解決がむずかしい，という予想を導くことができる。

　これは，ゲーム理論の予想とは異なる。ゲーム理論における利得（効用）の考え方からすると，協力と非協力の利得の差が問題なのであって，その利得の差が「報酬」なのか「罰」なのかは関係がない。したがって，社会的トラップでも社会的フェンスでも，問題解決のむずかしさに違いはないと予想されるのである。

■引用・参考文献

Cross, J. G. & Guyer, M. J. 1980 *Social Traps*. Ann Arbor: University of Michigan Press.

Platt, J. 1973 Social Traps. *American Psychologist*, 28, 641-651.

理論紹介11

繰り返し「囚人のジレンマ」のコンピュータ選手権：進化論的アプローチ

アクセルロッド（Axelrod, 1984）は，囚人のジレンマの繰り返しゲームコンピュータ・シミュレーションにより，互恵的関係がどのように「進化」してくるかを考察した。

彼は囚人のジレンマの繰り返しゲームにおける戦略を募集し，リーグ戦で互いに対戦させる「選手権」を開催した（自分との対戦も含み，戦略のペアごとに5試合ずつ）。第1回の選手権では応募された戦略のほかに，協力と非協力をランダムに選択する戦略も加えた。また，繰り返しの回数を事前に200回と決めた。各回のゲームで得た利得の合計をその戦略の得点とした。

この第1回選手権で優勝したのは，「しっぺ返し」であった。これは，「最初は協力，それ以降は前回の相手の選択を模倣」というもので，応募された戦略の中で最も単純な戦略だった。高得点をあげた戦略には，自分からはけっして裏切らない，相手がいったん非協力を選択した後でも自分が協力を選択する可能性を残す，という共通の性質があることもわかった。

アクセルロッドは，この第1回選手権の結果とその分析を知らせた上で，第2回選手権への参加を（第1回に参加しなかった人も含めて）呼びかけた。第1回との違いは，各回のゲームの後で次のゲームをやらないことにする確率を定め，それによって1試合での繰り返しの回数を確率的に決めたことである。これで，試合がいつ終わるかが誰にもわからないようになった。

この第2回選手権でも，優勝したのはしっぺ返しであった。

彼はまた，進化生物学的な発想を取り入れたシミュレーションも行なった。好成績を収めた戦略は多くの子孫を残すことができ，成績の悪かったものはどんどん淘汰される，というプロセスを導入した。上述のような「大会」を何度も繰り返し，1回の大会で各戦略があげた得点に比例して，次回の大会でその戦略が参加者中に占める割合が決まるようにしたのである。ここでも，しっぺ返しの強さが確認された。さらに，理論的にも，ゲームが将来も繰り返される確率が高ければ，全員がしっぺ返しをとっている時には，「突然変異」で他の戦略が現われても侵略されにくいことが示された。

この研究から，囚人のジレンマの繰り返しゲームで成功する方法として，
①相手を妬まない
②自分からは裏切らない
③相手の前回の行動どおりにお返しする
④単純で相手にわかりやすい戦略を用いる
ということの重要性が明らかになった。

■引用・参考文献

Axelrod, R. 1984 *The evolution of cooperation*. New York: Basic Books. 松田裕之（訳）1998 つきあい方の科学 ミネルヴァ書房

13章 男／女になる

　もし，あなたが今まで一度も会ったことのない外国人に文通を依頼するとしたら，いったい何から自己紹介を始めるであろうか。年齢，職業，家族構成，性格，趣味，国籍などが一般的であろうが，これら以前に，まず自分が男性であるか女性であるかの性別を説明する人が多いはずだ。逆に，あなたが今まで一度も会ったことのない外国人に文通を依頼されたとしたら，相手の性別がわからないままだと，他にどれほど多くの情報をもらっても，相手がどのような人かイメージが湧きにくいであろう。

　人が自己概念を形成したり，自分の社会的アイデンティティを他者に伝えたり，他者についての情報を得たり，自分や他者を評価したりする時，「性」は欠かすことのできない重要な要因である。そこで，この章では「性」について社会心理学的に考えてみることにしよう。

1節 ジェンダー

　人を分類するにはさまざまな方法があるが，男性であるか女性であるかという性による分類が最も容易である。ヘアスタイル，衣服，ジェスチュア，話し方，ことばづかい，興味，時には職業や生き方などにまで明白な性差が認められるからである。この場合，厳密に言えば，性には2通りの意味がある。1つ

は，生理的・生物学的性，すなわちセックス（SEX）である。生物学的にみれば男女の差はそれほど大きくはないが，染色体の配列(XXかXYか)，生殖器官の形態，脳のしくみ，ホルモン環境などが異なっている。もう1つは，社会的・文化的に形成される性，すなわちジェンダー（GENDER）である。こちらは，人が成長の過程で学習によって後天的に身につけていく性である。人は，生理的・生物学的性に基づいて自分が男性であるか女性であるかという自己認識（ジェンダー・アイデンティティ）を確立していくのである。ジェンダー・アイデンティティが確立できないと，はっきりとした自己概念を形成することはむずかしい。

　生まれたばかりの赤ちゃんはもちろんだが，子どもは2歳になる頃まで自分の性を認知することはない。しかし，2歳をすぎて3，4歳頃になると，自分が「女の子」なのか「男の子」なのかのジェンダー・アイデンティティを自覚し，男らしさや女らしさの知識ももつようになる。そして，他人にも正しい性のレッテルを貼ることができるようになり，赤いリボンは女の子のものというような事物の性的帰属も理解できるようになる。さらに，5歳から6歳頃には性役割の概念を急速に獲得し，ジェンダー・アイデンティティをさらに強固なものにしていく。

2節
性役割の社会化――個人要因

　性役割とは，男女それぞれの生物学的性にふさわしいと社会や文化から期待されるパーソナリティ，行動，意識などにおける特性である(鈴木，1997)。性役割は普遍的なものではなく，生まれ育った文化や社会によって内容や規範が異なる。性役割を後天的に学習・獲得することで，人はそれぞれの文化にふさわしい男らしさ（男性性）あるいは女らしさ（女性性）を身につける。

　性役割はどんな社会や文化にも存在する一種のステレオタイプであり，観念的で画一的で単純なイメージである。人種や民族のステレオタイプと同様に，女性あるいは男性という集団に所属する成員ならある特性を備えているという

信念で，女性はやさしく従順で，繊細で細かいことによく気がつき，おしゃれで，育児や料理が好きであり，男性は強くたくましく，行動的でスポーツが得意，攻撃的で競争を好むというのが典型的内容である。これらの特性を分析すると，男女にふさわしい役割にはそれぞれ5つの要素があり，男性役割は，①職業的な成功と達成，②肉体的・精神的な強さ，③独立心の強さ・自立志向の強さ，④感情を表わさない，⑤女々しくないこと（鈴木，1994a），女性役割は，①従順，②依頼心の強さ，③繊細な神経，④気配り，⑤外見が魅力的なこと（鈴木，1996）であった。時と場合と立場によって，5つの要素の重要性の度合はそれぞれ異なるが，これらを満たした人が男らしい，あるいは女らしい人とみなされるのである。子どもはこのような性役割を学習・獲得し，自分も役割にふさわしい行動を取るようになる。このプロセスを性役割の社会化という。

ここでは，個人の性役割の社会化がどのようなものであるのかを具体的に示すため，そのメカニズムを説明する代表的な4つの理論－精神分析的同一視理論(Freud, 1925)，社会的学習理論(Mischel, W., 1974)，認知的発達理論(Kohlberg, L., 1966)，ジェンダー・スキーマ理論（Bem, S. L., 1981)－を紹介する。

■精神分析的同一視理論

この理論はフロイトの精神分析の概念に基づいている。男性の生殖器官が女性の器官より優れているゆえに，生物学的のみでなく社会的・文化的にも男性が優位であるという前提に立ち，子どもは強い性愛的・攻撃的欲求と社会化へのはたらきかけとの葛藤の中で，性的感情を抑圧しながら成長していくとみなされる。性役割については，子どもが性（生殖器官）の違いに気づき，同性の親と自分を同一視する（同性の親の行動様式を総体的に自分の内面に取り入れ，再現しようとする）ことによってパーソナリティを発達させ，社会が期待する男女の役割を無意識に獲得する。

■社会的学習理論

この理論では，人はモデリング（観察し模倣する）と強化（よい結果を得る）によって行動を獲得するとされる。性役割の場合，子どもは，両親・他の大人・物語の主役（ヒーロー／ヒロイン）などさまざまなモデルとの接触を行ない，同性の親の性役割行動を観察することで模倣し，社会的に承認された行動様式

を内在化する。その際，男女それぞれに望ましいとされる行動を取れば報酬を与えられるが，不適切な行動を取れば処罰を与えられるという学習を通して，自分の生物学的性にふさわしい行動パターンを識別し獲得する。

■認知的発達理論

性役割を理解するに際して，子どもの段階的な思考プロセスの発達に重点を置くのが認知的発達理論である。子どもは積極的に自己の発達に取り組み，外界の情報を理解し，論理的な推理を行なうという前提に立つ。子どもは，男女の外見の特徴（身長や体の大きさや声や服装など）を手掛かりとして自分の性がどちらに属しているかというジェンダー・アイデンティティを確認することから性役割の獲得が始まり，男性性や女性性の性役割価値を身につけていく。

■ジェンダー・スキーマ理論

この理論では，性役割の社会化をジェンダーに関するシステマティックな知識体系（スキーマ）の獲得とみなす。子どもは性の違いの存在を認識し，男女の特徴を観察することから，男性的なものと女性的なものを区別しカテゴリー化するようになり，それが一定のまとまりをもつスキーマとなる。そして，外から入ってくるさまざまな情報を処理する際にこのスキーマがフィルターとしての役目を果たし，自分の行動もスキーマに従って取るようになり，それにより性役割獲得が生じる。ジェンダー・スキーマ理論が1～3までの他の社会化理論と異なる点は，男性が女性性を，女性が男性性をもつこと，つまり両性具有性（理論紹介12参照）をも考慮に入れたことである（土肥，1999）。

以上，4つの理論をまとめると，人は生物学的性に基づいて自分と外界の関係を理解し，ジェンダー・アイデンティティを確認することで性役割獲得の方向を決定づけ，自分の性にふさわしい性役割の社会的期待を習得するのである。

3節 性役割の社会化——家族要因と文化・社会要因

性役割の社会化は前節に述べたような個人要因だけでできるものではない。

本節では性役割の社会化に影響を与える他の2つの要因，つまり家族要因および文化・社会要因について説明しよう。

1．家族要因

　性役割の社会化プロセスにおいて，個人に大きな影響を与える重要な要因は家族である。とりわけ幼児期や児童期に家族要因の影響は大きい。家族要因とは，親の年齢・学歴・職業・年収・社会的地位などのデモグラフィック特性，家族構成（出生順位，兄弟姉妹の存在，祖父母の存在など），生育環境などである（鈴木，1997）。さらに，子どもは親を性役割モデルとし，両親の性役割観やそれを反映したしつけや家風を性役割規範として学習し内在化する。親のしつけによる子どもの性役割行動の習得は発達のかなり初期に達成される。親の期待やしつけの内容は，4節に述べるように子どもの性によってかなり異なる。

　青年期に入っても，性役割に関する両親の期待や価値観は，青年に少なからぬ影響を及ぼし続ける（伊藤，1997）。しかしながら，青年期以降は，モデリングによる能動的・自発的学習によって性役割行動を発達させると同時に，本人のデモグラフィック特性（年齢・人種・教育レベル・職業・収入・社会的地位・婚姻状況・子どもの有無）や家族要因や次に述べる文化・社会要因などを通して培われた価値観や一般的態度（たとえば，保守的か革新的か，現実主義か理想主義か，依存的か独立的かなど）によって，性役割に関する独自の価値観を築き始める（鈴木，1997）。

2．文化・社会要因

　人生のさまざまな段階で直接的かつ間接的に個人に大きな影響を与える文化・社会要因は多数存在する。それは，学校で日々接する友人や仲間やコミュニティの身近な人々であり，文化，宗教，歴史，法律，学校教育，マスメディアおよびこれらが生み出す社会の価値観や社会的慣習である（鈴木，1997）。

　学校教育では，授業内容や教科書や教師を通して，人はそれぞれの社会の性役割に関する価値観や規範を学び，身につける。学校ではまた，同性の仲間集団の影響が非常に大きい。小さい頃は親や教師にいわれる通りにしていた子どもも，成長するにつれて学校の友だちの反応の方を気にするようになる。たと

えば，身につけるものの色やデザインの性別を強く意識するだけでなく，同性の友人や仲間と違うめだった格好をするのは嫌がるようになる。たとえ，親が性別を意識しない色を選んだとしても，仲間や友人からのプレッシャーには勝てない。マスメディアでは，本やコマーシャルやテレビや映画の主人公に男性が多かったり，女性の登場人物に無職が多かったりするなど，男女の役割のステレオタイプ的な描写が多い。子どもも大人も，大量の刺激的で画一的な描写に日々さらされ，影響を受け続ける。

　文化・社会要因は家族要因にも影響を与えるとともに，直接的に，または道徳や社会的慣習などの性役割規範として間接的に，個人の性役割の社会化にかかわっている。しかしながら，個人は常に性役割規範を受動的に獲得するばかりではなく，時には反発したり，受け入れないこともある。とりわけ青年期以降には，外界からの圧力だけでなく，自分自身の判断によっても獲得が行なわれ，性役割規範を受容するか否かが決定される。また，性役割に関する態度も小さい頃よりステレオタイプへのこだわりが減少し，柔軟性のあるものに変化する。

4節
親の期待・学校教育

　本節では，3節で述べた性役割の社会化に影響を与える要因のうち，親や教師の行動や態度や期待の内容が子どもの生物学的性によっていかに異なるかを具体的にみていこう。

1．親が子どもに与えるもの（衣類・おもちゃ）

　性役割の社会化は生まれてすぐに始まると言っても過言ではない。親は，赤ちゃんが女児なら花柄のピンクのベビーウェア，男児なら乗物や動物などがプリントされたブルーのベビーウェアを着せることが多い。おもちゃにも性差があって，積み木やレゴのような中性的なもの以外では，女の子には人形や縫いぐるみ，男の子には汽車や電車などが与えられる。小学校への通学服も，女児

は色が赤，ピンク，白で，リボンやフリルなど装飾があるもの，男児は紺，黒，茶で実用的なものが主である。

2．親の態度

赤ちゃんができた時，たいていの親がまっ先に確認するであろう情報は，赤ちゃんの健康と男の子か女の子かという性別である。性別がわかると，親は性役割のステレオタイプに従い，男児と女児では異なる態度や反応をする。たとえば，ルービンら（Rubin, J. Z. et al., 1974）の研究では，出産後24時間たって父母に自分の赤ちゃんへの印象をきくと，息子に対しては「大きい，強い，たくましい」という表現を使い，娘に対しては「小さい，弱々しい，かわいい，敏感」という表現を用いる。特に父親にこの傾向が強い。実際には女の赤ちゃんの方が生物学的には強いにもかかわらず，女性は弱く男性は強いという性役割のステレオタイプにあった性差が存在するものとして赤ちゃんを見ている。また，赤ちゃんの生物学的性が外見からはあいまいな場合，性が判明するまでしばらく名前なしで育てることもあるが，親はこの状態に長くは耐えられない。性の不明な赤ちゃんにはどのように接してよいのか不安になるからである。

3．親の期待

我孫子市の市民意識調査で，「子どもの将来に期待する人間像」をたずねたところ，1〜6位は表13-1に示したような項目であった（我孫子市，1996）。

◎表◎13-1　子どもの将来に期待する人間像　（%）

	女の子	男の子
1位	思いやりのある人（79.8）	思いやりのある人（62.3）
2位	家庭を大切にする人（51.9）	判断力のある人（50.6）
3位	情緒豊かな人（34.5）	生活力のある人（31.2）
4位	親を大切にする人（27.2）	家庭を大切にする人（30.9）
5位	知性の豊かな人（26.2）	国際的な視野のある人（24.1）
6位	判断力のある人（18.4）	知性の豊かな人（21.2）

［注］　我孫子市　1996「男と女，共に築く地域社会をめざして　女性施策に関する市民意識調査報告書」図3-6-1より作成。回答者：我孫子市在住の20歳以上の男女1,781名。（　）内の数字はその項目を選択した回答者のパーセンテージ。

この結果では、思いやりと知性と判断力があって家庭を大切にすることが望まれるという点では男女に差はない。しかし、娘には情緒や親思いを期待することから暖かい家庭人を想定し、息子には生活力や国際性を期待することから力強く行動的な人を想定していると思われる点が大きく異なる。この差には、親のもつ性役割観が色濃く反映している。

4．親や教師のしつけ

女の子は小さい時、あるいは小学校や中学校時代、進んで家事や料理を手伝わなかったり、男ことばを使ったり、取っ組み合いのけんかなどをして勝ったりすると、親や教師に「女らしくしなさい」「お嫁にいけませんよ」などと叱られたり、「女のくせに」と言われたりしたことがなかったであろうか。女の子は家庭でも学校でもことばづかい、礼儀作法について、兄弟や同級の男子よりきびしくしつけられる（表13-2）。つまり、一般的に女の子の方が性別のしつけをきびしく受ける傾向がある。男の子も、泣いていたりぐずぐずしたりしていると「男のくせに泣くんじゃない」「めそめそするな」「女の腐ったのみたい」などと叱られたりからかわれたりした覚えがあるであろう。

◎表◎ 13-2　高等学校におけることばづかいと行儀作法の指導の有無における性差（男女共学校出身者の場合）

(%)

ことばづかい	たびたび	ときどき	あまりない	まったくない
男子学生 (116名)	5.6	20.8	29.2	44.4
女子学生 (41名)	9.4	51.8	23.5	15.3
行儀作法	たびたび	ときどき	あまりない	まったくない
男子学生 (116名)	6.9	30.6	25.0	36.1
女子学生 (41名)	11.8	48.2	24.7	15.3

［注］「男女共同参画社会づくりと学校教育」実行委員会　1997　大学生の男女共同参画社会に関する意識調査報告書　表3-2-1　学校における「女らしく」（「男らしく」）指導―「言葉遣い」「行儀作法」についての指導（出身高校・男女別）より作成。

5．学校教育

学校で発揮される生徒のリーダーシップには大きな性差がある。東北地方6県の大学生（282名）への調査結果（「男女共同参画社会づくりと学校教育」実

行委員会，1997）では，中学・高校時代の学級委員や生徒会会長は「ほとんど男性」か「男性が多い」が8割から9割，生徒会美化委員は「ほとんど女性」か「女性が多い」が約6割を占め，この男女差の原因を社会的慣習とする学生が男女ともに約7割であった。男女平等は学校教育の基本的な理念であるが，現実の教育の現場では理念より社会的慣習の影響力の方が大きい。

さて，学校や家庭でのこのような経験や周囲からの期待を通して，人は女性（男性）が「していいこと」と「してはいけないこと」を学び，身につけていく。小さい頃は親や教師の判断や価値観を受け入れやすく，批判力は弱いので，性役割の社会化の成果が大きい。中学・高校・大学と成長するにつれ，自分の判断力がついてきて個人差が大きくなり，親や教師の影響は弱まるが，仲間や友人，自分の選んだ生き方のモデルやマスメディアの影響を受け続ける。社会人となった後も，大なり小なりこのような影響を受け続け，性役割の社会化には終わりがない。

ここで大切なことは，人の性役割行動や意識は文化や社会に影響されるが，逆に性役割意識が変化すれば，生き方や家族のありかた，社会制度，法律などが変化し，結果として文化全体の性役割の内容や規範も変わりうることである。個人と文化や社会が相互に作用しあって，新しい時代にふさわしい性役割のあり方が生まれてくる。

5節 性役割の変化

個人の性役割意識や行動が変化すれば，社会全体の性役割観や性役割規範も変化する。ここでは，目下進行中の性役割意識と行動の非常に大きな変化について，顕著な例を挙げて示してみよう。

1．性役割意識

日本人の性役割意識における時系列的変化を調べると，過去20年から30年くらいの間に徐々に性別役割分業の否定が進み，男女平等志向の方向に変化し

ている。総理府の意識調査に使用される性別役割分業についての設問，すなわち「男は仕事，女は家庭」に賛成の男女のパーセンテージは1970年代以降連続して減少し，90年代半ばには賛成が3分の1から4分の1に減少し，反対が約4～5倍以上に増加した（表13-3）。日本人の性役割態度が以前より平等志向的になったのは明らかである。しかしながら，男女の意識差は大きく，性別役割分業に賛成する率は男性の方が高い。また，1985年と1995年に実施された社会階層と社会移動（SSM）全国調査データを用いて，「男は外で働き，女は家庭を守るべきである」という意見に対する回答を分析した結果では，どのコホート（同じ時期に生まれた人々の集合）においても，10年間に男女ともに性別役割分業を否定する考え方の浸透がみられ，男性は女性に意識変化は遅れるものの，女性と並行的に変化していることが明らかにされた（尾嶋，1998）。

◎表◎ 13-3　性別役割分業に対する日本人の態度の変化（1972～1995：%）

	賛成			どちらとも言えない			反対			わからない		
	合計	男性	女性	合計	男性	女性	合計	男性	女性	合計	男性	女性
1972[a]	—	84	83	—	—	—	—	9	10	—	—	—
1984[b]	55	63	49	—	—	—	45	37	51	—	—	—
1987[c]	43	52	37	28	26	29	27	20	32	2	2	2
1990[d]	29	35	25	29	30	29	39	34	43	2	2	3
1995[e]	27	33	22	24	26	23	48	40	54	1	1	1

［注］　設問：「男は仕事，女は家庭」に賛成か反対か．
　　　a：総理府　「婦人に関する意識調査」，1973　N=16,645　年齢=20歳以上
　　　b，c：総理府　「女性に関する世論調査」，1988
　　　　　b：N=8,031　年齢=20歳以上，　c：N=3,783　年齢=20歳以上
　　　d：総理府　「女性に関する世論調査」，1990　N=3,751　年齢=20歳以上
　　　e：総理府　「男女共同参画に関する世論調査」，1995　N=3,459　年齢=20歳以上

2．男性性・女性性

伊藤（1997）は，1975年から1985年の10年間に男性への役割期待は変わらなかったものの，女性への期待には変化のあったことを明らかにした。従来女性に期待されてきたパーソナリティは，「かわいい，優雅な，色気のある，献身的な，愛嬌のある，言葉遣いのていねいな，繊細な，従順な，静かな，おしゃれな」であったが，現在求められているのは，「おしゃれな，色気のある，ことばづかいのていねいな，かわいい，繊細な，細やかな」である。つまり，静かで控えめで従順というような女性の消極的な奥床しさおよび愛嬌は今日では期

待されず，性的魅力および細やかさが女性性として残っている。

3．両性具有化・中性化

　男女の両性具有化・中性化も進んでいる。ファッションやことばづかいの男女差が消えてユニセックス化し，男女どちらが身につけてもよい衣類やアクセサリーが売れている。また，セクシーで精神的に強い女性，そして，おしゃれで清潔感のある美しい男性が魅力的であるとみなされるようになってきた。男性にもスベスベの肌，サラサラの髪が求められ，整形手術も珍しくなくなり，化粧品が売れて，腹部の補正効果のある下着まで売り出されている。外見だけでなく，男性の家庭参加にも価値が認められ，家事や料理をしたり，育児に参加したりすることが期待されている。この傾向は30代以下の世代で顕著である。

4．未婚化・晩婚化

　1990年以降は男性の生涯未婚率（50歳時の未婚率）が女性を上まわり，1995年には女性5.1％，男性9.1％となった（労働省，1998）。初婚年齢は1970年の妻24.2歳，夫26.9歳以来，継続して上昇を続け，1996年にはそれぞれ26.4歳と28.5歳になった（労働省，1998）。晩婚や生涯未婚の増加には，高学歴化や教育期間の長期化，有職女性の増加などの理由の他に，家庭や職業についての男女間の意識の差が大きいことや，個人主義化の傾向が挙げられよう。また，ハウスクリーニングなどの家事の外部化や親との同居により，男性にも結婚の必然性が薄れている傾向が認められる（鈴木，1997）。

5．少子化・晩産化

　1人の女性が生涯に産む子どもの数を示す合計特殊出生率は，1947年には4.5であったのが，1996年は1.43と低い水準で（労働省，1998），少子化傾向に歯止めがかからない。女性が初めて出産する平均年齢も1975年の25.7歳から1995年には27.5歳に上昇し（厚生省，1996），30代前半の出産増が顕著で晩産化の傾向が明白である。少子化や晩産化には，晩婚の増加，女性の就業率の高まり，子育てをしながら就労を続ける男女をサポートする社会制度や労働政策

の不備，子育てにかかる経済的，時間的，心理的コストの増加などの理由が考えられる。

このように，未婚化や少子化は，結婚や出産が女性の夢や期待の対象というより，むしろ女性にとって不利になる要因が多いために起こっている。結婚や育児のために仕事をやめることは，経済的には女性の生涯所得の損失を招き，社会心理学的には自己実現や自立を阻害する要因とみなされる（鈴木，1997）。そこで，仕事による自己実現と家庭を両立させるため，結婚しても子どもができても同居しない別居婚という新しいスタイルの結婚のあり方が現われている。

6．就労状況

女性雇用者の増加，就労年数の長期化，雇用形態の多様化などが重要な変化である。男性の就労年数（民間企業従業員の平均勤続年数）は1975年に9.8年，女性は5.3年であったが，1996年にはそれぞれ13.1年と8.2年になっている（総務庁，1991；労働省，1998）。女性の就労年数が長期化しているのは，結婚や出産によって退職する女性が減少しているからである。この他，女性の雇用形態の多様化が進み，パートタイム労働者，契約・派遣社員，フリーランサー，在宅ワーカーの増加なども認められる。しかし，働く女性の増加の大部分

◎表◎ 13-4　年齢階級別所定内給与額，年齢・男女間格差（1996）

年齢	所定内給与額(千円)		年齢間格差 (20～24歳＝100.0)		男女間格差 (男子＝100.0)
	女	男	女	男	
～17	130.6	142.5	72.2	71.0	91.6
18～19	155.4	168.7	85.9	84.1	92.1
20～24	180.9	200.7	100.0	100.0	90.1
25～29	208.2	245.9	115.1	122.5	84.7
30～34	225.7	299.7	124.8	149.3	75.3
35～39	234.0	347.6	129.4	173.2	67.3
40～44	228.6	384.0	126.4	191.3	59.5
45～49	226.8	414.0	125.4	206.3	54.8
50～54	225.6	429.8	124.7	214.2	52.5
55～59	214.2	392.8	118.4	195.7	54.5
平均	209.6	334.0	115.9	166.4	62.8

［注］　労働省女性局編　「働く女性の実情」（平成9年版）付表46より作成．平均は60歳以上を含む数値．

はパートタイム労働者などで，女性パートタイム労働者の多さは男女の賃金格差を招く大きな要因である（表13-4）。また，若い男性の退職や転職やフリーターが増加し，就労行動の「女性化」が進んでいる（鈴木，1994b）。

6節 性役割のボーダーレス化

　男性性や女性性の規範がゆるやかになり，人々の性役割行動に変化がおこって，男性役割と女性役割のボーダーレス化が進んできた。その結果，性別役割分業的な社会慣習が徐々に減少している。また，雇用機会均等法や育児休業法など雇用に関する法律が施行され，セクシャルハラスメント対策が講じられるなど，法的にも男女平等の方向に大きく変化している。一方では，転職や中途採用が増加し，裁量労働制や能力給や年俸制の導入が始まるなど，職業や働き方の選択の自由が広がり，結果として人生設計の自由度も高まってきた。

　このような社会的変化を背景に，特に若い世代の男女は，男（女）としていかに生きるかという，生まれつきの性によって男女の役割特性や生き方が決まる性別役割分業意識からかなり解放されつつある（実験・調査紹介14参照）。男女平等意識も浸透して，むしろ個人としての自分らしさを生かしたい，才能をのばしたい，自己実現したいなどの個人主義化が進み，しかも同時に，男女ともに家庭重視の傾向を強めている。今後もこのような傾向が継続するなら，日本社会では近い将来，男性性や女性性ではなく，自分らしい生き方を自由に選択できる社会や就労や結婚や家庭のあり方がより強く求められるようになるであろう。

理論紹介 12

心理学的両性具有性（androgyny：アンドロジニー）

　心理学における従来の性役割研究では，男性性と女性性は同一次元上にあって，対立する2つの極としてとらえられ，各個人はそのどちらか一方しかもたないと考えられてきた。そして，男性は男性性のみ，女性は女性性のみを備えていることが心理学的に健康なことであるとみなされてきた。

　しかし，ベムは1974年に発表した論文（Bem, 1974）において，男性性や女性性のありかたにとらわれない健全な精神という概念を発展させるため，男性性と女性性を独立した2つの次元ととらえ，別々に測定することができる尺度（Bem Sex-Role Inventory）を提案した。

　この尺度作成に際しては，従来のように，典型的とみなされた男性と女性が回答した興味や行動などの性差に基づいて項目が選択されるのでなく，文化的・社会的に男性と女性にそれぞれ望ましいとされる特性を集めて項目を設定した。そして，ある個人が男性性と女性性の両方の特性を合わせもつ心理学的両性具有であることが可能なこと，両性具有者は多様な環境に適応できる最も優れた社会的適応力をもち，心理面での健康度が高いことを示した。

　BSRIは男性より女性に望ましいと思われる20項目のパーソナリティ特性（女性性尺度）と，女性より男性に望ましいと思われる20項目のパーソナリティ特性（男性性尺度），さらに男女ともに望ましいと思われる20項目のパーソナリティ特性（社会的望ましさ＝中性性尺度）から構成されている。回答は，1点（ぜんぜんあるいはほとんど自分にあてはまらない）から

表　Bem Sex-Role Inventory（一部）

男性性	女性性	中性性
攻撃的な	愛情深い	順応性のある
野心的な	明るい	誠実な
自己主張的な	純真な	親しみのある
競争的な	憐れみ深い	感じのよい
支配的な	やさしい	信頼できる
独立心のある	同情的な	正直な
個人主義的な	暖かい	如才ない

［注］　訳は著者による。

7点（常にあるいはほとんど常に自分にあてはまる）の7段階評定で答える。各尺度得点は，20項目の平均値として求める。男性性尺度と女性性尺度の得点がそれぞれ中央値より高いか否かによって，回答者は男性型（男性性尺度のみ高い），女性型（女性性尺度のみ高い），両性具有型（両方の尺度とも高い），未分化型（両方の尺度とも低い）の4つのジェンダータイプに分類される。

■引用・参考文献

Bem, S.L. 1974 The measurement of psychological androgyny. *Journal of Consulting and Clinical Psychology*, **42**, 155-162.

Bem, S.L. 1981 Gender schema theory: A cognitive account of sex typing. *Psychological Review*, **88**, 354-364.

実験・調査紹介 14

脱男性役割態度スケールの作成

近年，男女の役割の境界線がぼやけ，性役割の再構築が起こって，新しい男性役割観が生まれつつある。従来の男性役割のステレオタイプにとらわれず，自分らしさ・人間らしさを追及することに価値を認めようとするリベラルな役割観である。具体的には，男性が性別役割分業と仕事中心の生き方や生活をすることをやめ，家庭生活・ゆとりある個人生活を重視し，家事・育児・介護・地域社会に参加することを期待されるようになってきたことである。

そこで，自分らしくあるいは人間的になろうとする能力や機会を制限する従来の男性役割ステレオタイプから自分を解放しようとするリベラル志向的態度を測定する脱男性役割態度スケール (the Scale of Attitudes toward the Roles of Liberated Men : SARLM) を作成することを目的に，1991年に20代から70代の男性109名，女性93名を対象に郵送法による調査が行なわれた。

同尺度は10項目から構成されており，回答は，"ぜんぜんそう思わない"（1点）から"まったくそのとおりだと思う"（5点）までのリカート式5段階尺度で求め，項目の合計得点を尺度得点とする。因子分析の結果，男性役割に対する態度には"男性の家事行動と男らしさの両立""強い男性像からの解放""男性による家事参加の重要性の認識"の3因子が求められた。また，男性役割に対する態度は，①女性（$\bar{X}$＝35.23, SD＝5.61）の方が男性（$\bar{X}$＝30.99, SD＝5.29）よりリベラルである（t＝5.49, p＜.001），②教育レベルが高いほどリベラルである，③年齢が若いほどリベラルである，④無職女性より有職女性の方がリベラルであることが明らかにされた。さらに，⑤夫の家事行動は，男性役割に対する態度がリベラルであるほど増加する，ということも判明した。

表　脱男性役割態度スケール（SARLM）（鈴木，1994）

① 男性は精神的にも肉体的にもタフで強く，自信を持っていなければならない。
② 男性は弱音をはいたり涙を人に見せたりしてもよい。
③ 男性は，結婚する以上妻子を養う義務がある。
④ 男性も，働く女性同様，仕事と家庭の両立をはからなければならない。
⑤ 男性が家事をすると男らしくなくなる。
⑥ 男性が家事に参加することで，家庭の一員としての意識が高まる。
⑦ 男性の成功をはかる最大のものさしは経済力である。
⑧ 男性が家事に参加すると，主婦の立場が理解しやすくなり，互いに平等な関係を持ちやすくなる。
⑨ 喜んで家事をするような男性は軟弱である。
⑩ 同性愛の友人を持つことに抵抗はない。

［注］ ①，③，⑤，⑦，⑨は逆転項目。合計得点が高いほど，従来の男性役割のステレオタイプから解放されたリベラルな態度をもつ。

■引用・参考文献
鈴木淳子　1994　脱男性役割態度スケール（SARLM）の作成　心理学研究, **64**, 451-459.

14章 異文化にふれる

1節 文化とは

1. はじめに

　現代は，国際化の時代と呼ばれている。交通やコミュニケーションの発達によって，これまでとは比べものにならないほど多くの人々が，国境や文化を越えて交流するようになってきた。メディアを通して外国の情報は毎日たくさん伝えられているし，日常的に文化的背景の異なる人と接してコミュニケーションを行なうことも，外国に行くことも，現在の私たちにとっては，あまり特別なことではなくなってきている。

　それでは，国境や文化を越えて，異文化にふれるということはどのようなことだろうか。異なった文化にふれることは，私たちの心にどのような影響を与えるのだろうか。もちろん，異文化の珍しい，あるいは素晴らしいものにふれたり，また異文化の人々と接することによって，ふだん経験できないような楽しく得難い経験をすることもあるだろう。しかし，異文化にふれることは，必ずしもいつも楽しい，あるいはよい結果をもたらす場合ばかりではない。これまで自分ではあたりまえだと思っていたルールや価値観が根底からくつがえされるようなできごとを経験し，ショックを受けることもあるだろう。また，世界のどこかで，毎日のように文化の違いによる摩擦や紛争が起こっていること

も事実である。

この章では、このように異文化にふれるということが、私たちにいったいどのような心理的影響を与えるのかについて考えていく。

2. 文化とは

異文化にふれるということを理解するためには、まず文化とは何かを考える必要があるだろう。文化にはさまざまな定義があるが、一般的には「何世代にもわたる個人や集団の努力によって多くの人により受け継がれた知識、経験、信念、価値観、態度、意味、階級、宗教、時間の概念、役割分担、空間の使い方、世界観、物質的な財産などすべてを包含したものである」と言われている (Samovar L. A. et al., 1981)。また、さまざまな文化の比較を実証的に行なったホフステード (Hofstede, G., 1991) は、コンピュータにプログラムが組み込まれているようすにたとえ、文化を人の「メンタル・プログラム」、あるいは「ソフトウェア・オブ・ザ・マインド」と呼んでいる。

人は、どのように考え、感じ、行動するかについて、その人固有のパターンをもっている。そして、そのうちの大部分は自分が育った文化から学んだものであるといえる。ある文化をいったん身につけてしまうと、それと異なったやり方に適応することはむずかしく、また意識的に異なったパターンに合わせることは多大な労力を必要とする。このように私たちが異文化の社会に適応しようとする時や、異なる思考・行動パターンをもつ異文化の人間どうしが接する過程で、問題が起こる可能性が高いということは容易に想像できる。

3. 文化はどのように異なるのか

それでは、文化はそれぞれどのように異なっているのだろうか。次に、文化が異なると、人々の考え方や感じ方、行動の仕方はどのように違ってくるかについて、簡単にふれておこう。

たとえばホフステード (Hofstede, G., 1980) は、ある多国籍企業に属するさまざまな国籍の社員 100,000 人以上を対象に調査を行ない、世界各国の文化の特徴や価値観などを分類する指標となる次の4つの次元を抽出している。

① 社会における不平等の度合いを表わす「権力格差（power distance）」
② 集団あるいは個人の目標のどちらを優先するかの度合いを表わす「集団主義（collectivism）——個人主義（individualism）」
③ その文化における価値観や行動パターンが男性的か女性的かの度合を表わす「男性らしさ（masculinity）——女性らしさ（femininity）」
④ 曖昧さに対する寛容さの度合いを表わす「不確実性の回避（uncertainty avoidance）」

この中で③の指標によって分けられた「集団主義的」社会と「個人主義的」社会での人々の考え方，行動パターンや一般的な規範がどのように異なるかを，表14-1に示した。日本を含むアジア諸国は，これらの中でもどちらかというと集団主義的社会に属するといわれている。また，北アメリカやヨーロッパの一部の国々は，個人主義的社会に属するという。

◎表◎14-1 集団主義的な社会と個人主義的な社会の基本的な違い（一般的な規範，家庭，学校，職場におけるもの）（Hofstede, G., 1991より一部省略して作成）

集団主義的	個人主義的
人々は，拡大家族または他の内集団の中に生まれて，その集団に忠誠を誓う変わりに保護され続ける	成人すれば，自分と身近な（核）家族だけの世話をすればよい
アイデンティティは，自分が所属する社会的ネットワークに根ざしている	アイデンティティは，自分自身に根ざしている
子どもは「われわれは」という視点から物事を考えることを学ぶ	子どもは「私は」という視点から物事を考えることを学ぶ
常に調和が保たれねばならず，直接対決は忌避される	自分の心のうちを語る人こそ，誠実な人物である
コミュニケーションは，状況に左右されやすい	コミュニケーションは，状況に左右されにくい
不法行為を犯すことは，本人とその内集団にとって恥であり面子を失うことである	不法行為を犯すことは，罪の意識をかき立て，自尊心を傷つけることである
雇い主と社員の関係は，家族関係と同じく，道徳的な観点から評価される	雇い主と社員の考え方は，相互の利益に基づいて結ばれた契約関係である
採用や昇進に関する決定では，社員の内集団についての情報が考慮される	採用や昇進は，技量と規則のみに基づいて決定されるはずである
経営とは，集団をいかに管理するかである	経営とは，個人をいかに管理するかである
人間関係が職務よりも優先される	職務が人間関係よりも優先される

また，ホール（Hall, E. T., 1976）は，さまざまな文化のコミュニケーション・スタイルに注目し，「高コンテキスト文化——低コンテキスト文化」の次元で文化を分類できるとした。これについては以下の3節2で，詳しく述べていく。

文化は，前述のような指標や次元に従って分類されることがある。もちろん，ある文化に属するからといって，その成員が画一的に同じ考え方や行動の特徴をもつわけではないが，同じ集団の中で社会化されてきた人々は，ある程度似通った傾向をもつことになる。そうなると，異文化にふれることは，私たちに心理的な影響をもたらす可能性があるし，また文化背景の異なる人と接することで，相手との相違がお互いの人間関係になんらかの問題をもたらす可能性も出てくるであろう。次節以降で，異文化接触が私たちの心理や行動に与える影響について見ていこう。

2節 異文化にふれる

1．異文化接触とは

　私たちの日常は異文化にふれる機会で溢れている。テレビ，新聞，雑誌，インターネットを通してふれることもあれば，町中や通学途上でも外国人を見かけたり，学校などでは流暢な日本語を操る外国人と直接会話することもあるだろう。彼・彼女らは留学生かもしれないし，ビジネスマンや外交官，またはその家族かもしれない。はたまた帰国子女や国際結婚などで日本に定住する人々かもしれない。一方，国内よりも安価なパック旅行などのおかげで気軽に海外に出かける機会も多くなり，短期の留学や語学研修，ホームステイをはじめ，長期の海外出張や赴任，さらには移民など，日本人の異文化接触は海外でも盛んである。

　このように接触の相手・場所・期間・手段・程度など異文化接触の形態はさまざまであるが，ここでは個人レベルの異文化接触に関して，特に私たち日本人が異文化を訪れた場合に，その文化に適応していく過程について見ていく。

2．異文化接触における適応のタイプ

　たとえばあなたが外国に留学しているとしよう。さまざまな楽しい経験を重ね，友だちもたくさんできた。そして，日本文化を冷静に見つめ，相手の文化

との比較を通してお互いの違いやよさを客観的に認められるようになった……。ベリーら（Berry, J. W. et al., 1986）は自分自身の文化に対する態度と，相手の文化に対する態度の2つを軸として，個人的な異文化接触における適応のタイプを4つに分類している（表14-2）。中でも冒頭に挙げた例のように，自文化を尊重しつつ相手文化のよい部分をも取り入れ，学べるようなタイプを「自他の統合」と呼んでいる。

◎表◎14-2　異文化接触の4つのタイプ（Berry, J. W. et al., 1986より作成）

		自分の文化に対する態度	
		好意的	否定的
相手の文化に対する態度	好意的	自他の統合	相手への同化
	否定的	相手に対する拒否	孤独

「相手への同化」とは，異文化接触を通して日本文化の欠点が見えるようになり，しだいに日本文化に嫌悪感を感じ，ついには否定してしまう。相手文化の魅力に引かれ，「日本人をやめてしまいたい」と感じる人や身も心もアメリカナイズされて帰国する若者などはこのタイプに入る。これに対して，留学前の想像とのギャップや被差別的な経験などを通して日本文化のよさに気づき，逆に相手文化に反発し，軽蔑・拒絶することもある。そして「やっぱり日本が一番いい」と強くナショナリスティックになるようなタイプが「相手に対する拒否」である。また，相手文化に馴染めないばかりか，日本文化にも嫌気が差してしまい，結局どの集団にも属さず不安や混乱に陥る，1人で家に閉じこもるなど，文字どおり「孤独」になる場合もある。

しかし，このような適応のタイプは1つに固定化したものではなく，個人の中でも常に流動的に変化する。

3．異文化接触における適応のプロセス

前項でもふれたように，異文化への適応は平坦なプロセスではなく，時間を追ってさまざまに変化していく。図14-1の左の図は異文化適応モデルとしてよく用いられるU字型曲線（Lysgaard, S., 1955）である。たとえば，初めは何もかもがバラ色で「すばらしい国だ！」とすべてが新鮮で興味深く感じられる

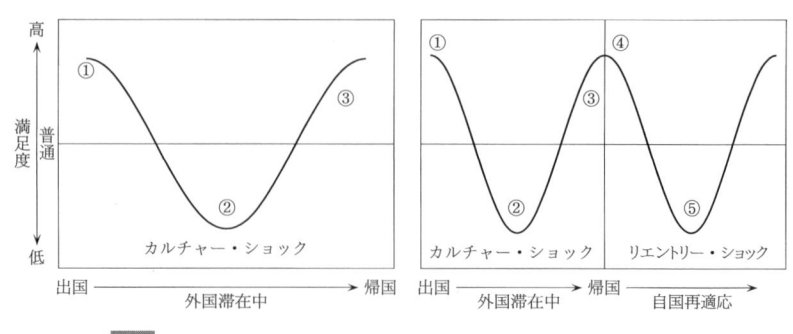

◎図◎14-1 適応のU字型曲線とW字型曲線（八代ら，1998より作成）

ハネムーンのような時期①。しかし，しだいに外国語でのコミュニケーションにも疲れ始め，「もうわけがわからない！どうしてここではこうなんだ」と面倒・不合理に思い始め，「〜人は何を考えてるんだ！」「こんなものもないのか！」と不満が蓄積し，ついにはその文化のすべてが嫌になる「カルチャー・ショック」の時期②。さらに知識や体験が増えていくと「もうだいぶ慣れたし，戸惑いはまだあるけど，冷静に考えるとわかるようになってきた」と両文化の相違点・類似点に気づき，それを客観的に受け止め，寛容で受容的な態度で接することができるようになる③。

こうして帰国する段階になると，帰れるという期待と異文化での充実感で溢れるが，再び自文化に再適応するにあたって同様のパターンが見られることがある。たとえば，帰国当初は歓迎ムードで「あーやっぱり日本はいいなあ」と住み慣れた環境や食事に戻った喜びにひたるが④，やがて家庭や友だちが自分の異文化体験に興味を示さない，話題や流行についていけない，さらには「どうして日本人はこうなんだ！」と当たり前だった自文化の価値観に疑問を抱くなど，落ち込んでしまう⑤。これを「リエントリー・ショック」と呼び，ガルホーンら（Gullahorn, J. T. et al., 1963）はW字型曲線（図14-1，右側の図）を提唱した。

これらのモデルはこれから海外に長期滞在する者にとって，適応に対する心構えの予備知識として役立っている。しかし，文化間移動に伴う適応・再適応のプロセスは，実際に起きているさまざまな側面を一般化したものであり，シ

ョックの程度・持続期間などには当然個人差がある。

4．異文化接触の諸側面

　カルチャー・ショックというと，何かマイナスのイメージを抱くかもしれない。しかし，逆にカルチャー・ショックを経験することを通して「視野が狭かったなあ」「自己主張できるようになった」「日本人こそ個人主義なんじゃないか？」と感じることもあるだろう。心身の病に繋がる過度のショックは望ましくないが，ある程度のショックは異文化接触にはつきものであり，それを乗り越えることに意義がある場合も多い。アドラー（Adler, P. S., 1975）は，カルチャー・ショックは相手文化の知識を高め，新しいものの見方・考え方などを身につけることで自己成長の契機になるとしている。カルチャー・ショックさえも受けず，友だちを1人も創らずに帰国する人ほど，逆に無頓着な言動などで相手国の人々にカルチャー・ショックを与えるという指摘もある（近藤，1989）。

　このようにカルチャー・ショックは異文化接触の成否にかかわる1つの指標と考えられる。このような指標を含め，今後も増加する多様な異文化接触に私たちはどのように対処し，それを乗り越えていけばいいのか，現在渡辺（1995など）による研究を始め，さまざまな異文化間能力の育成の研究が進められている。

3節
文化とコミュニケーション

1．文化とコミュニケーションの関係

　文化はコミュニケーションであり，コミュニケーションは文化である（Hall, E. T., 1959）と言われるように，異文化接触の際に起きるさまざまな問題は文化背景の異なる人々とのコミュニケーションのむずかしさであるともとらえられる。その原因は語学力の不足と考えられがちであるが，それ以外にも大切な要素がある。ふだんの日常会話でも，伝えたい内容が伝わらない，誤解される，

さらにはこちらでまったく意図していなかったことまで伝わってしまうなど悔しい思いをしたことがあるだろう。それは，コミュニケーションが話し手から聞き手への一方向の意思伝達といった単なるメッセージの授受ではないからである。コミュニケーションとは，コミュニケーションの場所・目的・人間関係といったコンテキスト（文脈）を伴っており，言語だけでなく言語以外の手段によって，参加者が相互に影響し合いながら常に変化していくプロセスであるからである（図14-2）。特に，文化背景の異なる者による異文化コミュニケーションでは，送り手がメッセージを記号化し，そのメッセージを受け手が解読する過程において，それぞれお互いの異なる文化の影響を受けることから，そのむずかしさは容易に想像がつく。

ここでは，なぜ外国人とのコミュニケーションがむずかしいのかについて，さまざまなコミュニケーション行動の観点から見ていく。

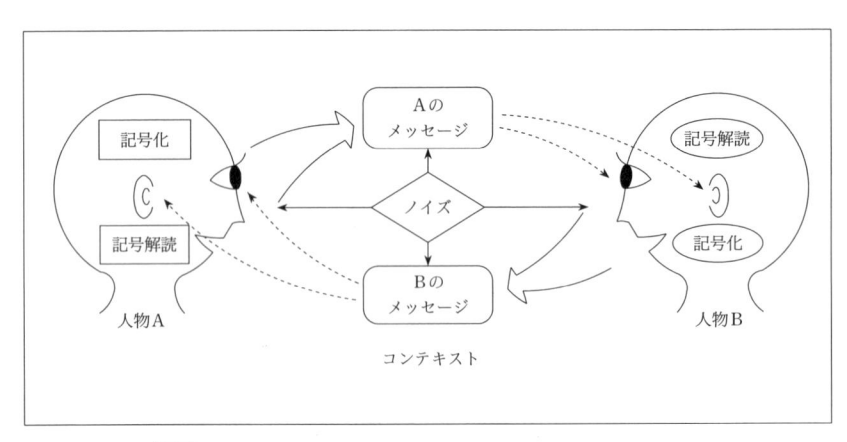

◎図◎ 14-2　対人コミュニケーションのモデル（石井，1997を修正）

2．コミュニケーション・スタイルと文化

よくビジネス場面で，外国人から「日本人はNOと言えない」「曖昧だ」などと言われるのに対して，日本人の方は「外国人は自己主張が強い」などと考えてしまう。これには，文化によって規範とされるコミュニケーション・スタイルの違いが関係している。

たとえば、和文英訳で、ある単語の意味を訳す時、その単語が使われているコンテキストを無視してその単語だけの意味を辞書で引いて置き換えた結果、とんでもない誤訳・珍訳になってしまうことがある。人が伝えるメッセージの内容は、言語化された情報とそれがどのような場面で誰に対して発せられたかというコンテキストによって決まる。あまりコンテキストに頼らず、メッセージの大部分が実際の言語表現によって伝達される文化を「低コンテキスト文化」、逆に明確な表現を避け、話されることばよりもコンテキストに重点を置いて互いに相手の意図を読み取る文化を「高コンテキスト文化」という（Hall, E. T., 1976, 図14-3）。

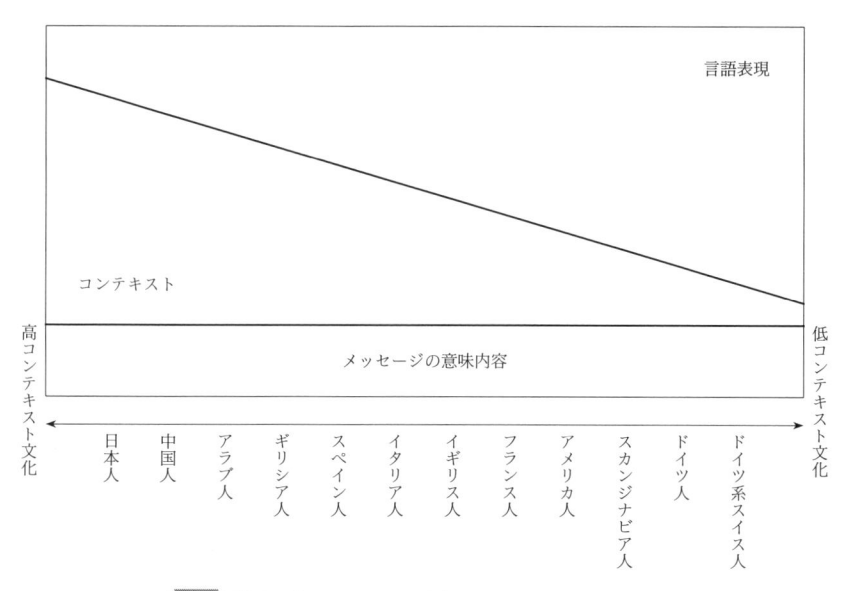

◎図◎14-3　高コンテキスト文化と低コンテキスト文化
（Hall, E.T., 1976とFerraro, G.P., 1990より作成）

　日本では「不言実行」というようにあまり言語化しないコミュニケーション・スタイルをとることが多い。そのため、日本は高コンテキスト文化と考えられる。よく「ツーカーの仲」とか、「「あー・うー・おー」で「風呂・めし・寝る」が通じる」などと言えるのは、高コンテキスト文化では物の見方や価値観・常識・行動様式が均質化しているので、ことばによる説明がそれほど必要ないか

らである。一方，日本とは異なり，人々の移動が激しい多民族多言語の地域などでは共有される前提が必然的に限定されるため，明確なメッセージを言語化するコミュニケーション・スタイルをとりやすい，つまり低コンテキスト文化が多いと考えられる。

しかし，日本も常に高コンテキスト文化というわけではなく，コンテキストを考慮する度合いも，場面・状況・聞き手との関係・メッセージの内容などによって変化する。よって，異文化接触に際してはこのような要因を考慮した適切なコミュニケーション・スタイルが要求されるが，お互いのコミュニケーション・スタイルが似ている場合，反ってその微妙な相違に気づきにくく，結果的に致命的な摩擦を起こしやすいことも知っておくことが大事である。

3．言語コミュニケーションと文化

日本語の「イネ・コメ・モミ・メシ・ゴハン」はそれぞれ英語にするとすべて rice である。エスキモー語には「降っている雪」「積もっている雪」「溶けている雪」などを表わす個別の語があり，同様なことがアラビア語のラクダに関する語についても言える。これはそれぞれの文化の人々にとってはそれらの語が生活上必要かつ重要な概念であるからである。文化とコミュニケーションが切っても切れない間柄であるように，コミュニケーションの手段となる言語による言語コミュニケーションも文化の影響を受ける。

たとえば，外国人は日本特有のタテ社会に戸惑いを見せるとよく言われるが，このような日本人の対人関係における上下意識は敬語という形で言語に反映されている。敬意を表わす表現は何も日本語だけの特徴ではなく，どの文化にも分け隔てなく存在する。外国人にとって日本語の敬語がむずかしいと思うように，私たち日本人にとっても外国語でどのように敬意を表わしたらいいのか悩むであろう。使い方1つ間違えば，相手に不愉快な思いをさせるばかりか，人間関係にも支障を来たしてしまう。日本語の敬語表現に，相手・場面・発話意図・親疎など，複雑な使い方のルールがあるように，他の文化ではその文化特有のルールがあるのである。

4．非言語コミュニケーションと文化

　1項で述べたように，コミュニケーションの手段は何も言語だけとは限らない。たとえば，1つのジェスチャーも文化によっていろいろな意味になる。こんな例がある。ある日本語教師が日本語学習のごく初期の段階に「～は～です」という文型を教えようとして，自分の顔を指差しながら日本語で「私は先生です」と繰り返した。ところが，それを見たある外国人学生が「これは鼻です」という意味に誤解したという。日本人のように人差指で自分の鼻を指し示すという動作が「自分」という意味を示すことであるという前提が共有されていなければ，それも仕方がない。ふだんの生活でも「自慢のロン毛をばっさりと短くカット。もしかして……」「溜め息ばっかり。なんか今日クライよ？」など，何も言わなくても伝わるものがある。このような言語以外の手段によるメッセージの伝達を「非言語コミュニケーション」という。

　非言語コミュニケーションにはさまざまな種類がある（表14-3）。外国人と話していて，挨拶の仕方から，視線の合わせ方，身体的接触などによる戸惑いや，お互いの距離が近すぎて圧迫感を感じたりしたことがないだろうか。また，「NO」の意味で首を縦に振るブルガリア人，待ち合わせなどの時間に頓着しないタイ人，逆に私たち日本人でもズルズル音をたてて食べたり，格好いいと思って着ていたトレーナーにプリントされた絵が外国人には極めて不快感を与えていた例など枚挙に暇がない。海外に行く前に「身振り手振りでなんとかなる」

◎表◎14-3　非言語コミュニケーションの種類

種類	具体的内容
身体動作	ジェスチャー，からだ全体の動き，姿勢，表情，目の動き，歩き方など
身体特徴	魅力，体臭，口臭，毛髪，皮膚の色，体型など
空間感覚	対人距離，座席の位置，縄張り行動，身体の向き，並び方など
接触行動	撫でる，叩く，抱擁，握手，頬擦り，キス，ハッグなど
パラ言語	声の高さ・速さ・大きさ・響き，リズム，イントネーション，アクセント，笑う，泣く，唸る，囁く，叫ぶ，あくび，咳，くしゃみ，しゃっくり，鼻声，いびき，あいづち，沈黙，言いよどみ，ポーズなど
人工品	服装，カツラ，化粧品，持ち物，香水，アクセサリー，眼鏡，履物など
環境要素	建物，家具，食器，室内装飾・照明，色彩，温度，ノイズ，BGMなど
時間感覚	活動時間，物事の同時進行性，優先順位，待ち合わせの捉え方など

「ハートだよ」などといっても，実際には誤解が起きやすく，ことばでうまく説明できないところに非言語コミュニケーションのむずかしさがある。文化特有の意味が非言語的に伝達される場合が多いことから，異文化の人々との出会いにおいては，外国語だけではなく，非言語コミュニケーションにも十分な配慮がいる（対人コミュニケーションについては2章も参照のこと）。

4節 異文化と社会心理

1. 異文化理解を阻む社会心理的要因

前節までで見てきたように，私たちは，ある文化に生まれ育ったことによって，その文化特有の価値観，コミュニケーションの仕方などを身につけている。そのため，文化的背景の異なる人とうまくコミュニケーションを行なうには，誤解や摩擦を生むいろいろな障害があると考えられる。ここでは，特に異文化間の人間関係を阻害する可能性がある考え方や認知，態度について述べていく。

2. 自文化中心主義（エスノセントリズム）

自文化中心主義（ethnocentrism；自民族中心主義と呼ばれることもある）とは，自分が属する文化の価値観を唯一の基準として，他の文化の価値観などを判断する考え方である（Sumner, W. G., 1906）。自文化中心主義的な考え方をもつことによって，人は異文化に対して排他的な態度をもったり，自分たちの優越性を誇って異文化を蔑視する態度をとったりしてしまう。

自文化中心主義は，世界中どの文化でも多かれ少なかれ見られる現象である。たとえば「中華思想」は一種の自文化中心主義であるし，日本人が「日本語はむずかしいから外国人にはマスターできるわけがない」と思いこんでしまうことも，自文化中心主義的な傾向をもつ考え方だと言えるだろう。私たちは，勝手に自文化の基準で異文化での出来事を判断するのではなく，すべての文化に優劣はなく，それぞれを同じように尊重すべきであるという見方，すなわち「文化相対主義（cultural relativism）」をもつことが望ましいと考えられる。

3．異文化とステレオタイプ

　私たちは時に，「フランス人はファッション・センスがある」,「ドイツ人は几帳面だ」などというように，ある文化集団に属する人々の特徴を十把一からげにして話すことがある。このようにある特定の集団に属する人々をひとまとめにしてカテゴリー化し，過度に単純化した見方（認識の枠組み）をステレオタイプ（stereotype）と呼ぶ（9章5節参照）。

　ここで「日本人は勤勉だ」というステレオタイプを例に考えてみよう。もちろん，日本人で勤勉な人はたくさんいると思われるが，そうでない日本人も少なからず存在する。つまり，そのようなステレオタイプによってすべての日本人を判断することが，必ずしも正しいとは限らないのである。

　また，ステレオタイプは否定的な内容のものが多いため，異文化接触の場で問題となる可能性も高いと思われる。

　それでは異文化接触の際，ステレオタイプはどのようなメカニズムで生じ，また維持されるのだろうか。まず，私たちは社会化の過程を通じて親やまわりの人，あるいはマスメディアでの偏った描写や報道などから，ある特定の異文化の集団についてのステレオタイプを学ぶことがある。さらに，私たちは日常的に世の中の多くの物事を区別し，カテゴリー化しながら理解している。その際に，身のまわりの複雑な環境に適応するため，社会的認知を必要以上に簡略化する傾向がある。たとえば，ある人を個人として考慮するのではなく，単にある集団の一員（たとえば中国人，あるいはアメリカ人など）ということだけを手がかりに，ステレオタイプをあてはめて対応することがこれにあたる。このようなやり方はそれぞれの相手に対して詳しい認知を行なう手間も少なく，特に未知の異文化の人と接する時には手っ取り早くて便利かもしれない。

　このように，お互いに異文化を背景とする対人関係の進展においては，その関係の初期には私たちは相手に文化的なステレオタイプを当てはめがちであるという（手塚，1995）。それでは，たとえば初めて会ったアメリカ人女性Aさんに対して,「アメリカ人の女性は皆自己主張が強くて積極的だというから，あのAさんもそうに違いない」と思いこんで評価してしまうことは，どのような結果をもたらすだろうか。もしAさんがそのステレオタイプに当てはまらないような人であれば，その人のアメリカ人女性全般に対するステレオタイプは変化

図14-4では，異文化接触において，Aさんの「アメリカ人女性」という集団のカテゴリーのステレオタイプが活性化された場合に，その行動を見ることで，ステレオタイプがどのように変化する（あるいは維持される）可能性があるのかというプロセスを示している。（9章5節2.を参照）。ふつう，人はステレオタイプ的認知をしながら相手に接する時，相手がそのステレオタイプにあてはまる行動をとることを予期してしまう。その結果，予期に反する新たな情報にはあまり注目せず，自分の考えや期待に添った情報の方を重視しやすい，つまり見たいものを見てしまうという傾向がある（予期合致性）。もしこのAさんが積極的に発言をすれば「やはりアメリカ人女性は自己主張が強い」と自分の予期は正しかったと納得してそのステレオタイプを確証し，補強するであろうし，もしその逆にAさんがあまり自分の意見を言わない人であったとしても，「きっ

```
        異文化の人々についてのステレオタイプの形成
    例：周りの人やマスメディアなどから「アメリカ人女
        性は皆自己主張が強い」というステレオタイプを学ぶ
                        ↓
        アメリカ人女性Aさんと接触した場合，Aさんにその
        ステレオタイプをあてはめ，Aさんがそのステレオタ
        イプに合う行動をとることを予期する
```

予期に合ったAさんの行動を見た	予期に矛盾するAさんの行動を見た(1)	予期に矛盾するAさんの行動を見た(2)
例：Aさんはいつでも積極的に自分の意見を述べる ↓ やはりアメリカ人の女性は自己主張が強い	例：Aさんはあまり意見を言わない静かな女性だ ↓ Aさんはアメリカ人女性の中でも例外的な存在に違いない（サブタイプ化）	例：Aさんはあまり意見を言わない静かな女性だ ↓ アメリカ人女性は皆自己主張が強いというわけではない
↓	↓	↓
ステレオタイプの確証	ステレオタイプの維持	ステレオタイプの修正

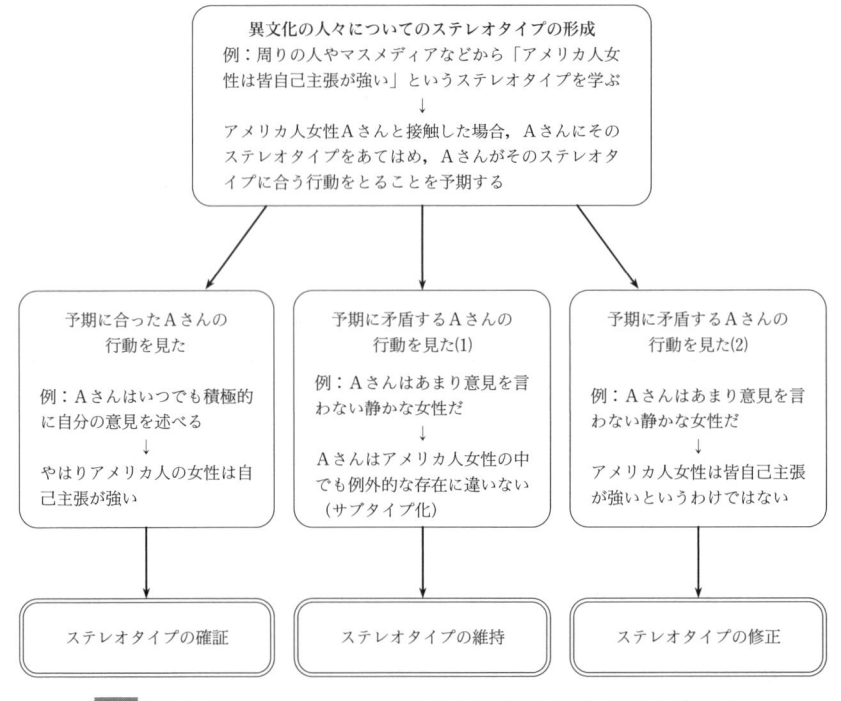

◎図◎14-4 異文化接触におけるステレオタイプ確証・維持・修正のプロセス

とAさんはアメリカ人女性の中でも例外なのだ」と考えてその新たな情報を無視してしまうことが多い (サブタイプ化)。そして，なかなか「アメリカ人女性は皆自己主張が強いというわけではない」というように，そのステレオタイプを修正することには結びつきにくい (修正困難性) と言われている。(Neuberg, S. L., 1994)。

このようなプロセスからもわかるとおり，異文化接触の際に安易に相手にステレオタイプ的認知を行なうことは，その人個人を正しく理解することにつながらないばかりか，その異文化の人全体をその後も誤解することにつながりかねない。私たちは，異文化接触の場では特に，自分がもつステレオタイプを意識しながら，より適切な対人認知を行なうよう心がけることが必要だろう。

4．異文化と偏見

世界の中では，国家や民族間でさまざまな対立や葛藤が起こっている。そのような問題には，人種的・民族的偏見がかかわっている場合が多い。偏見(prejudice)は，ステレオタイプと同様，ある集団の人々をひとまとめにして特徴づけてしまう見方であるが，偏見は，特にその見方に十分な合理的根拠がなく，強固で変えにくい，価値判断や感情を伴った否定的な態度と考えられている。オールポートは偏見について「ある集団に属している人が，たんにその集団に属しているからとか，それゆえにまたその集団のもっている嫌な性質をもっていると思われるという理由だけで，その人に対して向けられる嫌悪の態度ないしは敵意ある態度である」と定義している (Allport, G. W., 1954)。

それではなぜ人は偏見をもってしまうのだろうか。私たちがある集団の人々に偏見をもつメカニズムとして考えられるのは，まず，ステレオタイプと同じように，①社会化の過程で家庭や学校，マスメディアなどから学んでしまうということがあげられる。また，②幼少時に親から受けた厳格なしつけによって，権威に弱い反面，弱者を蔑視する傾向のあるパーソナリティー(「権威主義的パーソナリティ (authoritarian personality)」と呼ばれる) をもつ人は，特に少数派の集団に偏見をもちやすいと言われている (Adorno, T. W. et al., 1951)。そして，③ステレオタイプの説明で述べたようなカテゴリー化およびステレオタイプの確証化・維持のメカニズムによって，ネガティブなステレオタイプが

強化された結果，偏見になることも考えられるだろう。さらに，④私たちはどのような集団にあっても（たとえそれが偶然に作られた集団であっても），その外部の人に対して，内部の人に対するよりも見方が厳しくなるという心理的傾向をもつ。そのため，外集団の人に偏見をもちやすい認知的傾向がある（詳しくは9章6節参照）。他にも，⑤欲求不満などがある時，他の集団に偏見をもつことによってその不満を解消したり，あるいは⑥社会の中の弱者の集団に偏見をもつことで，自尊心を維持し，自我を守ることが原因となることもある。また，⑦利害が対立する集団どうしの摩擦や葛藤により，お互いの集団の成員が相手集団の成員に偏見をもってしまうこともある。

　もちろん，偏見は避けるべき態度であるが，認知的な視点から考えると，ステレオタイプと同様人が普遍的にもつ心理的傾向が生んでしまう態度であるとも言える。しかし，だからといって偏見や過度のステレオタイプをもつことを正当化することはできない。むしろ以上のような偏見形成のメカニズムを踏まえた上で，私たちは偏見への対処方法を考えるべきであろう。（偏見への対処方法に関する研究については，実験・調査紹介15を参照）

5節 異文化理解に向けて

　異文化にふれることは，私たちにさまざまな影響を与える。自分の生まれ育った文化から他の文化に移動する時，私たちは思いもよらぬ心理的影響を受けることがある。また，異なった文化的背景をもつ者どうしがコミュニケーションを行なう時には，言語・非言語の両面で，本人たちの意図にかかわらず，誤解が生じてしまうことがある。さらに文化の異なる相手に対しては，ステレオタイプや偏見をもちやすく，一度もってしまうと，それらを解消することは簡単ではない。2・4節ではこのような問題について述べてきた。

　私たちは自文化の中にいる限り，ふだんは自分が文化の影響をどれだけ受けているかについてあまり自覚することがない。だからこそ，異文化に接し，異文化を意識し，自文化と比較してみることで，自文化を本当の意味で理解する

ことができるのではないだろうか。もちろん，文化間の違いを強調しすぎることは，ステレオタイプ，ひいては偏見を助長する恐れもあるため，お互いの文化間に類似点や共通項を見い出すことも異文化理解には必要不可欠である。多くの異文化とふれ，異文化を理解し，異文化の人々との人間関係を築くことは，すなわち，自分を客観的に見つめ，成長するよい機会だといえるだろう。

実験・調査紹介 15

偏見を克服する試みに関する諸研究

　偏見は，異なった文化をもつ人間どうしが接する時，相互理解を阻害する要因となる。また，感情を伴うため，人々の間に憎しみを生み，差別や対立を煽る役割を果たしてしまう。このように社会で多くの問題を引き起こす偏見を克服するためにさまざまな研究や試みがこれまで行なわれてきた。

　たとえば，「接触仮説（contact hypothesis）」（Allport, 1954 ; Sherif et al., 1961 ; Cook, 1978）に関する諸研究では，集団間の葛藤により引き起こされた偏見は，お互いの集団の成員どうしを直接接触させることにより，逓減することができるのではないかと論じている。その際，ただ偏見をもつ相手と直接接触させるのではなく，①親密で，②お互いの立場が対等の，③相互依存的な関係で，④共通の目的を達成するための，さらに⑤平等主義的な雰囲気や制度が共有されている接触という条件を満たしていれば，その偏見は逓減する可能性があるという。

　とはいえ，現実社会に応用されると，このような仮説通りの結果が得られない場合もあった（たとえば，Gerald, 1983 ; Miller & Brewer, 1984）。それでは，果たして偏見を克服する方法はないのだろうか。

　9章の実験・調査紹介10で説明されているデヴァインの分離モデルは，その1つの可能性を示すものである。ステレオタイプ的でない態度や価値意識をもつことで，ステレオタイプを意識的に抑制し，異文化の人々に対してステレオタイプや偏見に基づいた反応をしないように心がけることは，偏見を克服することにもつながると思われる。

　また，偏見の逓減に関するさまざまな既存の研究の成果を取り入れ，サンプソン（Sampson, 1999）は，偏見を克服する方法を3つの観点から提言している。（表参照）。表中の2でもわかるように，偏見には社会に適応したり，自尊心を維持するなどの機能もあるため，意識して避けるよう心がけないと，簡単に形成され，また強化されてしまうだろう。これらのような偏見の態度としての機能を自覚し，意識してそのプロセスを抑制するように努めることが，さらなる偏見を生み出すことを防ぐことにもつながると思われる。

　さらに，偏見を集団間の葛藤という面で捉えた場合，その集団間関係の認知を再枠組化することで，偏見を逓減あるいは解消する可能性が考えられる（表中の3参照）。もちろん，これらの方法を実践しても，すべての場合にうまくいくとは限らない（Brewer & Miller, 1996）。たとえば，非カテゴリー化は個人のもつ社会的アイデンティティの存在を脅かす可能性があるし，再カテゴリー化によって異なる集団間の協力が続くのは，比較的短期間に限られてしまうことが多いという。また，下位カテゴリー化は適切な条件下で行なわれないと，かえって集団間の葛藤を増す可能性もあるという。

　以上の諸研究からわかるように，誰でもがもつ可能性がある偏見を克服するためには，私たちはその形成メカニズムを理解し，常に偏見に対して批判的な視点をもつことが必要だと思われる。これらの結果を手がかりに，偏見にいかに挑戦し，克服するかについて考えてほしい。

■引用・参考文献

Allport, G.W. 1954 *The nature of prejudice*. Reading, MA : Addison-Wesley. 原谷達夫・野村昭（訳）1968 偏見の心理　培風館

Brewer, M.B. & Miller, N. 1996 *Intergroup relations*. Pacific Grove CA : Books/Cole.

Cook, S.W. 1978 Interpersonal and attitudinal outcomes in cooperating interratial groups. *Journal Research and Development in Education*, 12, 97-113.

Devine, P. 1989 Stereotypes and Prejudice : Their automatic and controlled components. *Journal Parsonality and Social Psychology*, 56, 5-18.

Gerald, H.B. 1983 School desegregation :

表 偏見への挑戦——偏見を克服するための方法—— (Sampson, 1999 を修正して作成)

注目する焦点	推奨される偏見克服の方法	方法についての説明
1. 偏見の対象となる人々	人々の相違を生む複雑な原因について,また,集団の特徴でその成員の人の相違を説明するという過度の単純化に対する懐疑心をもつように教育を行なう。	偏見の対象となる人々がもつといわれる望ましくない特徴に対して批判的になり,疑問を持ち続けることが偏見や差別の維持を防ぐ。
2. 偏見をもつ人々	以下の4つの態度の機能が偏見を生む可能性に挑む。 1—自我防衛的機能 2—社会適応的機能 3—価値表出的機能 4—認知的機能	 禁じられた自分の欲望を無意識に外集団の人に当てはめて偏見をもつことで,自我を守ろうとしてしまう機能 ある社会集団に適応するために,その集団の規範として偏見を取り入れる機能 信じている宗教などの価値観をもち,それに相容れない人々に偏見をもつ機能 社会的認知を行う際のカテゴリー化によってステレオタイプをもち,維持する機能
3. 集団間の関係	集団間関係の再枠組化について,3つの戦略を試みる 1—非カテゴリー化と偏見の逓減 2—再カテゴリー化と偏見の逓減 3—下位カテゴリー化と偏見の逓減	 相手の人の属する集団ではなく,その人個人のアイデンティティを重視する 「彼ら」と「われわれ」ではなく,両者を全員「われわれ」として見る 自分自身の社会的アイデンティティを保ちながら,他のさまざまな集団の人と協調関係をつくる

The social science role. *American Psychologist*, 38, 869-877.

Sampson, E. E. 1999 *Dealing with differences: An introduction to the social psychology of prejudice*. Orlando, FL: Harcourt Brace College Publishers.

Sherif, M., Harvey, O. J., White, B., Hood, W. & Sherif, C. W. 1961 *Intergroup conflict and cooperation: The robbers cave experiment*. Norman, OK: University of Oklahoma Book Exchange.

実験・調査紹介 16

外国人の話す日本語に対する日本人の評価意識

近年、身のまわりに日本語を話す外国人が増えたように感じないだろうか。図は日本への外国人留学生数の推移である。不況などの影響はあるものの、依然国内外を問わず日本語学習者数は増加傾向にある。彼・彼女らは「聞く・書く・話す・読む」の4言語技能中「話す」をかなり重視しており、自然な日本語らしい発音で話したいと考えているという（日本語教育学会、1991など）。

では、そのような外国人の話す日本語を聞いてあなたはどのように感じ、対応しているだろうか。日本語のとても上手なあるアメリカ人は「日本語が下手な時代は、まわりの日本人はとても親切にしてくれたものだが、日本語が上達するにつれて、日本人は以前ほど親切にはしてくれなくなった」と言う（赤坂、1993）。在日留学生を対象に質問紙調査や面接調査を行なった岩男・萩原（1988）は、滞在期間が長く、また日本語能力が高い者に対するほど、日本人による評価が厳しいと報告している。また、一般の日本人に対して実際に外国人の話す日本語の発音を聴かせて評価実験を行なった小河原（1993）では、発音能力が高い者に対するほど評価が厳しいという結果になっている。このことは、初・中・上級と外国人の日本語能力が向上するにつれて、それを聞く側の私たち日本人の評価は厳しくなっていくということを示しており、初級の場合では「誉める日本人」になってその評価が甘いため、先の「自然な日本語で話したい」として来日する外国人の発音学習に対する意欲に悪影響を及ぼしかねない。

大坪（1990）は、英語を母語としない話し手の英語による講演会に出席した際に、その英語が非常にわかりにくかったので、隣りにいた英語を母語とする20代の若者に「私はあの英語がよくわかりませんが、あなたはわかりますか？」と質問した。すると、その若者は「実は自分にもよくわからないが、英語はもう国際語になっているのでわからなければならないと思います」と答えたという。今後ますます日本語学習者が増加し、国内での異文化接触も増え、日本語が国際的コミュニケーションの手段になりつつある今日、私たちの異文化コミュニケーションの在り方はどうあるべきなのだろうか。ふだん何気なく耳にする外国人の話す日本語に対して、私たちはいったいどのように評価しているのか、その評価意識について社会心理学的な観点から考えていくことが、その1つのヒントを与えてくれそうである。そしてそれは日本語教育学、その中でも特に日本語音声教育においても「どこまで発音を教えるか」につながる重要なテーマなのである。

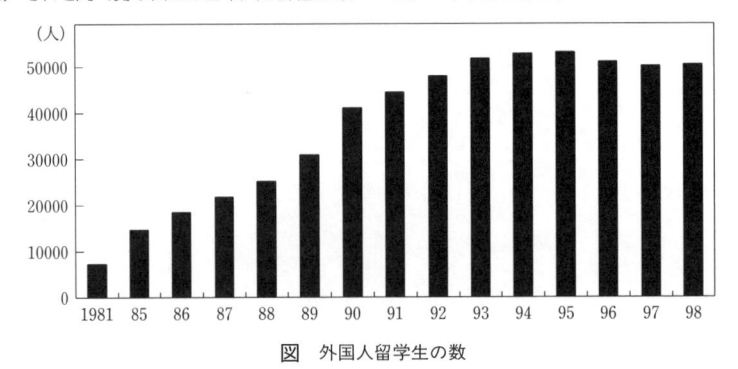

図　外国人留学生の数

■引用・参考文献
赤坂和雄 1993 日本人の言語コミュニケーション 橋本満弘・石井 敏(編) コミュニケーション基本図書第2巻 日本人のコミュニケーション 桐原書店 82-104.
岩男寿美子・萩原 滋 1988 日本で学ぶ留学生——社会心理学分析 勁草書房
日本語教育学会(編) 1991 日本語教育機関におけるコース・デザイン 凡人社
小河原義朗 1993 外国人の日本語の発音に対する日本人の評価 東北大学文学部日本語学科論集第3号 1-12.
大坪一夫 1990 音声教育の問題点 杉藤美代子(編) 講座日本語と日本語教育3 日本語の音声・音韻(下)明治書院 23-46.

15章 社会心理学を学ぶ

1節 社会心理学の現状と歴史

1．はじめに

　歴史というと「年号の棒暗記」というイメージがあり，それに苦しめられた人も多いと思うが，ここではそういった歴史ではなく，現在を知るための歴史なので，読み流してくれればよい。なお，本書の読者が主に日本人に限られること（かつ，本書の他の章にはあまり日本人の名前をみかけないこと）から，日本の社会心理学の現状について主に述べてみたい。

2．日本の社会心理学の現状

(1) 近年の特徴

　現在の日本の社会心理学の特徴をいくつか筆者なりにまとめると，次のようになる。

- 外国研究の単なる翻訳（ほんやく）研究が減ってきている
- 外国の学会において活躍する人が増えてきている
- 社会問題へのアプローチが増えてきている
- 比較文化的研究（あるいは文化心理学的研究）が増えてきている

これの動向はお互いに少しずつ関連しているが，以下で解説しよう。さて認知的不協和理論で知られるフェスティンガー（Festinger, L.）が来日した時のことである。彼を中心にした講演，研究会などが各地でたくさん行なわれた。あるセミナーの席で日本の研究者たちが研究発表を行なっていたところ，フェスティンガーは「どうして日本に特有な社会現象をテーマにしないのか？」という苦言を呈したという(相良，1965)。彼は，米国で米国人向けに考えられた実験事態をそのまま翻訳したような形で追試しても何もならないという考えをもっていたし(田中，1965)，彼の著書の翻訳版が出版される際には，日本版への序として日本の心理学研究の質が高いと指摘した上で「最も有意味なことは，……中略……日本語の心理学書を英語に翻訳することだ」とさえ記している(Festinger, L., 1963)。

　後に見るように，第2次大戦後の日本ではアメリカの心理学の影響が大きく——それというのも1950年代以降は「（アメリカ）社会心理学の最盛期」とさえ言われるような時期であったからだが——，日本の研究者も争って似たテーマの研究を行なった。このような後追い現象のことを田中は「たくさんの台風が日本にやってきた」と記述している。ニュールック台風，認知的不協和台風，援助行動台風，対人魅力台風などなどの「台風」が日本を席巻したのだという(田中，1995)。

　しかし，近年においては，海外の研究と問題を共有し，同時代的に研究を進めている心理学者が増えてきている。そして，それらの研究が認められた結果として，海外の学会において理事などを務めたり，学会誌の編集委員として研究の質の向上に務めている社会心理学者が現われるようになった。

　山岸俊男は社会的ジレンマと信頼の研究で知られるが，国際社会学会などいくつかの国際学会で理事を務め，また，"*Journal of Personality and Social Psychology*"誌の編集委員でもある。自己の文化心理学という領域を積極的に開拓してきた北山忍は，国際比較文化心理学会の理事を務めた。山口勧は日本をアジア文化の一員として位置づける立場で比較文化研究を進めている。アジア社会心理学会の設立に尽力し，次期会長が予定されている。

　他にも活躍している社会心理学者は多数存在するが，おそらく最も顕著な活躍をしたと言えるうちの1人が三隅二不二であろう。グループ・ダイナミック

スという学問において，リーダーシップ PM 理論をうちたてるなど，多くの研究を行なってきた（7 章参照）。その功績に対しては，1993 年にクルト・レヴィン賞が贈られている。

　社会問題を扱う社会心理学が増えてきたというのは矛盾的な表現に思えるかもしれないが，アメリカに由来する社会心理学は対人心理学の研究が盛んであったため，その影響を受けて日本でも，対人関係や社会的認知といった「個人をベースにした」社会心理学的研究が多く行なわれてきたという経緯がある。『心理学評論』誌において「社会問題の社会心理学」という特集号が出されたのは 1993（平成 5）年のことであり，この前後から，狭い意味での社会問題を扱う社会心理学が発展してきていると言える。

　この点について興味深い研究を 2 つ取り上げてみたい。1995（平成 7）年の日本は，「震」の字が象徴するとされるほど社会を揺るがせる出来事が起きた年であった。1 つが 1 月に起きた阪神・淡路大震災であり，もう 1 つが，3 月におきた地下鉄サリン事件を中心とするオウム真理教による（とされる）大がかりなテロ事件である。

　これらの地震・事件は社会心理学者のみならず多くの学者の関心をひき多くの研究を生み出すもとになったが，社会心理学においてこれらの地震・事件がおきる以前に貴重な知識の積み上げがなされていた。

　阪神・淡路大震災以降に知られるようになった概念に「PTSD（心的外傷後ストレス障害）」がある。藤森立男と藤森和美は，1993（平成 5）年の北海道南西沖地震における活動をもとに『災害を体験した子どもたち－こころの理解とケア』という冊子を作成しており，それが神戸でも活用されることになった（藤森，1994）。ちなみに，阪神・淡路大地震の直後にアメリカ心理学会から日本心理学会あてに大量のストレス関連資料が送られてきていたことを紹介しておこう。日本の心理学系の学会が同種の事態で同種のことができるだろうかと考えると興味深い。

　オウム真理教事件以降知られるようになった概念に「マインド・コントロール」がある。西田公昭は，この事件以前からある宗教団体の脱会信者に面接調査・質問紙調査を行なって，マインド・コントロールや洗脳というテクニックについて知識を集積しており，それらが元になって，弁護士などとともにオウ

ム真理教の信者・元信者に対する対処に参画した（西田，1998；西田，1999などを参照）。

　社会心理学は実証を重んじるため，他の社会科学（たとえば社会学）とは異なり，何か事件が起きたからといって，すぐに世の中に対して何かを語るというスタンスをとりにくい。そして，社会心理学者が実証研究を行なっている間に事態は推移するために，対処や発言が後手にまわりがちである。だが，藤森や西田の研究で筆者が特筆すべきだと思うのは，ある大きな事件が起きる以前に実証研究に基づく知見が積み上げられていたということである。実証的な知識の積み上げがあったからこそ，未曾有の事件においても適切な対処が可能になったのである。

　これらの重大な事件とは異なり，静かに進行中の社会的事態というのも存在する。そういった事象に関する研究として，血液型性格判断に対する社会心理学的研究を紹介したい。簡単に述べてしまえば，人々が「血液型と性格にはなんらかの関係がある」と思っているのは「認知的な錯覚なのである」というのが社会心理学者のスタンスであり，「血液型ステレオタイプ」という語を1985年に初めて用いて以来精力的に研究をしている松井豊，社会的認知的知見を援用しつつ体系的な研究を行なっている坂元章，現在の文化的な営みとしての血液型性格判断という視点をもちつつ，「ブラッドタイプ・ハラスメント」という概念を作ってブームに警鐘をならす佐藤達哉・渡邊芳之，などがそれぞれの立場にたって批判的な研究を行なっている。しかし，これらの研究は，先の地震のPTSDやマインド・コントロールの研究とは違って，世間の人々から感謝されないだけでなく，心理学者は「ヘ理屈」をこねているにすぎないといったイメージでとらえられてしまうことさえあり，その社会的意義は評価されていない。極言が許されるならば，現在の日本で血液型性格判断に反対しているのは心理学者だけと言ってもよい状況である（筆者の同僚・知り合いの学者たちでさえも素朴な意味での信者が多い）。こういった状況において社会心理学者の研究は，真の批判精神として価値があるとも言える（佐藤・渡辺，1996などを参照）。

　この他，社会問題とは言い難いが，インターネット時代のコミュニケーションのあり方についても精力的に研究が行なわれている。

これまた意外なことに思われるかもしれないが，文化や社会が個人に対してどのような影響をもつのか，という研究はあまり社会心理学で行なわれてこなかった領域である。箕浦康子（1984）は，親の海外赴任に伴う子どもの文化受容・適応についての研究を行ない『子どもの異文化体験』として上梓して以来この問題に精力的に取り組んでいる。また，大橋英寿は沖縄のユタに着目し，その機能や実態について検討し，さらには，南米に渡った沖縄の人たちに着目してその異文化変容をも検討している（大橋，1998を参照）。

　異文化に限ったことではないが，宇野善康はものごとや考えの伝播を普及学という視点からまとめている。特に，ある文化にあったものが他の文化に伝わる時にはなんらかの変更が行なわれるという「異文化屈折」の理論を提唱している。わかりやすい例としては，日本の招き猫の手の向きが日本では，前向きであるのに，アメリカの招き猫は手の向きが後ろ向きになっていることがあげられる（図15-1）。日本とアメリカでは人を招く時の手の動きが逆であることに由来しているのである（宇野，1990を参照）。

◎図◎15-1　異文化屈折現象の例（左が日本の招きネコ，右がアメリカで受容されている招きネコ）

　さらに，シカゴ学派（社会学）の流れをくんで，京都の暴走族集団の文化を描いた佐藤郁哉の『暴走族のエスノグラフィー』（1984年）も忘れてはならない。

(2) 日本の社会心理学関連学会と学術誌

　現在の日本において，主として社会心理学を中心に研究する研究者が集まる学会として日本グループ・ダイナミックス学会（1950 年設立）と日本社会心理学会（1950 年設立）があげられる。より狭い領域ではあるが，日本犯罪心理学会（1963 年設立），産業・組織心理学会（1985 年設立）もあげられる。また，日本心理学会（1927 年設立）や日本性格心理学会（1992 年設立）も関連学会としてあげられる。日本社会学会（1924 年設立）でも，社会心理学的研究の成果が発表されている。これらの学会はそれぞれに学術誌を刊行しており，成果は論文としてそれぞれの学会誌で発表されている。日本グループ・ダイナミックス学会は『実験社会心理学研究』を，日本社会心理学会は『社会心理学研究』をそれぞれ発行している。

　学会のあり方として特筆すべきことに，日本グループダイナミックス学会が 1998（平成 10）年から，アジア社会心理学会と共同で『Asian Journal of Social Psychology』を刊行していることがあげられる。社会心理学がアジアへ広がっていき，また，アジアから広がっていく息吹を感じることができる。

　なお，近年の動向として各学会が積極的にウェブサイト（ホームページ）を立ち上げているということがあり，私たちは比較的簡単に学会の活動内容を知ることが可能である。日本グループダイナミックス学会 http://www.soc.nacsis.ac.jp/jgda/index.html を，日本社会心理学会 http://www.soc.nacsis.ac.jp/jssp/を，それぞれ参照されたい。

3．日本の社会心理学史

(1) 昭和戦後期の日本の社会心理学

　社会心理学に関する学会が設立されたのが，太平洋戦争後であるということは，戦前には研究がなされていなかったのか，という疑問を生む。結論的に述べれば，無かったわけではないが，この分野が進歩したのはやはり戦後のことである。戦時中からアメリカに留学していた南博（1957）が『社会心理学』において精神力動論的な社会心理学を紹介し，彼自身のライフスタイルの魅力がアピールしたこともあって戦後の心理学ブームを作り出した。同時期に清水幾太郎（1951）が『社会心理学』を出版している。また，グループ・ダイナミッ

クス(集団力学)という学問が占領中のアメリカによる「教育長等講習会」によって伝えられ,三隅二不二らによってわが国に大きな潮流を作りだしていくのである。このようにアメリカの影響を大きく受けたわが国の社会心理学は,ある意味でその咀嚼に大きなエネルギーを割かざるを得なくなったのはすでに述べた通りである。だが,その一方で,前述のように,三隅によるリーダシップPM理論のように,新しい理論が着実な発展を遂げた例もあった。

(2) 明治・大正・昭和戦前期の社会心理学

次に,さらに遡って,明治時代以降のわが国のようすを見てみよう。わが国で最初に「社会心理学」という名称を用いたのは元良勇次郎であるという(高橋,1965)。わが国における最初の自立した心理学者(佐藤,1997)である元良勇次郎はその「社会学の範囲および性質」において(元良,1891),社会心理学という名前を使用した。彼は,社会心理学は「社会現象から精神の性質」について考察するものであるから,社会学の一分野に入る

元良勇次郎
(1858～1912)

と規定した。現在のとらえ方とは多少異なっているようで,当時の社会心理学の様相を知る上で興味深い。1895(明治28)年にはルボン著『群衆心理学』が翻訳され,1908(明治41)年には谷本富著『群集心理の新研究』樋口秀雄著『社会心理の研究』が刊行されている。この1908年という年は,マクドゥーガル(McDougall, W.)著『社会心理学入門』,ロス(Ross, E. A.)著『社会心理学』がそれぞれアメリカで刊行され,社会心理学誕生の年とでもいうべき年であるのだが,その同じ時期にすでに日本でも同名の書が発刊されていたのである。なお,マクドゥーガル著『社会心理学入門』が本庄精次によって翻訳出版されたのは1913(大正2)年であり,この年には大和道一『社会心理学』が,1915年にはキリスト者として著名な賀川豊彦が『貧民心理の研究』を刊行している。賀川の著はフィールドワーク的なものであった。

1923(大正12)年におきた関東大震災においては,地震後の流言ならびに在日朝鮮人虐殺が大きな問題となり,群衆や流言に関する関心・研究をひきおこした。大正時代には,犯罪者の心理や民族性・国民性の研究も大きな関心をもたれた。当時の新しい娯楽であった映画が青少年に及ぼす悪影響の研究なども

行なわれていた。現代におけるテレビゲームの影響研究に通じるものがある。戦時中には，海軍の研究所で流言（の取締）についての研究が行なわれていた。

　以上のように戦前における日本の社会心理学のようすをみると，総じて，社会心理学研究が活発であったとは言い難い。だが，阪神・淡路大震災のあとで子どものストレスの研究が行なわれたのと同じように，大きな社会的事件の直後には必ず心理的問題が顕在化し，その現象について心理学が格闘してきたことを忘れてはならない。昨今の社会問題に対する研究姿勢の原型は戦前に遡ることができるのである。

4．世界の社会心理学史

　では，世界の社会心理学のようすはどうだったのだろうか？　ここまでは，現在から過去に遡るスタイルの叙述を行なったが，これからは過去から現在へという叙述スタイルにきりかえる。

　心理学の過去は長いが歴史は短い，と言ったのはエビングハウス（Ebbinghaus, H.）である。社会心理学に限らずおよそ多くの学問の源流はギリシア時代に遡ってしまうが，現代の社会心理学の直接的な源流は19世紀にそのいくつかの原型を見い出すことができる。佐原（1987）は，民族心理学，集合心理学，本能論的社会心理学，人格論的社会心理学，そして，実験社会心理学が，社会心理学の原型であると指摘している。民族心理学の中には実験心理学の祖ヴント（Wundt, W.）による著述，集合心理学には，タルド（Tarde, G.）による模倣の研究，ルボン（Le Von, G.）による群衆行動の研究などが含まれる。本能論的社会心理学ではマクデューガル（McDougall, W.）の本能論が著名であり，人格論的社会心理学にはクーリー（Cooley, C. H.），ミード（Mead, G. H.）が含まれる。

(1)　2つの社会心理学

　さて，社会心理学という名称には実は2つのジャンルがある。「社会心理」学と「社会」心理学である。この2つは，一般的には社会学的社会心理学と心理学的社会心理学と呼ばれているが，ここでは上記のように記述する。一般の人が「しゃかいしんりがく」ということばを聞いた時にイメージするのは前者，つまり「社会心理」についての学問であろう。そして「社会心理」が意味する

ところは，うわさ，群衆，パニック，流行，といった（心理学で言うところの）集合行動であることが多い。そして，こういった領域は，社会心理を検討する学問であり，それは社会学の守備範囲であった。まず，これらの研究の動向について見てみよう。

(2) 19世紀末の社会心理学

19世紀の末は，模倣であるとか群衆行動への関心が高まった時期であった。タルドによる模倣の研究，ルボンによる群衆行動の研究などである。これらの研究は，興味をひきやすい現象を扱っていたとはいえ，その内容が思弁的になりやすく，研究としての広がりをもち得なかった。絵空事ではないという意味では，「経験」的と言い得るものではあるが，「実証」的とは言い難いものであったのである。そして，こういった分野の研究が社会心理学をリードしたのは，第二次世界大戦までのことであった。

さて，話を進めすぎないように，「社会心理」学でない「社会」心理学＝心理学的社会心理学の流れをみておこう。ここではまず，心理学とはいったい何なのか，という疑問が浮かんでくる。心理学ということを考える際にも，その成立の過程，すなわち心理学の歴史を知ることが有用であろう。

(3) 学問としての心理学の成立

心理学は，19世紀の中頃以降に成立した新しい学問である。そして，その最大の特徴は，意識や魂の問題を，実証的に客観的に扱うという点にあった。それまで，意識などの問題は哲学者が考える問題であった。その場合，対象は意識であるが，自分の経験などを基盤に考えることが少なくなかった。

自分のことを考えるというのは，多くの人にとって非常に曖昧なものである。自分が今，誰かを好きなのか，恋をしている自分にあこがれて，たまたま誰かを好きだと思っているのか，悪い相手に騙されているのか，そんなことはわからないものなのである。

意識の問題をあいまいに終わらせるのでなく，他者の意識を対象として扱い，デモンストレーションを行なうことで多くの人に公共性のある形で検討しようとしたのが，近代心理学の成立だったのである。

そして，その近代心理学設立のアンカーポイント（分水嶺）は，ヴントによるライプツィヒ大学の心理学実験室設立である(1879)。実験という手法によっ

て人間の心理を検討するというスタイル（＝パラダイム）が確立されたのである。ちなみに、この1879年は明治12年にあたる。日本という国が、明治維新をおえて、近代諸国家に追いつこうとしているその時代に心理学は成立したということをアタマの片隅に置いておくことは大事である。

(4) 心理学における実験の意味

心理学は、実験という手法によって人間の心の問題を明らかにしようとしたところが極めて新しい学問であったと言える。17世紀の哲学者でありイギリス経験論の代表的論者であるロック（Locke, J.）は、ものの性質を第一性質と第二性質に分けた。第一性質は、長さや重さのような量的に把握できる性質である。第二性質とは色、匂い、なめらかさ、のような感覚的な性質のことである。ロックは、第二性質は物に存在するのではなく、人間の感覚によって把握できるのであるから、物にとって本質的な性質ではないと考えた（山田、1999、p 21を参照）。さて、心理学は、ロックが言うところの第二性質を第一性質によって語ろうというところに特徴がある。感覚でとらえたものを量的・客観的にとらえ直して数値で表わす、ということが心理学の最大の特徴であり、そのためのさまざまな技法が開発されてきたし、このことによってこそ、心理学は哲学から独立を果たすことができた。独立というのは、異なる学問として一本立ちしたということである。独立にどんな意味があるのかと問う人もいるだろうが、このことはたとえば、現象学という学問が、哲学の一分野であり続けることと比較すれば、非常に大きな意味をもっているだろうと思われる。

もちろん、心理を数値で表わすことの是非はあるし、むしろ、数値で表わせることしか研究していないという批判も出てきていることは事実であるが、そうした欠点は他の手法で補えばよいのである。

実験という手法によって「社会」心理学が発展をとげたということは、このテキストに取り上げられた研究の多くが実験によっていることからもわかる。

さて、実験を用いた社会心理学の研究で最古のものは、トリップレット（Triplet, N.）が1897～8年に行なった、「競争事態が人の行動に及ぼす影響についての研究」だと言われている（Rodrigues & Levine, 1999）が、この研究は今日の目から見るとそう見えるだけだという批判もある。

その後、フロイド・オールポート（Allport, F.）は、行動主義的立場に基づ

いて集団心を否定するテーゼを提唱し，集団の研究はその中の個人1人ひとりの行動を研究することによって明らかにされるべきだとした。彼自身は社会的促進に関する研究を行なった。

その後，第2次世界大戦までの時期には，主に3つの領域の研究が行なわれた（広田，1994）。1）個人に及ぼす集団の影響，2）社会的態度，3）ソシオメトリーなど対人関係，である。特に，戦争前後のアメリカ国内外における複雑な人種関係は態度の研究を促進し，ボガーダス（Bogardus, E. S.）やサーストン（Thurstone, L. L.）による態度の客観指標が生み出された。こうした流れが，戦後における代表的な研究であるアドルノ（Adorno, T. W.）の権威主義的パーソナリティの研究へとつながっていく。

(5) **戦後アメリカの発展：黄金期と反省**

社会心理学が発展したのは，第2次世界大戦前後のアメリカであった。特にゲシュタルト心理学者として名高いレヴィン（Levin, K.）がナチス・ドイツを逃れてアメリカに移住したことが大きな要因となっていた。同じく移住組であるハイダー（Heider, F.）もレヴィンと起居をともにしており，後に対人関係の研究に進み認知的均衡理論（バランス理論）で有名になる（6章参照）。

レヴィンは第2次世界大戦後にMIT（マサチューセッツ工科大学）にグループ・ダイナミックス研究センターを作り，これを拠点として活躍した。彼の同僚には，カートライト（Cartwright, D.），フェスティンガーなどがおり，学生にはシャクター（Schachter, S.）やチボーがいた。

この時期以降では，フェスティンガーによる認知的不協和理論の提唱が最も大きな影響をもった（1957，6章参照）。その他に，アッシュ（Asch, S. E.）の集団圧力と同調性の研究(1956)，シャクターとシンガー（Schachter, S. & Singer, J. E.）による情動の認知的規定因に関する研究（1962），ミルグラム（Milgram, S.）の服従の研究（1963），ニューカム（Newcomb, T. M.）の準拠集団についての研究（1967），ジンバルドー（Zimbardo, P. G.）の監獄実験（1971）などが行なわれた。これらの研究は，人間性についての深い洞察をも

フェスティンガー, L.
(1919～)

たらすものでもあった。

　社会や文化といった広い文脈に照らして個人（心理）を考えるのではなく，個人と個人の関係から社会を展望するスタイルの研究（心理学的社会心理学）が活発に行なわれ，多くの成果をあげたという背景には前節で述べたオルポートのテーゼの影響もあっただろう。

(6) 社会心理学における倫理の問題

　だが，これらの実験研究は，一方では，方法論に関する深刻な問題を引き起こしもした。研究倫理の問題である。たとえば，ミルグラムの実験の被験者は，「課題を間違えた人物に対して電気ショックを与える」という行動を行なうよう求められた。実際には，課題を間違える人物は実験者の仲間であり，電気ショックはなく，電気を流されるふりをしているだけであった。しかし被験者に見える目盛りには「致死」のような表示がなされており，被験者は大きな精神的苦痛を感じながら実験に参加していたことが明らかになった。

　人間を被験者にした場合，「私たちはモルモットじゃない！」というような反応をする人がいるが，モルモットですむなら心理学はいらない。人間になんらかの操作を加えることで人間行動について検討を加えるという社会心理学のスタイルが人間についての見方を変え生活を豊かにしていることは明らかである。だが，こういった研究は倫理的側面への自覚なしには行なえないものなのであることも明らかになった。ある意味では，社会心理学の黄金期が終わるということは，「少し無茶だけどおもしろい実験」ができなくなることと同時進行だったと言えるであろう。

(7) その後の社会心理学

　紙面の都合もあり，いくつかの動向を示すと，まず，認知心理学の進展とともに認知社会心理学とでも呼ぶような領域が発展した。ラタネとダーリー（Latané, B. & Darley, J. M.）の『冷淡な傍観者』（1970年）に代表される援助行動の研究が行なわれた。1980年以降，ヨーロッパでは小集団研究が復活し，タジフェル（Tajfel, H.）の社会的アイデンティティ理論，ターナー（Turner, J. C.）の自己カテゴリー化理論，などが発展した（7章参照）。ガーゲン（Gergen, K. J.）らが主張する社会的構成主義に基づく「もう1つの社会心理学」も，実証的な方法とは異なる社会心理学を志向したものとして興味深い。

(8) 現場由来の社会心理学

常々感じていることだが，アメリカの社会心理学は現実問題に由来しているものが多く，それを理論化しているのでおもしろいものが多い。たとえば，ラタネらの援助行動の研究は，団地の中で何者かにナイフで刺された女性が何度も助けを求めたにもかかわらず，誰も助ける人がいなかった，ということから始まったものである（4章参照）。

この他，「自己開示」の研究も臨床心理学の実践から派生した問題であるし，「錯誤相関」の研究も臨床心理学における診断の問題から発展した問題である。こうした例は枚挙にいとまがない。

(9) 理論志向の社会心理学へ

近年，日本においても，仮説検証型の研究だけではなく仮説生成型の研究をする志向，現実問題にヒントを得る研究が増えてきている。そして，それを海外の学会で発表することによって，切磋琢磨がなされている。こうしたことを考えると，日本の社会心理学はこれから非常におもしろくなっていくのではないかと考えられる。だが，その一方で，日本の社会心理学が独創的な理論を生み出してきたのかと言われればその答えはむずかしい。

筆者自身の反省も含めてだが，現象をおもしろがるだけではなく，そこから理論を創り出す努力がもっとなされてしかるべきであろう。

2節で述べられるように，現在の社会心理学では「大理論」というのは無くなってきている。しかし，学問はなんらかの抽象化・理論化を行なってその成果を世に問うことであるから，理論を作り・育てるということに取り組んでいかなければいけないのではないだろうか。

また，もう1つ付け加えたいことは，仲間がやった研究や理論をおもしろがろう！　ということである。海外の研究の方が一日の長があるのは事実であるとしても，現在では同時進行的に行なわれている研究も少なくない。その時に，外国人の研究に目を奪われ，日本人が行なっている研究からおもしろみを読みとることができなくなっているということはないだろうか。

お互いの研究をおもしろがり，そこから生み出される競争であるならば，より生産性の高い研究が行なわれる土壌となっていくのではないだろうか。

2節
現代社会心理学の課題と枠組み

　歴史的概観からわかるように，社会心理学者たちはさまざまな対象に対してさまざまなやり方でアプローチしてきた。社会心理学は輪郭の明確でない学問であり，それが故に，多様な社会現象に対して研究者たちが柔軟に取り組むことを可能にしてきたと言えよう。弾力性のある研究領域ではあるが，一応，社会心理学の定義を上げておくと，「社会的状況における個人の行動・心理の性質と原因を理解する科学的試み」というのが適当と思われる（Baron, R. et al., 1998）。

　人間の行動や心理を対象とする学問には，ほかに文学，哲学などがあるが，社会心理学の特徴は科学的手続きを用いてデータを集め，それを科学的手法を用いて解析することによって仮説や理論の検証を行なう点にある。その意味で，社会心理学は行動科学や社会科学の一分野にあたる。では，他の行動科学や社会科学との違いは何であろうか。暴力という社会現象を例に，社会心理学と他の隣接領域との違いをテイラーたちの"分析水準"という観点から述べてみる（Taylor, S. E. et al., 1997）。

1．行動の分析水準

(1) 大社会的水準

　社会学者，経済学者，政治学者たちは，殺人事件の発生率，その年代変化や地域的特徴といった社会的行動の一般的傾向を理解しようと試みる。この水準の分析においては，暴力などの社会的行動は，経済不況，集団間抗争，農産物の不作，差別的政策，産業化の程度などの大社会的要因によって説明される。大社会的水準（societal level）の分析目標は，社会学的諸要因と社会的行動の間に一般的関連性を見い出すことである。たとえば，都市部における暴力犯罪の多発を，こうした社会科学者たちは，貧困，犯罪的地域環境，高い移動性といった要因によって説明する。

(2) 個人的水準

このアプローチは主として臨床心理学者や人格心理学者が用いるもので，特定個人に焦点が当てられる。ある個人がなぜそのように行動したのか，また，なぜ人によって同じ状況に対する反応が異なるのか，そうした個人の感じ方や行動の仕方を個人的要因から説明しようとする。それは，遺伝的特性，児童期の経験，能力や動機づけの特徴，人格適応の状態などである。個人的水準(individual level)の分析では，たとえば暴力は，行為者の生活史上の事件（周産期の障害，児童期の虐待など）や人格特徴（不安傾向，パラノイド知覚など）によって説明される。

(3) 対人的水準

社会心理学者は主として個人を取り巻く現在の社会的状況に焦点を当てる。社会的状況とは，他の人々，彼らの態度と行動，個人と彼らの関係などを含む短期的環境条件である。他者の存在と行動が個人に与える影響を明らかにすることが社会心理学者の最も中心的な課題であり，対人的水準（interpersonal level）からのアプローチをとる。暴力犯罪を理解するため，社会心理学者は社会的状況に含まれる何が行為者の怒りを喚起したかを分析しようとする。たとえば，欲求不満説では，他者によって目標達成が妨害されたと知覚すると怒りが喚起され，それが暴力行動を促すと解釈する（Dollard, J. et al., 1939）。こうした理論は大社会的要因の効果を心理学的に説明するものである。貧困，過密といった社会学的要因も，それ自体と言うよりも，その環境下にいる人々の人間関係に広く影響を与え，個人を取り巻く直接的な対人環境の性質を変化させる。その結果，個人の行動が影響を受けると考えられる。

2．研究の基本的仮定

社会心理学者たちは多様な対象に関心をもつが，そこにはいくつかの共通な概念的枠組みが見い出される。ここでは，社会心理学研究に共通に見られる基本仮定と要因図式について述べてみたい。

(1) 2つの基本仮定

社会現象の発生には多くの要因が関与しており，その分析においては多水準の変数間に関連づけを行なう必要がある。たとえば，上で述べたように，暴力

に対する大社会的水準の変数としては貧困や犯罪的地域環境が上げられる。社会心理学者は，こうした社会学的変数が直接的に暴力を生み出すとは考えない。そうした社会的環境要因はそこに住む人々の思考，感情，欲望に影響を与えることによって間接的に暴力の原因となりうると仮定する。たとえば，犯罪的地域環境のもとで子ども時代をおくった人は，人と対立した時には暴力に訴えるのが効果的であることを学び，暴力的な葛藤解決の認知スキーマを形成する可能性がある（Bandura, A., 1973）。また，貧困は日常生活において多くのストレスや欲求不満を生み出すと考えられるが，バーコビッツ（Berkowitz, L., 1993）によると不快感情は衝動的な攻撃行動を生み出す原因である。このように，環境的要因が認知，情動，動機づけなど心理的変数を介して人々の社会的行動に影響を与えるという考え方はレヴィン（Lewin, K.）の「心理的環境」という概念に由来するが，「心理過程による行動媒介」という基本仮定は多くの社会心理学者に共有されている。

　第2の基本仮定は，個人的水準の変数を社会心理学者が研究に取り入れる際に用いるもので，「人格・状況の交互作用」という概念である。人格・臨床心理学者が強調するように，人々の行動には個人差があり，認知や情動などの心理過程も個人的特性の影響を受けている。しかし，社会心理学者は人々の行動がそうした個人的特性の単純な現われであるとはみなさない。たとえば，攻撃的な性格の人は確かにいるが，そうした人がいつでも攻撃的にふるまうわけではない。利害対立があり，他者による妨害や挑発が生じやすい状況では攻撃的な人とそうでない人の違いが強く現われるが，別の状況，たとえば，他者と一緒に儀式に参加するといった状況では，攻撃性の違いは現われない。欲求不満状況に対する反応が個人の攻撃的性質によって影響されやすいように，状況によって関与する人格変数は異なる。このように，人格変数と状況変数は交互作用しながら行動に影響を与えるという考え方は多くの社会心理学者に共通に見られる。

(2) 要因図式

　社会的状況における個人の行動と心理過程（感情，信念，記憶，推論など）に影響を与える要因は多様である。社会心理学の研究では，一般に，次の5つのカテゴリーが仮定されることが多い。

① 社会的状況要因（他者の行為とその性質）
② 物理環境的要因（温度，過密など）
③ 社会的環境要因（貧困，階級，地域特性など）
④ 文化的要因（価値，慣習，制度など）
⑤ 個人的要因（遺伝特性，人格特性など）

　これらが個人の心理と行動に与える影響については図15-2に示すような関係が仮定される。物理的環境，社会的環境，文化などの外的要因は個人の心理過程に直接に影響を与えるとともに，個人が直面している社会的状況の枠組みとして機能するという形で，間接的に，個人に影響を与えることも多い。また，人格要因と状況は交互作用しながら個人に影響を与える。

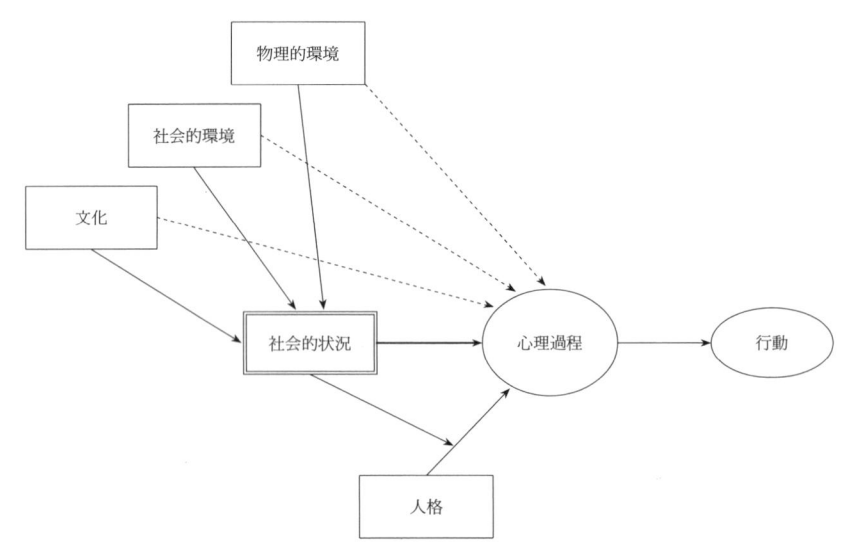

◎図◎ 15-2　社会心理学の研究における一般的要因図式

3．主要な理論的枠組み

　現代の社会心理学においては，多くの理論が生成され，検討され，改訂されながら研究が進められている。理論はそれぞれ独自な内容をもつものだが，共通な基本的枠組みも認められる。ここでは，代表的な理論的枠組みについて述

べる。

(1) 動機づけ理論

フロイト（Freud, S.）は少数の基本衝動（性と攻撃性）を仮定したが，社会心理学者たちはもっと多様な欲求や欲望を想定している。そうした社会的欲求や欲望は，図15-2で示した様に，環境や状況によって喚起される。大学の新入生は家族などの社会的ネットワークから切り離されることによって強い孤独感を経験し，その結果，仲間を求める親和行動に向かう。また，多くの人々は自分について好ましい像を維持したいと願っている。人に軽視されたと思うとプライドが傷つけられ，この自己評価維持の欲求が強まり，攻撃的な反応が動機づけられる。

(2) 学習理論

心理学では，人々の行動の多くは経験を通して学習されるとみなされており，協力，攻撃，援助といった社会的行動についても同様である。ただし，社会心理学者たちは社会的行動の学習に見られるいくつかの特徴に注目してきた。第1の特徴は社会的強化である。社会的行動の学習を促す強化因子としては，物質的報酬だけでなく，賞賛，注目，好意といった社会的報酬が強力である（Patterson, G. R., 1975）。第2の特徴は学習経験の社会的様態である。自分が直接経験したことだけでなく，他者の行動を見聞きするという間接的な経験によっても学習が起こることがバンデューラたちのモデリング研究によって強調されている（Bandura, A., 1973）。

(3) 認知理論

社会的状況の行動に対する影響を説明する際，社会心理学者たちは個人が状況をどう知覚するかに注目してきた。人々が知覚する社会的環境は人間の知覚特性によって処理され，ある時には歪められる。いずれにしろ，知覚された事象が個人の反応を導くと社会心理学者たちは信じてきた。特徴的な社会的認知の1つはカテゴリー化である。人々は対象を近接や連合などの原理に従ってカテゴリー化し，それぞれ異なる意味や価値を与え，好悪感情を形成する。また，状況の複雑な刺激を図地分化させ，顕著な対象に注意を向けことによって，そこから強い影響を受ける。さらに人々は現象の原因帰属を行ない，この目に見えない推定された事象に関心をもち，それに反応することも社会的認知の重要

な特徴である。

(4) 意志決定理論

これは動機づけと認知を組み合わせた理論的枠組である。人々は報酬を求めコストを回避することに動機づけられ，それらの期待値計算に基づいて最善の選択を行なうと仮定する。たとえば，誘因理論（incentive theory）によると，人々は正の誘因価と負の誘因価の重みづけを比較するが，期待価値理論（expectancy-value theory）では利益とコストの計算に加えて，個人は各行動選択肢の実行可能性も考慮するとされる（Edwards, W., 1954）。しかし，人々は，常にこうした合理的選択を行なうわけではない。スクリプトのような習慣的行為ガイドの影響も注目されている。

(5) 相互依存理論

象徴的相互作用論者が強調したように，人々はお互いが対人環境を構成することによって相互に影響しあっている。社会心理学者はこの現実的だが，複雑な問題に対して相互依存という概念を用いてアプローチしてきた。相互依存とは個人が何を受け取るかは他者の行動にかかっているという状態を指す。たとえば，支配的行動を試みても，相手が服従するか反発するかによって個人が得る結果はまったく異なる。社会的状況はほとんど常にそうした性質をもっている。社会的交換理論では人間関係を，相互依存状態にある人々がお互いの利益とコストを交渉しあう状況とみなし，行動の原理と関係の変容を分析してきた（Deutsch, M., 1973）。

(6) 文化理論

リバィン（Levine, R. V., 1988）によると生活テンポは国によってかなり異なる。アメリカや日本では早く，ラテン諸国や東南アジアでは遅い。異なる文化的背景をもつ人々の行動にはさまざまな面で一貫した違いが見られる。ホール（Hall, E. T., 1959）は暗黙の文化的ルールを沈黙の言語と呼び，社会的事象の解釈にはそれが不可欠であると論じた。文化とは集団内成員間で共有された信念，価値，伝統，行動パターンなどである。社会化によって構成員がこれらを習得することによって成員間には行動類似性が強まる。そうした文化的影響を明らかにするために比較文化的研究が盛んに行なわれてきた。文化的差異を説明する理論の発展も進み，近年は個人主義・集団主義が特に注目を集めている

(Triandis, H. C., 1995)。

　最近の社会心理学理論には，人間の心理や行動の基本原理を説明しようとするグランド・セオリーは余り見られない。行動の複雑なしくみが明らかになるにつれて，それらすべてを矛盾なく組み込む理論構築はむずかしくなりつつある。テーラーたちによると，これに代わって，一定範囲において心理現象の説明を試みるミドルレンジ・セオリーが主流である。比較的小さなそうした理論を組み合わせて，人間行動の全体像を描こうというのが最近の社会心理学者の志向である。

引用文献

● 1 章 ●● 自分を知る

Bartlett, F. C. 1932 *Remembering : A study in experimental and social psychology*. Cambridge : Cambridge University Press.

Cialdini, R. B., Borden, R. J., Thorne, A., Walker, M. R., Freeman, S. & Sloan, L. R. 1976 Basking in reflected glory. *Journal of Personality and Social Psychology*, **47**, 766-779.

Cialdini, R. B. & Richardson, K. D. 1980 Two indirect tactics of image management. *Journal of Personality and Social Psychology*, **39**, 406-415.

Duval, S. & Wicklund, R. A. 1972 *A theory of objective self-awareness*. New York : Academic Press.

榎本博明 1998 「自己」の心理学——自分探しへの誘い サイエンス社

Fenigstein, A., Scheier, M. F. & Buss, A. H. 1975 Privalte and public self-consciousness : Assesment and theory. *Journal of Consulting and Clinical Psychology,* **43**, 522-527. [バス, A. H. /大渕憲一(監訳) 1991 対人行動とパーソナリティ 北大路書房による]

Festinger, L. 1954 A theory of social comparison processes. *Human Relations*, **7**, 117-140.

Greenwald, A. G. 1982 Is anyone in charge ? In J. Suls (Eds.) *Psychological prespective on the self*, Vol. 1. Lawrence Erlbaum Associates.

James, W. 1890 *Principles of psychology*. New York : Henry Holt Kleinke.

Kuhn, M. H. & McPartland, T. S. 1954 An empirical investigation of self attitudes, *American Sociological Review*, 68-76.

Markus, H. 1977 Self-schemata and processing information about the self. *Journal of Personality and Social Psychology*, **35**, 63-78.

McGuire, W. J. 1984 Search for the self : Going beyond self-esteem and the reactive self. In Zucker, R. A., Aronoff, J. & Rabin, A. I. (Eds.) *Personality and the prediction and behavior*. Academic Press.

Mead, G. H. 1934 *Mind, self, and society : From the standpoint of a social behaviorist*. Chicago : The University of Chicago Press.

中村陽吉(編) 1990 「自己過程」の社会心理学 東京大学出版会

長島貞夫・藤原喜悦・原野広太郎・斎藤耕二・堀 洋道 1967 自我と適応の関係についての研究(2)——Self - Dfferential の作製 東京教育大学教育学部紀要, **13,** 59-83.

押見輝男 1992 セレクション社会心理学 2 自分を見つめる自分——自分フォーカスの社会心理学 サイエンス社

Tesser, A. 1988 Toward a self-evaluation maintenance model of social behavior. *Advances in Experimental Social Psychology*, **21**, 181-227.

Wicklund, R. A. & Duval, S. 1971 Opinion change and performance facilitation as a result of objective self - awareness. *Journal of Experimental Social Psychology*, **7**, 319-342.

Zimbardo, P. G. 1970 The human choice : Individuation, reason, and order versus deindividuation, impulse and chaos. In Arnold, W. J. & Levine, D.(Eds.) *Nebraska Symposium on Motivation.* Lincoln : Univercit y of Nebraska Press.

○1章○○　自分を知る・参考文献
池上知子・遠藤由美(共著)　1998　グラフィック社会心理学　サイエンス社
今城周造(編)　1993　社会心理学──日常生活の疑問から学ぶ　北大路書房
細江達郎・大江篤志・堀毛一也・今城周造　1990　いんとろだくしょん社会心理学　新曜社
宮沢秀次・二宮克美・大野木裕明(編)　1991　自分でできる心理学　ナカニシヤ出版
小川一夫(監修)　1995　改訂新版　社会心理学用語辞典　北大路書房
斎藤　勇(編)　1987　対人社会心理学重要研究集3──対人コミュニケーションの心理　誠信書房
斎藤　勇(編)　1987　対人社会心理学重要研究集6──人間関係の中の自己　誠信書房
辻　平治郎　1993　自己意識と他者意識　北大路書房

●2章●●　ひとに伝える
荒木一雄(編)　1999　英語学用語辞典　三省堂
麻生　武　1992　身ぶりからことばへ　新曜社
安藤清志　1998　「自己」と対人行動　末永俊郎・安藤清志(編)　現代社会心理学　東京大学出版会
安藤清志　1994　見せる自分/見せない自分：自己呈示の社会心理学　サイエンス社
安藤清志　1990　「自己の姿の表出」の段階　中村陽吉(編)　「自己過程」の社会心理学　東京大学出版会
Bateson, G. 1972 *Steps to an ecology of mind.* Harper & Row, Publishers Inc.　佐藤良明・高橋和久(訳)　1987　精神の生態学　思索社
Benjamin, J. B. 1986 *Communication : Concepts and contexts.* New York : Harper & Row, Publishers Inc. 西川一廉(訳)　1990　コミュニケーション　二瓶社
Briggs, S. R., Cheek, J. M. & Buss, A. H. 1980 An analysis of the self‐monitoring scale. *Journal of Personality & Social Psychology*, **38**, 679-686
Cacioppo, J. T., Petty, R. E., & Tassinary, L. G. 1989 Social Psychophysiology : A new look. *Advances in Experimental Social Psychology*, **22**, New York : Academic Press, 39-91.
大坊郁夫　1999　あいさつ行動と非言語的コミュニケーション　國文学**, 44,** 28-33.
大坊郁夫　1998　しぐさのコミュニケーション：人は親しみをどう伝えあうか　サイエンス社
大坊郁夫　1990　対人関係における親密さの表現：コミュニケーションに見る発展と崩壊　心理学評論**, 33,** 322-352.
大坊郁夫・瀧本　誓　1992　対人コミュニケーションにみられる欺瞞の特徴　実験社会心理学研究**, 32,** 1-14.
Darwin, Ch. R. 1872 *The Expression of the emotions in man and animals.* London : John Murray. 浜中浜太郎(訳)　1931　人間及び動物の表情について　岩波書店
DePaulo, B. M. 1992 Nonverbal behavior and self‐presentation. *Psychological Bulletin*, **111**, 203-243.
DePaulo, B. M. & Friedman, H. S. 1998 Nonverbal communication. In D. T., Gilbert, S. T. Fiske, & G. Lindzey, (Eds.) *Handbook of social psychology*. 4th edition. New York : Oxford University Press. 3-40.
Eisenberg, N. 1992 *The caring child.* Mass.: Harvard University Press. 二宮克美・首藤敏元・宗方比佐子(共訳)　1995　思いやりのある子どもたち：向社会的行動の発達心理　北大路書房
Ekman, P. 1985 *Telling Lies.* New York : W. W. Norton & co. 工藤　力(訳編)　1992　暴か

れる嘘：虚偽を見破る対人学　誠信書房
Ekman, P.　1980　Three types of gesture. In von Raffler Engel, W.(Ed.)　*Aspects of Nonverbal Communication*. Lisse : Swets and Zeitlinger B. V.　身振りの三つのタイプ　本名信行・井出祥子・谷林真理子(編訳)　1981　ノンバーバル・コミュニケーション：ことばによらない伝達　大修館書店
Ekman, P. & Friesen, W. V.　1971　Constants across cultures in the face and emotion. *Journal of Personality and Social Psychology*, **17**, 124-129.
Ekman, P & Friesen, W. V.　1969　The repertorie of nonverbal behaior : Categories, origins, usages, and coding. *Semiotica*, **1**, 49-98.
Ekman, P., Friesen, W. V., O'Sullivan, M., Chan, A., Diacoyanni-Tarlatzis, I., Heider, K., Krause, R., LeCompte, W. A., Pitcairn, T., Ricci-Bitti, P. E., Sherer, K., Tomita, M., & Tzavaras, A.　1987　Universals and cultural differences in the judgements of facial expressions of emotion. *Journal of Personality and Social Psychology*, **53**, 712-717.
深田博己　1998　インターパーソナル・コミュニケーション：対人コミュニケーションの心理学　北大路書房
古屋　健・湯田彰夫　1988　社会的苦境場面における言語的印象管理方略　心理学研究, **59**, 120-126.
Goffman, E.　1959　*The Presentation of Self in Everyday Life*. New York : Doubleday & Company Inc.　石黒　毅(訳)　1974　行為と演技：日常生活における自己呈示　誠信書房
Goffman, E.　1961　*Encounters : Two Studies in the Sociology of Interaction*. New York : The Bobbs-Merrill Company, Inc.　佐藤　毅・折橋徹彦(訳)　1985　出会い：相互行為の社会学　誠信書房
Goffman, E.　1963　*Behavior in Public Places*. New York : The Free Press.　丸木恵祐・本名信行(訳)　1980　集まりの構造：新しい日常行動論を求めて　誠信書房
Hall, E. T.　1966　*The Hidden Dimmension*. New York : Doubleday & Company, Inc.　日高敏隆・佐藤信行(訳)　1970　かくれた次元　みすず書房
橋元良明　1999　コミュニケーションにおけるあいさつの役割　國文学, **44**, 14-20.
Heider, F.　1958　*The Psychology of inerpersonal relations*. Chichester : John Wiley & Sons.　大橋正夫(訳)　1978　対人関係の心理学　誠信書房
Hinde, R. A.　1972　Comments on part A. In R. A. Hinde(Ed.)　*Non-Verbal Communication*. Cambridge : Cambridge University Press, 86-98.
Holtgraves, T.　1990　The language of self-disclosure. In H. Giles & W. P. Robinson(Eds.) *Handbook of Language and Social Psychology*. Chichester : John Wiely & Sons. 191-207.
岩淵千明・田中国夫・中里浩明　1982　セルフ・モニタリング尺度に関する研究　心理学研究, **53**, 54-57.
Jones, E. E. & Pittman, T. S.　1982　Toward a general theory of strategic self-presentation. In J. Suls(Ed.) *Psychological Perspectives on the Self*, vol. 1. Hillsdale : Lawrence Erlbaum Associates, 231-262.
Jourard, S. M.　1971　*The Transparent Self*. Revised edition. New York : Van Nostrand Reinhold.　岡堂哲雄(訳)　透明なる自己　誠信書房
工藤　力・Matumoto, D.　1996　日本人の感情世界：ミステリアスな文化の謎を解く　誠信書房
Leary, M. R. & Miller, S. R.　1986　*Social psychology and dysfunctional behaviour : Origins, diagnosis, treatment*. New York : Springer-Verlag　安藤清志・渡辺浪二・大坊郁夫(訳)　1989　不適応と臨床の社会心理学　誠信書房
MacKay, D. M.　1972　Formal analysis of communicative processes. In R. A. Hinde(Ed.) *Non-Verbal Communication*. Cambridge : Cambridge University Press, 3-25.

Markus, H. & Kitayama, S. 1991 Culture and the self: Implications for cognition, emotion, and motivation. *Psychological Review*, **98**, 224-253.
正高信男 1993 0歳児がことばを獲得するとき 中央公論社
McNeill, D. 1987 *Psycholinguistics: A new approach*. New York: Harper & Row, Punlishers. 鹿取廣人・重野 純・中越佐智子・溝渕 淳(共訳) 1990 心理言語学：「ことばと心」への新しいアプローチ サイヘンス社
Morris, D. 1994 *Bodytalk: A world guide to gestures.* 東山安子(訳) 1999 ボディートーク：世界の身振り語辞典 三省堂
中村雅彦 1999 関係深化とコミュニケーション 諸井克英・中村雅彦・和田 実(共著) 親しさが伝わるコミュニケーション：出会い・深まり・別れ 金子書房
中山 治 1989 ぼかしの心理：人見知り親和型文化と日本人 創元社
大渕憲一 1987 攻撃の動機と対人機能 心理学研究, **58**, 113-124.
岡本真一郎 1994 状況と言語表現 木下富雄・吉田民人(編) 応用心理学 講座4 記号と情報の行動科学 福村出版 20-44.
大森慈子 1998 ノンバーバル・コミュニケーションと生理心理学 宮田 洋(監修) 山崎勝男・藤澤 清・柿木昇治 新・生理心理学3巻 北大路書房 210-219.
大森慈子・山田富美雄・宮田 洋 1997 対人認知における瞬目の影響 社会心理学研究, **12**, 183-189.
Patterson, M. L. 1982 A sequential functional model of nonverbal behavior. *Psychological Review*, **89**, 231-249.
Patterson, M. L. 1983 *Nonverbal Behavior: A Functional Perspective.* New York: Springer-Verlag. 工藤 力(監訳) 1995 非言語コミュニケーションの基礎理論 誠信書房
佐々木正人 1987 からだ：認識の原点 東京大学出版会
佐藤悦子 1986 家族内コミュニケーション 勁草書房
Shannon, C. E. & Weaber, W. 1949 *The Mathmatical Theory of Communication.* Illinois: Universityof Illinois Press (Illini Books edition, 1963).
椎野信雄 1991 ドラマトゥルギィから相互行為秩序へ 安川 一(編) ゴフマン世界の再構成：共生の技法と秩序 世界思想社 33-64.
Snyder, M. 1974 Self‐monitoring and expression behavior. *Journal of Personality and Social Psychology*, **30**, 526-537.
Street, R. L., Jr. 1990 The communicative functions of paralanguage and prosody. In H. Giles & W. P. Robinson(Eds.) *Handbook of Language and Social Psychology.* Chichester: John Wiley & Sons, 121-140.
杉藤美代子 1992 プロソディーとは何か 言語, **21**, (9), 16-21.
竹内郁郎 1990 社会的コミュニケーションの構造 マス・コミュニケーションの社会理論 東京大学出版会(初出：竹内郁郎 1973 社会的コミュニケーションの構造 内川芳美(編) 講座現代の社会とコミュニケーション1・基礎理論 東京大学出版会)
瀧本 誓 1998a 欺瞞状況の感情評価に関する予備研究 東北女子大学・東北女子短期大学紀要, **37**, 20-23.
瀧本 誓 1998b 感情の成立と生理的賦活のラベリング 宮田 洋(監修) 山崎勝男・藤澤 清・柿木昇治 新・生理心理学3巻 北大路書房 220-227.
瀧本 誓 1994 対人コミュニケーションにおける社会生理心理学的アプローチの課題：欺瞞的コミュニケーションを中心として 東北女子大学・東北女子 短期大学紀要, **33**, 25-39.
田多英興・山田富美雄・福田恭介(編著) 1991 まばたきの心理学 北大路書房
多田道太郎 1978 しぐさの日本文化 角川書店
Tedeschi, J. T. & Norman, N. 1985 Social power, self‐presentation and the self. In B. R.

Shlenker (Ed.) *The Self and Social Life.* New York : McGraw-Hill. 209-323.
van Hooff, J. A. R. A. M. 1972 A comparative approach to the phylogeny of laughter and smiling. In R. A. Hinde (Ed.) *Non‐Verbal Communication.* Cambridge : Cambridge University Press, 209-238.
和田 実 1986 好意・対人距離および話題が非言語的行動と自己開示に及ぼす影響 実験社会心理学研究, **26**, 1-12.
Wundt, W. 1900 中野善達(監訳) 1985 身振り語の心理 福村出版
八重澤敏男・吉田冨二雄 1981 他者接近に対する生理・認知反応——生理指標・心理評定の多次元解析 心理学研究, **52**, 166-172.
やまだようこ(編) 1997 現場(フィールド)心理学の発想 新曜社
Zuckerman, M., DePaulo, B. M. & Rosenthal, R. 1981 Verbal and nonverbal communication of deception. In L. Berkowitz (Ed.) *Advances in Experimental Social Psychology.* New York : Academic Press, **22**, 1-59.

●3章●● ひとを好きになる

Backman, C. W. & Secord, P. F. 1959 The effect of perceived liking on interpersonal attraction. *Human Relations*, **12**, 379-384.
Buss, D. M., Larsen, R. J., Westen, D. & Semmelroth, J. 1992 Sex difference in jealousy : Evolution, physiology, and psychology. *Psychological Science*, **3**, 251-255.
Byrne, D. & Nelson, D. 1965 Attraction as a linear function of proportion of positive reinforcements. *Journal of Personality and Social Psychology*, **1**, 659-663.
Curtis, R. C. & Miller, K. 1986 Believing another likes or dislikes you : Behaviors making the beliefs come true. *Journal of Personality and Social Psychology*, **51**, 284-290.
Festinger, L., Schacter, S. & Back, K. 1950 *Social pressures in informal groups : A study of a housing community.* New York : Harper.
中村雅彦 1986 自己開示の対人魅力に及ぼす効果(1)——開示内容の望ましさの要因に関する検討 実験社会心理学研究, **25**, 107-114.
奥田秀宇 1990 恋愛における身体的魅力の役割——釣り合い仮説を巡って 心理学評論, **33**, 373-390.
Rubin, Z. 1970 Measurement of romantic love. *Journal of Personality and Social Psychology*, **16**, 265-273.
Saegerd, S., Swap, W. & Zajonc, R. B. 1973 Exposure, context, and interpersonal attraction. *Journal of Personality and Social Psychology*, **25**, 234-242.
Segal, M. W. 1974 Alphabet and attraction : An unobtrusive measure of the effect of propinquity in a field setting. *Journal of Personality and Social Psychology*, **30**, 654-657.
Singh, D. 1993 Adaptive significance of female physical attractiveness : Role of waist-to-hip ratio. *Journal of Personality and Social Psychology*, **65**, 293-307.
Walster, E., Aronson, V., Abrahams, D. & Rottmann, L. 1966 Importance of physical attractiveness in dating behavior. *Journal of Personality and Social Psychology*, **4**, 508-516.
Worthy, M., Gary, A. L. & Kahn, G. M. 1969 Self-disclosure as an exchange process. *Journal of Personality and Social Psychology*, **13**, 59-63.
Zajonc, R. B. 1968 Attitudinal effects of mere exposure. *Journal of Personality and Social Psychology Monograph Supplement*, **9**, 1-27.

●4章●● ひとを助ける

Amato, P. R. 1983 Helping behavior in urban and rural environments: Field studies based on a taxonomic organization of helping episodes. *Journal of Personality and Social Psychology*, 45, 571-586.

Baron, R. A. & Byrne, D. 1997 *Social psychology* (8th ed.) Massachusetts: Allyn and Bacon

Batson, C. D., Bolen, M. H., Cross, J. A. & Neuringer-Benefiel, H. E. 1986 Where is the altruism in the altruistic personality? *Journal of Personality and Social Psychology*, 50, 212-220.

Baumeister, R. F., Chesner, S. P., Sanders, P. S. & Tice, D. M. 1988 Who's in charge Here? Group leaders do lend help in emergencies. *Personality and Social Psychology Bulletin*, 14, 17-22.

Carlson, M. Charlin, Y., & Miller, N. 1988 Positive mood and helping behavior: A test of six hypotheses. *Journal of Personality and Social Psychology*, 55, 211-230.

Carlson. M. & Miller, N. 1987 Explanation of the relation between negative affect and helping. *Psychological Bulletin*, 102, 91-108.

Cialdini, R. B., Baumann, D. J. & Kenrick, D. T. 1981 Insights from sadness: A three-step model of development of altruism as hedonism. *Developmental Review*, 1, 207-223.

Clary, E. G. & Snyder, M., 1991 A functional analysis of altruism and prosocial behavior: The case of volunteerism. In M. S. Clark (Ed.) *Prosocial Behavior* (Vol. 12, pp. 119-148). CA: Sage.

Cramer, R. E., McMaster, M. R., Bartell, P. A. & Dragna, M. 1988 Subject competence and minimization of the bystander effect. *Journal of Applied Social Psychology*, 18, 1133-1148.

Cunningham, M. R. 1979 Weather, mood, and helping behavior: Quasi-experiments with the sunshine samaritan. *Journal of Personality and Social Psychology*, 37, 1947-1956.

Darley, J. M. & Latané B. 1968 Bystander intervention in emergencies: Diffusion of responsibility. *Journal of Personality and Social Psychology*, 8, 377-383.

Davis, M. H. 1983 Measuring individual differences in empathy: Evidence for a multidimensional approach. *Journal of Personality and Social Psychology*, 44, 113-126.

Eisenberg, N. & Miller, P. A. 1987 The relation of empathy to prosocial and related behaviors. *Psychological Bulletin*, 101, 91-119.

Eisenberg, N. & Lennon, R. 1983 Sex differences in empathy and related capacities. *Psychological Bulletin*, 94, 100-131.

Isen, A. M., & Levin, P. F. 1972 Effect of feeling good on helping: Cookies and kindness. *Journal of Personality and Social Psychology*, 21, 384-388.

Isen, A. M. 1970 Success, failure, attention, and reaction to others the warm grow of success. *Journal of Personality and Social Psychology*, 15. 294-301.

角田 豊 1998 共感体験とカウンセリング：共感できない体験をどうとらえ直すか 福村出版

加藤隆勝・高木秀明 1980 青年期における情動的共感の特質 筑波大学心理学研究, 2, 33-42.

小嶋正敏 1983 援助行動の生起機制に関する帰属理論的分析：原因帰属, 感情, 親交度の効果 早稲田大学心理学年報, 第15巻別冊, 31-42.

Latané, B. & Darley, J. M. 1970 The unresponsive bystander: Why doesn't he help? Appleton-Century-Crofts. 竹村研一・杉崎和子(訳) 1977 冷淡な傍観者——思いやりの社会心理学 ブレーン出版

Mathews, K. E. Jr. & Canon, L. K. 1975 Environmental noise level as a determinant of helping behavior. *Journal of Personality and Social Psychology*, 32, 571-577.

松井 豊 1987 援助行動の内的過程——認知・情動動機 中村陽吉・高木 修(編) 他者を助ける行

動の心理学　光生館
McGuire, A. M.　1994　Helping behaviors in the natural environment: Dimensions and correlates of helping. *Personality and Social Psychology Bulletin*, **20**, 45-56.
Mehrabian, A. & Epstein, N.　1972　A measure of emotional empathy. *Journal of Personality*, **40**, 525-543.
水田恵三　1993　援助行動　今城周造(編)　社会心理学：日常生活の疑問から学ぶ　北大路書房
中里至正　1985　道徳的行動の心理学：自己抑制と愛他的行動の形成　有斐閣
O'Malley, M. N. & Andrews, L.　1983　The effect of mood and incentives on helping: Are there some things money can't buy? *Motivation and Emotion*, **7**, 179-189.
Rosenham, D. L., Salovey, P., & Hargis, K.　1981　The joys of helping: Focus of attention mediates the impact of positive affect on altruism. *Journal of Personality and Social Psychology*, **40**, 899-905.
桜井茂男　1988　大学生における共感と援助行動の関係——他次元共感尺度を用いて　奈良教育大学紀要, **37**, 149-154.
澤田瑞也　1992　共感の心理学：そのメカニズムと発達　世界思想社
Schwartz, S. H.　1973　Normative explanations of helping behavior: A critique, proposal, and empirical test. *Journal of Experimental Social Psychology*, **9**, 349-364.
Staub, E.　1974　Helping a distressed person: Social, personality, and stimulus determinants. In L. Berkowitz (Ed.)　*Advances in Experimental Social Psychology* (Vol. 7, pp. 293-341). New York: Academic Press.
高木　修　1982　順社会的行動のクラスターと行動特性　年報社会心理学, **23**, 137-156.

● 5章 ●●　ひとと争う
Baucom, D. H. & Epstein, N.　1990　*Cognitive-behavioral marital therapy*.　New York: Brunner/Mazei.
Bazerman, M. H. & Neale, M. A.　1992　*Nagotiating rationally*.　New York: Free Press.
Carnevale, P. E. & Pruitt, D. G.　1992　Negotiation and mediation. *Annual Review of Psychology*, **43**, 531-582.
Fincham, F. D. & Bradbuty, T. N.　1992　Assessing attributions in marriage: The relationship attribution measure. *Journal of Personality and Social Psychology*, **62**, 457-468.
Fukuno, M. & Ohbuchi, K.　1999　*Procedural fairness in ultimatum bargaining: Interactional fairness and formal procedure*. Presented at the twelfth Annual Meeting of International Association for Conflict Management, San Sebastian-Donostia, Spain.
Guth, W., Schmittberger, R., & Schwarze, B.　1982　An experimental analysis of ultimatum bargaining. *Journal of Economic Behavior and Organization*. **3**, 367-388.
Jehn, K. A.　1997　A qualitative analysis of conflict types and dimensions in organizational groups. *Administrative Science Quarterly*, **42**, 530-557.
小嶋かおり　1998　対人葛藤の実験的研究：方略選択と動機帰属　平成9年度東北大学文学研究科修士論文
Neale, M. A. & Bazerman, M. A.　1991　*Cognition and rationality in negotiation*. New York: Free Press.
大渕憲一　1997　紛争解決の文化的スタイル　大渕憲一(編)　現代応用社会心理学講座3　紛争解決の社会心理学(pp. 343-367)
Ohbuchi, K. & Baba, R.　1988　Selection of influence strategies in interpersonal conflicts: Effects of sex, interpersonal relations, and goals. *Tohoku Psychologica Folia*, **47**, 63-73.

大渕憲一・福島　治　1997　葛藤解決における多目標：その規定因と方略選択に対する効果．心理学研究, **68**, 155-162.
Ohbuchi, K. & Takahashi, Y.　1994　Cultural styles of conflict management in Japanese and Americans : Passivity, covertness, and effectiveness of strategies.　*Journal of Applied Social Psychology*, **24**, 1345-1366.
Ohbuchi, K. & Tedeschi, J. T.　1997　Multiple goals and tactical behaviors in social conflicts.　*Journal of Applied Social Psychology*, **27**, 2177-2199.
Rahim, M. A.　1983　Managing organizational conflict : A model for diagnosis and intervention.　*Psychological Reports*, **44**, 1323-1344.
Ross, L. & Stillinger, C.　1991　Barriers to conflict resolution.　*Negotiation Journal*. **8**, 389-404.
Sillars, A. L.　1980　Attribution and communication in roommate conflicts.　*Communication Monographs*, **47**, 180-200.
Thomas, K. W.　1992　Conflict and negotiation processes in organizations.　In M. D. Dunnette (Eds.)　*Handbook of industrial and organizational psychology*.　Chicago : Rand McNally. Pp. 651-717.
Thomas, K. W. & Pondy, L. R.　1977　Toward an "intent" model of conflict management among principal parties.　*Human Relations,* **30**, 1089-1102.
Thompson, L. L. & Hastie, R.　1990　Social perception in negotiation.　*Organizational Behavior and Human Decision Processes*, **47**, 98-123.
Thompson, L. L. & Loewenstein, G.　1992　Egocentric interpretations of fairness and interpersonal conflict.　*Organizational Behavior and Human Decision Processes*, **51**, 176-197.
Tripp, T. M., Sondak, H. & Bies, R. J.　1995　Justice as rationality : A relational perspective on fairness in negotiations.　In R. J. Bies, R. J., Lewicki, & B. H. Sheppard (Eds.)　*Research on Negotiation in Organizations*, Vol. 5.　Greenwich, CT : JAI Press, 45-64.

●●6章●●　ひとの気持ちを変える
Ajzen, I.　1985　From intentions to actions : A theory of planned behavior.　In J. Kuhl & J. Beckman (Eds.)　*Action-control : From cognition to behavior*.　Heidelbrg : Springer. Pp. 11-39.
Ajzen, I., & Fishbein, M.　1977　Attitude‐behavior relations : A theoretical analysis and review of empirical research.　*Psychological Bulletin*, **84**, 888-918.
Ajzen, I. & Fishbein, M.　1980　*Understanding attitudes and predicting social behavior*. Englewood-Cliffs, NJ : Prentice‐Hall.
Allen, M.　1991　Meta‐analysis comparing the persuasiveness of one-sided and two‐sided messages.　*Western Journal of Speech Communication*, **55**, 390-404.
Beck, L. & Ajzen, I.　1991　Predicting dishonest actions using the theory of planned behavior.　*Journal of Research in Personality*, **25**, 285-301.
Brehm, S. S. & Brehm, J. W.　1981　*Psychological reactance : A theory of freedom and control*. New York : Academic Press.
Chaiken, S. & Eagly, A. H.　1976　Communication modality as a determinant of message persuasiveness and message comprehensibility.　*Journal of Personality and Social Psychology*, **34**, 605-614.
Converse, P. E.　1970　Attitudes and non‐attitudes : Continuation of a dialog.　In E. R. Tufte (Ed.)　*The Quantitative Analysis of Social Problems*.　Reading MA : Addison-Wesley. Pp. 168-189.

Cooper, J. & Fazio, R. H. 1984 A new look at dissonance theory. In L. Berkowitz (Ed.), *Advances in Experimental Social Psychology*. Vol. 17. New York : Academic Press, 229-266.
Eagly, A. H. & Carli, L. L. 1981 Sex of researchers and sex‐typed communications as determinants of sex differences in influenceability : A meta-analysis of social influence studies. *Psychological Bulletin*, **90**, 1-20.
Eagly, A. H. & Chaiken, S. 1998 Attitude structure and function. In D. T. Gilbert, S.T.Fiske, & G. Lindzey (Eds.) *The handbook of social psychology*. 4th ed. Vol. 1. New York : McGraw‐Hill, Pp. 269-322.
Fazio, R. H. 1989 On the power and functionality of attitudes : The role of attitude accessibility. In A. R. Pratkanis, S. J. Breckler, & A. G. Greenwald (Eds.) *Attitude structure and function*. Hillsdale, NJ : Erlbaum, Pp. 153-179.
Fazio, R. H. & Williams, C. J. 1986 Attitude accessibility as a moderator of the attitude-perception and attitude-behavior relations : An investigation of the 1984 presidential election. *Journal of Personality and Social Psychology*, **51**, 505-514.
Festinger, L. 1957 *A theory of cognitive dissonance*. Stanford : Stanford University Press. 末永俊郎（監訳） 1965 認知的不協和の理論 誠信書房
Festinger, L. & Carlsmith, J. M. 1959 Cognitive consequences of forced compliance. *Journal of Abnormal and Social Psychology*, **58**, 203-210.
Fishbein, M. & Ajzen, I. 1975 *Belief, attitude, intention, and behavior : An introduction to theory and research*. Reading, MA : Addison-Wesley.
Heider, F. 1958 *The psychology of interpersonal relations*. New York : Wiley. 大橋正夫（訳） 1978 対人関係の心理学 誠信書房
Herek, G. M. 1987 Can functions be measured ? : A new perspective on the functional approach to attitudes. *Social Psychology Quarterly*, **50**, 285-303.
Hovland, C. I., Janis, I. L. & Kelley, H. H. 1953 *Communication and persuasion*. New Haven : Yale University Press. 辻 正三・今井省吾（訳） 1960 コミュニケーションと説得
今城周造 1995 自由の重要性と自由への脅威度が心理的リアクタンスに及ぼす交互作用的効果：喚起小条件における脅威のU字型効果 実験社会心理学研究, **35**, 102-110.
今城周造 1997 態度‐行動関係に及ぼす態度機能の調整効果(2)：「ゴミ分別収集行動」と防衛機能に関連して 日本社会心理学会第38回大会発表論文集, 201-211.
Katz, D. 1960 The functional approach to the study of attitudes. *Public Opinion Quarterly*, **24**, 163-204.
Kraus, S. J. 1995 Attitudes and the prediction of behavior : A meta-analysis of the empirical literature. *Personality and Social Psychology Bulletin*, **21**, 58-75.
Krech, D., Crutchfield, R. S. & Ballachey, E. L. 1962 *Individual in society*. New York : McGraw‐Hill.
La Piere, R. T. 1934 Attitudes vs. actions. *Social Forces*, **13**, 230-237.
O'Keefe, D. J. 1990 Persuasion : *Theory and research*. Sage : Newbury Park.
Petty, R. E. & Cacioppo, J. T. 1981 *Attitudes and persuasion : Classic and contemporary approaches*. Dubuque, Ia. : Wm. C. Brown.
Petty, R. E. & Cacioppo, J. T. 1986 The elaboration likelihood model of persuasion. *Advances in Experimental Social Psychology*, **19**, 123-205.
Petty, R. E., Cacioppo, J. T. & Goldman, R. 1981 Personal involvement as a determinant of argument‐based persuasion. *Journal of Personality and Social Pychology*, **41**, 847-855.
Raden, D. 1985 Strength‐related attitude dimensions. *Social Psychology Quarterly*, **48**, 312-

330.
Rhodes, N. & Wood, W. 1992 Self-esteem and intelligence affect influenceability : The mediating role of message reception. *Psychological Bulletin*, **111**, 156-171.
Rogers, R. W. 1983 Cognitive and physiological processes in fear appeals and attitude change : A revised theory of protection motivation. In J. T. Cacciappo & R. E. Petty (Eds.) *Social psychophysiology : A sourcebook*. New York : Guilford, Pp. 153-176.
Rogers, R. W. & Mewborn, C. R. 1976 Fear appeals and attitude change : Effects of a threat's noxiousness, probability of occurrence, and the efficacy of coping responses. *Journal of Personality and Social Psychology*, **34**, 54-61.
Rosenberg, M. J. & Hovland, C. I. 1960 Cognitive, affective, and behavioral components of attitudes. In M. J. Rosenberg, C. I. Hovland, W. J. McGuire, R. P. Abelson, & J. W. Brehm (Eds.) *Attitude organization and change*. New Haven : Yale University Press, Pp. 1-14.
Shavitt, S. 1990 The role of attitude objects in attitude functions. *Journal of Experimental Social Psychology*, **26**, 124-148.
Taylor, S. E. & Thompson, S. C. 1982 Stalking the elusive "vividness" effect. *Psychological Review*, **89**, 155-181.
Wicker, A. W. 1969 Attitudes vs. actions : The relationships of verbal and overt behavioral responses to attitude objects. *Journal of Social Issues*, **25**, 41-78.
Zimbardo, P. G. & Leippe, M. R. 1991 *The psychology of attitude change and social influence*. New York : McGraw‐Hill.

●7章●● 集団とかかわる

Abrams, D., Wetherell, M., Cochrane, S., Hogg, M. A. & Turner, J. C. 1990 Knowing what to think by knowing who you are : Self-categorization and the nature of norm formation, conformity and group polarization. *British Journal of Social Psychology*, **29**, 97-119.
Allport, G. W. 1954 *The nature of prejudice*. Cambridge, MA : Addison-Wesley. 原谷達夫・野村 昭(訳) 偏見の心理 1961 培風館(但し1958年版の翻訳)
Crowe, B. J., Bochner, S. & Clark, A. W. 1972 The effects of subordinates' behavior on managerial style. *Human Relations*, **2**, 215-237.
Eiser, J. R. 1971 Enhancement of contrast in the absolute judgement of attitude statememts. *Journal of Personality and Social Psychology*, **17**, 1-10.
Festinger, L. 1950 Informal social communication. *Psychological Review*, **57**, 271-282.
Fiedler, F. E. 1964 A contingency model of leadership effectiveness. In L. Berkowitz (ed.) *Advancees in Experimental Social Psychology*, vol 1. New York : Academic Press, Pp. 149-190.
Fiedler, F. E. 1978 The contingency model and the dynamics of the leadership process. In L. Berkowitz (ed.) *Advancees in Experimental Social Psychology*, vol 11. New York : Academic Press, Pp. 59-112.
古川久敬 1986 リーダー存在の明瞭性及び集団業績がフォロワーのリーダー行動認知に及ぼす効果 心理学研究, **57**, 68-75.
Heider, F. 1958 *The psychology of interpersonal relations*. Hillsdale : Lawrence Erlbaum Associates. 大橋正夫(訳) 対人関係の心理学 1978 誠信書房
蜂屋良彦 1987 集団への参加と個人にとっての意義 永田良昭(編) 社会 朝倉書店 pp. 95-135.
蜂屋良彦 1999 集団の賢さと愚かさ ミネルヴァ書房
Hogg, M. A. & Abrams, D. 1988 *Social identifications : A social psychology of intergroup*

relations and group processes. London : Routledge.
本間道子　1996　ブレーンストーミング集団における生産性の再検討　心理学評論, **39**, 252-272.
House, R.　1971　A path‐goal theory of leader effectiveness. *Adiministrative Science Quarterly*, **16**, 321-338.
House & Dessler,　1974　The path-goal theory of leadership : Some post hoc and a priori tests. In J. G. Hunt & L. L. Larson (eds.) *Contingency Approaches to leadership*. Southern Illinois University Press, Pp. 29-62.
亀田達也　1997　合議の知を求めて　共立出版
狩野素朗　1986　集団の構造と規範　佐々木薫・永田良昭 (編)　集団行動の心理学　有斐閣　pp. 44-78.
Latané, B., Williams, K. & Harkins, S.　1979　Many hands make light the work : The causes and consequences of social loafing. *Journal of Personality and Social Psychology*, **37**, 822-832.
三隅二不二　1966　新しいリーダーシップ　ダイヤモンド社
岡　隆・佐藤達哉・池上知子 (編)　1999　偏見とステレオタイプの心理学　至文堂
Osborn, A. F.　1957　*Applied imagination*. New York : Scribner.
佐々木　薫　1986　集団の意思決定と業績　佐々木　薫・永田良昭 (編)　集団行動の心理学　有斐閣　pp. 79-137.
Sherif, M.　1962　*Intergroup relations and leadership*. New York : John Wiley & Sons.
白樫三四郎　1985　リーダーシップの心理学　有斐閣
Stasser, G., Taylor, L. A. & Hanna, C.　1989　information sampling in structured and unstructured discussions of three‐and six‐person groups. *Journal of Personality and Social Psychology*, **57**, 67-78.
Stasser, G. & Titus, W.　1987　Effects of information load and percentage of shared information on the dissemination of unshared information during group discussion. *Journal of Personality and Social Psychology*, **53**, 81-93.
Stoner, J. A. F.　1968　Risky and cautious shifts in group decision : The influence of widely held values. *Journal of Experimental and Social Psychology*, **4**, 442-459.
Tajfel, H., Billig, M., Bundy, R. & Flament, C.　1971　Social categorization and intergroup behaviour. *European Journal of Social Psychology*, **1**, 149-177.
Tajfel, H., Sheikh, A. A. & Gardner, R. C.　1964　Content of stereotypes and the inference of similarity between members of stereotyped groups. *Acta Psychologica*, **22**, 191-201.
Tajfel, H. & Turner, J. C.　1979　An integrative theory of social conflict. In W. G. Austin & S. Worchel (Eds.)　*The social psychology of intergroup relations*. Monterey, CA : Brooks-Cole, 33-47.
Tajfel, H. & Wilkes, A. L.　1963　Classification and quantitative judgement. *British Journal of Psychology*, **54**, 101-114.
Turner, J. C., Hogg, M. A., Oakes, P. J., Reicher, S. D. & Wetherell, M. S.　1987　*Rediscovering the social group : a self-categorization theory*. Oxford & New York : Basil Blackwell.

●8章●●　組織とかかわる

Alderfer, C, P.,　1972　*Existence, relatedness, and growth: Human needs in organizational settings*. New York : Free Press.
Alderfer, C. P. Kaplan, R. E. & Smith, K. K.　1974　The effect of variations in relatedness need satisfaction on relatedness desires. *Administrative Science Quarterly*. **19**, 507-532.
Atkinson, J.　1958　*Motives in fantasy action, and society*. Princeton, NJ : Van Nostrand.

Bandura, A. 1977 Self efficacy : Toword a unifying theory of behavioral change. *Psychological Review*, **84**, 191-215.
Bandure, A. 1977 *Social learning theory.* Englewood Cliffs, NJ : Prentice-Hall.
Bauer, T. N., Morrison, E. W. & Callister, R. R. 1998 Organizational Socialization : A review and directions for future research. *Research in Personnel and Human Resources Management*, **16**,149-214.
Brehm, J. W. 1966 *A theory of psychological reactance.* New York : Academic Press.
Burke, W. W. 1982 *Organization development.* Boston : Little Brown & Company 小林 薫 (監訳) 1987 「組織開発」教科書：その理念と実践 プレジデント社
Dyer, W. G. 1995 Team building. In Nicholson (Ed.) *The Blackwell encyclopedic dictionary of organizational behavior.* Cambridge MA.: Blackwell Pub. 555-556.
Fisher, C. D. 1986 Organizational socialization : An integrative review. *Research in Personnel and Human Resource Management*, **4**, 101-146.
Homans, G. C. 1950 *The human group : Its elementary form.* New York : Harcourt Brace Jovanovich. 馬場明男・早川浩一(訳) 1959 HUMAN GROUP：その基本形態 誠信書房 城戸康彰 1986 小集団活動が参加者の意識・行動に及ぼす効果 経営行動科学，**1**，91-100.
Lawler, E. E. III. 1971 *Pay and organizational effectiveness : a psychological view.* New York : McGraw-Hill. 〔安藤瑞夫(訳) 1972 給与と組織効率 ダイヤモンド社〕
Louis, M. R. 1980 Surprise and sense making : What newcomers experience in entering unfamilliar organizational settings. *Administrative Science Quarterly*, **25**, 226-251.
Macy, B. A. & Izumi, H. 1993 Organizational change, design, and work innovation: A meta-analysis of 131 North American field studies-1961-1991. *Research in Organizational Change and Development*, **7**, 235-313.
McClelland, D. C. 1961 *The achieving society.* Princeton, NJ: Van Nostrand. 林 保(監訳) 1971 達成動機 産業能率短期大学出版部
Maslow, A. H. 1943 A theory of human motivation. *Psychological Review*, **50**, 370-390.
Maslow, A. H. 1957 Motivation and Personality, 2nd ed. New York : Haper & Row. 〔小口忠彦(訳) 1971 人間性の心理学 産業能率大学出版部
Morrison, E. W. 1999 Longitudinal study of the effects of information seeking on newcomer socialization. *Journal of Applied Psychology*, **78**, 173-183.
Morrison, E. W. 1995 Information usefulness and acquisition during organizational encounter. *Management Communication Quarterly*, **9**, 131-155.
オンラタコ，M. L. U. 1985 「QCサークル」の予備的アセスメント：日本およびフィリピンにおける調査結果を中心にして 日本労働協会雑誌，**313**，37-48.
Ostroff, C. & Kozlowski, S. W. 1992 Organizational socialization as a learning process : The role of information acquisition *Personnel Psychology*, **45**, 849-874.
Porter, L. W. & Lawler. E. E. 1968 Managerial attitudes and performance. Homewood, Ill. : R. D. Irwin.
Robbins, S. P. 1997 *Essentials of Organizational behavior* (5th. ed.). Englewood Cliffs, N.J. : Prentice Hall. 高木晴夫(監訳) 1997 組織行動のマネジメント：入門から実践へ ダイヤモンド社
Roethlisberger, F. J. 1941 *Management and morale.* Cambridge, MA. 野田一夫・川村欣也 (訳) 1954 経営と勤労意欲 ダイヤモンド社
坂下昭宣 1982 欲求理論と人間行動 二村敏子(編) 組織の中の人間行動 有斐閣 Pp. 47-72.
佐々木政司 1990 組織社会化と態度変容——心理的リアクタンス理論からのアプローチ 経営行動

科学, 5, 59-66.
Spector, P. E. 1996 Industrial and organizational psychology : Research and practice. New York : John Wiley & Sons.
高橋弘司 1993 組織社会化研究をめぐる諸問題——研究レビュー 経営行動科学, 8, 1-22.
Tannenbaum, S. I., Salas, E., & Cannon-Bowers, J. A. 1996 Promoting team effectiveness. In West(ed.) Handbook of work group psychology. West Sussex. England : John Wiley & Sons. Pp. 503-530.
Trist, E. L. & Bamforth, K. W. 1951 Some social and psychological consequences of the long-wall method of goal getting. Human Relations, 4, 1-38.
田尾雅夫 1999 組織の心理学 [新版] 有斐閣
Vroom, V. H. 1964 Work and Motivation, New York : Wiley. 〔坂下昭宣・榊原清則・小松陽一・城戸康彰(訳) 1982 仕事とモチベーション 千倉書房
若林 満・南 隆男・佐野勝男 1980 わが国産業組織における大卒新入社員のキャリア発達過程——その継時的分析 組織行動研究, 6, 3-131.
若林 満 1981 キャリア形成とモティベーション 西田耕三・若林 満・岡田和秀(編著) 組織の行動科学 有斐閣 Pp. 175-202.
Wall, T. D., Kenp, N. J., Jackson, P. R. & Clegg, C. W. 1986 Outcomes of autonomous work group : A long-term field experiment. Academy of Management Journal, 29, 280-304.
Weiss, H. M. 1990 Learning theory and industrial and organizational psychology. In M. D. Dunnette & L. M. Hough (Ed.) Handbook of industrial and organizational psychology. 2nd ed. California : Consulting Psychologists Press, Inc.

● 9 章 ●● 社会を知る

Abelson, R. P. 1981 The psychological status of the script concept. American Psychologist, 36, 715-729.
Abramson, L. Y., Seligman, M. E. P. & Teasdale, D. 1978 Learned helplessness in humans : Critique and reformulation. Journal of Abnormal Psychology, 87, 49-74.
Anderson, N. H. 1965 Averaging versus adding an stimulus - combination rule in impression formation. Journal of Exprimental Psychdogy, 70, 394-400.
Asch, S. E. 1946 Forming impressions of personality. Journal of Abnormal and Social Psychology, 41, 258-290.
Battistich, V. A. & Thompson, E. G. 1980 Students' perceptions of the college milieu : A multidimensional scaling analysis. Personality and Social Psychology Bulletin, 6, 74-82.
Bieri, J. 1955 Cognitive complexity - simplicity and predictive behavior. Journal of Abnormal and Social Psychology, 51, 263-268.
Billig, M. G. & Tajfel, H. 1973 Social categorization and similarity in intergroup behaviour. European Journal of Social Psychology, 3, 27-52.
Bower, G. H. 1981 Mood and memory. American Psychologist, 36, 129-148.
Bower, G. H. 1991 Mood congruity of social judgments. In J. P. Forgas(Ed.) Emotion and social judgments. Pergamon Press, Pp. 31-53.
Brewer, M. B. 1988 A dual process model of impression formation. In T. K. Srull & R. S. Wyer (Eds.) Advances in Social Cognition, 1, 1-36.
Cantor, N., Mischel, W. and Schwartz, J. 1982 A prototype analysis of psychological situations. Cognitive Psychology, 14, 45-77.
Chiu, C., Hong, Y. & Dweck, C. S. 1997 Lay dispositionism and implicit theory of personality.

Journal of Personality and Social Psychology, **73**(1), 19-30.
Clark, M. S. & Isen, A. M. 1982 Toward understanding the relationship between feeling states and social behavior. In A. Hastorf & A. M. Isen(Eds.) *Cognitive social psychology*, Elsvier, Pp. 73-108.
Cohen, C. E. 1981 Person categories and social perception: Testing some boudaries of the processing effects of prior knowledge. *Journal of Personality and Social Psychology*, **40**, 441-452.
Collins, A. M. & Loftus, E. F. 1975 A spreading activation theory of semantic processing. *Psychological Review*, **82**, 402-428.
Darely, J. M. & Gross, P. H. 1983 A hypothesis‐confirming bias in labeling effects. *Journal of Personality and Social Psychology*, **44**, 20-33.
Devine, P. G. 1989 Stereotyping and prejudice: Their automatic and controlled components. *Journal of Personality and Social Psychology*, **56**, 5-18.
Dutton, D. & Aron, A. 1974 Some evidence for heightened sexual attraction under conditions of high anxiety. *Journal of Personality and Social Psychology*, **30**, 510-517.
Dweck, C. S. & Legett, E. L. 1988 A social‐cognitive approach to motivation and personality. *Psychological Review*, **95**(2), 256-273.
Festinger, L. 1957 *A theory of cognitive dissonance*. Sternford Univ. Pr. 末永俊郎(監訳) 1965 認知的不協和の理論 誠信書房
Fiske, S. T. & Depret, E. 1996 Control, interdependence and power: Understanding social cognition in its social context. In W. Stroebe & M. Hewstone(Eds.) *European Review of Social Psychology*, **7**, 1-61.
Fiske, S. T. & Neuberg, L. N. 1990 A continuum of impression formation, from category-based to individuating processes: Influences of information and motivation on attention and interpretation. In M. P. Zanna(Ed.) *Advances in Experimental Social Psychology*, **23**, 1-74.
Forgas, J. P. 1976 The perception of social episodes: Categorical and dimensional representations in two different social milieus. *Journal of Personality and Social Psychology*, **34**, 199-209.
Forgas, J. P. 1978 Social episodes and social structure in an academic setting: The social environment of an intact group. *Journal of Experimental Social Psychology*, **14**, 434-448.
Forgas, J. P. & Bower, G. H. 1987 Mood effects on person-perception judgements. *Journal of Personality and Social Psychology*, **53**, 53-60.
Frijda, N. H. 1988 The laws of emotion. *American Psychologist*, **43**, 349-358.
Hamilton, D. L. & Gifford, R. K. 1976 Illusory correlation in interpersonal percception: A cognitive basis of stereotypic judgments. *Journal of Experimental Social Psychology*, **12**, 392-407.
林 文俊 1978 対人認知構造の基本次元についての一考察 名古屋大学教育学部紀要(教育心理学科), **25**, 233-247.
Heider, F. 1958 *The psychology of interpersonal relations*. Wiley. 大橋正夫(訳) 1978 対人関係の心理学 誠信書房
廣岡秀一 1985 社会的状況の認知に関する多次元的研究 実験社会心理学研究, **25**, 17-25.
Hogg, M. A. & Turner, J. C. 1987 Intergroup behavior, self‐stereotyping and the salience of social categories. *British Journal of Social Psychology*, **26**, 325-430.
Izen, A. M. & Means, B. 1983 The influence of positive affect on decision making strategy. *Social Cognition*, **2**, 18-31.

Jones, E. E. & Davis, K. E. 1965 From acts to dispositions : The attribution processes in person perception. In L. Berkowitz (ed.) *Advances in Experimental Social Psychology*, **2**, 219-266. Academic Press.

Karp, D., Jin, N., Yamagishi, T. & Shinotsuka, H. 1993 Rising the minimum in the minimal-group paradigm. *Japanese Journal of Experimental Social Psychology*, **32**, 773-783.

Kelly, G. A. 1955 *The psychology of personal constructs*. New York : Norton.

Kelley, H. H. 1967 Attribution theory in social psychology. In D. Levine (ed.), *Nebraska Symposium on Motivation*, **15**, 192-238. Univ. of Nebraska Pr.

吉川肇子 1989 悪印象は残りやすいか？ 実験社会心理学研究, **29**, 45-54.

Krahé, B. 1986 Similar perceptions, similar reactions : An idiographic approach to cross-situational coherence. *Journal of Research in Personality*, **20**, 349-361.

Krahé, B. 1992 *Personality and Social Psychology*. Tokyo : Sage Publications Ltd. 堀毛一也 (編訳) 1996 社会的状況とパーソナリティ 北大路書房

Kunst - Wilson, W. R. & Zajonc, R. B. 1980 Affective discrimination of stimuli that cannot be recognized. *Science*, **207**, 557-558.

Lazarus, R. S. 1984 On primacy of cognition. *American Psychologist*, **39**, 124-129.

Magnusson, D. 1971 An analysis of situational dimensions. *Perceptual and Motor Skills*, **32**, 851-867.

Magnusson, D. 1978 *On the Psychological Situation*. Reports from the Department of Psychology, University of Stockholm Reports.

Magnusson, D. & Ekehammer, B. 1975 Perceptions of and reactions to stressful situations. *Journal of Personality and Social Psychology*, **31**, 1147-1154.

McArthur, L. A. 1972 The how and what of why : Some determinants and consequences of causal attribution. *Jounal of Personality and Social Psychology*, **22**, 171-193.

Park, B., Judd, C. M. & Ryan, C. S. 1991 Social categorization and the representation of variability information. In M. Hewstone & W. Stroebe (Eds.) *European Review of Social Psychology*, Vol. 2. Wiley. 211-245.

Park, B. & Rothbart, M. 1982 Perception of out - group homogeneity and levels of social categorization : Memory for the subordinate attributes of in - group and out-group members. *Journal of Personality and Social Psychology*, **42**, 1051-1068.

Peterson, C. et al. 1982 The attributional style questionnaire. *Cognitive Therapy and Research*, **6**, 287-299.

Pervin, L. A. 1976 A free - response description approach to the analysis of person - situation interaction. *Journal of Personality and Social Psychology*, **34**, 465-474.

Pervin, L. A. 1978 Definitions, measurements, and classifications of stimuli, situations, and environments. *Human Ecology*, **6**, 71-105.

Reeder, G. D. 1993 Trait - behavior relations and dispositional inference. *Personality and Social Psychology Bulletin*, **19**, 586-593.

Ross, L. & Nisbett, R. E. 1991 *The person and situation : Perspectives of social psychology*. McGraw-Hill.

Schachter, S. 1964 The interaction of cognitive and physiological determinants of emotional states. In L. Berkowitz (Ed.) *Advances in Experimental Social Psychology*, Vol. 1. Academic Press.

Schwartz, N. 1990 Feelings as information : Informational and motivational functions of affective states. In E. T. Higgins and R. M. Sorrentino (Eds.) *Handbook of motivation and*

cognition : Foundations of social behavior, Vol. 2. N. Y. : Guilford Press, Pp. 527-561.
Seligman, M. E. P. & Maier, S. F. 1967 Failure to escape traumatic shock. *Journal of Experimental Psychology*, **74**, 1-9.
Sherif, M., Harvey, O. J., White, B. J., Hood, W. R. & Sherif, C. W. 1961 *Intergroup conflict and cooperation : The Robber's Cave experiment*. University of Oklahoma Press.
Simon, B. & Brown, R. J. 1987 Perceived intragroup homogeneity in mino rity‐majority contexts. *Journal of Personality and Social Psychology*, **53**, 703-711.
Smith, E. R. & Miller, F. D. 1983 Mediation among attributional inferences and comprehension processes : Initial findings and a general method. *Journal of Personality and Social Psychology*, **44**, 492-505.
Smith, E. R. 1995 Social cognitions to attribution theory and research. In P. G. Devine, D. L. Hamilton & T. M. Ostrom (eds.) *Social cognition : Impact on social psychology*. Academic Press.
Snyder, M. & White, P. 1982 Mood and memories : Elation, depression, and the remembering of events of one's life. *Journal of Personality*, **50**, 142-167.
Stephan, W. G. 1989 A cognitive approach to stereotyping. In D. Bar‐Tal, C. F. Graumann, A. W. Kruglanski & W. Stroebe (Eds.) *Stereotyping and prejudice : Changing concepts*. Springer-Verlag, Pp. 37-57.
Tajfel, H., Flament, C., Billig, M. G. & Bundy, R. P. 1971 Social categorization and intergroup behaviour. *European Journal of Social Psychology*, **1**, 149-178.
Tajfel, H. & Turner, J. C. 1986 The social identity theory of intergroup behavior. In S. Worchel & W. G. Austin (Eds.) *Psychology of inte rgroup relations* (2nd ed.). Nelson‐Hall, 7-24.
竹村和久 1996 ポジティブな感情と社会的行動 土田昭司・竹村和久（編） 感情と行動・認知・生理——感情の社会心理学 誠信書房 Pp. 151-177.
Taylor, S. E., Crocker, J., Fiske, S. T., Sprinzen, M. & Winkler, J. D. 1979 The generalizability of salience effects. *Journal of Personality and Social Psychology*, **37**, 357-368.
Taylor, S. E., Fiske, S. T., Etcoff, N. L. & Ruderman, A. J. 1978 Categorical and contextual bases of person memory and stereotyping. *Journal of Personality and Social Psychology*, **36**, 778-793.
戸田正直 1992 感情——人を動かしているプログラム 東京大学出版会
Trope, Y. & Liberman, A. 1993 The use of trait conceptions to identify other people's behavior and to draw inferences about their personalities. *Personality and Social Psychology Bulletin*, **19**, 553-562.
Tversky, A. & Kahneman, D. 1974 Judgment under uncertainty : Heuristics and biases. *Science*, **185**, 1124-1131.
梅本堯夫・大山 正（編） 1993 心理学史への招待 サイエンス社
Weiner, B., Heckhausen, H. & Mayer, W. 1972 Causal ascriptions and achievement behavior : A conceptual analysis of effort and reanalysis of locus of control. *Journal of Personality and Social Psychology*, **21**, 239-248.
Zajonc, R. B. 1980 Feeling and thinking : Preferece need no inference. *American Psychologist*, **35**, 151-175.

● 10 章 ●● 社会に責任をもつ

Adams, S. 1965 Inequity in social exchange. In L. Berkowitz (Ed.), *Advances in Experimental*

Social Psychology, Vol. 2. Academic Press. Pp. 267-299.
Bray, R. M., & Noble, A. 1978 Authoritarianism and decisions of mock juries : Evidence of jury bias and group polarization. Journal of Personality and Social Psychology, 36, 1424-1430.
Connors, J. & Heaven, P. C. 1990 Belief in a just world and attitudes towards AID. Journal of Social Psychology, 130, 559-560.
Deutsch, M. 1975 Equity, equality, and need : What determines which value will be used as the basis of distributive justice? Journal of Social Issues, 31, 137-149.
Feather, N. T. 1996 Reactions to penalties for an offense in relation to authoritarianism, values, perceived responsibility, perceived seriousness, and deservingness. Journal of Personality and Social Psychology, 71, 571-587.
Festinger, L. 1957 A theory of cognitive dissonance. Evanston : Row, Peterson. 末永俊郎(監訳) 認知的不協和の理論 誠信書房
Fincham, F. D. & Jaspers, J. M. 1983 A subjective probability approach to responsibility attribution. British Journal of Social Psychology, 22, 145-162.
Folger, R., Konovsky, M. A. & Cropanzano, R. 1992 A due process metaphor for performance appraisal. Research in Organizational Behavior, 14, 129-177.
Furnham, A. & Gunter, B. 1984 Just world beliefs and attitudes towards the poor. British Journal of Social Psychology, 23, 265-269.
Hamilton, V. L. 1978 Who is responsible? Toward a social psychology of responsibility attribution. Social Psychology, 41, 316-328.
Heider, F. 1958 The psychology of interpersonal relations. 大橋正夫(訳) 1978 対人関係の心理学 誠信書房
Homans, G. C. 1961 Social behavior : Its elementary forms. New York : Harcourt Brace & World.
井上和子 1985 恋愛関係における Equity 理論の検証 実験社会心理学研究, 24, 127-134.
Jones, E. E. & Davis, K. E. 1965 From acts to dispositions : The attribution process in person perception. In L. Berkowitz (ed.). Advances in Experimental Social Psychology (vol. 2). Academic Press.
Jones, E. E. & Nisbett, R. E. 1972 The actor and the observer : Divergent perceptions of the causes of behavior. In E. E. Jones, et al. (eds.) Attribution : Percieving the causes of behavior. General Learning Press.
Kelley, H. H. 1967 Attribution theory in social psychology. In D. Levine (ed.) Nebraska symposium on motivation (vol. 15). Univ. of Nebraska Press.
Lerner, M. J. 1975 The justice motive in social behavior : Introduction. Journal of Social Issues, 31, 1-19.
Lerner, M. J. 1980 The belief in a just world : A fundamental delusion. New York : Plenum Press.
Lind, E. Allan & Tyler, Tom R. 1988 The social psychology of procedural justice. New York : Prenum Press. 菅原郁夫・大渕憲一(訳) 1995 フェアネスと手続きの社会心理学：裁判，政治，組織への応用 ブレーン出版
Lind, E. A., Tyler, T. R. & Huo, Y. J. 1997 Procedural context and culture : Variation in the antecedents of procedural justice judge ments. Journal of Personality and Social Psychology, 73, 767-780.
Lujansky, H. & Mikula, G. 1983 Can equity theory explain the quality and the stability of romantic relationships? British Journal of Social Psychology, 22, 101-112.

松浦　均　1991　親密な二者間の衡平性認知における相互比較的検討実験　社会心理学研究, **31**, 155-166.
Moorman, R. H.　1991　Relationship between organizational justice and or ganizational citizenship behaviors : Do fairness perceptions influence employee citizenship?　*Journal of Applied Psychology*, **76**, 845-855.
諸井克英　1989　対人関係への衡平理論の適用(2)――同性親友との関係における衡平性と情動的状態　実験社会心理学研究, **28**, 131-141.
Murphy-Berman, V. & Berman, J. J.　1990　The effect of respondents' just world beliefs and target person's social worth and awareness‐of‐risk on a person with AID.　*Social Justice Research*, **4**, 215-228.
奥田秀宇　1994　恋愛関係における社会的交換過程：公平，投資，および互恵モデルの検討　実験社会心理学研究, **34**, 82-91.
O'quin, K. & Volger, C. C.　1989　Effects of just world beliefs on perceptions of crime perpetrators and victims.　*Social Justice Research*, **3**, 47-56.
Peterson, C.　1981　Equity, equality, and marriage.　*Journal of Social Psychology*, **113**, 283-284.
Piehl, J.　1977　Integration of information in the "courts": Influence of physical attractiveness on amount of punishment for a traffic offender.　*Psychological Reports*, **41**, 551-556.
Ross, L. D., Greene, D. & Hause, P.　1977　The false consensus phenomenon : an attributional bias in self‐perception process.　*Journal of Experimental Social Psychology*, **13**, 279-301.
Rubin, Z. & Peplau, A.　1973　Belief in a just world and reactions to another's lot : A study of participants in the national draft lottery.　*Journal of Social Issues*, **29**, 73-93.
Rubin, Z. & Peplau, A.　1975　Who belief in a just world?　*Journal of Social Issues*, **31**, 65-89.
Sampson, E. E.　1975　On justice as equality.　*Journal of Social Issues*, **31**, 45-61.
Schultz, T. R., Schleifer, M. & Altman, I.　1981　Judgment of causation responsibility, and punishment in cases of harm-doing.　*Canadian Journal of Behavioral Science*, **13**, 238-253.
Scroggs, J. R.　1976　Peralties for rape as function of victim provocativeness, damage and resistance.　*Journal of Applied Social Psychology*, **6**, 360-368.
Shaver, K. G.　1970　Defensive attraction : Effects of severity and relevance on the responsibility assigned for an accident.　*Journal of Personality and Social Psychology*, **14**, 101-113.
Shaver, K. G.　1985　*The attribution of blame : Causality, responsibility, and blameworthiness*.　New York : Springer-Verlag.
Sigalland, H. & Ostrove, N.　1975　Beautiful but dangerous : Effects of offender attractiveness and nature of the crime on juridic judgment.　*Journal of Social Psychology*, **31**, 410-414.
Sulzer, J. L.　1971　*Heider's "Levels Model" of responsibility attribution*.　Paper presented at the Symposium on Attribution of Responsibility Research, Williamsburg, Va.
Tanaka, K.　1999　Judgment of fairness by just world believers.　*Journal of Social Psychology*, **139**, 631-638.
Taylor, M., Susan, Tracy, K. B., Renard, M. K., Harrison, J. K. & Carroll, S. J.　1995　Due process in performance appraisal : A quasi-experiment in procedural justice.　*Administrative Science Quarterly*, **40**, 495-523.
Thibaut, J. & Walker, L.　1975　*Procedural Justice : A Psychological Analysis*.　Hillsdale, NJ : Erlbaum.
Tyler, Tom. R., Degoey, P. & Smith, H. J.　1996　Understanding why the justice of group procedures matters.　*Journal of Personality and Social Psychology*, **70**, 913-930.
Tyler, T. R. & Lind, E. A.　1992　A relational model of authority in groups.　In M. Zanna (Ed.)

Advances in Experimental Social Psychology, Vol. 25. New York : Academic Press, Pp. 115-191.
Tyler, T. R., Rasinski, K., & McGraw, K. 1985 The influence of perceived injustice on support for political authorities. *Journal of Applied Social Psychology*, **15**, 700-725.
Walker, L., LaTour, S., Lind, E. A. & Thibaut, J. 1974 Reactions of participants and observers to modes of adjudication. *Journal of Applied Social Psychology*, **4**, 295-310.
Walster, E., Berscheid, E. & Walster, G. W. 1976 New directions in equity research. *Journal of Personality and Social Psychology*, **25**, 151-176.
Weiner, B. 1979 A theory of motivation for some classroom experiences. *Journal of Educational Psychology*, **71**, 3-25.
Weiner, B. 1986 *An attributional theory of motivation and emotion.* New York : Springer-Verlag.
Weiner, B. 1995 *Judgment of responsibility : A foundation for a theory of social conduct.* New York : Guilford.
Weiner, B., Heckhausen, H. & Meyer, W. 1972 Causal ascriptions and achievement behavior : A conceptual analysis of effort and reanalysis of locus of control. *Journal of Personality and Social Psychology*, **21**, 239-248.

○ 10章○○　社会に責任をもつ・参考文献
今城周造(編著)　1993　社会心理学——日常生活の疑問から学ぶ　北大路書房
Friedrich, L., Doris, B. & Thomas, B.(eds.) 1992 *Psychology and Law - International Perspectives.*
蘭　千壽・外山みどり(編著)　1991　帰属過程の心理学　ナカニシヤ出版
木下富雄・棚瀬孝雄(編)　1991　応用心理学講座5　法の行動科学　福村出版

● 11章●●　社会とかかわる
Allport, G. W. 1961 *Pattern and growth in personality.* Holt Riehart and Winston.　今田　恵(監訳)　1968　人格心理学　誠信書房
Brammer, L. M. 1991 *How to cope with transition.* Taylor & Francis Group.　楡木満生・森田明子(訳)　1994　人生のターニングポイント　ブレーン出版
Harvighurst, R. J. 1972 *Developmental tasks and education* (3rd ed.).　David Mckay Company Inc.　児玉憲典・飯塚裕子(訳)　1997　ハヴィガーストの発達課題と教育　川島書店
細江達郎　1988　職業的社会化過程の変容と均質化——地域社会・学校の職業的社会化機能をめぐって　人類科学40　記念号　Pp. 37-59.
Levinson, D. J 1978 *The seasons of man's life.* Knopf.　南　博(訳)　1992　ライフサイクルの心理学(上・下)　講談社
Maslow, A. H. 1970 *Motivation and personality* (2nd ed.).　Harper & Row.　小口忠彦(監訳)　人間性の心理学　産業能率出版部
Moss, R. H. & Schaefer J. A. 1986 Life transitions and crisis. A conceptional overview. In Moss, R. H.(Ed.) *Coping with life crises.* Plenum Press.
無着成恭(編)　1995　山びこ学校　岩波書店
宮崎哲弥　1998　自分の時代の終わり　時事通信社
斉藤耕二・菊池章夫(編集)　1990　社会化の心理学ハンドブック　川島書店
佐野眞一　1992　遠い「山びこ」　文芸春秋
Super, D. E. & Bohn, M. J. 1970 *Occupational psychology.* Wads worth Publishuing Company.

Inc.
鑢 幹八郎　1990　アイデンティティの心理学　講談社
上野千鶴子　1992　私探しゲーム　筑摩書房
山本多喜司・ワップナー(編著)　1991　人生移行の発達心理学　北大路書房

● 12 章 ●●　社会の問題とかかわる

Albanese, R. & van Fleet, D. D.　1985　Rational behavior in groups : the free-riding tendency. *Academy of Management Science Review*, **10**(2), 244-255.

Allison, S. T. & Messick, D. M.　1985　Effects of experience on performance in a replenishable resource trap. *Journal of Personality and Social Psychology*, **49**, 943-948.

Axelrod, R.　1984　*The evolution of cooperation.*　New York : Basic Books.　松田裕之(訳)　1998　つきあい方の科学　ミネルヴァ書房

Brewer, M. B. & Kramer, R. M.　1986　Choice behavior in social dilemmas : effects of social identity, group size, and decision framing. *Journal of Personality and Social Psychology*, **50**, 543-549.

Cross, J. G. & Guyer, M. J.　1980　*Social traps.*　Ann Arbor : University of Michigan Press.

Dawes, R. M.　1980　Social dilemmas. *Annual Review of Psychology*, **31**, 169-193.

Feynman, R. P.　1985　*"Surely you're joking, Mr. Feynman !"*　New York : W. W. Norton.　大貫昌子(訳)　1986　「ご冗談でしょう，ファインマンさん」　岩波書店

Franzen, A.　1994　Group size effects in social dilemmas : A review of the experimental literature and some new results for one‐shot PD-games. In U. Shulz, W. Alers & U. Mueller (Eds.) *Social dilemmas and cooperation.* Berlin : Springer-Verlag, Pp. 117-146.

Fudenberg, D. & Levine, D. K.　1998　*The theory of learning in games.*　Cambridge, Massachusetts : MIT Press.

Hamburger, H.　1973　N-person prisoner's dilemma. *Journal of Mathematical Sociology*, **3**, 27-48.

Hardin, G.　1968　The tragedy of the commons. *Science*, **162**, 1243-1248.

Hardin, R.　1982　*Collective action.*　Baltimore, Maryland : Johns Hopkins University Press.

広瀬幸雄　1995　環境と消費の社会心理学　名古屋大学出版会

Kahneman, D. & Tversky, A.　1983　Choices, values and frames. *American Psychologist*, **39**(4), 341-350.

Kimura, K.　1995　Game theoretical formulations of the Olson problem. *International Journal of Japanese Sociology*, **4**, 99-117.

Kollock, P.　1998　Social dilemmas : the anatomy of cooperation. *Annual Review of Sociology*, **24**, 183-214.

Komorita, S. S. & Parks, C. D.　1994　*Social dilemmas.*　Madison, Wisconsin : Brown & Benchmark.

Messick, D. M. & Brewer, M. B.　1983　Solving social dilemmas : a review. *Review of Personality and Social Psychology*, **4**, 11-44.

森　徹　1996　公共財供給メカニズムの有効性　多賀出版

Olson, M.　1965　*The logic of collective action : public goods and the theory of groups.*　Cambridge, Massachusetts : Harvard University Press.　依田　博・森脇俊雅(訳)　1983　集合行為論　ミネルヴァ書房

Platt, J.　1973　Social traps. *American Psychologist*, **28**, 641-651.

Rapoport, A.　1987　Research paradigms and expected utility models for the provision of step-

level public goods. *Psychological Review*, **94**, 74-83.
Raub, W. 1988 Problematic social situations and the large number dilemma : a game-theoretical analysis. *Journal of Mathematical Sociology*, **13**(4), 311-357.
Ruce, R. D. & Raiffa, H. 1957 *Games amd decisions*. New York : John Wiley & Sons.
Schwartz-Shea, P. & Simmons, R. T. 1995 Social dilemmas and perceptions : experiments on framing and inconsequentiality. In D. A. Schroeder (Ed.) *Social dilemmas : perspectives on individuals and groups*. Westport, Connecticut : Praeger, Pp. 87-103.
Stroebe, W. & Frey, B. S. 1982 Self-interest and collective action : the economics and psychology of public goods. *British Journal of Social Psychology*, **21**, 121-137.
鈴村興太郎 1982 経済計画理論 筑摩書房
Taylor, M. 1987 *The possibility of cooperation*. Cambridge : Cambridge University Press. 松原望(訳) 1995 協力の可能性 木鐸社
Tversky, A. & Kahneman, D. 1981 The framing of decision and the psychology of choice. *Science*, **211**, 453-458.
Tversky, A. & Kahneman, D. 1986 Rational choice and the framing of decisions. *Journal of Business*, **59**(4, Part 2), S251-278.
海野道郎 1991 社会的ジレンマ研究の射程 盛山和夫・海野道郎(編) 秩序問題と社会的ジレンマ ハーベスト社 Pp. 137-165.
von Neumann, J. & Morgenstern, O. 1943 *Theory of games and economic behavior*. Princeton : Princeton University Press.
Weibull, J. W. 1995 *Evolutionary game theory*. Cambridge, Massachusetts : MIT Press. 大和瀬達二(監訳) 1998 進化ゲームの理論 文化書房博文社
山岸俊男 1989 社会的ジレンマ研究の主要な理論的アプローチ 心理学評論, **32**(3), 262-294.
山岸俊男 1990a 社会的ジレンマのしくみ サイエンス社
山岸俊男 1990b 社会的ジレンマにおける集団サイズの残余効果とその媒介要因 心理学研究 **61**, 162-169.
Yamagishi, T. 1995 Social dilemmas. In K. S. Cook, G. A. Fine & J. S. House(Eds.) *Sociological perspectives on social psychology*. Needham Heights, Massachusetts : Allyn and Bacon. Pp. 311-335.

●13章●● 男／女になる
我孫子市 1996 男と女, 共に築く地域社会をめざして 女性施策に関する市民意識調査報告書
Bem, S. L. 1981 Gender schema theory : A cognitive account of sex typing. *Psychological Review*, **88**, 354-364.
「男女共同参画社会づくりと学校教育」実行委員会 1997 大学生の男女共同参画社会に関する意識調査報告書
土肥伊都子 1999 ジェンダーに関する自己概念の研究——男性性・女性性の規定因とその機能 多賀出版
Freud, S. 1925 Some psychological consequences of the anatomical distinction between the sexes. In J. Strouse(Ed.) 1974 *Women and analysis : Dialogues on psychoanalytic views of femininity*. New York : Grossman. Pp. 17-26.
伊藤裕子 1997 青年期における性役割観の形成 風間書房
厚生省 1996 人口動態統計概況
尾嶋史章 1998 女性の性役割意識の変動とその要因 1995年SSM調査シリーズ14 ジェンダーと階層意識 1995年SSM調査研究会 Pp. 1-22.

Kohlberg, L. 1966 A cognitive-developmental analysis of children's sex-role concepts and attitudes. In E. E. Maccoby (Ed.) *The development of sex differences*. Stanford, Cal.: Stanford University Press, Pp. 82-173.

Mischel, W. 1974 On Freud and the distinction between the sexes. In J. Strouse (Ed.) *Women and analysis : Dialogues on psychoanalytic views of femininity*. New York : Grossman, 27-36.

労働省婦人局(編) 1998 平成9年版 働く女性の実情 ㈶21世紀職業財団

Rubin, J. Z., Provenzano, F. L., & Luria, Z 1974 The eye of the beholder : Parents' views on sex of newborns. *American Journal of Orthopsychiatry*, **44**, 512-519.

総務庁統計局(編) 1991 日本統計年鑑

鈴木淳子 1994a 脱男性役割態度スケール(SARLM)の作成 心理学研究, **64**, 451-459.

鈴木淳子 1994b 経営と性役割 齋藤 勇・藤森立男(編著) 経営産業心理学パースペクティブ 誠信書房 132-145.

鈴木淳子 1996 男性と女性に期待されるもの——性役割 宗方比佐子・佐野幸子・金井篤子(編著) 女性のための社会心理学 福村出版 137-150.

鈴木淳子 1997 性役割——比較文化の視点から レクチャー「社会心理学」III 垣内出版

● 14章 ●● 異文化にふれる

赤坂和雄 1993 日本人の言語コミュニケーション 橋本満弘・石井 敏(編) コミュニケーション基本図書第2巻 日本人のコミュニケーション 桐原書店 Pp. 82-104.

Adler, P. S. 1975 The Transitional experience : An alternative view of culture shock. *Journal of Humanistic Psychology*, **15**, 13-23.

Adorno, T. W., Frenkel-Brunswik, E., Levinson, D. J. & Sanford, R. N. 1950 *The authoritarian personality*. New York : Harper & Row.

Allport, G. W. 1954 *The nature of prejudice*. Reading, MA : Addison-Wesley. 原谷達夫・野村 昭(訳) 1968 偏見の心理 培風館

Berry, J. W., Trimble, J. E. & Olmedo, E. L. 1986 Assessment of acculturation. In W. J. Lonner & J. W. Berry (Eds.) Field methods in cross-cultural research. Beverly Hills, CA : Sage, Pp. 291-324.

Cook, S. W. 1978 Interpersonal and attitudinal outcomes in cooperating interratial groups. *Journal of Research and Development in Education*, **12**, 97-113.

Ferraro, G. P. 1990 *The cultural dimension of international business*. Englewood Cliffs, N. J.: Prentice Hall, Inc. 江夏健一・太田正孝(監訳) 1992 異文化マネジメント 同文舘

Gerald, H. B. 1983 School desegregation : The social science role. *American Psychologist*, **38**, 869-877.

Gullahorn, J. T. & Gullahorn, H. E. 1963 An extension of the U-Curve hypothesis. *Journal of Social Issues*, **19**(3), 33-47.

Hall, E. T. 1959 *The silent language*. New York : Doubleday. 國弘正男・長井善見・斎藤美津子(訳) 1966 沈黙のことば 南雲堂

Hall, E. T. 1976 *Beyond Culture*. Garden City New York : Doubleday Anchor Books. 岩田慶治・谷 泰(訳) 1979 文化を超えて TBSブリタニカ

Hofstede, G. 1980 *Culture's consequences : International difference in work-related values*. Beverly Hills CA : Sage Publications. 萬成 博・安藤文四郎(監訳) 1984 経営文化の国際比較 産業能率大学出版部

Hofstede, G. 1991 *Cultures and Organizations : Software of the mind*. UK : McGraw-Hill

International Ltd. 岩井紀子・岩井八郎(訳) 1995 多文化世界 有斐閣
石井　敏　1997　文化とコミュニケーション　石井　敏・久米昭元・遠山　淳・平井一弘・松本　茂・御堂岡潔(編)　1997　異文化コミュニケーション・ハンドブック　有斐閣　Pp. 2-6.
岩男寿美子・萩原　滋　1988　日本で学ぶ留学生──社会心理学的分析　勁草書房
近藤裕　1989　異文化適応講座　グローバル・マインドの育て方　TBSブリタニカ
Lysgaard, S. 1955 Adjustment in a foreign society : Norwegian Fullbright Grantees visiting the United States. *International Social Science Bulletin*, **VII**, 45-51.
Miller, N. & Brewer, M. B. 1984 *Groups in contact : the psychology of desegregation.* New York : Academic press.
Neuberg, S. L. 1994 Expectancy‐confirmation processes in stereotype‐tinged social encounters : The moderating role of social goals. In M. P. Z anna & J. M. Olson(eds.) *The Psychologyof Prejudice*. Hillsdale, N.J.: Lawrence Erlbaum Associates.
日本語教育学会(編)　1991　日本語教育機関におけるコース・デザイン　凡人社
小河原義朗　1993　外国人の日本語の発音に対する日本人の評価　東北大学文学部日本語学科論集第**3**, 1-12.
大坪一夫　1990　音声教育の問題点　杉藤美代子(編)　講座日本語と日本語教育3　日本語の音声・音韻(下)　明治書院　Pp. 23-46.
Samovar, L. A., Porter, R. E. & N. C. Jain 1981 *Understanding intercultural communication.* 西田司(他訳)　1983　異文化コミュニケーション聖文社
Sherif, M., Harvey, O. J., White, B., Hood, W. & Sherif, C. W. 1961 *Intergroup conflict and cooperation : The robbers cave experiment.* Norman, OK : University of Oklahoma Book Exchange.
Sumner, W.G. 1906 *Folkways*. New York : Ginn.
手塚千鶴子　1995　異文化間対人関係　渡辺文夫(編)　異文化接触の心理学　川島書店
渡辺文夫(編)　1995　異文化接触の心理学　川島書店
八代京子・町恵理子・小池浩子・磯貝友子　1998　異文化トレーニング　三修社

● 15章●●　社会心理学を学ぶ
Bandura, A. 1973 *Aggression : A social learning analysis*. Engelwood Cliffs, NJ : Prentice-Hall.
Baron, R., Byrne, D. & Johnson, B. T. 1998 *Exploring social psychology*(4th ed.). Boston : Allyn and Bacon.
Berkowitz, L. 1993 *Aggression : Its causes, consequences, and control*. New York : McGraw-Hill.
Deutsch, M. 1973 *The resolution of conflict : Constructive and destructive processes*. New Haven, CT : Yale University.
Dollard, J., Doob, L., Miller, N. E., Mowrer, O. H. & Sears, R. R. 1939 *Frustration and aggression*. New Haven : Yale University Press.　宇津木保(訳)　1959　欲求不満と暴力　誠信書房
Edwards, W. 1954 The theory of decision-making. *Psychological Bulletin*, **51**, 380-417.
フェスティンガー, L. 1965 末永俊郎(監訳)　認知的不協和の理論　日本版への序　誠信書房
藤森立男　1994　災害のフィールドで考えたこと　日本心理学会第58回大会発表論文集, S 14.
Hall, E. T. 1966 *The silent language.* New York : Doubleday.　國弘正男・長井善見・斎藤美津子(訳)　1966　沈黙のことば　南雲堂
Levine, R. V. 1988 The pace of life across cultures. In J. E. McGrath(Ed.) *The social psychology of time : New perspectives*. Newbury Park, CA : Sage, Pp. 39-60.

箕浦康子　1984　子供の異文化体験　思索社
元良勇次郎　1891　社会学の範囲及び性質　哲学会雑誌，**5**，1005-1019.
西田公昭　1998　「信じるこころ」の科学　サイエンス社
西田公昭　1999　マインド・コントロールと裁判　心理学ワールド，**6**，21-24.
大橋英寿　1998　沖縄シャーマニズムの社会心理学的研究　弘文堂
Patterson, G. R.　1975　*Families : Applications of social learning to family life.*　Champaign, Ill : Research Press.　大渕憲一（訳）・春木　豊（監訳）　1987　家族変容の技法を学ぶ　川島書店
Rodrigues & Levine　1999　*Reflections on 100 Years of Experimental Social Psychology.*　New York : Basic Books.
佐原六郎　1987　社会心理学　慶應通信
相良守次　1965　末永俊郎（監訳）　フェスティンガー著　認知的不協和の理論　はしがき　誠信書房
佐藤郁哉　1984　暴走族のエスノグラフィー　新曜社
佐藤達哉　1997　元良勇次郎　佐藤達哉・溝口　元（編）　通史　日本の心理学　北大路書房
佐藤達哉・渡邊芳之　1996　オール・ザット・血液型　コスモの本
高橋　徹　1965　日本における社会心理学の形成　高橋・富永・佐藤（著）　社会心理学の形成　培風館
田中國夫　1995　訳者あとがき　シーガル（他著）　田中國夫・谷川賀苗（訳）　比較文化心理学（上）　北大路書房
田中良久　1965　素顔のフェスティンガー教授　サイコロジスト（誠信書房），**19**，1-3.
Taylor, S. E., Peplau, L. A., & Sears, D. O.　1997　*Social psychology* (*9th ed.*).　Upper Saddle River, NJ : Prentice Hall.
Triandis, H. C.　1995　*Individualism and collectivism.*　Boulder, CO : West view.
Triplet, N.　1998　The dynamogenic factors in pacemaking and competition.　*American Journal of Psychology*, **9**, 507-533.
宇野善康　1990　普及学講義　有斐閣
山田慶児　1999　西洋近代科学と東洋の方法　作陽ブックレット 05　れんが書房新社

事項索引

あ
- 愛 ……………………………………50
- 愛他的行動 …………………………66-71
- 愛他的動機 …………………………66
- アイデンティティ …………2, 21, 138, 199
- 与え合いゲーム ………………216, 222
- 安全欲求 ……………………………197
- 暗黙の人格観 ………………………145

い
- ERG 理論 ……………………………129
- 意外性 ………………………………140
- 意志決定 ……………………………221
  - ——のフレーム ………………221
- 意志決定モデル ……………………66
- 意志決定理論 ………………………282
- 一面呈示 ……………………………102
- 一貫性の原理 ………………………112
- 遺伝子決定主義モデル ……………72
- 異文化屈折 …………………………268
- 異文化コミュニケーション ………250
- 異文化接触 …………………………246
  - ——のタイプ …………………247
- 意味づけ ……………………………140
- 意味づけ理論 ………………………140
- 印象管理 ……………………………17
- 印象形成 ……………………………145
  - ——の加重平均モデル ………145
  - ——の連続体モデル …………147
- インフォーマル集団 ………………134

え
- 栄光浴（BIRing）……………………12
- 衛生要因 ……………………………130
- エスノセントリズム（自文化中心主義）……254
- エピソード空間 ……………………158

お
- 援助行動 ………………………59, 275
  - ——のクラスター ……………59
- 援助授与 ……………………………73
- 援助要請 ……………………………73
- 援助要請過程モデル ………………73
- 援助要請方略 ………………………73

お
- オーディエンス …………………17, 33

か
- 外集団 …………………………121, 168
- 外集団等質性効果 ……………163, 170
- 改訂防護動機理論 …………………103
- 概念的知識 …………………………150
- 回避 …………………………………78
- 学習性無気力 ………………………154
- 学習理論 ……………………………281
- 過小支払い …………………………181
- 仮説確証バイアス …………………165
- 仮説検証型の研究 …………………276
- 仮説生成型の研究 …………………276
- 過大支払い …………………………181
- 葛藤 …………………………………75
- 葛藤解決 …………………………80, 279
  - ——における多目標 …………80
  - ——における認知的バイアス …87
- 葛藤解決方略 ………………………77
- 過程説 ………………………………129
- カテゴリー依存型処理 ……………146
- カテゴリー化 ……………120, 255, 281
- カテゴリー化処理 …………………163
- 下方比較 ……………………………11
- カルチャー・ショック ……………249
- 感情 …………………………………148
- 感情情報機能説 ……………………150

感情ネットワークモデル ……………………149
感情表出 …………………………………………32

き
記号化 ……………………………………………22
帰属 …………………………………………66, 152
　　対立者に対する—— ……………………84
　　通領域的な—— …………………………155
　　領域特定的な—— ………………………155
　　——の二段階モデル ……………………156
帰属エラー（バイアス）………………154, 190
帰属スタイル …………………………………154
帰属理論 ………………………………………188
期待価値理論 …………………………………282
期待効果理論 …………………………………221
期待理論 ………………………………………131
キティ（キャサリン・ジェノバーゼ）事件 61, 62
規範 ………………………………………………66
規範葛藤 …………………………………………75
気分 ……………………………………………148
気分一致効果 …………………………………149
基本的帰属錯誤 …………………………154, 155, 190
欺瞞 ………………………………………29, 37
客体的自覚 …………………………………… 4-5
QC（Quality Circle）………………………135
QC（Quality Control）サークル …………135
強化の原理 ………………………………………43
強化理論 ………………………………………226
　　——的アプローチ ……………………226
共感 ………………………………………………65
共感—愛他性仮説 ………………………………72
共感的快仮説 ……………………………………72
恐怖アピール …………………………………102
共変原理（モデル）………………………153, 174
共有地の悲劇 …………………………………212
協力 …………………………………………78, 214
近接性 ……………………………………………45
　　——の効果 ……………………………45

く
空間行動（プロクセミックス）…………25, 31
クライシス ……………………………………206
グランド・セオリー …………………………283
繰り返しゲーム ………………………………217
グループ・エンジニアリング ………………118
グループ・ダイナミックス ……………265, 269
グループ・ダイナミックス研究センター ……274

群衆 ……………………………………………270
群衆行動 ………………………………………272

け
計画的行動の理論 ………………………………97
ゲーム理論 ………………………………215, 224
ゲシュタルト心理学 …………………………274
血液型性格判断 ………………………………267
結果期待 ………………………………………132
権威主義的パーソナリティ ………193, 257, 274
原因帰属 …………………………………85, 281
顕現性 …………………………………………123
言語コミュニケーション ……………24, 252
現実的葛藤理論 ………………………………119
現場（フィールド）……………………………31

こ
好意 …………………………………………43, 50
　　——の互酬性 ……………………43, 44
行為者—観察者間の相違 ……………154, 191
高 LPC リーダー ……………………………115
公共財 …………………………………………213
攻撃行動 ………………………………………279
攻撃性 ……………………………………6, 281
高コンテキスト文化 …………………245, 251
向社会的行動 …………………………18, 71
交渉 ………………………………………………83
　　——における公平 ……………………83
公的自己意識 ……………………………………3
行動 ………………………………………………97
　　——の統制認知 ………………………97
衡平 ……………………………………………181
衡平原理 ………………………………………183
公平の自己中心的解釈 ………………………88
公平バイアス …………………………………88
衡平理論 ………………………………………180
合理的行為の理論 ……………………………95
効力感期待 ……………………………………132
CORFing ………………………………………19
互酬性 …………………………………………43
個人主義 ………………………………90, 245, 282
個性記述的アプローチ ………………………162
固定資源知覚 …………………………………87
コミュニケーション …………………………21
コミュニケーション・スタイル ……………250
コントロール幻想 ……………………………169
コントロール・モデル ………………………185

310　事項索引

さ
- 最終提案交渉 …………………………83
- 最小集団状況 ……………121, 169, 177
- 最適水準 ………………………………220
- 錯誤相関 …………………………166, 276
- サブタイプ化 …………………………166
- 産業・組織心理学会 …………………269

し
- ジェスチュア …………………………31
- ジェンダー ……………………………229
- ジェンダー・アイデンティティ ………229, 231
- ジェンダー・スキーマ理論 …………231
- 自我関与 ………………………………94
- 自我発達理論 …………………………199
- 資源的目標 ……………………………80
- 自己 ……………………………………1
- 自己意識 ………………………………2
- 自己意識特性 …………………………2
- 自己イメージ ……………………112, 138
- 自己開示 …………………20, 48, 49, 276
- 自己概念 ………………………………7
- 自己過程 ………………………………1
- 自己カテゴリー化理論 …………177, 275
- 自己管理型チーム ……………………136
- 自己高揚 ………………………………49
- 自己高揚バイアス ……………………191
- 自己効力感 ……………………………132
- 自己志向性 ……………………………77
- 自己実現の欲求 …………………129, 198
- 自己ステレオタイプ化 ……………112, 164
- 自己呈示 ……………………17, 34, 49
- 自己卑下 ………………………………49
- 自己評価 …………………………105, 169
- 自己防衛的動機づけ（欲求）……191, 192
- 自己保護バイアス ……………………191
- 自己モニタリング ……………………34
- システマティックな処理 ……………151
- 自尊心 ……………………………20, 192
- 自尊の欲求 ……………………………197
- しつけ …………………………………235
- 実験 ……………………………272-273
- 実験社会心理学 ………………………271
- 『実験社会心理学研究』………………269
- 嫉妬 ……………………………………52
- しっぺ返し ……………………217-218

- 私的自己意識 …………………………3
- 自動的特性推論 ………………………157
- 自文化中心主義（エスノセントリズム）……254
- 社会―技術システム論 ………………134
- 社会化 ……………………165, 203, 282
- ――のエージェント …………………203
- 社会学的社会心理学 …………………271
- 社会規範 ………………………………192
- 『社会心理学研究』……………………269
- 社会心理学史 …………………………271
- 　世界の―― …………………………271
- 　日本の―― …………………………269
- 社会生理心理学 ………………………30
- 社会的アイデンティティ ……119, 169, 185
- 社会的アイデンティティ理論 …119, 169, 177, 275
- 社会的影響 ……………………………56
- 社会的学習理論 …………………138, 230
- 社会的カテゴリー化 ……………120, 168
- 社会的強化 ……………………………281
- 社会的交換理論 ………………………282
- 社会的構成主義 ………………………275
- 社会的状況 ……………………………158
- ――に関する諸理論 …………………172
- ――の次元的分析 ……………………158
- ――の認知 ……………………………158
- ――の認知次元 ………………………159
- 社会的ジレンマ ……………212-213, 265
- 社会的スキル …………………………29
- 社会的ステレオタイプ ………………120
- 社会的促進 ……………………………274
- 社会的手抜き …………………………117
- 社会的動機 ……………………………196
- 社会的統制 ……………………………28
- 社会的トラップ ……………216, 222, 226
- 社会的認知 ……………………………266
- 社会的比較過程の理論 ………………11
- 社会的フェンス ……………216, 222, 226
- 社会的目標 ……………………………80
- 集合行為 ………………………………213
- 集合心理学 ……………………………271
- 囚人のジレンマ ……………217, 224, 227
- 　N人―― ……………………………215
- 集団 ……………………………………116
- ――間の社会的比較 …………………121
- ――による問題解決 …………………116

——の生産性	117	女性性	229, 237, 241
集団圧力	274	初頭効果	145
集団維持機能（M機能）	114	知られる自分	2
集団価値モデル	185, 194	自律的作業集団	135
集団間差別	119, 121, 123	知る自分	2
集団間認知	168	進化ゲーム理論	218
集団規範	111	進化論的アプローチ	217-218, 227
集団規模	219	人口	64
——の残余効果	221	人種差別	168
集団凝集性	116	心情関係	98
集団主義	89, 90, 245, 282	身体的魅力	39
集団心	274	——の釣り合い仮説	40
集団成員性	111	信憑性	102
集団的浅慮	118	親密さ	27
集団同一性	194	心理学的社会心理学	271
集団討議	117	心理学的両性具有性	241
集団分極化現象	118	心理的援助	59
集団への帰属意識	113	心理的環境	279
集団目標	113	心理的リアクタンス理論	109, 140
主観的規範	97	親和欲求	132
準拠集団	274	**す**	
瞬目	30	スキーマ	140, 162, 231
少子化	238	スクリプト	161, 282
小集団活動	135	ステレオタイプ	163-164, 255
象徴的相互作用論	282	ステレオタイプ化	162
"焦点の定まった"相互作用	27	ステレオタイプ的認知	155, 162, 175
"焦点の定まらない"相互作用	27	——の意識的抑制	176
情動	148	——の活性化	166
情動二要因説	148	——の抑制	166
情動表出	21	ストレス	271, 279
譲歩	79	**せ**	
情報	155	生産性	137
——の顕著さ	155	生殖戦略理論	54
——の利用可能性	155	精神的健康	20
情報獲得行動	142	精神分析的同一視理論	230
情報処理方略	151	精緻化見込みモデル	105
情報探索	139	正当世界信念尺度	187
情報伝達	27	正当世界の信念	187
職業的社会化	206, 211	性役割	229
職業的発達	207	——の社会化	231
職業による社会化	207	——のボーダーレス化	240
職業への社会化	206	性役割意識	236
職場集団	133	生理的欲求	197
職務設計論	130	責任	63
職務満足（感）	135, 141, 186	——の分散	63

責任の帰属 …………………………189, 192
責任の段階 …………………………………189
セックス ……………………………………229
接触仮説 ……………………………………260
説得 …………………………………101, 109
　　──の 6 段階 ………………………101
セルフ・サービング・バイアス ………154, 191
セルフ・スキーマ …………………………9
セルフ・ハンディキャッピング …………18
選択的接触 …………………………………100
洗脳 …………………………………………266

そ
相互依存理論 ………………………………282
相互行為 ……………………………………33
相互作用 ……………………………………27
ソシオメトリー ……………………………274
組織 …………………………………………127
組織開発 ……………………………………136
組織コミットメント ………………………141
組織シチズンシップ行動（OCB）………186
組織社会化 …………………………137, 142
　　──の段階論 ………………………137
素朴気質論 …………………………………155

た
対応推測理論 ………………………………153
対人葛藤 ……………………………………75
対人コミュニケーション …………22, 24
対人認知 ……………………………………144
対人反応性尺度 ……………………………65
対人魅力 ……………………………56, 195
態度 …………………………………91, 274
　　──と行動の一貫性 ………………94
　　──のアクセシビリティ …………94
　　──の機能 …………………………93
　　──の構造 …………………………92
　　──の類似性 ………………………42
態度─非態度連続体 ………………………94
態度機能を測定する尺度 …………………93
態度強度 ……………………………………94
妥協 …………………………………………78
多元的衆愚 …………………………………68
他者 …………………………………………85
　　──の動機帰属 ……………………85
他者志向性 …………………………………77
ただ乗り ……………………………89, 117, 213

達成欲求 ……………………………………132
脱男性役割態度スケール …………………242
WHR（waist-to hip ratio）……………40
W 字型曲線 ………………………………248
ダブル・バインド（二重拘束）…………29
単位関係 ……………………………………98
単純接触効果 ……………………46-47, 148
男性性 ………………………………229, 237, 241
断片情報（ピースミール）依存型処理 ……146

ち
チーム ………………………………………133
チームづくり ………………………………136
チキン・ゲーム ……………………………225
　　 N 人── ……………………………215
チャネル ……………………………22, 104
注意焦点仮説 ………………………………70
中心的特性 …………………………………145
中性化 ………………………………………238
沈黙の言語 …………………………………282

つ
通状況的一貫性 ……………………………155
吊り橋実験 …………………………………148

て
T グループ …………………………………136
低 LPC リーダー …………………………115
低コンテキスト文化 …………………245, 251
手続き的公正 …………………………180, 183

と
動機づけ（モチベーション）……………128
動機づけ─衛生理論 ………………………130
動機づけ要因 ………………………………130
動機づけ理論 ………………………………281
動機（要求）の階層説 ………………129, 197
動機の機能的自律性 ………………………197
道具性 ………………………………………131
同調 …………………………………111, 274
特性推論モデル ………………………155, 157
取り合いゲーム ………………………216, 222

な
内集団 ………………………………120, 168
内集団びいき …………………121, 168, 177, 179
内容説 ………………………………………129
ナッシュ均衡 …………………………215, 224

に
二重関心モデル ……………………………77

二重処理モデル	147, 163
日本グループ・ダイナミックス学会	269
日本社会学会	269
日本社会心理学会	269
日本心理学会	269
日本性格心理学会	269
日本の社会心理学の現状	264
日本犯罪心理学会	269
2要因理論	130
認知葛藤	75
認知主義	152
認知心理学	275
認知的均衡理論（バランス理論）	19, 43, 98, 152, 274
認知的な倹約	154
認知的発達理論	231
認知的不協和理論	99, 152, 180, 265, 274
認知的複雑性	146
認知理論	281

ね

ネガティビィティ・バイアス	165

は

パーソナル・コンストラクト理論	146
配偶者選択	54
陪審制	192
パス・ゴール理論	115
発達課題	204
パフォーマー	33
パフォーマンス	17, 33
パラ言語	25
バランス理論（認知的均衡理論）	19, 43, 98, 152, 274
パレート効率	215
パレート非効率	224
パワー欲求	132
反映過程	12
晩婚化	238
晩産化	238
反社会的行動	6
心的外傷後ストレス障害（PTSD）	266

ひ

p-o-x システム	98
PTSD（心的外傷後ストレス障害）	266
比較過程	12
非協力	214

非言語行動	35
非言語コミュニケーション	25, 253
——の種類	253
ビッグ・ファイブモデル	146
必要性原理	183
否定的状態軽減モデル	70, 72
皮膚電気活動（EDA）	53
ヒューリスティック	163
——な処理	151
表示	27
平等原理	183

ふ

フィールド（現場）	31
「Who am I?」テスト	8
ブーメラン効果	109
フォーマル集団	134
フォルス・コンセンサス・バイアス	154, 192
不確実性低減理論	139
物質的援助	59
負の公共財	216
ブラッドタイプ・ハラスメント	267
ブレーンストーミング	117
プロクセミックス	25
プロソディ	25
プロトタイプ	161
文化	244
文化相対主義	254
文化理論	282
分析水準	277
分配的公正	180
文脈効果	145
文脈説	129
分離モデル	175

へ

偏見	257, 260

ほ

防衛的帰属	191-192
傍観者効果	62
暴力	277
ホーソン研究	133
ポジティブ・ネガティブ・アシンメトリー	151
没個性化	5, 14
ポテンシャル・エネミー法	118
本能論	271

ま
マインド・コントロール ……………………266
マキャベリズム ………………………………65
マルチ・チャネル・アプローチ ……………30

み
未婚化 …………………………………………238
ミドルレンジ・セオリー ……………………283
民族心理学 ……………………………25, 271

む
ムード維持仮説 ………………………………69

め
メッセージ ……………………………22, 102
メッセージ学習説 ……………………………102

も
目標達成機能（P機能）………………114, 125
モデリング ……………………139, 230, 281
模倣 …………………………………271-272

や
『山びこ学校』…………………………………208

ゆ
誘意性 …………………………………………131
誘因理論 ………………………………………282
優越戦略 ………………………………………224
U字型曲線 ……………………………………248
ユタ ……………………………………………268

よ
よい気分の効果 ………………………………69
予期的社会化 …………………………………137

欲求説 …………………………………………129
欲求不満 ………………………………………279

り
リエントリー・ショック ……………………248
利害葛藤 ………………………………………75
利己的動機 ……………………………………66
リスキー・シフト ……………………………118
リーダー ………………………………………115
リーダーシップ ………………………68, 113-114
　　——の状況適合論的アプローチ ………114
　　——の特性論的アプローチ ……………113
　　——PM理論 ……………114, 125, 266, 270
利得行列 ………………………………………224
流言 ……………………………………………270
両性具有化 ……………………………………238
両面呈示 ………………………………………102
リレーショナル・モデル ……………………194

れ
レパートリー・グリッドテスト（Repテスト）
　…………………………………………………146
連鎖的機能モデル ……………………………35
連続体モデル …………………………146, 163

ろ
「労働の人間化」運動 ………………………135

わ
ワークモチベーション ………………………128
悪い気分の効果 ………………………………70

人名索引

Abelson, R. P. ············161
Abrams, D. ········112, 119, 124
Abramson, L. Y. ···········154
Adams, S. ············180-182
Adler, P. S. ··············249
Adorno, T. W. ········257, 274
Ajzen, I. ···············94-97
赤坂和雄 ················262
Albanese, R. ·············220
Alderfer, C. P. ············129
Allen, M. ················102
Allison, S. T. ············215
Allport, G. W.
·········119, 197, 257, 260
Allport, F. ················273
Amato, P. R. ··············64
Anderson, N. H. ······145-146
安藤清志 ··········16-20, 31
荒木一雄 ··················25
Argyle, M. ···············172
Asch, S. E. ··········145, 274
麻生 武 ··················21
Atkinson, J. ··············132
Axelrod, R. ··········218, 227

B

Baba, R. ··················82
Backman, C. W. ···········43
Bamforth, K. W. ··········134
Bandura, A. 132, 139, 279, 281
Baron, R. A. ·····66-67, 71, 277
Bartlett, F. C. ··············9
Bateson, G. ················29
Batson, C. D. ·············66

Battistich, V. A. ··········160
Baucom, D. H. ············76
Bauer, T. N. ·············137
Baumeister, R. F. ·······55, 68
Bazerman, M. A. ···········87
Bazerman, M. H. ··········83
Beck, L. ··················97
Bem, S. L. ··········230, 241
Benjamin, J. B. ········23, 31
Berkowitz, L. ············279
Berman, J. J. ············188
Berry, J. W. ·············247
Bieri, J. ·················146
Bies, R. J. ···············83
Billig, M. G. ········169, 177
Bochner, S. ··············116
Bogardus, E. S. ··········274
Borden, R. J. ············12
Bower, G. H. ············149
Brammer, L. M. ··········206
Bray, R. M. ·············193
Brehm, J. W. ········109, 140
Brehm, S. S. ·············109
Brewer, M. B.
·······147, 163, 215, 222, 260
Briggs, S. R. ··············34
Brown, R. J. ·············171
Burke, W. W. ············136
Buss, A. H. ········52, 54-55
Byrne, D. ············42-43

C

Cacioppo, J. T. ·····30, 91, 105
Callister, R. R. ··········137
Cantor, N. ···············161

Carli, L. L. ···············104
Carlsmith, J. M. ··········101
Carlson, M. ············69-70
Carnevale, P. E. ···········81
Cartwright, D. ············274
Carver, C. S. ·············123
Chaiken, S. ··········91, 104
Chiu, C. ·················155
Cialdini, R. B. ·········12, 70
Clark, A. W. ·············116
Clark, M. S. ·············151
Clary, E. G. ··············66
Cohen, C. E. ·············163
Collins, A. M. ············166
Connors, J. ··············188
Converse, P. E. ············94
Cook, S. W. ·············260
Cooley, C. H. ············271
Cooper, J. ···············101
Cramer, R. E. ············69
Cropanzano, R. ··········186
Cross, J. G. ········216, 226
Crowe, B. J. ·············116
Cunningham, M. R. ········61
Curtis, R. C. ·············44

D

大坊郁夫 ·····24, 27, 30-31, 37
Darley, J. M. ···62-63, 165, 275
Darwin, Ch. R. ············21
Davis, K. E. ·············153
Davis, M. H. ··············65
Dawes, R. M. 213-214, 216, 219
Degoey, P. ···············194
DePaulo, B. M. ············28

Depret, E. ·················147
Dessler, G. ·················115
Deutsch, M. ·········182, 282
Devine, P. G. ······165, 175-176
土肥伊都子 ···············231
Dollard, J. ·················278
Dutton, D. ·················148
DuVal, S. ··················3-4
Dweck, C. S. ···············155
Dyer, W. G. ·················136

E
Eagly, A. H. ············91, 104
Ebbinghaus, H. ············271
Edwards, W. ···············282
Efran, M. G. ···············195
Eisenberg, N. ···········19, 66
Eiser, J. R. ·················120
Ekehammer, B. ········161-162
Ekman, P.·····21, 26-27, 30-31
榎本博明 ·····················11
Epstein, N. ···················76
Erikson, A. H. ··········199-201

F
Fazio, R. H. ·······94-95, 101
Feather, N. T. ··············190
Fenigstein, A. ···············2-3
Ferraro, G. P. ···············251
Festinger, L.
·················11, 14,
47, 100-101, 152, 180, 265, 274
Feynman, R. P. ·············223
Fiedler, F. E. ················115
Fincham, F. D. ··············189
Fischer, C. D. ··········137-138
Fishbein, M. ············94-96
Fiske, S. T. ·······146-147, 163
Folger, R. ····················186
Forgas, J. P. 149-150, 159-160
Franzen, A. ·················220
Freeman, S. ···················12
Freud, S. ··············230, 281
Friedman, H. S. ·············29
Friesen, W. M. ···21, 26-27, 31
Frijda, N. H. ·················151
Fudenberg, D. ···············218

藤森和美 ····················266
藤森立男 ····················266
深田博巳 ·················24, 26
Fukuno, M. ···············83-84
福島　治 ······················82
Furnham, A. ·········172, 187
古川久敬 ····················116
古屋　健 ······················28

G
Gardner, R. C. ···············120
Gerald, H. B. ·················260
Gergen, K. J. ·················275
Gifford, R. K. ················166
Goffman, E. ······17, 27, 30, 33
Graziano, W. G. ···············56
Greenwald, A. G. ··············6
Güth, W. ······················83
Gullahorn, J. T. ···············248
Gunter, A. ····················187

H
蜂屋良彦 ····················118
萩原　滋 ····················262
Hall, E. T.
······27, 31, 245, 249, 251, 282
Hamburger, H. ·········215-216
Hamilton, D. L. ···············166
Hamilton, V. L. ···············190
Hardin, G. ···················212
Hardin, R. ···················213
長谷川真理子 ·················54
橋元良明 ······················31
Hastie, R. ·····················87
Havighurst, R. J. ············204
林　文俊 ····················146
Heaven, P. C. ················188
Heider, F.
·········19, 98-99, 112, 152, 274
Herek, G. M. ··················93
Herzberg, F. ··················130
樋口秀雄 ····················270
Hinde, R. A. ···················24
廣岡秀一 ····················160
広瀬幸雄 ····················213
広田君美 ····················274
Hofstede, G. ··········244, 245

Hogg, M. A. ·········119, 164
Holtgraves, T. ···············20
Homans, G. C. ·······134, 180
本庄精二 ····················270
本間道子 ····················117
細江達郎 ····················211
House, R. ···················115
Hovland, C. I. ·········92, 102
Huo, Y. J. ···················194

I
今城周造 ···············93, 109
井上和子 ····················182
Isen, A. M. ·············69, 151
石井　敏 ····················250
伊藤裕子 ·············232, 237
岩淵千明 ······················34
岩男寿美子 ·················262
Izen, A. M. ···················69
Izumi, H. ··············136-137

J
James, W. ······················2
Janis, I. L. ···················118
Jaspers, J. M. ···············189
Jehn, K. A. ····················77
Jones, E. E. ···19, 153, 156, 191
Jourard, S. M. ················20

K
賀川豊彦 ····················270
Kahneman, D. ···154, 221-222
亀田達也 ····················118
狩野泰朗 ····················114
Karp, D. ·····················169
加藤隆勝 ······················65
Katz, D. ·······················93
Kelley, H. H. ·······153, 156, 174
Kelly, G. A. ···················146
城戸康彰 ····················135
吉川肇子 ····················165
Kimura, K. ···················219
Kitayama, S. ··········31, 265
Kohlberg, L. ···············230
小嶋かおり ····················86
小嶋正敏 ······················66
Kollock, P. ············213, 220
Komorita, S. S. ···············213

317

近藤　裕 249	McDougall, W. 270-271	**O**
Konovsky, M. A. 186	McGraw, K. 186	O'Keefe, D. J. 102
Kozlowski, S. W. 140, 142	McGuire, A. M. 69	O'Malley, M. 69
Krahé, B. 158, 162	McGuire, W. J. 8	O'quin, K. 188
Kraus, S. J. 94-95	McNeill, D. 30	小河原義朗 262
Krech, D. 92	McPartland, T. S. 8	大渕憲一 19, 79, 80-84
工藤　力 31, 35	Mead, G. H. 2, 271	大橋英寿 268
Kuhn, M. H. 8	Mehrabian, A. 65	大森慈子 31
Kunst-Wilson, W. R. 149	Messick, D. M. 213, 223	大坪一夫 262
L	Mewborn, C. R. 102	大山　正 152
La Piere, R. T. 94	Mikura, G. 182	岡本真一郎 25
Latané, B. 62, 66, 117, 275	三隈二不二 114, 125, 265	奥田秀宇 40, 182
LaTour, S. 184	Milgram, S. 274-275	Olson, M. 213, 219
Lawler, E. E, III 128, 131	Miller, K. 44	オンラタコ, M. L O 135
Lazarus, R. S. 149	Miller, N. 260	Osborn, A. F. 117
Le Von, G. 270-272	Miller, S. R. 20	尾嶋史章 237
Leary, M. R. 20, 55	南　博 269	押見輝男 5
Legett, E. L. 155	南口隆男 138	Ostroff, C. 140, 142
Leippe, M. R. 101	箕浦康子 268	Ostrove, N. 193
Lerner, M. J. 182, 187, 193	Mischel, W. 230	**P**
Levin, K. 274	水田恵三 62	Park, B. 170-171
Levine, R. V. 273, 282	Moorman, R. H. 185	Patterson, G. R. 281
Levinson, D. J. 204-205	森　徹 220	Patterson, M. L. 27, 35
Lewin, K. 279	諸井克英 182	Peplau, A. 187
Lind, E. A. 184-185, 194	Morris, D. 31	Pervin, L. A. 158, 160
Locke, J. 273	Morrison, E. W. 137, 139-140	Peterson, C. 154, 182
Loewenstein, G. 88	Moss, R. H. 206	Petty, R. E. 30, 91, 105, 107
Loftus, E. F. 166	元良勇次郎 270	Phiel, J. 193
Louis, M. 140	Murphy-Berman, V. 188	Pittman, T. S. 19
Lujansky, H. O. 182	**N**	Platt, J. 216, 226
Lysgaard, S. 247	長島貞夫 7	Porter, L. 131
M	中村陽吉 1	Pruitt, D. C. 81
MacKay, D. M. 27	中村雅彦 20, 49-50	**R**
Macy, B. A. 136-137	中山　治 31	Raden, D. 94
Magnusson, D. 158, 160-162	中里至正 61	Rahim, M. A. 77
Markus, H. 9, 10, 31	Neale, M. A. 83, 87	Rapoport, A. 215
正高信男 21	Nelson, D. 43	Rasinski, K. 186
Maslow, A. H. 129, 197-198	Neuberg, L. N. 146-147, 163, 257	Raub, W. 219
Mathews, K. E Jr. 61	von Neumann, J. 224	Reeder, G. D. 155
松井　豊 70	Newcomb, T. M. 274	Rhodes, N. 104-105
Matumoto, D. 31	Nisbett, R. E. 57, 155, 191	Richardson, K. D. 12
松浦　均 182	西田公昭 266-267	Robbins, S. P. 136
McArthur, L. A. 154, 174	Noble, A. 193	Roethlisberger, F. J. 134
McClleland, D. C. 132	Norman, N. 17	Rogers, R. W. 102-103
McConahay, J. B. 173, 175		Rosenberg, M. J. 92

318 人名索引

Rosenham, D. L. ·········69-70
Ross, E. A. ·················270
Ross, L. ·········87, 155, 191-192
Rothbart, M. ···············170
Rubin, J. Z. ·················234
Rubin, Z. ···············50-51, 187
Ruce, R. D. ············217, 224

S

Saegerd, S. ···············45-47
相良守次 ·················265
佐原六郎 ·················271
齋藤 勇 ····················34
坂下明宣 ·················130
佐野勝男 ·················138
佐々木正人 ·······26, 117, 140
桜井茂男 ····················65
Samovar, L. A. ············244
Sampson, E. E. ···182, 260-261
佐藤悦子 ·····················29
佐藤郁哉 ·················268
佐藤達哉 ············267, 270
沢田瑞也 ····················65
Schachter, S. ·········148, 274
Schaefer, J. A. ············206
Scheier, M. F. ·············123
Schmitt, D. P. ··········54-55
Schmittberger, R. ·········83
Schulz, T. R. ···············190
Schwartz, N. ·········150-151
Schwatz, S. H. ··············66
Schwartz-Shea, P. ········222
Schwarze, B. ·················83
Scroggs, J. R. ···············193
Secord, P. F. ··················43
Segal, M. W. ··················45
関 文恭 ·····················125
Seligman, M. E P. ·········154
Shannon, C. E. ···············22
Shaver, K. G. ·········190-191
Shavitt, S. ·····················93
Sheihk, A. A. ···············120
Sherif, M. ·········119, 168, 260
清水幾太郎 ···············269
篠原弘章 ·················125
白樫三四郎 ···············115

Sigalland, H. ···············193
Sillars, A. L. ············85-86
Simon, B. ···················171
Singer, J. E. ·················274
Singh, D. ··················40-41
Sloan, L. R. ··················12
Smith, E. R. ·····152, 154, 157
Smith, H. J. ·················194
Snyder, M. ·············34, 149
Sondak, H. ··················83
Spector, P. E. ···············135
Stasser, G. ···················117
Staub, E. ······················65
Steiner, I. ····················117
Stephan, W. G. ·······166-167
Stillinger, C. ··················87
Stoner, J. A F. ···············118
Street, R. L Jr. ···············25
Stroebe, W. ···················220
杉藤美代子 ··················25
Sulzer, J. L. ·················189
Sumner, W. G. ···············254
Super, D. E. ·········207-208
鈴木淳子
   ····229-230, 232, 238-240, 242

T

田多英興 ·····················30
多田道太郎 ··················31
Tajfel, H. ············119-121,
   123-124, 169, 177-178, 275
高木秀明 ····················65
高木 修 ············59, 73, 74
高橋 徹 ····················270
Takahashi, Y. ···············80
竹村和久 ·················149
竹内郁郎 ····················23
瀧本 誓 ···············30-31, 37
Tanaka, K. ··················188
田中國夫 ·················265
谷本富 ·····················270
Tannenbaum, S. I. ·······137
田尾雅夫 ·················129
Tarde, G. ···········271-272
Tassinary, L. G. ············30
Taylor, M. ·········215, 218

Taylor, M. S. ···············186
Taylor, S. E. ··················
   ·········104, 163, 166, 277, 283
Tedeschi, J. T. ·····17, 80-81
Tesser, A. ····················12
手塚千鶴子 ················255
Thibaut, J. ·······184-185, 274
Thomas, K. W. ······75-76, 78
Thompson, E. G. ··········160
Thompson, L. L. ·······87-88
Thompson, S. C. ··········104
Thorne, A. ···················12
Thurstone, L. L. ··········274
Titus, W. ····················117
戸田正道 ·················151
Triandis, H. C. ············283
Triplet, N. ···················273
Tripp, T. M. ··················83
Trist, E. L. ··················134
Trope, Y. ·············156-157
角田 豊 ····················65
Turner, J. C. ··············112,
   119, 123-124, 169, 177, 275
Tversky, A. ·····154, 221-222
Tyler, T. R. ·····185-186, 194

U

梅本堯夫 ·················152
海野道郎 ·················213
宇野善康 ·················268

V

Volger, C. C. ···············188
Vroom, V. H. ···············131

W

和田 実 ·····················30
若林 満 ·····················138
Walker, L. ············184-185
Walker, M. R. ················12
Wall, T. D. ·················136
Walster, E. ······39-40, 182, 193
渡辺文夫 ·················249
渡邊芳之 ·················267
Weaver, W. ··················22
Weibull, J. W. ·············218
Weiner, B. ·······154, 188-190
Weiss, H. M. ···············139

Wicker, A. W. ……………94	山田慶児 ………………273	Zajonc, R. B. ………46-47, 148
Wicklund, R. A. ……3-4, 123	やまだようこ ……………31	Zigler, H. ………………203
Wilkes, A. L. ……………120	山岸俊男	Zimbardo, P. G. …………
Williams, C. J. ……………95	……89-90, 214, 220-221, 265	……………6, 14, 101, 274
Wilson, T. D. ……………57	山口　勧 ………………265	Zuckerman, M. …………30
Wood, W. ……………104-105	大和道一 ………………270	
Worthy, M.………………48-49	八代京子 ………………248	
Wundt, W. ………25, 271-272	吉田冨二雄 ………………31	

Y

八重澤敏男 ………………31

Z

[執筆者紹介]（執筆順）

浅井　千絵（あさい・ちえ）　　　　　1章, 実験・調査紹介1
武蔵野美術大学造形学部　非常勤講師

瀧本　　誓（たきもと・せい）　　　　　2章, 理論紹介1,2, 実験・調査紹介2,3
北星学園大学・千歳科学技術大学　非常勤講師

福島　　治（ふくしま・おさむ）　　　　3章, 理論紹介3, 実験・調査紹介4
新潟大学人文学部　教授

織田　信男（おだ・のぶお）　　　　　　4章, 理論紹介4,5
岩手大学人文社会科学部　教授

大渕　憲一（おおぶち・けんいち）　　　5章1・2節, 3節1・2, 4節1, 15章2節
放送大学宮城学習センター　所長

小嶋かおり（こじま・かおり）　　　　　5章1・2節, 3節1・2, 4節1
新潟青陵大学短期大学部　助教

福野　光輝（ふくの・みつてる）　　　　5章3節3, 4節2, 実験・調査紹介5
東北学院大学教養学部　教授

今城　周造（いまじょう・しゅうぞう）　6章, 実験・調査紹介6
昭和女子大学　特任教授

柿本　敏克（かきもと・としかつ）　　　7章, 1・4節, 実験・調査紹介7
群馬大学社会情報学部　教授

飛田　　操（ひだ・みさお）　　　　　　7章, 2・3節, 理論紹介6
福島大学人間発達文化学類　教授

林　洋一郎（はやし・よういちろう）　　8章1節
慶應義塾大学大学院経営管理研究科　准教授

小林　　裕（こばやし・ゆたか）　　　　8章2節
東北学院大学　名誉教授

松田　　るり（まつだ・るり）　　　　　8章3節, 実験・調査紹介8
福島学院大学福祉学部　助教

植村善太郎（うえむら・ぜんたろう）　　9章1・6節, 実験・調査紹介11
福岡教育大学教育学部　准教授

潮村　公弘（しおむら・きみひろ）　　9章2・5節, 実験・調査紹介10
フェリス女学院大学文学部　教授

佐藤　静香（さとう・しずか）　　9章3節1・2, 10章4節, 実験・調査紹介9
東北大学高度教養教育・学生支援機構　助手

堀毛　一也（ほりけ・かずや）　　9章3節
東洋大学社会学研究科　客員教授・岩手大学　名誉教授

田名場　忍（たなば・しのぶ）　　9章4節, 理論紹介7
弘前大学教育学部　准教授

田中堅一郎（たなか・けんいちろう）　　10章1・3節
日本大学大学院総合社会情報研究科　教授

今在慶一朗（いまざい・けいいちろう）　10章2節, 理論紹介8
北海道教育大学函館校　准教授

畑野　智栄（はたの・としえ）　　10章5・6節, 実験・調査紹介12

水田　惠三（みずた・けいぞう）　　11章, 実験・調査紹介13
尚絅学院大学総合人間科学部　教授

木村　邦博（きむら・くにひろ）　　12章, 理論紹介9, 10, 11
東北大学大学院文学研究科　教授

鈴木　淳子（すずき・あつこ）　　13章, 理論紹介12, 実験・調査紹介14
元慶應義塾大学文学部　教授

川端　美樹（かわばた・みき）　　14章1・4・5節, 実験・調査紹介15
目白大学社会学部　准教授

小河原義朗（おがわら・よしろう）　　14章2・3節, 実験・調査紹介16
東北大学大学院文学研究科　准教授

サトウ　タツヤ　　15章1節
立命館大学総合心理学部　教授

【編者紹介】

小林　裕（こばやし・ゆたか）
1954年　群馬県に生まれる　宮城県名取市在住
1984年　東北大学大学院文学研究科博士後期課程修了
現　在　東北学院大学　名誉教授
専　門　社会心理学, 組織心理学
著　者　『日本企業のキャリアシステム―機会と公正の社会心理学』（白桃書房）
　　　　『犯罪・非行の社会心理学』（共著，ブレーン出版）
　　　　『基礎心理学通論』（共著，福村出版）

飛田　操（ひだ・みさお）
1957年　埼玉県に生まれる　福島県福島市在住
1987年　学習院大学大学院人文科学研究科博士後期課程修了
現　在　福島大学　教授
専　門　社会心理学, グループ・ダイナミックス
著　書　『悲嘆の心理』（共著，サイエンス社）
　　　　『紛争解決の社会心理学』（共著，ナカニシヤ出版）
　　　　『社会心理学』（共著，北大路書房）

【教科書】社会心理学

2000年 3月10日　初版第 1刷発行　　定価はカバーに表示
2023年 8月20日　初版第10刷発行　　してあります。

編　者　　小　林　　　裕
　　　　　飛　田　　　操
発　行　所　㈱北大路書房
〒603-8303 京都市北区紫野十二坊町12-8
電　話　(075) 431-0361(代)
F A X　(075) 431-9393
振　替　01050-4-2083

© 2000　印刷／製本　㈱太洋社
検印省略　落丁・乱丁本はお取り替えいたします
ISBN978-4-7628-2177-6　　Printed in Japan

・ JCOPY 〈㈳出版者著作権管理機構 委託出版物〉
本書の無断複写は著作権法上での例外を除き禁じられています。
複写される場合は，そのつど事前に，㈳出版者著作権管理機構
（電話 03-3513-6969, FAX 03-3513-6979, e-mail: info@jcopy.or.jp）
の許諾を得てください。